全国高等职业教育旅游大类"十三五"规划教材编委会

总主编

马　勇　教育部高等学校旅游管理类专业教学指导委员会副主任
　　　　湖北大学旅游发展研究院院长，教授、博士生导师

编委（排名不分先后）

朱承强　全国旅游职业教育教学指导委员会委员
　　　　上海师范大学MTA教育中心主任
　　　　上海旅游高等专科学校酒店研究院院长，教授

郑耀星　全国旅游职业教育教学指导委员会委员
　　　　中国旅游协会理事，福建师范大学教授、博士生导师

王昆欣　全国旅游职业教育教学指导委员会委员
　　　　浙江旅游职业学院党委书记，教授

谢　苏　全国旅游职业教育教学指导委员会委员
　　　　武汉职业技术学院旅游与航空服务学院名誉院长，教授

宋德利　全国旅游职业教育教学指导委员会委员
　　　　山东旅游职业学院院长，教授

邱　萍　全国旅游职业教育教学指导委员会委员
　　　　四川旅游学院旅游发展研究中心主任，教授

韩　军　全国旅游职业教育教学指导委员会委员
　　　　贵州商学院旅游管理学院院长，教授

郭　沙　全国旅游职业教育教学指导委员会委员
　　　　武汉职业技术学院旅游与航空服务学院院长，副教授

罗兹柏　中国旅游未来研究会副会长，重庆旅游发展研究中心主任，教授
杨如安　重庆旅游职业学院院长，教授
徐文苑　天津职业大学旅游管理学院教授
叶娅丽　成都纺织高等专科学校旅游教研室主任，教授
赵利民　深圳信息职业技术学院旅游英语专业教研室主任，教授
刁洪斌　青岛酒店管理职业技术学院副院长，副教授
刘亚轩　河南牧业经济学院旅游管理系副教授
张树坤　湖北职业技术学院旅游与酒店管理学院院长，副教授
熊鹤群　武汉职业技术学院旅游与航空服务学院党委书记，副教授
韩　鹏　武汉职业技术学院旅游与航空服务学院酒店管理教研室主任，副教授
沈晨仕　湖州职业技术学院人文旅游分院副院长，副教授
褚　倍　浙江旅游职业学院人力资源管理专业带头人，副教授
孙东亮　天津青年职业学院旅游专业负责人，副教授
闫立媛　天津职业大学旅游管理学院旅游系专业带头人，副教授
殷开明　重庆城市管理职业学院副教授
莫志明　重庆城市管理职业学院副教授
蒋永业　武汉职业技术学院旅游与航空服务学院讲师
朱丽男　青岛酒店管理职业技术学院旅游教研室主任，讲师
温　燕　浙江旅游职业学院讲师
张丽娜　湖州职业技术学院讲师

全国高等职业教育旅游大类"十三五"规划教材

总主编 ◎ 马 勇

旅行社计调业务

主　编 ◎ 叶娅丽
副主编 ◎ 陈学春　陈　倩　何　瑸

Travel Agency Operation

华中科技大学出版社
http://www.hustp.com
中国·武汉

内 容 提 要

本书针对旅行社计调岗位,培养既有一定理论基础,又具有一定操作技能的计调人才。本书分为旅行社计调部认知、国内组团计调业务、国内接待计调业务、入境接待计调业务、出境组团计调业务、自助游计调业务、在线计调业务七个项目。书中案例来自学生实习期间发生的真实案例,具有很强的警示性。本书配有丰富的课程资源包,便于师生参考。

本书既可作为旅游类专业课程教材,也可作为培训机构培训用书;既可作为旅行社计调培训教材,也可供广大旅游从业人员参考。

图书在版编目(CIP)数据

旅行社计调业务/叶娅丽主编. —武汉:华中科技大学出版社,2017.10(2025.2 重印)
全国高等职业教育旅游大类"十三五"规划教材
ISBN 978-7-5680-3308-4

Ⅰ.①旅… Ⅱ.①叶… Ⅲ.①旅行社-企业管理-高等职业教育-教材 Ⅳ.①F590.654

中国版本图书馆 CIP 数据核字(2017)第 198800 号

旅行社计调业务 叶娅丽 主编
Lüxingshe Jidiao Yewu

策划编辑:	周 婵 周晓方
责任编辑:	李家乐
封面设计:	原色设计
责任校对:	李 弋
责任监印:	周治超
出版发行:	华中科技大学出版社(中国·武汉) 电话:(027)81321913
	武汉市东湖新技术开发区华工科技园 邮编:430223
录 排:	华中科技大学惠友文印中心
印 刷:	武汉邮科印务有限公司
开 本:	787mm×1092mm 1/16
印 张:	18.25
字 数:	438 千字
版 次:	2025 年 2 月第 1 版第 5 次印刷
定 价:	58.00 元

本书若有印装质量问题,请向出版社营销中心调换
全国免费服务热线: 400-6679-118 竭诚为您服务
版权所有 侵权必究

总序

　　大众旅游时代,旅游业作为国民经济战略性支柱产业,对拉动经济增长和实现人民幸福发挥了重要作用。2015年,中国旅游业步入了提质增效时期,旅游业总收入超过4万亿元,对GDP(国内生产总值)的综合贡献率高达10.51%,成为推动我国供给侧改革的新的增长点。伴随着旅游产业的迅猛发展,旅游人才供不应求。因此,如何满足社会日益增长的对高素质旅游人才的需要,丰富旅游人才层次,壮大旅游人才规模,释放旅游人才红利,提升旅游专业学生和从业人员的人文素养、职业道德和职业技能,成为当今旅游职业教育界亟待解决的课题。

　　国务院2014年颁布的《关于加快发展现代职业教育的决定》,表明了党中央、国务院对中国职业教育的高度重视,标志着我国旅游职业教育进入了重要战略机遇期。教育部2015年颁布的《普通高等学校高等职业教育(专科)专业目录(2015年)》中,在旅游大类下设置了旅游类、餐饮类与会展类共12个专业,这为全国旅游职业教育发展提供了切实指引,为培养面向中国旅游业大转型、大发展的高素质旅游职业经理人和应用型人才提供了良好的成长平台。同年,国家旅游局联合教育部发布的《加快发展现代旅游职业教育的指导意见》中,提出"加快构建现代旅游职业教育体系,培养适应旅游产业发展需求的高素质技术技能和管理服务人才"。正是基于旅游大类职业教育变革转型的大背景,出版高质量和高水准的"全国高等职业教育旅游大类'十三五'规划教材"成为当前旅游职业教育发展的现实需要。

　　基于此,在教育部高等学校旅游管理类专业教学指导委员会和全国旅游职业教育教学指导委员会的大力支持下,在"十三五"开局之时我们率先在全国组织编撰出版了"全国高等职业教育旅游大类'十三五'规划教材"。该套教材特邀教育部高等学校旅游管理类专业教学指导委员会副主任、中国旅游协会教育分会副会长、中组部国家"万人计划"教学名师马勇教授担任总主编。为了全方位提升旅游人才的培养规格和育人质量,为我国旅游业的发展提供强有力的人力保障与智力支撑,同时还邀请了全国近百所旅游职业院校的知名教授、学科专业带头人、一线骨干"双师型"教师和"教练型"名师,以及旅游行业专家等参与本套教材的编撰工作。

为了更好地适应"十三五"时期新形势下旅游高素质技术技能和管理服务人才培养与旅游从业人员的实际需要,本套教材在以下四大方向实现了创新与突破。

一是坚持以"新理念"为引领,通过适时把握我国旅游职业教育人才的最新培养目标,借鉴优质高等职业院校骨干专业建设经验,围绕提高旅游专业学生人文素养、职业道德、职业技能和可持续发展能力,尽可能全面地凸显旅游行业的新动态与新热点。

二是坚持以"名团队"为核心,由中国旅游教育界的知名专家学者、骨干"双师型"教师和业界精英人士组成编写团队,他们教学与实践经验丰富,保证了教材的优良品质。

三是坚持以"全资源"为抓手,全面发挥"互联网+"的优势,依托配套的数字出版物,提供教学大纲、PPT、教学视频、习题集和相关专业网站链接等教学资源,强调线上线下互为配套,打造独特的立体教材。

四是坚持以"双模式"为支撑,本套教材分为章节制与项目任务制两种体例,根据课程性质与教材内容弹性选择,积极推行项目教学与案例教学。一方面增加项目导入、同步案例、同步思考、知识活页等模块,以多案例的模式引导学生学习与思考,增强学生的分析能力;另一方面,增加实训操练模块,加大实践教学比例,提升学生的技术技能。

本套教材的组织策划与编写出版,得到了全国旅游业内专家学者和业界精英的大力支持并积极参与,在此一并表示衷心的感谢!应该指出的是,编撰一套高质量的教材是一项十分艰巨的任务,本套教材中难免存在一些疏忽与缺失,希望广大读者批评指正,以期在教材修订再版时予以补充、完善。希望这套教材能够满足"十三五"时期旅游职业教育发展的新要求,让我们一起为现代旅游职业教育的新发展而共同努力吧!

规划教材编委会
2016 年 5 月

前言 Preface

旅行社计调是旅行社食、住、行、游、购、娱等服务项目的总策划、总设计和总指挥,是旅行社整体运作的灵魂,在提升旅游服务质量中具有核心作用。旅行社计调作为新职业纳入 2015 版《中华人民共和国职业分类大典》,这标志着计调身份在国家职业体系中首次得以确立。为了满足旅游院校为旅行社培养实用型计调人才的需要,我们编写了《旅行社计调业务》。本书主要有以下几点特色。

1. 突出了高职旅游教育的职业性

高职旅游管理专业主要是为旅行社培养实用型旅游服务与管理人才,而"旅行社计调业务"是旅游管理专业的一门核心课和必修课。本书突出了高职旅游教育的职业性,针对不同计调岗位,编者走访了不同类型的旅行社,请教了不同类型的计调部经理,咨询了不同计调岗位的操作人员,收集了不同计调岗位所用的旅游行程、询价单、报价单、订车单、订房单等各种资料。严格按照旅行社计调岗位所需素养、知识和能力来选择教学内容,真实地展现了旅行社不同计调岗位的真实内容,使学生尽快进入角色。

2. 突出了高职旅游教育的创新性

一是本书创新了计调细分岗位的编写结构。本书打破传统教材"旅行社计调概述—旅游线路设计—旅游线路计价与报价—旅行社计调采购业务—旅行社发团管理—旅行社接团管理"的编写模式,按照计调细分岗位设计了"旅行社计调部认知—国内组团计调—国内接待计调—入境接待计调—出境组团计调—自助游计调—在线计调"七个项目,每个项目又按照操作流程设计了若干工作任务。二是本书首次创新编写自驾游计调和在线计调。经过对旅行社自驾中心、线上旅行社的多次调研,完成了自驾游计调和在线计调的编写工作。

3. 突出了高职学生的认知规律

本书运用较多表格、流程图、案例、仿真实训来增强学生的学习兴趣,提高学生的分析能力。每个项目均设置项目目标、项目核心、项目导入、项目小结、项目训练等主要教学环节。工作任务中设置了案例分析、知识演练、知识链接等内容,符合学生的认知规律。每个项目都配有知识训练和能力训练,便于学员从不同的角度来掌握知识,降低了学习的难度。

4. 突出了旅游类课程资源的配套性

教材配有丰富的教学资源和学习资源,便于教师参考和学生学习,可用性强。该课程2015 年被评为四川省精品资源共享课,网上提供了视频、课件、课程设计、课程标准、授课计划、同步测试题及参考答案等教学资料,便于师生参考(网址:http://www.cdtc.edu.cn/le-land/2012.htm)。

本教材由叶娅丽担任主编,陈学春、陈倩、何瑷担任副主编,具体分工如下:成都纺织高等专科学校叶娅丽负责全书的整体规划和各章的修改工作,并编写项目四、五、六、七;成都纺织高等专科学校陈学春编写项目二、三;成都纺织高等专科学校陈倩编写项目一;重庆安全技术职业学院何瑷负责制作课件。该教材在编写过程中,得到了四川康辉国际旅行社有限公司毛力爽、张勇智、沈锦、杨丽、陈奕润,四川省中国旅行社胡晓军,成都中港国际旅行社有限公司百姓之旅蒋涛,四川青年旅行社廖敏、陈健,成都和顺旅行社有限公司吴迪、王艳霞,成都旅游导游协会贺亚萍,四川省大众旅行社有限责任公司郑阳、牟倩,四川省中国国际旅行社入境中心经理陈奇,四川中国旅行社武侯分社赖渝以及在计调岗位工作的学生的大力支持和帮助。经理们提供了一些前沿的观点和各种资料,在此对以上各位的付出表示深深的感谢。

另外,本书在编写过程中参阅了大量国内外研究资料,查阅了一些网站,如百度百科、携程、途牛、同程等,未能一一注明出处,敬请谅解。

由于编者水平及资料所限,加上时间仓促,本书在内容、体例编排等方面尚有诸多不如人意之处,敬请同行和读者们批评指正,以便今后再作修订和完善。

叶娅丽

2017 年 5 月 1 日

目录 Contents

项目一 旅行社计调部认知

任务一 认知计调 /2
任务二 认知计调部 /9

项目二 国内组团计调业务

任务一 国内组团社旅游产品开发 /33
任务二 国内组团社旅游产品计价与报价 /60
任务三 国内组团计调的采购业务 /65
任务四 国内组团计调操作流程 /78

项目三 国内接待计调业务

任务一 国内接待社旅游产品开发 /95
任务二 国内地接社旅游产品的计价与报价 /109
任务三 国内地接计调的采购业务 /115
任务四 国内接待计调操作流程 /142

项目四 入境接待计调业务

任务一 入境旅游产品的开发 /156
任务二 入境旅游产品的报价 /166

  任务三 入境接待计调的采购业务 /171
  任务四 入境接待计调操作流程 /177

项目五 出境组团计调业务

  任务一 出境旅游产品的开发 /187
  任务二 出境旅游产品报价 /204
  任务三 出境旅游组团计调采购业务 /211
  任务四 出境组团计调操作流程 /213

项目六 自助游计调业务

  任务一 认识自助游 /229
  任务二 自由行计调业务 /232
  任务三 自驾游计调业务 /237

项目七 在线计调业务

  任务一 在线旅游 /256
  任务二 在线旅游企业主营业务 /260
  任务三 在线计调的操作流程 /266

本课程阅读推荐 /277
参考文献 278

项目一
旅行社计调部认知

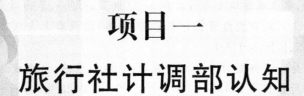

职业知识目标：
1. 了解计调的定义、发展历程、特点及内容。
2. 熟悉旅行社计调部岗位设置及岗位职责。
3. 掌握计调部员工的分类、招聘及职业素养。

职业能力目标：
1. 能根据旅行社的业务要求拟定计调人员招聘启事。
2. 能根据旅行社的业务要求设置计调岗位,并拟定计调岗位职责。

职业素质目标：
1. 培养学生热爱计调工作的职业精神。
2. 培养学生端正计调工作的职业态度。
3. 培养学生做好计调工作的职业素养。

项目核心

计调；计调部；计调岗位；计调种类；计调招聘；计调职业素养

项目导入：

旅行社计调部调研

编者近日选择了成都两家旅行社,对两家旅行社的计调部进行了调研,调研结果如下：

A旅行社是一家国内地接社,只经营境内旅游,专门负责接待外地游客在四川省内的游览事宜,主要部门有产品部、计调部、导游部等。该地接社共有员工23

名。计调部共有10名计调,其中,计调部经理1人,九寨沟黄龙专线计调2名(散客、团队各1人)、都江堰青城山专线计调1名(散客、团队)、乐山峨眉山专线计调2名(散客、团队各1人)、市内接送机计调2名(散客、团队各1人)、市内及九寨沟订房计调2名(散客、团队各1人)。

　　B旅行社就是一家典型的大型旅行社,经营境内旅游、出境旅游、入境旅游、会奖等业务。该旅行社有员工483人,专线部59个,分社23家,旅行社服务网点118家。各个专线部门都分别设有计调部,全旅行社从事计调工作的人员共有218人。以该旅行社的一个出境操作中心部门为例,该出境中心部有员工38人,主要经营越南芽庄、泰国清迈、普吉岛、苏梅岛、巴厘岛,以及台湾专线。出境中心部又细分为计调部、销售部、票务部。其中,计调部就有9名,主管1名,越南芽庄专线计调1名,自由行计调1名,泰国清迈计调1名,普吉岛计调1名,巴厘岛计调1名,苏梅岛计调1名,台湾计调1名,单买机票和其他个人自由行计调1名。

　　(资料来源:编者到两家旅行社调研,人力资源部经理提供。)

　　从上面两家旅行社的调研可以看出,不同旅行社计调部的构成是有很大差别的。A旅行社是一家小型旅行社,只负责四川地接。因此,员工人员较少,员工中计调部人员所占比例较大。每个专线都有专门的计调负责操作,游客量大的线路需要两个计调来操作,一个操作散客,一个操作团队,游客量小的线路只需要一个计调负责操作。B旅行社是一家大型旅行社,既有组团业务,也有地接业务,经营范围涉及境内旅游、出境旅游和入境旅游。设置的专线部门较多,每个专线部门都有自己的计调部,每条线路都有计调负责操作。

　　通过对上面两家旅行社计调部的调研,使我们对计调部的业务范围、人员构成、岗位设置有了一个大致的了解。在本项目中,我们就要具体介绍旅行社计调部的计调业务、计调人员及计调岗位。

任务一　认知计调

　　旅行社是指从事招徕、组织、接待旅游者等活动,为旅游者提供相关旅游服务,开展国内旅游业务、入境旅游业务或者出境旅游业务的企业法人。旅行社的最基本职能是设法满足旅游者在旅行和游览方面的各种需要,同时协助交通、饭店、餐馆、游览景点、娱乐场所和商店等旅游服务供应部门或企业将其旅游服务产品销售给旅游者。旅行社的基本业务可以划分为旅行社产品设计与开发、旅行社产品销售、旅游服务采购、旅游服务接待等业务。计调部、外联部、接待部是旅行社的三大核心部门。

一、计调的定义

到目前为止,对于计调的定义并没有形成一个权威的统一的概念。根据计调内涵和外延涵盖的内容不同,有以下不同的表述。

(一) 熊晓敏对计调概念的表述

熊晓敏在《旅行社OP计调手册》一书中对计调一词的解释为,计调是旅行社内部专职为旅游团(散)客的运行走向安排接待计划、统计与之相关的信息并承担与接待相关的旅游服务采购和有关业务调度工作的一种职位类别。

(二) 王煜琴对计调概念的表述

王煜琴在《旅行社计调业务》一书中对计调一词的解释为,计调一般包含两层意义:一是指在旅行社工作中从事旅游产品的开发与设计,代表旅行社同旅游服务供应商建立广泛的协作网络并签订采购合同,承担部分或者全部销售任务,制订并实施游客接待计划并及时处理有关计划变更,监督旅游活动过程并协同处理突发事件,完成旅游活动结束后其他相关收尾工作的岗位类别;二是指计调员(在岗位识别上被称为线控、团控、担当等,业内简称为计调,出境计调叫operator,简称OP)。在实际工作称谓中,有时计调就是计调员的简称。

(三) 本教材的观点

本教材吸收了上面两位专家的观点,主张把计调分为广义的计调和狭义的计调。广义的计调是指中小旅行社的计调,其业务基本上包含了旅行社的主要业务,开发产品、销售产品、采购旅游服务,在旺季,导游不够的时候还需要去带团,就是王煜琴教授说的计调的第一层含义。狭义的计调是指大型旅行社、分工很细的"五订"(订车、订房、订餐、订票、订导游)人员。即狭义的计调是指旅行社为落实旅游计划所进行的旅游服务采购、导游人员的委派、旅游接待计划的制订、以及为旅行社业务决策提供信息服务的岗位类别。

总而言之,旅行社计调业务是为了完成旅行社接待计划与之相关的信息统计,承担着与接待相关的旅游服务采购和有关业务调度工作,是旅行社业务的重要组成部分。

二、计调的发展历程

我国旅行社计调业务是随旅行社业务的发展而变化发展的。1923年,陈光甫在其工作的银行设立上海储蓄银行旅行部,这是我国第一家旅行社,计调工作作为旅行社的基础性工作便随之产生了。随着我国近代旅行社单体规模的扩大,计调业务逐渐得到强化。1949年后,由于对旅游业认识上的偏差,旅行社业发展仍然迟缓,直到改革开放以来,我国旅行社管理体制发生转变,旅行社业才真正开始市场化,计调业务也才进入全新的发展时期。1949年后,我国旅行社的发展主要经历了四个阶段,在不同阶段,旅行社的计调业务呈现不同的特点。

(一) 附属业务时期

附属业务时期是指1949年到改革开放时期。这是我国旅行社的发展初期,旅行社属于政府的行政或事业单位,由外事部门统一管理,旅行社主要业务是接待入境旅游,全面负责友好国家来访者、华侨和港澳台同胞的旅华接待工作。这种接待是一种政治接待,注重政治效果而不是经济效益。旅行社没有计调部,只有地联部。当时的计调工作主要就是为外宾订车、订房、订餐和提供一些委托代办服务,这些工作一般由接待部门的后勤人员负责,在旅行社内部处于附属地位。

（二）独立业务时期

独立业务时期是指从改革开放到20世纪80年代末。我国入境旅游迅速发展,国内旅游蓬勃发展,形成了国际入境旅游业务与国内旅游业务并举的局面。这个时期,旅行社从承担政府的政治接待任务转变为独立核算的企业,从重视政府形象到以创造经济效益为中心,旅行社逐渐从政府的附属机构中脱离出来,成为市场上竞争的单体,逐渐建立起与独立核算企业相适应的组织结构。同样,计调工作从旅行社后勤部门中独立出来,成为旅行社组织机构的重要部分——计调部。计调部对内要为旅行社各个部门提供接待的各项后勤保障服务,对外要与协作单位建立稳定的合作关系并代表旅行社与其签订协议。另外,计调部还是旅行社的信息中心,每天要把来自社内外的众多信息进行整理、统计和传递。

（三）多元化业务时期

多元化业务时期是指从20世纪80年代末到20世纪90年代初期。我国旅行社市场仍处于卖方市场阶段,高额的营业利润和低准入门槛双重刺激,旅行社在数量上迅速增加的同时,单体旅行社规模出现下降的趋势,不仅新成立的旅行社规模较小,原来的大旅行社通过承包挂靠或变相承包挂靠、转让以及部分转让经营权等方式而分崩离析,小、散、弱、差的旅行社行业竞争格局逐步形成。几乎所有的旅行社在业务上都涉及产品开发、销售、组团和接待在同一层次上争夺资源的问题。规模小的旅行社虽然仅有几个人,却负责外联、组团、计调、接待等所有的业务环节,与国外大型旅行社制度化、流水线作业无法相比。因此,在这个时期,旅行社正规的组织机构已被打破,计调的职责范围变得模糊不清,失去边界,其工作囊括了产品设计、电话销售、制订线路计划、旅游要素采购、商业谈判、票务工作、售后服务、客户关系管理、业务决策、计划管理等工作,即在旅行社经营管理中担负起计划管理、质量管理和业务管理的职能。

（四）专业化业务时期

专业化业务时期是指20世纪90年代中期至今,旅行社在呼唤建立合理行业分工体系的同时,企业内部职能专业化分工也被提上议事日程。通过借鉴国外大型旅行社制度化、流程化建设的经验,我国旅行社内部逐步建立起分工协作的组织结构。在组织结构中,计调部的工作越来越细分化,越来越专业化。计调部除了继续承担计划管理职能外,业务重心更多偏向于对分项旅游产品的统一调控和购买,以争取批量优惠,增强旅行社的市场竞争力。有的旅行社甚至将计调部改为采购部,专门负责分项产品采购工作,还有的旅行社在计调部之外增设票务部,既为本旅行社团队提供票务服务,也对外营业。这一时期,虽然旅行社计调部的业务权限有所缩小,但计调业务其实得到了加强,过去一个计调部做的工作,现在细分到多个部门运作,业务上更加专业化、细分化了。

三、计调工作的特点

（一）复杂性

计调工作的复杂性主要体现在以下三个方面：第一，计调工作涉及采购、接待、票务、交通以及安排旅游者食宿等工作，内容复杂；第二，计调工作程序繁杂，从接到组团社的报告到旅游团接待工作结束后的财务结算，各项工作各有程序；第三，计调工作涉及的关系繁杂，计调人员几乎与所有的旅游接待部门都有业务上的联系，协调处理这些关系贯穿计调工作的全过程。

（二）具体性

计调部门要收集本地区的接待情况并向旅行社其他部门汇报，要接受组团社的接待要约并编制接待计划，还要监督检查团队的运行情况，这些都涉及非常具体的事务性工作。可以说，计调部门总是忙于解决和处理采购、联络、安排接待计划等具体事宜。

（三）多变性

计调工作的多变性是由旅游团人数和旅行计划的多变性决定的。旅游团的人数一旦发生变化，就会影响到计调人员的工作，比如，要马上更改客房、车的预订等。此外，我国的交通和住宿条件尚不能完全保证满足预订的要求，无形中也给计调工作带来了许多不确定因素。

（四）时效性

旅行社计调人员在获悉客人或旅游团队的要求后，需要立即进行操作，包括制定线路、安排行程、采购各项服务、安排接待人员、与组团社或接待社联系等工作。计调工作对时效性要求很高，稍有延误就会影响与合作伙伴的关系和旅游团队的正常运行。

（五）创新性

计调工作最重要的内容是产品创新，旅行社产品的主体是旅游线路，包括吃、住、行、游、购、娱等相关内容。旅游产品设计是一项创新性工作，不能墨守成规，必须伴随客人消费习惯的改变和旅游景区变化的情况及时调整、更新，才能有效地占领市场。因此，计调工作本质上是一项创新性的工作，需要从业人员具有较强的创新思维能力。

四、计调工作的内容

计调人员的工作内容主要包括收集信息、编制计划、选择合作伙伴、业务签约、协调联络、监督服务质量、数据统计、创收八项内容。

（一）收集信息

随着信息化时代的到来，市场情况瞬息万变，计调人员每天要收集大量关于旅游方面的信息，要将这些信息进行分类、分析、加工、整理，并将这些分析结果汇报给旅行社的决策层。同时，要将自己旅行社的信息通过发布渠道让旅游者知晓。

通常可以将信息分为三类：一是别人不知道的信息，如果你知道了，就会在市场上占有先机，从而赢得市场，为旅行社创造更多的利润。但是，这种信息几乎不存在，因为在现在的社会背景下,这种信息很难找到,这种信息一旦被你发现,竞争对手很快就会找到。二是别人不能利用的信息,你能够利用。这种信息在一些规模较大、资金雄厚的大型旅行社较为适用。如赴台旅游,国家除了政策方面的限制,还有对旅行社资质的限制。这种信息一些经营国内旅游业务的中小旅行社即使知道了也只能望尘莫及,无法进行业务操作。三是别人没有注意的信息,而你注意到了。这种信息最值得计调人员注意,如2008年人们的目光都集中在奥运会的召开上,却很少有人注意到这一年结婚的人数在悄然增加。如果将这一信息合理应用,提前筹划并将产品重点放在新婚度假旅游上,必将抢得市场先机。因此,计调人员收集信息至关重要。

(二)编制计划

编制计划主要体现在两个方面:一是根据旅行社总体的经营目标、综合能力、接待能力编制计划,这种编制计划职能相当于管理职能;二是针对计调部门的具体业务编制操作计划,如旅游行程、导游派遣单等。

(三)选择合作伙伴

旅行社要与许多旅游企业建立合作关系。以接待业务为主的计调人员的工作重点是采购酒店、餐厅、航空、铁路、车船公司、游览景点、娱乐场所等。在采购旅游服务过程中,一家旅行社不可能去干涉饭店的经营管理,不可能去调度航空公司飞机的飞行时间和线路,但却可以在采购业务过程中发挥选择职能,在众多的采购对象中选择最理想的合作伙伴,进行优化组合,构成最佳的服务系统,以保证旅行社最优的服务质量。以组团业务为主的计调人员的工作重点是采购各地的接待社,将其产品进行对比,合理选择。

案例分析

某地接社和组团旅行社约定,负责接待旅游团来当地度假。地接社立即着手开始准备,向当地一家三星级宾馆发出订房传真,要求预订5月1日至4日期间47人共24间房间,房价、标准按照原来的协议。宾馆当天传真回复,每天只能安排15间左右客房。5月1日,47位旅游者如期来到宾馆,宾馆以该地接社未确认为由,只为旅行社提供了15间客房。由于正值黄金周期间,当时该市宾馆爆满,一直到晚上10时,17位旅游者依旧不能入住,旅游者对此表示了强烈的不满。为了稳定旅游者的情绪,地接社临时让旅游者入住当地一家五星级宾馆的总统套房和普通套房。为了安慰旅游者的情绪,旅行社通过加餐、免费增加景点等办法对客户进行弥补,额外支出1万多元。该地接社向有关管理部门投诉,要求宾馆赔偿该公司所遭受的全部损失。

问:

(1)旅行社与饭店之间的合同关系是否成立?为什么?

(2)旅行社的额外损失是否应当由宾馆来承担?为什么?

分析提示:

(1)合同不成立。合同的成立,必须经过要约和承诺两个阶段。该旅游租赁成立与否,要看旅行社发出租赁客房的要约、宾馆的承诺是否符合法律规定。按照

《合同法》的规定,承诺生效的条件之一,是承诺必须与要约的内容相一致。在该案例中,旅行社要求租赁24间客房,而宾馆只能提供15间客房,宾馆的回复和旅行社的要约不一致,宾馆的回复不属于承诺,所以该合同不成立。

(2)既然旅行社与宾馆之间的租赁合同关系不成立,宾馆就没有为旅行社提供客房的义务。旅行社的损失与宾馆不提供客房没有因果关系,旅行社的损失只能由自己承担。

(四)业务签约

一家旅行社在经营中要与许多旅游企业(如饭店、餐厅、车船队和其他旅行社等)及相关行业(如交通、园林、娱乐、保险等)发生经济关系,通常采取签订经济合同的形式来保持这种关系的稳定。

旅行社采购业务的签约是必不可少的,同时要求旅行社对外统一签约,以便从旅游供应商那里得到更好的优惠价格。旅行社赖以生存的重要途径,便是通过批量采购获得价格和交易条件的优惠。如果一家旅行社能集中内部所有的购买力,相对集中地投放到相关旅游企业,由此带来的效益要比分散投放到众多的相关旅游企业中大得多。

(五)协调联络

旅行社组织一个旅游团的旅行过程,本身就是一个比较复杂的过程。它涉及面很广,碰到的问题很多,而在第一线的导游人员却没有足够的时间和充分的条件来处理旅途中遇到的棘手问题。这就需要旅行社在经营管理中有24小时不间断的值班联络中心来及时、准确、无误地转达。对于团队在旅途中发生车祸、在饭店被盗,游客在旅途中生病或死亡等重大事故,就需要向有关部门及保险公司联络通报,采取相应措施;发生航班或车、船时间的变更、取消,则需要马上与饭店、餐厅、车队联系并做出相应的安排,使采购的旅游服务保证供应。如果各站之间发生脱节,会给游客和旅行社造成损失,从而导致游客投诉事件的发生。

(六)监督服务质量

监督服务质量是旅行社计调人员的一项重要工作,主要体现在两个方面:一是以接待为主的旅行社监督各个协作单位的接待质量,如酒店、餐厅、旅游车辆等是否符合标准,发现问题及时纠正和解决,避免旅游者遭受损失,避免影响接待社的信誉;二是以组团为主的旅行社监督地方接待社的接待质量是否履行旅游合同,这样才会避免旅游纠纷,保障旅游者的利益,同时也能树立组团社的品牌。

(七)数据统计

统计工作是旅行社实现经营目标和提高经济效益的重要保证,重点是对旅游业务进行逐月、逐季、逐年的定量科学分析,绘制成月、季、年的统计表。通过对这些信息的统计和分析,可以检查旅行社经营业务的实际情况,从而发现新问题并及时设法解决,同时还能了解客源的流向及流量,作为旅行社进行经营决策的依据。

(八)创收

计调部门对外洽谈业务时,根据旅游供给的变化,在协议价的基础上调整价格,尽量争取最优惠价格,从而降低旅行社的经营成本,增加企业利润。运用营销技巧招徕更多的客

户,为旅行社创收,提高企业的经济效益。这是计调人员最重要的职能。

知识链接

计调常用工具

1. 电话机。固定电话、移动电话等。计调电话最忌变换,如遇变动,应千方百计保留原始号码。另外,强调话机功能,如呼叫转移、来电显示、电话录音、语音信箱等。
2. 传真机。普通传真机(热敏纸)即可,尽量不使用普通纸传真机。视业务量大小,最好设两台传真机(收发各一)。
3. 微信、QQ、MSN 等。此为旅行社通信升级的台阶,同时有益于降低通信成本。
4. 地图。全图、分省图、公路客运图、网上地图等。
5. 时刻表。铁路、航空、公路、航运时刻表等。特别注意淡旺季、年度的新版时刻。
6. 字典。语言类、景点类等。
7. 景点手册。各个旅游景区的导游手册。
8. 采购协议。按组接团社、房、餐、车、景点、购物分类建档。
9. 各地报价(分类)。最好按区域列出目录,分类列置。
10. 常用(应急方式)电话。按组接团(经理、计调)、酒店(销售部、前台)、餐厅(经理、订餐)、车队(调度、驾驶员)、导游等分类,放置显眼处并随身携带。

五、计调工作的"五化"①

(一)人性化

计调是一个与人打交道的职业,首先需要体现人性化服务。计调在讲话和接电话时应客气、礼貌、谦虚、简洁、利索、大方、善解人意、体贴对方,养成使用"多关照"、"马上办"、"请放心"、"多合作"等词的习惯,给人亲密无间、春风拂面之感。每个电话、每个确认、每个报价、每个说明都要充满感情,以体现合作的诚意,表达操作的信心,显示准备的实力。书写信函、公文要规范化,字面要干净利落、清楚漂亮、简明扼要、准确鲜明,以赢得对方的好感,换取对方的信任与合作。一个优秀的计调,一定是旅行社多彩"窗口"的展示,他像"花蕊"一样吸引四处的"蜜蜂"纷至沓来。

(二)条理化

计调一定要细致地阅读对方发来的接待计划,重点是人数、用房数、是否有自然单间、小孩是否占床、抵达大交通的准确时间和抵达口岸,核查中发现问题及时通知对方,迅速进行

---

① 熊晓敏.旅行社 OP 计调手册[M].北京:中国旅游出版社,2007.

更改。此外,还要看人员中是否有少数民族或宗教信徒、饮食上有无特殊要求等,以便提前通知餐厅;如果发现有在此期间过生日的游客,记得要送一个生日蛋糕以表庆贺。如人数有增减,要及时进行车辆调换。条理化是规范化的核心,是标准化的前奏,是程序化的基础。

(三)周到化

"五订"(订房、订票、订车、订导游员、订餐)是计调的主要任务。尽管事务繁杂零乱,但计调头脑必须时刻保持清醒,逐项落实。这很像火车货运段编组站,编不好,就要"穿帮"、"撞车",甚至"脱节"。俗话说,好记性不如烂笔头,安排中的事项多以书面确认落实,一防遗忘,二有案可查,不要仅仅落实在口头上。要做到耐心周到,还要特别注意两个字,第一个字是"快",答复对方问题不可超过 24 小时,能解决的马上解决。解决问题的速度往往代表旅行社的业务水平,一定要争分夺秒,快速行动。第二个字是"准",即准确无误,一板一眼,说到做到,"不放空炮",不变化无常。回答对方的询问,要用肯定词语,行还是不行,行怎么办?不行怎么办?不能模棱两可,似是而非。

(四)多样化

组一个团不容易,价格要低、质量要好,计调在其中往往发挥很大作用。因此,计调要对地接线路多备几套不同的价格方案,以适应不同游客的需求,同时留下合理的利润空间。同客户"讨价还价"是计调的家常便饭。有多套方案,多种手段,计调就能在"变数"中求得成功,不能固守"一个打法",方案要多、要细、要全,才可以"兵来将挡,水来土掩",纵然千变万化,我有一定之规。

(五)知识化

计调既要具有正常操作的常规手段,还要善于学习,肯钻研,及时掌握不断变化的新动态、新信息,以提高业务水平。肯下功夫学习新的工作方法,不断进行"自我充电",以求更高、更快、更准、更强。如要掌握饭店上下浮动的价位,海陆空价格的调整,航班的变化,本地新景点、新线路的情况,不能靠"听人家说",也不能仅靠电话问,应注重实地考察,只有掌握详细、准确的一手材料,才能沉着应战,保证操作迅速流畅。

计调不仅要"埋头拉车",也要"抬头看路",要先学一步,快学一步,早学一步,以丰富的知识武装自己,以最快的速度通过各种渠道获得最新的资讯,并付诸研究运用,才可以"春江水暖鸭先知"。虚心苦学、知识化运作其实是最大的窍门。

任务二 认知计调部

不同旅行社对于计调岗位的设置不尽相同。这种不同既可能体现在称谓上,也可能表现为部门权限的差异(如一些旅行社的计调部业务可能包含接待部和票务部的业务内容)。

中小型旅行社和大型旅行社计调部机构设置是不一样的。

一、计调部的作用

（一）计调部是旅行社信息集结中心和指挥中心

虽然在旅游者购买和消费旅游产品的过程中，能否达到消费者的满意取决于多个部门的共同努力，但计调是企业各个部门的总指挥，如图1-1所示。所有信息需要汇集到计调部门，计调部门要进行信息甄选、做好行程安排和资源调度。在落实旅游计划时，计调需要负责协调各方利益、发出指令、跟踪服务进程、指导紧急事件的处理以及随后的账务结算等工作。销售人员将产品销售给旅游者，将旅游者对旅游活动的要求反馈给计调。计调将产品设计好以后，将有关的信息传递给导游。旅游活动结束后，计调与财务人员结算账务，核算成本效益，并收集旅游者的建议和处理游客的投诉，将顾客信息与财务信息反馈给管理层，以便管理层做出正确的决策。

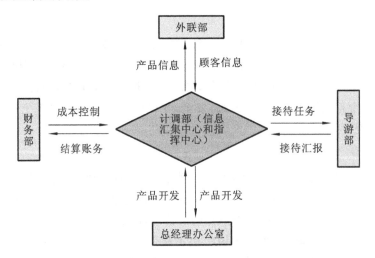

图1-1　计调部在旅行社中的地位

（二）计调部是旅行社产品质量的控制者

一直以来，人们有一个错误的观点，认为旅行社接待服务水平下降是由于导游素质不高造成的。从表面上来看，的确如此，但究其根本原因，旅游活动中许多失误却是由旅行社计调工作的疏忽造成的。在整个行程中，涉及游客几点到站、在哪儿接站、去哪里用餐、车辆的好坏、景点的衔接等许多环节。这些环节是否松弛有度、舒适便捷，都影响游客的切身感受，如果某个环节出现差错或利益处理不当，就会出现"一招不慎满盘皆输"的局面。如果产品设计失误，再优秀的导游也无能为力。在旅游接待服务过程中，出现一些意外情况，也需要计调去处理。因为导游是为整个团的游客服务，整个旅游活动不能因某些意外情况而终止。计调作为旅游活动的策划者、组织者和总协调人员，是客人的出行管家，是前方导游的坚强后盾，应将"难题"揽过来，协助导游应对突发事件，以保证游览活动的正常进行。旅游活动完成以后，计调还要征求游客意见，总结本次旅游活动的经验教训，提高业务水平。旅游产品接待的每一个环节都与计调工作息息相关，计调是旅游活动质量控制的核心。

(三)计调部关乎旅行社的盈利水平

旅行社利润的来源有两个:控制成本和增加收入。在开源方面由外联部负责,外联部在市场上"开疆扩地",目的是赢得更多的客源,扩大旅行社收入。但企业仅有开源还不够,还需要节流。计调是旅行社产品的设计者,产品中大部分成本是在设计过程中决定的,因此,计调是旅行社节流的主体。旅行社产品中的固定成本比例小,不需要大型机器设备和经营场地,相对来讲,旅行社产品中的变动成本比例高,这部分成本是旅游者在旅游过程中所需要的食、住、行、游、购、娱各项服务的成本总和。计调在采购时要做到成本控制和实际运作效果兼顾,与各个旅游相关服务单位搞好协调和沟通,建立互利互惠的协作机制,不管是在旅游淡季还是旺季,都能够争取到最优惠的价格,在保证服务质量的前提下,取得最好的经济效益。

二、计调部岗位的设置

(一)中小型旅行社计调岗位的设置

在我国现阶段的旅行社构成中,占有绝对比例的中小型旅行社规模较小,中小型旅行社计调部的机构设置是在总经理下设计调部,一般情况下计调部有3~10个计调人员。通常在计调部经理的领导下,分别从事不同的计调业务。图1-2所示为中小型旅行社计调部的机构设置。

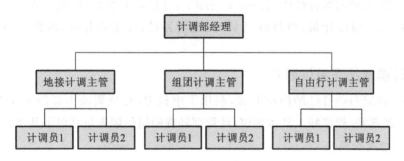

图1-2 中小型旅行社计调部的机构设置

(二)大型旅行社计调机构设置

大型旅行社计调部机构设置比较复杂(见图1-3),与中小型旅行社相比,大型旅行社的计调部业务分工更加细致,专业性更强。在总经理下设计调中心,在计调中心下分为接待中心、组团中心或者分为国际部和国内部。国际部比较简单,下设欧洲部、美洲部、亚洲部等;而国内部却比较复杂,主要是根据旅游线路来设置的,所以又常常分为省内线和省外线。随着国内旅游竞争的日益激烈,一些大型旅行社也纷纷涉足国内旅游业务。

大型旅行社的机构设置要更合理、科学一些,它是专人负责,而中小型旅行社的计调机构设置则要混乱一些,常常会发生衔接不好的现象。如一些事情本来就是相互联系的,有时你以为另外一个计调人员做了这些事,而实际上却谁也没有做,造成计调工作的失误,给旅行社带来不必要的损失,比较理想的计调部机构设置应该是专人负责。

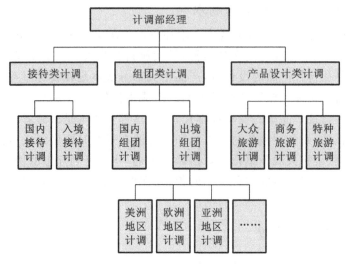

图 1-3 大型旅行社计调部的机构设置

三、计调部岗位的职责

小型的旅行社一般设置了计调部经理和计调员岗位;中型的旅行社一般设置有计调部经理、计调主管;大型的旅行社计调部分工更细了,有计调部经理、计调主管,计调员还细分为信息资料员、计划统计员、值班联络员、交通票务员、订房业务员、内勤人员、行李业务员等。

（一）计调部经理岗位职责

计调部经理应明确自己的岗位职责,利用手中权力,充分调动本部门工作人员的积极性,把本部门经营好、管理好。具体来讲,计调部经理的岗位职责包括以下几条。

1. 经营、管理计调部

计调部经营既包含了旅行社中长期发展规划、特色产品和优势产品规划等宏观内容,同时更多涉及具体团队运作的计划,如线路选择,团队运行中的组织、协调、指挥,财务结算等。管理好计调业务,让每位员工充分发挥自身的潜能,是计调部经理的首要职责。

2. 制定和实施本部门的各种规章制度

计调部要进行经营活动,必须建立和健全岗位责任制度。计调部经理要根据本部门的实际情况,制定各种规章制度,把本部门各种常见的、具体的事务落实到人,做到事事有人管、人人有专责、办事有标准、作业有程序、工作有检查,从而使计调部有一套科学和合理的管理制度。

3. 编制计调部的各种工作规程

要编制科学和合理的工作规程,首先要熟悉业务,了解工作的要求、目标、作业的过程,以及必需的人、财、物资等;其次要懂得编制工作规程的方法。工作规程的编制总是以某一特定的工作为对象,如发传真、打电话、编制接待计划等。规程要具体规定工作过程中有多少环节,每一个环节有多少内容,每个内容中的动作、语言、手续、时限及与其他工作部门的联系程序如何等。在日常管理中,经理只要把大家的工作都控制在工作规程之中,整个部门也就能顺利运转了。

4. 收集信息,为总经理做决策提供依据

计调部在工作中接触的面最广,掌握的信息也较全面,因而计调部经理应做好旅行社总经理的参谋。旅行社总经理在决策时往往需要了解全方位的资料,计调部应做好信息的收集工作,随时为总经理提供有用信息,帮助总经理做出正确决断。

5. 审定本部门财务开支

旅行社为了工作的方便,往往赋予计调部经理有限的财权,包括可以审核、开支本部门的业务费用,有权对本部门财产报损、对员工给予奖惩等。当然,计调部经理行使上述权力时,应以不影响旅行社的全盘计划和能促进计调部的经营管理为前提。

6. 培训、选拔本部门业务人员,激励并发挥部属的工作积极性

计调部经理有义务对本部门员工进行业务培训,使员工明确岗位职责,切实做好本职工作。此外,计调部经理还应利用行政职权,对本部门业务人员进行奖赏,如升迁、奖励和处罚等,并报总经理批准。

(二) 计调部员工的岗位职责

1. 信息资料员的岗位职责

信息资料员的岗位职责是:①负责旅游业务各种信息的收集、整理、归档;②负责旅行社计调业务工作的信息资料汇编下发、存档及使用;③向旅行社决策部门、计调部经理提供所需信息、资料的分析报告;④负责制作旅游团(旅游者)情况报表,收集反馈信息,配合统计人员提供旅游团(旅游者)的各项统计数据。

2. 计划统计员的岗位职责

计划统计员的岗位职责是:①负责编写全社年度业务计划;②负责全社月、季接待任务预报及流量预报;③汇总全社旅游业务统计月、季报表,编写接待人数月、季报表;④承接并向有关部门和人员分发各业务部的旅游团(旅游者)的接待计划;⑤承接并安排各地旅行社地方外联团的接待计划;⑥负责向旅行社决策部门、财务部门提供旅游团(旅游者)流量、住房、交通等多项业务统计及其分析报告。

3. 值班联络员的岗位职责

值班联络员的岗位职责是:①负责全社总值班室昼夜业务值班,做好值班记录和电话记录并及时向有关部门或人员转达或传递电话记录;②掌握全社各业务部门及外地组团社发来的接待计划,负责在登记表上及时标出计划发文号、预报号、人数、服务等级和种类、自订或代订房、住房要求、节目要求、抵离日期、航班或车次与时间、旅行下一站城市等主要内容;③及时掌握旅游团(旅游者)取消、更改情况的内容,并负责通知各有关部门或人员及时调整接待安排;④及时向信息资料员提供最新信息。

4. 交通票务员的岗位职责

交通票务员的岗位职责是:①负责落实旅行社旅游团(旅游者)的机、车、船等交通票据,

并及时将落实情况转告给有关业务部门或人员；②在接到各业务部门有关旅游团（旅游者）人数、航班或车次等变更的通知时，及时与有关合作单位联系，处理好更改、取消事宜；③负责计划外旅游团（旅游者）的机、车、船票的代订业务，并根据委托代办的要求办理机、车票订座或再确认事项；④根据组团客户的要求或旅游团的人数规模，负责办理申请包机手续，代表计调部签订包机协议书，并将情况转告有关业务部门，落实好具体衔接工作；⑤办理本社陪同导游和外地组团社全陪的机、车票代订工作；⑥负责与合作单位做好旅游团（旅游者）票务方面的财务结算工作。

5. 订房业务员的岗位职责

订房业务员的岗位职责是：①代表计调部负责与饭店洽谈房价、签订订房协议书；②根据接待计划或客房预订单，为旅游团（旅游者）及陪同预订住房；③负责住房预订的变更、取消事宜；④负责包房使用、销售、调剂工作；⑤制作旅游团（旅游者）住房流量表及其单项统计；⑥协同财务部门做好旅游团（旅游者）用房的财务核算工作。

6. 内勤人员的岗位职责

内勤人员的岗位职责是：①代表计调部负责与餐馆、车队就旅游团（旅游者）的用餐、用车事宜进行洽谈，并选择理想的合作对象与其签订合作协议书；②根据接待计划，为旅游团（旅游者）安排订餐、订车，并负责用餐、用车预订的变更、取消事宜；③负责宴请、大型招待会、冷餐会等活动的具体落实与安排；④负责旅游团（旅游者）文艺节目票的预订，对于专场演出，要负责事先落实安排好包括文艺团体的专场演出费，演出的日期、时间、地点等事项，并与本社业务部门做好文艺票的交接工作；⑤负责落实参观、访问、拜会等特殊要求的安排。

7. 行李业务员的岗位职责

行李业务员的岗位职责是：①负责旅游团（旅游者）托运行李的搬运、押运，并负责安全、完整、准时地将行李送到指定地点；②负责旅游团（旅游者）离开时，行李托运手续的办理及登机卡手续的办理；③负责旅游团（旅游者）丢失行李的查找。

四、计调部员工分类

按照不同的标准可以把计调人员分成不同的类型，下面介绍几种常用的分类方法。

（一）按照旅行社团队的组成和接待过程来划分

按照旅行社团队的组成和接待过程来分，可以将计调分为组团型计调和接待型计调两种，这是最基本的分类方法。

1. 组团型计调

组团型计调是负责组成旅游团队，并将团队发送到异地接待社接待的专职人员。按接待社的地区差异，又分为国内组团型计调和出境组团型计调两种类型。国内组团型计调是组织中国公民到国内旅游的操作人员，出境组团型计调是指组织中国公民到境外旅游的操作人员。

知识链接

熊晓敏计调分类法①

熊晓敏把计调人员分为组团类计调、接待类计调、批发类计调、专项类计调四种。其中,组团类计调又分为中国公民国内游计调和中国公民出境游计调两种。

1. 中国公民国内游计调

中国公民国内游计调包含两种,即中长线计调和短线计调(周边短线汽车团计调)。

（1）中长线计调。

这里的中长线是指从客源地通过各种手段招徕本地旅游团体或零散客,向游客提供游程通常在3天以上,需要通过飞机、火车等交通方式运达旅游目的地,委托当地接待社完成所约定的接待项目,并在旅游目的地使用到区间交通工具的旅游线路。负责操作这类线路的专职人员通常被称之为中长线计调。

（2）短线计调(周边短线汽车团计调)。

这里所说的短线,通常是指旅游目的地在客源地周边,游程在1~3天,以使用旅游汽车作为主要交通工具,通常由组团社自己接洽或委托接待社安排用车、用餐、景点游览、酒店住宿、派发导游等事宜的旅游线路。负责操作这类线路的专职人员通常被称为短线计调,又称为周边短线汽车团计调。

2. 中国公民出境游计调

中国公民出境游,是指从中国境内客源地通过各种手段招徕本地旅游团体或零散客,将其送往其他国家和地区游览(含港澳台地区),并委托境外旅游目的地的旅行社或接待机构负责完成所约定的旅行游览活动过程。中国公民出境游计调就是负责操作这类出境旅游线路的人员。根据旅游目的地的不同,又可划分为不同类别的计调。

（1）欧美澳加地区计调。

欧美澳加地区,泛指以英美语系为主的欧洲、美洲、澳大利亚、加拿大等国家和地区。负责将中国境内公民输送到这些国家和地区旅游并委托当地旅行社或接待机构负责完成所约定的旅行游览活动过程的专职人员,称之为欧美澳加地区计调。

（2）德法西葡地区计调。

德法西葡地区,泛指德国、法国、西班牙、葡萄牙等国家和地区。负责将中国境内公民输送到这些国家和地区旅游并委托当地旅行社或接待机构负责完成所约定的旅行游览活动过程的专职人员,称之为德法西葡地区计调。

（3）非洲地区计调。

因非洲旅游尚在开发阶段,旅游成熟国为数不多,故非洲地区泛指整个非洲大陆,目前来说,以南非、埃及、肯尼亚、赞比亚、埃塞俄比亚等旅游相对发展较好的非

---

① 熊晓敏.旅行社OP计调手册[M].北京:中国旅游出版社,2007.

洲国家为主。负责将中国境内公民输送到这些国家和地区旅游并委托当地旅行社或接待机构负责完成所约定的旅行游览活动过程的专职人员,称之为非洲地区计调。

(4) 东南亚地区计调。

东南亚地区,泛指新加坡、马来西亚、泰国,包括泛太平洋、南亚地区。负责将中国境内公民输送到这些国家和地区旅游并委托当地旅行社或接待机构负责完成所约定的旅行游览活动过程的专职人员,称之为东南亚地区计调。

(5) 日韩地区计调。

日韩地区,泛指日本、韩国、朝鲜等国家。负责将中国境内公民输送到这些国家和地区旅游并委托当地旅行社或接待机构负责完成所约定的旅行游览活动过程的专职人员,称之为日韩地区计调。

(6) 俄罗斯北欧地区计调。

俄罗斯北欧地区,主要包括芬兰、瑞士、挪威、冰岛、南联盟等北欧国家和地区。负责将中国境内公民输送到这些国家和地区旅游并委托当地旅行社或接待机构负责完成所约定的旅行游览活动过程的专职人员,称之为俄罗斯北欧地区计调。

(7) 伊斯兰中东地区计调。

伊斯兰中东地区,泛指以伊斯兰语系为主的中东和中亚国家及地区。负责将中国境内公民输送到这些国家和地区旅游并委托当地旅行社或接待机构负责完成所约定的旅行游览活动过程的专职人员,称之为伊斯兰中东地区计调。

(8) 港澳台地区计调。

港澳台地区是中华人民共和国的一部分,因为历史与地域的原因,目前到这些地区旅游并不像到国内其他地区游览那么方便,需持有港澳台特别通行证。负责将中国公民输送到这三个地区旅游并委托当地旅行社或接待机构负责完成所约定的旅行游览活动过程的专职人员,称之为港澳台地区计调。

(9) 印巴南亚地区计调。

印巴南亚地区,泛指以印巴语系为主的印度、巴基斯坦、尼泊尔、阿富汗、环喜马拉雅山南亚"古丝绸之路"地区的国家。负责将中国境内公民输送到这些国家和地区旅游并委托当地旅行社或接待机构负责完成所约定的旅行游览活动过程的专职人员,称之为印巴南亚地区计调。此类计调需熟知佛教、伊斯兰教及古印度文化。

(10) 拉美地区计调。

拉美地区,泛指秘鲁、智利、阿根廷、巴西等以印第安语系为主的拉丁美洲国家和地区。负责将中国境内公民输送到这些国家和地区旅游并委托当地旅行社或接待机构负责完成所约定的旅行游览活动过程的专职人员,称之为拉美地区计调。

2. 接待型计调

接待型计调是指在接待社中负责按照组团社计划和要求确定旅游用车等区间交通工具、用餐、住宿、游览、派发导游等事宜的专职人员。按组团社的地区差异,分为国内接待型计调和国际入境接待型计调两种类型(见图1-4)。接待社是相对组团社而言的,通常是指受组团社委托,按照组团社的计划和要求来完成组团社对游客承诺的接待内容和标准的旅行社。

国内接待通常是以组团社和旅游目的地来界定的,是指受中国境内组团社(不含港澳台地区)委托,按照其要求在中国境内的旅游目的地(不含港澳台地区)完成其对游客承诺的接待内容和标准的过程。国内接待型计调是指在国内接待社中负责操作这一流程的专职人员。

国际入境接待型计调通常是指受中国以外的国家和地区组团社(含港澳台地区)委托,按照其要求在中国境内的旅游目的地(不含港澳台地区)完成其对游客承诺的接待内容和标准的过程。国际入境接待型计调是指在国际接待社中负责操作这一流程的专职人员。

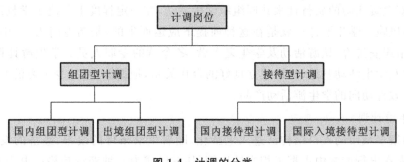

图1-4 计调的分类

知识演练

澳大利亚一旅游团来到成都旅游,第一站是成都—九寨沟—黄龙三日游,第二站是西安二日游,第三站是北京二日游,第四站上海南京二日游,然后返回澳大利亚。整个过程由成都某旅行社计调部负责接待。

问:从事澳大利亚旅游团在成都、西安、北京、上海等地游览事宜的这个操作人员属于哪种计调人员?

答:这个操作人员属于国际入境接待型计调。

(二)按照旅游者的组织类型来划分

按照旅游者的组织类型可以把计调分成团队型计调和散客型计调。团队型计调主要是负责团队操作的专职人员。散客型计调是专门操作自助或半自助类旅游事务的专职人员。

(三)按照特定的旅游需求划分

随着经济的发展,游客对旅游的需求日益增大,这不仅反映在出行人数的增长上,也表现在旅游项目和种类的丰富及多变上。针对有别于传统旅游的需求及特定的旅游层次,产

生了专事操作商务会展、修学游、摄影游、探险游、自驾游等特种旅游,仅仅代订机票、酒店的自由人项目,专门和使馆接触负责签证事宜,以及针对学生团体、老年团体的专项类操作人员,称之为专项类计调。

1. 商务会展计调

自我国加入WTO以来,各种学术交流、项目考察、投资洽谈、会展会务活动越来越多,很多组织机构往往在会务活动期间或结束后结合当地的旅游资源组织与会者参与会间或会后的游览活动。为满足这种需求,很多旅行社也开始设立会展部门,并设置专门的人员从事此项接待工作。商务会展计调有别于传统意义上的计调人员,其涉猎面和工作面也较为宽泛,牵涉会展需要的会展策划书的拟订、场馆选择、场地布置、用车用餐安排、人员接送、会间及会后参观游览活动等的接洽安排。对这一类型的计调人员素质要求也较高,除掌握传统意义上计调的操作技能外,也需要有更强的统筹全局和谈判接洽能力。

2. 学生游计调

自国家教委解禁"学生春秋游"活动后,很多学校开始选择具有春游营业资质、正规、合法、能提供安全责任险的旅行社来共同组织学生活动,在一定程度上分流了学校组织学生活动的压力和风险。学生游计调就是在这种前提下应运而生的,是指专门为大、中、小学校等教育机构,组织安排春、秋游活动及学生夏令营、冬令营的专职人员。学生游计调应和学校等教育机构及学生活动基地、场馆建立良好的合作关系,把握团中央、少工委的文件精神,应时推出迎合教育动向的学生游活动产品。

3. 老年游计调

中国的很多城市的人口结构已进入老龄化,随着生活条件的改善、经济的发展、思维的转变,老年人在出行游客中占据了相当的比例,甚至已成为一种潮流趋势。由于老年旅游团队和学生团队一样属于特定层面,有其特殊性和适应性,不少旅行社针对其特殊要求设置了专门从事设计老年人旅游活动产品、满足老年游客特殊需求的操作人员。老年游计调在游程安排上必须有别于一般旅游团队,保证有充裕的游览时间和休息时间,要照顾到老年游客行动不便、突发状况多的特性;在酒店的选择上要干净舒适,房间必须有防滑设施等;在陪同人员的选择上要挑选有爱心、责任心及有经验的导游,提供食物要清淡适宜等。

4. 特种游计调

随着生活水平的提高、社会意识的宽容,游客对旅游活动的需求也日益丰富多彩,产生了如学生在寒暑假前往国外进行短期语言进修、参观游览活动的修学游,艺术爱好者前往某地绘画写生、考察摄影的艺术游,自驾游爱好者自驾前往某地游,探险爱好者挑战极限的探险游等诸多特种旅游项目。针对这种需求应运而生的特种游计调就是为这些特殊游客的特殊需求负责安排接待的专职人员。特种游计调往往是一团一议,根据游客的不同需求制订不同的安排计划。

5. 机酒类计调

机酒类计调属于专项游计调的一种。随着现代人旅游个性化需求的增大,仅需旅行社代订单程或往返机票与旅游目的地高星级酒店的新型自助旅游方式日益盛行。鉴于此项旅游方式的兴盛之态,很多代订机票、酒店的自由人服务网站也不断涌出,不少旅行社也针对游客旅游度假胜地需求推出机酒自由人产品,提供机票+酒店+接送机的服务项目。专门从事这种接待操作的人员称之为机酒类计调。

6. 签证类计调

在从事出境旅游业务的国际社中,和使馆、签证处打交道的签证工作因为往往要牵涉大量的精力,一般都会交由专人负责,其要求从业人员对目的国的签证手续和法规常识都有相应了解,对游客递交的资料要进行前期的审核和准备工作,要有很强的责任心,避免表格填写错误或资料遗漏所造成的拒签,或是遗失游客护照等造成不必要的损失。在旅行社中专门从事签证事宜的人员称之为签证类计调。

7. 在线类计调

在线旅游的迅速发展催生了在线计调的产生,其在线上为旅游者开发产品,负责与游客、组团社、地接社沟通,为游客落实各个接待环节的专职人员。在在线旅行社中专门为在线游客提供各个环节接待操作的人员就称之为在线计调。

五、计调部员工招聘

(一)旅行社计调人员招聘应当考虑的因素

在旅行社计调人员的招聘过程中,企业不仅应考虑应聘者的专业知识和专业技能,更应重视应聘者的择业价值取向,选聘那些有积极进取和奋发向上事业心的,有互助合作能力的,能够不断学习的,有敬业乐业精神的人员。具体来讲,在选聘旅行社计调人员时要着重考虑以下因素。

1. 应聘者的敬业精神

旅行社在招聘过程中,应重视人员的专业知识水平和专业服务能力。但是,高素质的人才不仅仅意味着知识渊博、专业技能高超、经验丰富,更重要的是具备积极进取、奋发向上的事业心和奉献精神。因此,旅行社计调部不仅应考虑应聘者的专业水平,更应重视其择业的价值取向,选聘那些能够不断学习、愿意在本企业长期工作、德才兼备、有敬业精神的专业人员。

2. 应聘者的合作能力

旅行社计调人员必须与其他部门合作,才能为旅游者提供优质的服务。旅行社计调人员还必须把处理好与相关行业和部门(如交通运输部门、饭店、餐馆、旅游景点等)的关系放在首位,这就要求旅行社计调人员有较强的协调、沟通能力。旅行社在招聘时,应重视应聘者的互助精神和合作能力,要求专业服务人员能求同存异,有集体主义精神,能与各种类型的人建立良好的合作关系。

3. 应聘者对旅行社的忠诚度

随着旅游业的迅速发展,人才市场的竞争也日益激烈,旅游从业人员的流动率很高。招聘有经验的人才,对于旅行社开拓市场、解决燃眉之急有不可忽视的作用,尤其是对刚成立的旅行社。一般更期望招聘有经验的人才,以期在短期内对旅行社做出较大的贡献,旅行社对这类人也无需进行培训。但是,旅行社管理者必须考虑,对这类人付出的代价(如高工资、高待遇)是否与他们对企业的贡献真正相符,这类人对于新加入的旅行社忠诚度如何?有些旅行社在招聘中以高薪、出国、晋升机会、舒适的工作环境等条件来"挖"人才，招揽一些所谓有"实力"的人加入企业，因没有充分重视应聘者对企业的忠诚度，其结果是吸引了那些只讲待遇、不求奉献、金钱至上的求职人员，一旦其他旅行社有更优厚的待遇，这些人便再次跳槽，给旅行社造成很大的损失。因此，招聘、培养对企业有忠诚感的优秀人才，才是旅行社长期发展的基础。

（二）旅行社计调人员招聘的途径

1. 内部招聘

内部招聘主要有内部员工的提升和调动两种方式。一是提升内部员工。这是填补旅行社计调空缺的重要方式，这样不仅可以将有能力的员工放在更合适的位置上，更重要的是对员工的工作积极性能产生激励作用。有效的内部提升有赖于有效的员工晋升制度，有赖于通过对员工的培训来帮助管理者确认并开发员工的晋升潜力。二是内部职位的调动。主要是指旅行社将员工从原来的岗位调往同一层次的空缺岗位去工作。如一些导游从事一段时间的导游工作之后，就想从事计调工作了。很多在旅行社工作的人就属于这种情况，他们当了几年的导游，对旅游线路很熟悉，与各个服务单位具有良好的人际关系，从事计调工作就得心应手了。

2. 外部招聘

旅行社计调外部招聘是通过对旅行社人事资料的检索，查明和确认在职员工中确实无人能胜任和填补职位空缺时，而从社会中招聘和选择员工。旅行社计调外部招聘主要通过以下几个途径来进行。

1) 校园招聘

开设有旅游管理专业的大中专院校和职业学校是旅行社招聘新员工的最重要的途径。学生通过三年或四年的系统学习，基本掌握了旅行社业务的基础知识，初步具备了旅行社经营与管理的技能。学生具有专业知识较强、接受新事物速度快、个人素质较高等特点，并且在校期间也接受了一定时间的专业训练和专业实习，具有一定的实际工作经验，旅行社只需对其进行短时间的培训，便可以安排上岗，并能够很快适应工作需要。应届毕业生年轻、求知欲强、成才快，录用他们是保证旅行社员工队伍稳定和提高员工整体素质的有效途径。

2) 公开招聘

公开招聘是指旅行社利用广播、电视、报纸、杂志、因特网和海报张贴等多种途径向社会公布招聘计划，为社会人员提供一个公平竞争的机会，从而择优录取合格人员的招聘方式。通过公开招聘所吸引的应聘者层次不同，筛选工作量大，所以不适合急于填补计调岗位人员的招聘需要。

3) 供需见面会

现在各个地方都有专业的人才市场，并且定期地举行供需见面会，这种形式的好处是针对性强，还可以让需求者与供给者直接见面，设置了第一道筛选的检验关口，提高了效率。但是这种形式的弊端就是要同时面对许多求职者，而这些人往往鱼龙混杂。另外，这种形式下容易产生"马太效应"，即多的越多，少的越少，好的旅行社能获得更多的选择权限，而差的旅行社就难免出现"门前冷落鞍马稀"的尴尬局面。

(三)计调人员招聘的流程

旅行社计调人员招聘的流程通常分为准备筹划、宣传报名、全面考核和择优录取四个阶段。

1. 准备筹划阶段

这一阶段的主要工作有根据旅行社需要制订招聘计划,拟定招收方案,包括确定区域、范围、标准和报名时间等;按规定向劳动管理部门报批并办理有关手续。

2. 宣传报名阶段

这一阶段主要有两项工作:一是发布招聘信息,使求职者获得旅行社招聘的信息,并起到一定的宣传作用;二是受理报名,通过求职者填写有关求职登记表,了解求职者的基本情况,并通过目测、交谈,判断其是否符合本旅行社员工的报名资格,为接下来的全面考核奠定基础。

3. 全面考核阶段

这一阶段是员工招聘工作的关键。根据旅行社计调部的招聘标准,对求职者进行现实表现考核和职业适应性考查。现实表现考核主要是了解求职者过去的工作表现,职业适应性考查则包括以下几个方面。

1)初试

通过简单文化、目测、验证、填表和测量等方面的测试,考核求职者的身体素质、文化程度、工作经历及其他基本情况,挑出基本符合旅行社计调部要求的人员,淘汰明显不符合招聘条件的人员。

2)笔试

主要测试求职者的语言表达能力、文化素养、独立解决问题的能力等。

3)面试

通过管理者与求职者进行面对面的交谈,观察求职者的面部表情、动作姿态、谈话态度、语言表达、回答速度等方面,了解其个性、思维、动机、需要等心理素质和能力以评价求职者的发展潜力。同时,向求职者介绍旅行社招聘职位的详细情况、工作条件和待遇等有关信息。

4)体检

通过体检不仅可以了解求职者是否具有胜任工作的健康体质,还可以防止身患疾病者进入旅行社计调部工作。

4. 择优录用阶段

择优录用就是把多种考核和检测结果结合起来,综合评定,严格挑选出符合旅行社计调岗位要求的人员,确定录用名单。最后办理录用手续,洽谈工资、福利待遇等问题,签订劳动合同,使旅行社与员工之间的劳动协议具有法律效力。

六、计调部员工的职业素养

(一)计调人员的职业意识

1. 促销意识

旅行社从事的是旅游销售,因此,从业人员必须具备促销意识。促销意识是以计调业务

人员充分理解该业务在旅行社经营活动中的重要性为基础的。旅游销售实际上是一种服务承诺,旅游者购买的只是一种预约产品。旅行社能否实现销售承诺,旅游者对旅游消费是否满意,很大程度上取决于旅行社计调和外联工作做得好坏。计调业务通过对外采购和协调,保证旅游活动顺利进行,是旅行社做好销售工作和业务决策的前提。一旦计调工作出现失误,势必造成旅游服务链的断裂,引起旅游投诉,不仅会使旅行社蒙受一定的经济损失,还会影响旅行社的声誉,影响今后的市场促销。因此,旅行社计调人员促销意识的重点,是树立质量意识和品牌意识,通过对每一个旅游团队的优质服务,争取更好的市场口碑,以获得更多的客源。

2. 全局意识

旅行社是一个有机整体,由众多的部门组成,各部门担负着不同的职能,但每个部门都围绕着旅游服务展开工作,所以各部门工作既有分工,又有密切的联系。计调业务部门是旅行社的核心部门,计调人员拥有全局意识尤其重要。只有时刻以旅行社工作大局为重,加强与各部门的联系与合作,才能实现部门效益乃至旅行社效益的最大化和最优化。

3. 服务意识

计调工作是旅行社服务工作的重要组成部分。计调业务人员应具备良好的服务意识,主动为客人提供优质的旅游产品,为相关部门提供业务信息。计调部门的业务范围因旅行社的规模和发展不同而不尽相同,一般来说,对外采购包括变更后的采购,以及对内提供信息,这些都是旅行社计调业务的基本内容。计调部要按照旅游计划,代表旅行社与交通运输部门、饭店、餐馆和其他旅行社及其相关部门签订协议,预订各种服务,满足旅游者在食、住、行、游、购、娱等方面的需求,并随着计划的变更,取消或重订服务。计调部门要及时把旅游供应商及相关部门的服务信息提供给销售部门,以便其组合旅游产品,同时,要做好信息统计工作,向决策部门提供有关旅游需求和供应信息的分析报告。

4. 质量意识

质量意识是指旅行社计调人员在物质上、精神上满足旅游者需要的主观自觉性。强烈的质量意识是确保旅行社员工提供高质量旅游服务的先决条件。在服务过程中,业务人员要提高对服务质量的重视程度和自觉程度,树立"服务就是客源,质量就是效益"的观念,增强保证质量的责任感、使命感和紧迫感。

5. 协作意识

计调业务部门在日常工作中要经常与有关部门联系,搞好与各方面的关系,这是计调业务部门开展工作的基本前提。在旅行社内部,计调业务部门需与外联部、接待部、综合业务部和财务部等部门发生频繁的业务往来,必须注意工作的协调;在旅行社外部,计调部门还要与交通部门、饭店、旅游景点、商场等单位合作。因此,计调部门的业务人员必须树立较强的协作意识,要善于与各部门、各单位合作,善于与他人沟通和交往,以便赢得各方的配合和支持。

6. 效率意识

旅行社业务具有较强的时效性,计调部门必须树立效率意识,在安排团队接待计划时,应周密部署,及时完成各项业务预订,及时处理团队运行中的改订业务。当前,旅行社每天接待的旅游团队很多,计调部门往往同时面对多个旅游团队接待任务,因此,在工作中必须环环相扣,注重效率,才能避免差错,使每一个旅游团队都能享受到保质保量的服务。

(二)计调人员的职业道德

职业道德是指从事社会职业的人们,在履行其职责的过程中理应遵循的道德规范和行为准则。在我国,大力倡导"爱岗敬业、诚实守信、办事公道、服务群众、奉献社会"的社会主义职业道德。作为旅行社计调业务的工作人员,在自己的职业生涯中,应该遵循的道德准则和行为规范主要体现在以下几个方面。

1. 爱岗敬业

爱岗敬业就是干一行爱一行,安心本职工作,热爱自己的工作岗位。热爱本职工作是一切职业道德的最基本要求。爱岗和敬业是紧密联系在一起的,爱岗要落实到敬业,敬业是爱岗意识的体现、爱岗情感的表达。敬业精神是人们基于对一件事情、一种职业的热爱而产生的一种全身心投入的精神,是社会对人们工作态度的一种道德要求。它的核心是无私奉献意识。计调工作琐碎、繁杂,注重细节,而且要求反应快速,如果没有奉献精神,是不可能做好的。计调工作直接影响着团队的服务质量。行程标准必须标注详细明了,办理各种手续要当事人签名,与合作社、酒店确认并要求对方回传,购买的门票要认真看清票面的内容,团队结束后要将相关的单据收齐等诸多操作细节,无不要求计调人员细心及全身心投入。如果缺乏敬业精神,这些琐碎的事情会让人烦不胜烦,工作不细致,然而一些小的差错,就可能降低产品质量或为旅行社带来损失。

2. 诚实守信

诚实守信是为人之本,是中华民族的传统美德,又是人类文明的共同财富,也是计调人员的处世准则。诚实是指忠诚老实,言行一致,表里如一;守信是指说话、办事讲信用,答应了别人的事,就要认真履行诺言,说到做到,守信是诚实的一种表现。诚实是守信的前提,守信是诚实的体现。恪守信誉在服务行业中显得尤为重要,计调答应了游客的事情,一定要保质保量地完成。

3. 办事公道

办事公道是处理职业内外关系的重要行为准则。办事公道要求在工作劳动中自觉遵守规章制度、秉公办事,平等待人、清正廉洁,不滥用职权、假公济私,更不能损公肥私、损人利己。办事公道表现在业务活动中就是公平合理、认真维护消费者的实际利益。作为旅行社的计调人员,许多重要的涉及经济利益的工作环节都由自己单独操作,如果计调人员不具备廉洁无私的品质,就可能在贪欲的驱使下违反纪律甚至法律。所以,计调人员一定要尽心工作,对待与游客相关的各种问题要做到认真负责,克己奉公,最大限度地让顾客满意,让企业获益。

4. 服务游客

服务游客是旅游职业道德的根本归宿。不同职业的差别在于服务的具体形式、手段、范围不同而已。服务游客就是要求任何职业都必须极力设法满足它的职业对象的要求,处处为职业对象的实际需要着想,尊重他们的利益,取得他们的信任和信赖。计调人员在与游客以及其他合作者的沟通交流中,要学会设身处地地为他人着想,体会他人感受,始终保持冷

静和热情友好的服务态度,向他人传递本公司的良好形象。当计调人员在执行自己的业务工作时,计调行为不再是个人的行为,而是代表整个计调部门或整个企业。

5. 奉献精神

奉献精神就是为社会的、整体的、长远的、他人的利益,牺牲自己和损失自己应得的种种利益的一切自觉行为。奉献的前提是无私,奉献的实质是自我牺牲。无私奉献是一种高尚的道德情操。

计调人员必须具备乐于奉献精神,第一,因为乐于奉献精神有助于把工作做得更好。计调业务烦琐且界限难以界定,多做一点少做一点,短时间内很难察觉出来。具有乐于奉献精神的计调人员工作细致认真,对工作保持高度的热情,会设身处地为游客和企业着想,愿意付出额外的努力。一个很小的细节可能使游客非常满意而心存感激,但游客未必表达出来。同样,一个不负责任的计调人员,不愿承担工作失误的后果,事事找理由,时时找借口。从大体上看,工作没有失误,游客心里感到别扭但未必明白别扭来自哪里,即使非常不满也不愿投诉,但对旅行社来讲,就会永远失去这类顾客。第二,乐于奉献精神还有助于计调人员进行组织协调工作。组织协调是计调工作的主要职能之一,对于企业来讲,虽然资源雄厚,员工个个精明能干,但是如果组织协调不当,这些物质资源和人力资源不能产生任何价值,甚至产生破坏作用。具备乐于奉献精神的计调人员,会主动以大局为重,把自己的利益融入组织的利益之中,不会对自身的利益斤斤计较,支持和维护企业的目标和形象,遵守企业的规章制度和作业程序,自愿承担一些本不属于自己职责范围内的工作,愿意帮助别人,积极与他人合作,从而将资源进行有效整合,使企业的目标得以实现。

(三) 计调人员的知识素养

1. 历史文化知识

文化是整个旅游业的支柱和灵魂,决定了旅游业的发展方向和兴衰成败。只有把旅游与文化紧密结合起来,深刻理解旅游资源中的文化内涵,并把文化通过组织旅游的形式传递给旅游者,让旅游者品尝到文化盛宴,这样的旅游产品才具有生命力和竞争力。

作为一名复合型计调人才,掌握的历史文化知识是为旅游产品的设计和开发、旅游业务咨询和销售、旅游活动的组织和协调等工作服务的。历史文化知识是文化的重要组成部分,它形成了旅游产品的筋骨,计调在进行旅游资源的收集整理和线路的组合开发时,只有掌握历史文化知识,才能通过串联一系列的旅游活动,把蕴含在旅游资源中的文化潜能充分释放,并开发出整体形象鲜明、文化品位高的旅游产品,为游客营造一种浓重的文化氛围,展现旅游活动求美、求新、求知的文化功能,把旅游产品的开发提高到一个新的水平。

计调掌握历史文化知识可以更好地为游客提供服务。游客进行购买咨询时,咨询的重点在于哪些风景值得看,哪些名胜古迹、文物值得旅游,哪些名胜大川的旅游价值大。计调懂得了这些文化知识之后,就可以更好地给游客推荐。否则,计调对旅游产品就会"知其然不知其所以然",就不能用产品打动旅游消费者,从而影响旅游产品的销售。

2. 旅游地理学知识

旅游是指人们闲暇时间内进行的旅行游览、观赏风物、交流文化、增长知识、锻炼身体、度假疗养、消遣娱乐、探险猎奇、宗教朝觐、考察研究、品尝佳肴以及探亲访友等非定居性的暂时性移居过程，也是一种以各种不同方式分配空间和利用时间的社会现象。人们在游览过程中离不开旅游地理学知识。

计调掌握旅游地理学知识是制订旅游活动计划和开发设计旅游线路的前提。计调只有掌握旅游地理学知识，才能深刻理解旅游的起因及其地理背景，了解旅游者的地域分布和移动规律，掌握旅游资源的成因、分类、评价、保护和开发利用，以及旅游区（点）布局和建设规划等知识，这些知识有助于计调做好旅游线路设计和制订旅游活动计划。旅游地理学知识也是计调为客人提供满意咨询服务的必要条件。计调需要掌握自身服务区域内的不同等级旅游区、旅游服务各组成要素的基本特征及主要特色，熟悉重要景区及其旅游线路，了解民俗文化、风味特产、工艺美术等，在计调提供咨询服务时，才能为旅游者答疑解惑，提出专业的旅游参考建议，成为旅游者信任的旅游顾问。

3. 市场学知识

计调具备市场学知识是应对变幻莫测的旅游需求的必然要求。旅行社正面对知识经济时代的来临及其严峻挑战，现代科技的飞速发展，从根本上改变了人们的生活方式和社会生产方式，旅游消费者希望通过旅游更多地彰显个性，获得全面的与众不同的享受与旅游体验。计调要能分析出市场变化对旅行社经营和旅游消费者需求带来的影响，以及由这些影响产生的旅游需求方面的变化，洞察旅游消费者的知识及其学习过程，并在顾客与旅行社接触的每个节点中发挥作用，如在产品策划、制订旅游活动计划、产品定位、包装促销、宣传推广中学习游客搜寻信息和消化信息的特点，这样才能推出有针对性的活动。而且计调不仅要向旅游消费者学习，而且要会引导"教育"消费者。旅游消费者一般属于外行，难免存在某些偏见和误区，需要计调给予指正和专业的建议。显然，离开市场学知识的学习，计调对于纷繁复杂的市场现象摸不着头脑，这些变化就是杂乱无章、毫无规律的。如果连市场规律都把握不准，"以顾客为中心"、"顾客至上"就成了漂亮的空话。

4. 法律法规知识

法律法规知识是一个合格的计调必备的知识之一。掌握相应的法律法规知识是计调顺利完成本职工作、保障旅行社自身权益的法宝。计调需要掌握的法律知识包括《中华人民共和国旅游法》、《旅行社条例》、《导游人员管理条例》、《中华人民共和国合同法》、《中华人民共和国消费者权益保护法》，以及交通运输、饭店管理、旅游资源保护等相关行业的法律法规知识。

依法治国、依法办事是促进经济发展、社会全面进步、国家长治久安的重要保障。在这个法制时代，要求计调和其他从业人员依照宪法和法律的规定，把自身的业务行为控制在法律规范允许的范围之内，通过学法而懂法到用法、护法，明确在法律规定范围内的权利、责任和义务。计调具有法律观念，能够依法办事，是时代发展的要求，认真学习与自身业务相关的法律法规，知法、懂法、用法、护法是衡量计调工作水平的重要尺度之一。计调在业务操作过程中，必须以国家的方针、政策和法规为指导，在旅游合同签订和履行过程中才能有效地规避风险，保障旅行社的合法权益；在受理旅游者投诉时才能有理、有据、有节、有力地处理相关问题；在安排旅游行程时才能参照旅行社的权利和义务，避免在工作中出现失误和偏差。

5. 计算机操作知识

随着计算机网络的普及和计算机技术的迅猛发展,旅行社计调掌握相应的计算机操作知识和技能成为顺应行业发展的必然要求。计调需要掌握的计算机操作技能包括计算机基础操作知识、Word 操作系统、Excel 操作系统、PowerPoint 操作系统、Internet 网络应用等。

计算机操作基础知识是计调的基本功。近年来,以网络技术为代表的信息技术在包括旅行社在内的旅游业中得以广泛应用,并由此对旅行社业未来的发展产生了不可忽视的影响。因此,计调必须掌握计算机操作知识,以尽快适应行业发展的需求。随着时代的发展,旅行社经营管理中引进的信息应用技术将越来越多,每一项技能都是在前一项技能的基础上发展和衍生而来的,掌握计算机基本操作技能会对计调其他信息技术的学习提供帮助。

6. 地图知识

身为计调人员,必须勤看地图,会看地图。比如,操作国内旅游线路的计调必须熟悉中国地图:中国传统上有几大地区?每个地区的地理概况如何?包含哪些省份及省会城市?热点旅游城市的地理、交通、气候、人文、土特产状况怎样?联络旅游城市间采用何种交通方式及路途时间?如何快速核算旅游团车价及成本达到快速报价?这些计调工作中必须涉及的问题看似有点难,实际上都可以在地图上找到答案。

1) 旅游交通地图的选择与应用

做旅游的人都会购买旅游地图,市面上的旅游交通地图版本较多,如何才能正确选购一本适用于计调实操的旅游交通地图呢?比较实用的有《中国城乡公路网及里程地图册》,它符合以下两个特征。

(1) 标志明显、说明清晰。

该地图标明了城市之间的实际公里数;标明了景区名称、位置、公里数;标明了黄色或绿色线的高速公路的网络线;区分省份界线、口岸边境线;标明铁路、河流等明显标志;安插主要城市的旅游简图;标明待建公路、收费场、主要建筑物;标明省会、市、县、镇名称,以及国道、省道、县道标志。

(2) 应用简单、计算方便。

当选择该旅游交通地图后,只需用计算器加减就能合理应用,并计算出城市间的路程。比如,从南京到上海,按高速公路累计计算为 300 公里,首先看一下与其并行的铁路是否运行,如有,可用电脑查询铁路时刻表中的铁路公里数,没有只能累计相加。如包车旅游只需计算往返公里数+每个城市的游览公里数(每天每个城市按 10～30 公里计)+城乡结合公里数(均以 10 公里相加)。以南京到上海为例,则为 300×2+30×4 城市+10×2 次=740 公里。

2) 旅游景区地图的选择与应用

景区地图最好选择有立体图,并有位置标明与景点介绍的比较实用。星球地图出版社出版的一本《中国名山名水图册》是一本比较适合计调的用书。参考它可以用于计调编排行程、熟悉景点,核算游览时间与成本不至于盲从,简单易懂。

3) 旅游线路地图的选择与应用

这种地图以地区分类,通常是旅游从业人员根据旅游连线拼接而成,比如丝绸之路地图、华东地图、东北地图等。对于专线计调操作人员而言,参考此类地图能对操作的区域有个直观的认识和掌握,其使用方法和旅游交通地图相同。

4)旅游手绘地图的选择与应用

对旅游从业人员而言,这是一种最实用有效的地图。手绘地图简洁明了,直接将旅游景点的位置、行驶方向、里程、山脉、河流等,标注得一目了然,对于导游或游客看图说话、计调绘画介绍、教师培训都很有帮助。

(四)计调人员的职业能力[①]

职业能力是人们从事其职业的多种能力的综合。一定的职业能力是胜任某种职业岗位的必要条件,旅行社计调只有具备了相应的职业能力,才能胜任其岗位工作。计调的职业能力主要体现在以下几个方面。

1. 采集信息能力

旅行社从一定程度上来讲就是信息管理企业,收集、分析、整理信息的能力反映了旅行社的经营管理水平,计调部门是旅行社信息管理职责的担当者,能够正确、有效、及时采集到相关信息是对计调工作业务评价的一个重要标准。如当游客打算出去旅游,就有关旅行事宜向计调咨询时,他们对计调人员的咨询服务有两个方面的期待:一是快速,游客总是缺乏等待的耐心,能否快速响应游客的需求,及时设计旅游线路并提出报价,已成为销售是否成功的重要因素;二是准确,如果计调向游客提供了过时或虚假的信息,游客会对旅行社的业务能力失去信任,他们会认为旅行社的工作不够专业。

计调对协作企业信息的采集是保障旅游工作顺利进行的前提条件。旅游产品的组合特点决定了计调要与饭店、餐馆、旅游车队、景区(景点)、航空公司等交通部门和机构建立畅通协作网络,以确保旅游者在旅游过程中食、住、行、游、购、娱各个环节的服务供给。如果计调信息更新不及时,会造成旅游者的不满,甚至投诉,严重影响旅行社的声誉,并使企业蒙受经济损失。除此之外,计调部还应从饭店、交通、餐饮、景点、娱乐等机构得到各类新信息,并及时通告其他部门。

2. 灵活应变能力

灵活应变能力是计调的综合能力,表现了计调的智慧和才干,具备这种能力,能够创造性地做好计调工作。计调必须具备较强的应变能力,首先,旅行社产品具有特殊性。旅游产品生产与销售和旅游者的购买与消费是同时进行的,所以面客工作人员需要有较强的应变能力,否则就会失去机会。其次,在给旅游者提供消费咨询服务时,计调所接触的客户是十分广泛和复杂的,如果没有灵活的应变能力,就很难应对不同客户的要求。最后,导游在外带团,计调需要全程跟踪,遇到突发状况,计调需要冷静、理智地分析情况,通过巧妙的应对方法,使企业避免损失,在这一点上,计调的作用甚于导游。

3. 开拓创新能力

旅游的一个重要功能是满足旅游者的好奇心,不断产生新的主意,创造出更多的新鲜事物是旅游经济的灵魂。计调作为旅游活动的策划者,如果不具备开拓创新能力,只会抄袭和模仿市场上已有的产品,或者将旅游资源简单地堆积,旅游活动就会让人产生一种似曾相识

[①] 王煜琴.旅行社计调业务[M].2版.北京:旅游教育出版社,2014.

的感觉。由于缺乏新鲜感,旅行社产品对旅游者的吸引力正在日益减弱。虽然,我国居民每年出游的人次数和旅游消费水平增长较快,但旅行社的整体业务并没有出现同样的发展速度,其中一个重要的原因在于旅行社提供产品的高度雷同化。

4. 抗压减压能力

计调部门的一举一动都牵动着企业内外各方的利益,可谓牵一发而动全身,因而成为相关各方关注的焦点,一旦出现失误也成为各方抱怨的对象。因此,计调部门面临的压力大,若不能迅速调整压力,将给自身的生活和工作带来诸多困扰。另外,计调业务要素变化快,也为计调带来了压力。计调业务操作诸要素均处在不断变动中,如护照、港澳台通行证件办理流程,旅游航空公司、铁路、轮船公司的票价和出发到站时间,旅游相关资源、酒店、餐饮与旅游产品的变动,旅游行程中的突发事件等,计调工作不仅涉及面广,且工作中常出现新问题、新情况,需要提出解决方法。胜任计调工作需要掌握和运用多学科、多专业知识和技能,正常工作经常被打断去处理日常业务中出现的新问题、新情况,工作节奏感强,忙闲不均,计调应付这样的工作需要灵敏的应变能力和抗压能力。

5. 组织协调能力

计调业务在旅行社中的地位和作用决定了从事计调业务的员工必须具备组织协调能力,否则,计调工作无法正常运转。在旅行社的日常运营工作中,计调承担着统筹协调的工作任务。旅游者在旅游过程中所需要的产品和服务是由众多的旅游供应商提供的,旅行社所扮演的角色是将游客旅游过程所需要的产品串联起来,整合在一条旅游线路中,并赋予它新的内涵。旅行社不能使用行政命令去指挥旅游供应商,二者之间是平等协商的关系,这种平等协商需要计调去完成。仅仅有外部供应商的产品和服务还不够,计调还需要将产品和服务串联起来,这就是线路的设计和旅游计划的制订。旅游计划形成以后,需要导游人员实施以及与其他部门的配合,同样需要考验计调的组织协调能力。组织协调能力强的计调在相同条件下,可以将各种要素投入转化为更好的产品或效率更高的服务。同样,组织协调能力弱的计调会因利益分配不均而导致冲突不断、员工情绪低落、团体力量薄弱,当组织协调的成本大于由此而带来的效益时,企业就开始衰弱。

6. 沟通谈判能力

旅游业是与人打交道的行业,旅行社计调的重要业务就是协调企业内外的关系,如果没有良好的沟通能力,不通晓一般的礼仪常识是不可能完成任务的。谈判能力主要针对旅行社外部的协作单位、旅游供应商和旅游客户。例如,与旅游供应商进行谈判,在保证服务质量的前提下,尽可能压缩采购成本,签订采购合同;与旅游客户进行谈判,在保证客户满意的前提下,尽可能提高产品的售价,为旅行社创造更大的利润空间;与协作单位谈判,建立协作网络,扩大企业的业务范围。沟通谈判能力需要计调具备敏锐的观察力,能够随时灵敏地注意到有关事物的各种极不显著但却重要的细节或特征,通过捕捉与事物本质相联系的"痕迹",洞察沟通谈判对象的心理状态。在事物发生的现场迅速做出判断,察觉到问题或关键所在,准确地预见事物发展的方向和结果。综合运用各种方法、手段,对不同条件、不同形势下的问题做出正确的行为反应和行动选择。

7. 文案写作能力

文案写作能力是从事计调业务的基本能力之一。在计调工作中,如线路介绍资料、产品促销方案、产品宣传手册设计、旅游接待计划文案、定期业务总结、每团接待小结、销售分析和研究报告等都离不开文案写作。尤其进行网络营销,大量的资料需要准备,要适合网站用户的特点,要让网站的内容实用、富有吸引力,所有的内容都需要精心写作,恰如其分的辞藻修饰比干瘪无趣的行程更加生动、更能激发游客在看了行程之后的参团欲望。如果要将自己的经验、体会、研究成果和其他部门进行沟通交流,更需要写出来。语言文字是人的第二张嘴,如果起草文件、交代任务用词不当、词不达意、冗长啰唆、遗漏要点,计调工作是不可能做好的。

七、计调部人才现状

(一)计调人才供不应求

随着旅游业的快速发展,旅行社行业的竞争和市场分化日益加剧,旅行社计调需求数量明显增大,计调人才供不应求,特别是高层次的计调人才缺口很大。根据青途旅游网2015年12月2日关于《计调人才对于旅行社转型会起到多大的作用》的调查:在计调人才的需求层次上,50%的旅行社需要高级人才,能制定策略并推动实施;28.57%的旅行社需要复合型人才,兼多学科知识和多种技能;21.43%的旅行社需要中级人才,在上级指导下工作并完成任务。

(二)缺乏系统化的职业培训

目前,从国家层面到地方一级,都没有系统的计调职业培训,都是各个旅行社自己在组织一些培训,造成计调人员整体素质不高、责任心不强,使得旅行社低水平、浅层次的竞争局面很难彻底改变,市场运作极不规范。

(三)计调人才的培养渠道不畅

纵观我国旅行社计调人才的培养模式,主要有自主培养和院校培养两种。旅行社自主培养的计调,没有接受过系统的职业教育,不能很快为企业创造价值,不是计调人才成长的最佳途径;旅行社从院校招聘的毕业生,由于目前全国没有院校开设旅行社计调专业,所以毕业生一般来自旅游管理专业,存在着理论与实践脱节的现象,这样的教育仍不能满足市场对计调人才的需求。

(四)缺乏国家级计调业务操作流程和服务标准

目前,各个旅行社计调岗位职能的规定不尽相同。旅行社经营管理中经常出现诸如超范围经营、广告虚假、擅自降低服务等级、擅自增减旅游项目等质量问题,导致大量投诉,给旅行社造成不必要的经济损失。

八、计调部人才优化

(一)不断完善计调表彰制度,形成有利于计调人才发展的机制和环境

只有满意的员工,才有满意的顾客。旅行社应该建立健全关于计调人员的有效激励机制,创造满意的员工,从而为游客提供更优质的服务。对于表现出色的计调人员,旅行社应树立榜样,做好宣传,给计调人员创造一个良好和稳定的工作环境,以提高其责任心和归属

感,激励计调人员不断自我完善,保证计调服务的高水平。

（二）出台国家级计调业务操作规范和服务标准

在我国关于旅行社的服务规范中,尚没有出台针对旅行社计调岗位的标准和条例。国家有关行政管理部门应该会同专家学者,尽快制定完善计调员操作规范和质量标准,使计调员工作有"法"可依,更加标准化、规范化。

（三）完善计调职业资格认证制度和职称评定制度,推进计调管理体制改革

建议由国家相关主管部门负责计调职业资格和职称晋升的标准制定、职业技能鉴定和证书颁发工作,并参与制定培训机构资质标准、计调岗位从业人员资格标准和培训教材。各级旅游职业技能鉴定所(考试中心)具体负责职业技能的鉴定和职称晋升的评审工作,并和相关高等(职)院校联合做好职业培训工作。

（四）增开旅行社计调专业课程

在条件成熟的旅游职业院校尽快开设旅行社计调专业,系统培养专业化实用型计调人才,一方面可以拓展就业渠道,另一方面满足旅行社对实用型计调人才的强烈需求。

本项目分为认知计调、认知计调部两项任务。通过两项任务的学习,使学生了解计调的定义、计调的发展历程,计调的特点、计调的工作内容及计调工作的"五化";熟悉计调岗位的设置方式、计调部的岗位职责、计调部员工招聘方法、计调部员工的分类;明确计调部员工应该具备的职业素养,从而让学生对旅行社计调、计调部有了一个完整的认识,为后面的学习打下基础。

知识训练

一、复习题

1. 我国旅行社计调业务经历了哪四个时期?
2. 简述计调工作的内容。
3. 计调工作应该具备哪"五化"?
4. 简述计调岗位在旅行社的作用。
5. 简述计调部人才队伍的现状。
6. 计调部人才优化应该采取哪些措施?
7. 计调应该具备哪些知识素养?
8. 作为一名计调,应该具备哪些职业能力?

二、思考题

1. 如果你是一名计调部经理,在招聘员工时你重点考虑的因素是什么?
2. 如果你是一名计调人员,你觉得你应该具备哪些职业素养?

【能力训练】

一、案例分析

住宿承诺没有兑现

小王是成都某高校的研究生,2015年10月国庆节期间,他和女朋友准备利用国庆假期去九寨沟旅游,他的女朋友在江苏。在门店报名时销售员刘明讲到,九寨沟黄龙三日游行程中导游会推荐消费项目但不会强制消费,晚上可以给他们安排住一个单间。然而,九寨沟的第一天晚上,小王的女朋友就给门店销售刘明打来电话,说因为他们没有参加晚会,导游在晚上安排房间时就故意把他俩分开,小王晕车非常严重,他们今晚坚决不分开,要求住同一个房间。门店销售刘明尽量先安抚他们的情绪,然后打电话询问计调,由于计调非常忙,没有接电话。在游客的要求下,门店销售刘明就把计调的电话给了他们,结果小王不停地打电话给计调。最后,电话打通了,计调重新给小王他们安排了单间,终于圆满地解决了问题。

(资料来源:学生实习期间发生的真实案例。)

问:从这个案例中,你应该吸取哪些教训?

二、实训操练

认知旅行社计调部

1. 实训目标:了解旅行社计调的基本情况,掌握计调和计调部的相关知识。
2. 实训内容:选择学校附近的一家旅行社作为调研对象,对计调部的主要业务、机构设置、人员情况进行调研。
3. 实训工具:笔记本、录音设备、摄影器材。
4. 实训步骤:

(1) 将班级学生分成若干组,每组确定一名组长。

(2) 各组学生选取有代表性的本地旅行社计调进行初步调研,搜集相关资料,拟定本次实地调研活动的计划书,并上交指导教师。

(3) 各组学生前往旅行社计调进行实地调研,以本项目教学内容为业务规范。

(4) 各组学生邀请旅行社计调部人员介绍计调部的情况,记录本次实地调研的主要内容,总结旅行社计调部的设置情况、主要业务、人员构成,撰写《本地旅行社计调部调研报告》。

项目二
国内组团计调业务

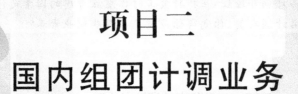

项目目标

职业知识目标：
1. 了解旅游产品的概念和类型。
2. 熟悉国内组团社旅游产品开发的原则及流程。
3. 熟悉旅游团队电子行程单的制作和应用。
4. 掌握国内组团社旅游产品的计价与报价。
5. 掌握国内组团社旅游服务采购的内容及流程。
6. 掌握国内组团计调的工作流程。

职业能力目标：
1. 能够为游客设计国内组团旅游产品。
2. 能够为游客采购大交通及地接服务。
3. 能够独立完成国内组团计调操作。

职业素质目标：
1. 培养学生从事国内组团计调工作的职业荣誉感。
2. 培养学生认真做好国内组团计调工作的职业态度。
3. 培养学生热爱国内组团计调工作岗位的职业情感。

项目核心

旅游产品；旅行社产品类型；旅游产品开发原则；国内组团社旅游产品开发；旅游团队电子行程单；国内组团社旅游产品计价报价；国内组团计调采购业务；国内组团计调操作

项目导入：2016年7月，成都A旅行社组织了一个由28人组成的旅游团，前往西宁旅游。当时正值旺季,加之,成都到西宁直达火车票被其他公司购买了。该旅行社票务只出了21人成都直达西宁的火车票。还有7人的票没有出,让客人在火车上去补卧铺。到出行这一天,公司经理让计调去补卧铺票,还免费派了一名全陪。但是,当客人知道要上车补卧铺票的时候非常抗拒,无论如何都不上火车,说要退团,并让旅行社赔钱。当时,旅行社计调急得没有办法,无论怎样给游客做工作,游客都坚持不上车,直到火车离开。后来,计调给总经理打电话请示,总经理说让没有购买直达票的游客,改走第二天的飞机行程,团款不变,超出的部分费用由旅行社承担。

(资料来源:学生实习期间发生的真实案例。)

从这个案例可以看出,作为组团社,采购大交通是非常重要的。一旦游客签订了旅游合同,计调第一时间就要预订大交通和确定异地接待社。没有及时采购大交通,就无法让游客安全到达目的地。没有及时采购异地接待社,可能导致游客到了目的地没有人接待。

任务一 国内组团社旅游产品开发

目前,我国中小型旅行社产品开发工作,一般由计调部负责,外联部或市场部协助。大型旅行社分工细致,将计调部改为专业化程度较高的产品中心或专线部门,旅游产品的开发工作就由产品中心或专线部门全权负责。国内组团社旅游产品既可以由国内组团社负责开发,也可以由国内接待社开发。国内组团社对游客需求把握更准确,国内接待社对当地资源更具有优势。国内组团社旅游产品的开发有几种情况:一是组团社直接采用接待社开发的旅游产品,加上城市间大交通就可以了;二是组团社对接待社提供的产品进行适当的修改;三是组团社认为异地接待社设计的产品不合理,组团社重新根据游客的需求设计产品。

一、旅游产品的概念

(一) 旅游产品不等于旅游线路

旅游产品就是旅游线路吗?答案是否定的。"产品"和"线路"是两个特别容易混淆的概念。很多旅游人常常把旅游线路当作旅游产品来宣传,误导了大多数旅游从业者和游客。产品不是线路,产品不等于线路。"产"就是生产、制造、策划;"品"就是优质的品牌。一句话,产品就是"策划的好商品+好的品牌理念及服务"。旅游产品就是经过精心策划、特别包装、具有独特性,且难以在短期内被复制和替代,或只是被局部性复制和替代的旅游创新线路。旅游产品包括食、住、行、游、购、娱六大要素。旅游线路是指在一定地域空间,旅游部门(旅行社、旅游景区等)针对旅游目标市场,凭借旅游资源及旅游服务,遵循一定原则,专为旅游者旅游活动设计的包价旅游产品。旅游线路同样包括食、住、行、游、购、娱六大要素。

(二)旅游产品与旅游线路的区别

旅游产品和旅游线路的较大区别在于独特性和不断更新升级。

1. 旅游产品的独特性

市场上的所谓的"标准化旅游产品"就像是流水线上下来的复读机,常规景点、常规行程、常规接待,旅行社家家都一个套路,除了价格上的斤斤计较,不具备任何竞争力。而独特性正是"我有你无,你想学,等几年",行程有卖点,住宿有特色,餐食有特点。旅游产品不容易被复制,因为设置了"心机"和"陷阱",让你很难立马看透,短时间内难以复制和替代或者仅仅能部分复制和替代。

2. 旅游产品的不断更新升级

如果说旅游线路是静态的话,那么旅游产品则是动态的,产品不是一成不变的,它总是处于不断地更新升级中。产品是有技术含量的,但是技术也会被拆解和模仿,产品要不断升级。iPhone 手机都已经有第七代了,旅游产品也是,产品要不断地挖掘新的卖点、铺设新的"陷阱","一直被追赶从未被超越",与时俱进、不断更新升级,要么做到经典,要么做到极致,甚至根据时代、环境、市场的变化彻底推倒重来,只有这样,才可以让旅游产品区别于线路,始终在同时段内保持独特和领先。

二、旅行社产品的类型

旅游产品根据不同的标准可以划分为不同的种类,下面以旅游组织方式和旅游动机来阐述旅游产品的类型。

(一)按照旅游组织方式划分

1. 团体包价旅游产品

团体包价旅游产品,是指由旅行社按照其与旅游者事先签订的旅游合同或协议所规定的旅游线路、活动日程、交通工具、收费标准和服务标准为旅游者提供的集体旅游服务产品。团体旅游通常由不少于 10 名成年游客组成旅游团队,在支付了相应的旅游费用后前往旅游目的地进行旅游活动。

根据包含内容的不同,团体包价旅游产品可进一步划分为团体全包价旅游产品、团体半包价旅游产品、团体小包价旅游产品、团体零包价旅游产品等类型。

1)团体全包价旅游产品

团体全包价旅游产品,是指旅行社在旅游活动开始之前向参加旅游团队的旅游者收取全部旅游费用,并负责安排整个旅游活动和提供旅游活动过程中所有服务的产品形式。团体全包价旅游所包括的服务有:①饭店客房;②早餐、正餐及饮料;③市内游览用车;④导游服务;⑤交通集散地接送服务;⑥每人公斤的行李服务;⑦游览场所门票;⑧文娱活动入场券。团体全包价旅游产品既具有安全方便、经济实惠、操作方便、经营成本低、经营收入高等优点,也存在着个性化程度低、直观价格高等缺点。

2) 团体半包价旅游产品

团体半包价旅游产品,是指旅行社在旅游活动开始前向参加旅游团队的旅游者收取除了午、晚餐费以外的全部旅游费用的产品形式。旅游者在旅游过程中既可以临时要求旅行社为其安排午餐或晚餐,也可以自行选择当地的餐馆就餐。团体半包价旅游具有降低产品的直观价格、提高产品的竞争能力、旅游者更加自由地选择和品尝当地风味等优点。但是,与团体全包价旅游产品相比,团体半包价旅游产品的经济效益较低。

3) 团体小包价旅游产品

团体小包价旅游产品由非选择性部分和可选择性部分构成,是一种选择性很强的旅游产品形式。非选择性部分包括住房及早餐、机场(车站、码头)至饭店的接送和城市间的交通费用,非选择性部分的费用由旅游者在旅行前预付。可选择性部分包括导游服务,午、晚餐,风味餐,文艺节目欣赏,游览参观等内容。可选择性部分的费用既可以由旅游者预付,也可以由旅游者现付。团体小包价旅游产品具有经济实惠、灵活方便等优点,但也存在利润较低的缺点。

4) 团体零包价旅游产品

团体零包价旅游产品,是一种独特的旅游产品形式。旅游者参加这种形式的旅游必须随旅游团前往和离开旅游目的地,到达目的地后,旅游者可以自由活动,不受旅游团的束缚。团体零包价旅游产品的优点是:①旅游者可以享受团体机票的优惠价格;②可由旅行社统一代办旅游签证手续。

知识演练

问:团体全包价旅游产品、团体半包价旅游产品、团体小包价旅游产品和团体零包价旅游产品这四种产品有什么共同点和不同之处?

答:这四种产品的共同点是他们均属于团体包价旅游产品。不同之处是所包含的内容不一样,所包含的内容从团体全包价旅游产品到团体零包价旅游产品,旅行社所包含的内容逐渐减少。

2. 散客旅游产品

散客旅游产品,是指一批游客人数在10人以下的旅游产品。散客旅游产品既有能够较多地照顾旅游者个性需求的优点,也有旅行社经营利润较低和旅游者支付费用较多的缺点。旅行社经营的散客旅游产品包括散客包价旅游产品和散客非包价旅游产品两大类型。

1) 散客包价旅游产品

散客包价旅游产品所包含的内容与团体包价旅游产品相同,产品的销售方式也相同。散客包价旅游产品与团体包价旅游产品的区别是旅游者的人数不同。根据旅游者人数的不同,旅行社经营的散客包价旅游产品又分为单人包价旅游产品、2~5人全包价旅游产品和6~9人全包价旅游产品。根据包价内容的不同,散客包价旅游产品也分为散客全包价旅游产品、散客半包价旅游产品和散客小包价旅游产品。除了旅游者人数不同之外,上述类型的

散客包价旅游产品在产品内容、经营方式、产品特点等方面与团体包价旅游产品基本相同，故不在此赘述。

2）散客非包价旅游产品

散客非包价旅游产品，是指由旅游者自己选定旅游日程、线路等旅游活动内容，由旅行社为其安排旅游过程中的某些服务项目如代订机票、旅馆，提供接送站服务等。由于散客非包价旅游产品具有灵活、自由、可选择性强等特点，所以被不少旅游者喜爱。

3. 自驾车包价游产品

近年来，自驾车包价游产品成为旅游市场上的一个流行产品。自驾车包价游使得人们在选择旅游目的地方面具有更大的灵活性并且几乎可以无限制地携带行李。旅行社主要为游客提供相应的代订住宿、娱乐、餐馆、景区门票等服务。

(二) 按照旅游动机划分

1. 休闲旅游类产品

1）观光旅游产品

观光旅游产品，是指旅行社以旅游目的地的自然风光、历史古迹、民俗风情的资源为基础开发的观光旅游产品。旅行社开发的观光旅游产品包括团体观光旅游和散客观光旅游两种形式。产品的主要内容是观赏旅游目的地的名山大川、异域景色、历史古迹、文化遗产、民俗风情等。观光旅游产品一般不包含参与性的活动内容。

2）度假旅游产品

度假旅游产品，是指旅行社针对人们希望暂时逃避紧张、枯燥、压抑的工作环境和生活节奏，到空旷、优美、静谧的环境中去充分放松和休息的心理而开发的旅游产品。旅行社通常利用沿海地区的阳光、海水、沙滩和山间、湖边的优美风景等自然旅游资源，组织旅游者前往度假，以休整其疲劳的身心。

2. 事务旅游类产品

1）商务旅游产品

商务旅游产品，是指旅行社为从事商务活动的人士提供顺路游览观光的旅游产品。商务旅游产品的消费者主要是企业的管理人员或销售人员。由于商务旅游者是受其所在公司派遣前往目的地进行商务活动的，所以他们很少能够自行选择出访的目的地和旅行时间。因此，商务旅游产品具有较强的定向性和较弱的季节性。另外，商务旅游者的旅行经费多由所在公司承担，或由所在公司提供津贴或补助，其消费水平往往高于其他类型的旅游者，并且经常多次光顾同一个旅游目的地。因此，对于旅行社来说，这是一种出售频率高、季节变化小、经济效益好的产品。

2）公务旅游产品

公务旅游产品，是指旅行社为从事公务活动的政府工作人员提供顺路游览观光的旅游产品。公务旅游产品的消费者一般在完成公务活动，返回居住地之前，抽出时间到附近的旅游景点去观光游览。公务旅游者的旅行经费由所在政府部门承担，或提供津贴或补助。同商务旅游者一样，公务旅游者的旅行不受季节和气候等因素的影响。因此，对于旅行社来说，这是一种季节变化小的产品。

3）会议旅游产品

会议旅游产品，是指旅行社在会议期间或会后组织会议参加者进行参观游览活动的旅游产品。同商务旅游产品、公务旅游产品一样，参加会议的人员通常无法自行选择会议召开的地点和时间，因此，会议旅游产品也具有定向性强和季节性不明显的特点。另外，多数会议的参加者能够得到所属单位或企业的资助，有些会议参加者还能够从会议组织方得到资助，因此，他们可以把原本应用在交通、住宿等方面的费用转用于旅游活动。一般来说，会议旅游产品的消费者的消费水平较高，在目的地停留的时间也较长。对于旅行社来说，会议旅游产品不失为一种经济效益较好的旅游产品。

4）奖励旅游产品

奖励旅游产品是指为了奖励在生产和经营中为企业做出重大贡献的员工，企业出资为其特意安排旅游活动，以勉励他们更加积极地开展工作。随着经济的发展和人民生活水平的提高，奖励旅游成为激励员工努力工作、增强团队凝聚力的重要形式，是近年来发展很快的一种旅游产品。企业为了奖励优秀员工或成绩斐然的销售代理，委托旅行社组织这些员工或销售代理进行观光旅游或度假旅游活动，并由企业承担全部或大部分旅游费用。在旅游过程中，旅行社根据企业的要求，为奖励旅游者安排高档饭店住宿，并提供高标准的饮食和具有新奇独特内容的游览项目。由于奖励旅游产品的价格一般较高，能够给旅行社带来较大的利润，是一种经济效益较好的产品。

知识链接

2016年7月，携程会奖承接了某大型零售商会员活动，该活动在深圳、青岛两地举办，1300多人从全国各地赶来参与。而在此半个月前，携程会奖执行团队已经做好了充分的应对策略，通过自有技术系统采集、分配每个参与人员的航班、火车到站，以及住宿、晚餐信息，调动近百个大巴车次。在搭建主会舞台前晚临时遇到台风，克服诸多困难组织演唱会、沙滩音乐会颁奖典礼等。通过自动化系统帮助业务方收集近千人奖品税金，提升整个活动的运作效率。

3．个人和家庭事务旅游类产品

1）探亲旅游产品

探亲旅游产品是旅行社为旅游者到旅游目的地走访亲友提供服务的一种旅游产品。探亲旅游产品具有定向性和客源稳定的特点。参加探亲旅游的旅游者前往的旅游目的地一定是其亲友的居住地，一般受政治、经济等因素的影响相对较小。然而，探亲旅游产品往往也包含一定的游览观光等内容。旅行社通过提供探亲旅游产品，可以获得比较稳定的收入。

2）修学旅游产品

修学旅游产品是以外出学习为主要目的的一种旅游活动。修学旅游产品的主要购买者是青年学生。另外，也有一部分中年人和少数老年人参加修学旅游。修学旅游的时间一般比较长，短期修学旅游至少为1~2周，长期修学旅游的时间可达到数月甚至一年。修学旅游者在旅游目的地学习的同时，还会利用周末，寒、暑假的时间到旅游景点游览观光。修学旅游的种类很多,如针灸修学旅游、书法修学旅游、绘画修学旅游等。我国目前的一些旅行社利用当地的修学旅游资源,大力开发修学旅游,取得了良好的经济效益。

3) 宗教旅游产品

宗教旅游产品是旅行社利用信仰宗教的人士前往宗教圣地进行朝拜活动而开发的产品。旅行社在为宗教旅游者的朝拜活动提供便利性服务的同时,也在旅游过程中提供游览某些沿途的景点的服务,并将两者结合起来,组合成宗教旅游产品。由于宗教旅游活动具有显著的定向性,即某种宗教的信徒只会前往本宗教的圣地朝拜,所以,对于位于宗教旅游目的地的旅行社来说,宗教旅游不是一种客源稳定的旅游产品。

4. 专项旅游类产品

1) 专业旅游产品

专业旅游产品,是一种具有广阔的发展前景的旅游产品,参加专业旅游的旅游者以考察和交流知识为旅游活动的主要目的,同时也进行其他形式的旅游活动,如观光游览、度假休闲等。专业旅游多采取团体形式,旅游团多由同一职业或具有共同兴趣的人员组成。一般来说,专业旅游者在旅游过程中比较关注专业性活动的安排,希望能够在游览各种旅游景点的同时,与同行进行专业方面的交流。因此,旅行社在组织和接待专业旅游团时,除安排他们到普通旅游景点参观游览外,还应该设法为他们联系和安排到其专业对口的单位参观访问及同旅游目的地的该专业人员进行座谈交流。这样,可以使旅游者认为不虚此行,提高他们对旅行社服务的满意度。

旅行社能够经营的专业旅游产品很多,如卫生专业旅游、法律专业旅游、教育专业旅游、农艺专业旅游、科技专业旅游等。随着当今国际联系、地区联系的日益加强,专业旅游市场将会有较大的发展。旅行社应该结合所在地区的特点,合理利用本地区的专业旅游资源,大力开发适销对路的专业旅游产品。

2) 探险旅游产品

探险旅游产品,是旅行社利用人们的好奇心理和寻求新鲜事物的欲望而设计和开发的特殊旅游产品。参加探险旅游的多为富有冒险精神的青年旅游者,一般在旅游目的地停留的时间较长。探险旅游的目的地主要是那些人迹罕至或尚未开发的地区,如原始森林、峡谷、高山、极地等。旅游者多为单人旅行或少数几个人结伴同行,并在旅行前就比较熟悉他们的旅游同伴。同观光旅游者不同,探险旅游者往往只携带少量的行李,选择较经济的旅馆或价格较低的普通旅馆下榻,而且对饮食的要求比较简单,不追求珍馐美味。探险旅游的一个明显特点是旅途艰辛,旅行社在接待他们之前应做好大量的准备工作。然而,探险旅游是大众旅游的先导,一些新的旅游地往往为探险旅游者首先发现,然后经过开发建设而成为众多旅游者前往之处。

5. 混合型旅游类产品

旅行社经营的产品中,除了上述四个特征明显的产品类别外,还有按照旅游市场需求开发出来的混合型旅游类产品。由于一部分旅游者在外出旅游时,具有两种以上的旅游动机,所以,旅行社在旅游市场上销售的各种具有单一功能的产品往往无法满足旅游者的全部旅游需求,从而可能会使旅游者降低他们对旅行社及其产品的满意程度和减少他们日后继续购买旅行社产品的可能性。对于以通过最大限度地满足旅游者需求来获得经济效益和社会效益的旅行社来说,对这种状况无疑应该认真对待。因此,不少的旅行社根据一部分旅游者出游目的多样化的特征,设计和开发出混合型旅游类产品,例如,旅行社开发出含有休闲内容的专项旅游类产品、含有观光旅游项目的探亲旅游产品等。旅行社通过开发混合型旅游类产品,能够更加全面地满足旅游者的需求,有利于实现旅行社的经营目标。

6. 差旅服务与管理类产品

1) 差旅服务产品

差旅服务产品,是指旅行社通过整合旅游住宿、旅游交通、签证服务、旅游线路设计等方面的资源,为委托单位提供各类票务、酒店预订、会务商务安排、签证、展会、旅游等差旅服务活动。旅行社提供的差旅服务产品主要包含以下两项内容:①差旅咨询与预订服务,旅行社按照客户的差旅方案提供咨询、订票、订房和旅游服务;②安全预警,旅行社向委托单位提供旅行预警提示,让客户的出差人员远离不安全的旅行目的地。

2) 差旅管理产品

差旅管理产品,是指旅行社以企事业单位或政府部门为对象,通过对其提供咨询意见,改进差旅管理,并利用旅行社所拥有的资源使企业差旅成本最小化并提供全程服务的管理活动。旅行社以委托单位的差旅历史信息及管理目标分析为基础,帮助其建立科学的差旅管理制度以及合理的、系统的和专门化的差旅服务系统和稳定的差旅供求关系。

知识演练

问:请你举一个差旅管理产品案例。

答:以携程宝钢差旅管理产品为例来说明旅游企业的差旅管理产品。目前,携程为2000余家跨国公司、中外大型企业,超过几十万商界人士提供专业的商务旅行管理服务,宝钢是其中的一家。

(1) 客户介绍。

宝钢是中国较具竞争力的钢铁企业之一,年产钢能力2000万吨左右,盈利水平居世界领先地位,属于世界500强企业。宝钢旗下有宝钢股份、宝钢国际、梅钢、武钢、宝钢化工等数十家企业。

(2) 项目背景。

作为一个超大型国有企业,随着海内外业务的不断发展,差旅费用也日益庞大。为了全面管理和及时监控,宝钢集团提出了新的差旅管理计划,即实现统一管理及差旅管理数字化的目标。

(3) 方案选择。

宝钢和携程分别成立了项目小组。经验丰富的携程差旅专家对宝钢的差旅现状进行了深入的了解,结合宝钢差旅管理整合的具体目标,提出了差旅整合优化管理的方案,即统一预订平台、整合资源、加强差旅信息的管理和监控。

(4) 项目实施。

宝钢差旅整合项目于2004年12月启动。经过一个月积极周密的准备,携程完成了宝钢预订流程的规范和梳理,整合、统一了预订平台。携程还派出资深差旅顾问,协助宝钢集团、各公司进行内部培训和沟通,以确保宝钢员工能够尽快适应和熟悉新的预订流程和平台,提高预订效率。

(5) 项目收益。

通过携程的管理,宝钢集团统一差旅管理的效果在项目运营短短几个月后就取得了非常明显的效益。

一是实施数字化差旅管理。通过携程的管理,宝钢员工的差旅数据都汇总在统一的平台。基于这些准确、实时的数据,宝钢可以随时随地进行差旅费用分析,比如员工的差旅预订信息、各公司的差旅费用明细、供应商的费用报告等。这些整合的、实时的数据,极大地帮助了公司差旅经理和财务经理进行迅速、准确的决策。

二是费用节省。通过携程的整合,宝钢大部分机票预订实现了协议航空公司集中采购,由此带来了数量可观的航空公司返利,宝钢的平均机票折扣率也降低到了一个令人满意的水平,折扣票与全价票的比率超过了公司预先设定的目标。几项指标结合,为宝钢节省了很多费用。此外,由于以整合的采购金额为基础进行差旅供应商的价格谈判,宝钢争取到了更加优惠的航空和酒店协议价格。携程透明的价格体系,也为宝钢员工预订到最优惠的价格提供了保证。

三是专业强大的服务能力。携程遍布全国的服务资源,训练有素的七千多名员工所带来的专业和强大的服务能力,是为宝钢几万员工提供省心、放心、贴心的差旅服务的有力支撑。同时,携程全面的一站式差旅服务解决方案,一流的服务水平,灵活的预订和结算方式,也为宝钢的管理人员带来了工作的高效率和更好的内部满意度。

(资料来源:http://ct.ctrip.com/crptravel/success.html.)

7. 邮轮旅游类产品

邮轮旅游类产品是指旅行社通过与邮轮公司合作,为乘坐邮轮旅游的旅客提供上岸游览观光的服务产品。但是此类活动并不是必须参加的,游客可以根据自己的需要进行选择。另外,上岸游览的线路不同,价格也不同。

知识链接

"十三五"期间大力发展的八大旅游产品

我国旅游业"十三五"规划明确提出,要适应大众化旅游发展,优化旅游产品结构,创新旅游产品体系。

1. 全面提升观光旅游产品

全面提升以A级景区为代表的观光旅游产品,着力加强3A级以上景区建设,优化5A级景区布局。重点支持中西部地区观光旅游产品精品化发展。

2. 加快休闲度假产品开发

大力开发温泉、冰雪、滨海、海岛、山地、森林、养生等休闲度假旅游产品,建设一批旅游度假区和国民度假地。支持东部地区加快发展休闲度假旅游,鼓励中西部地区发挥资源优势开发特色休闲度假产品。

3. 大力发展乡村旅游

坚持个性化、特色化、市场化发展方向,加大乡村旅游规划指导、市场推广和人才培训力度,促进乡村旅游健康发展。建立乡村旅游重点村名录,开展乡村旅游环境整治,推进"厕所革命"向乡村旅游延伸。实施乡村旅游"后备厢行动",推动农副土特产品通过旅游渠道销售,增加农民收入。实施乡村旅游创客行动计划,支持旅游志愿者、艺术和科技工作者驻村帮扶、创业就业,推出一批乡村旅游创客基地和以乡情教育为特色的研学旅行示范基地。

4. 提升红色旅游发展水平

突出社会效益,强化教育功能,以培育和践行社会主义核心价值观为根本,将红色旅游打造成常学常新的理想信念教育课堂,进一步坚定中国特色社会主义道路自信、理论自信、制度自信、文化自信。推进爱国主义和革命传统教育大众化、常态化。

5. 加快发展自驾车旅居车旅游

建设一批公共服务完善的自驾车旅居车旅游线路和旅游目的地,培育营地连锁品牌企业,增强旅居车产品设计制造与技术保障能力,形成网络化的营地服务体系和比较完整的自驾车旅居车旅游产业链。

6. 大力发展海洋及滨水旅游

加大海岛旅游投资开发力度,建设一批海岛旅游目的地。加快海南国际旅游岛、平潭国际旅游岛建设,推进横琴岛等旅游开发。制定邮轮旅游发展规划,有序推进邮轮旅游基础设施建设,改善和提升港口、船舶及配套设施的技术水平。推动国际邮轮访问港建设,扩大国际邮轮入境外国旅游团15天免签政策适用区域,有序扩大试点港口城市范围。支持天津、上海、广州、深圳、厦门、青岛等地开展邮轮旅游。

7. 大力发展冰雪旅游

支持黑龙江、吉林等地做好冰雪旅游专项规划。建设一批融滑雪、登山、徒步、露营等多种旅游活动为一体的冰雪旅游度假区或度假地,推出一批复合型冰雪旅游基地,鼓励冰雪场馆开发大众化冰雪旅游项目,支持冰雪设备和运动装备开发。

8. 加快培育低空旅游

结合低空空域开放试点,选择一批符合条件的景区、城镇开展航空体验、航空运动等多种形式的低空旅游。开发连接旅游景区、运动基地、特色小镇的低空旅游线路。

三、旅游产品开发的原则

(一) 市场原则

市场原则就是要求旅行社在开发旅游线路前,对市场进行充分的调查研究,预测市场需求的发展趋势和需求数量,分析旅游者的旅游动机。该原则要求旅行社旅游线路开发必须首先了解和掌握旅游市场的需求状况,包括需求的内容、满足程度、发展趋势及潜在需求状况和整个市场的规模、结构以及支付能力,然后根据这些因素进行旅游线路的开发。由于市场需求处于动态变化之中,这就使旅行社在进行旅游线路开发的时候不应局限于客源市场的现实需求的满足,还应把握市场的各形成要素,了解长期的发展方向,预测潜在需求的变化趋势。所以旅游线路开发设计人员要及时掌握市场动态信息,提高旅游线路的使用价值。

旅游线路设计是旅游市场开发的一种形式,而且是一种非常重要的形式。在旅游市场上,旅游需求处于不断的变化状态中,旅游企业只有根据旅游需求的变化不断地开发新的旅游市场,推出能满足市场需求的新的旅游线路,才能在竞争激烈的旅游市场上得以生存和发展。旅行社所设计的旅游线路,首先要满足旅游者一般性的旅游需求特点,在此基础上,还要体现出不同时期的市场潮流和风尚,紧跟市场需求的变化。例如,近年来,自助游、自驾车游等新兴的旅游方式越来越受到人们的青睐,旅行社就不能再死守传统的团体观光旅游线路不放,而应适应市场变化,大力开辟新兴的旅游线路。

知识链接

坚持市场导向,构想出一条以人为本的可持续发展之路

华侨城作为隶属于国务院国资委直接管理的大型中央企业,1985年伊始,华侨城集团从深圳湾畔的一片滩涂起步,经过29年的建设与发展,坚持市场导向,构想出一条以人为本的可持续发展之路,如今,集团总资产近1000亿元,年销售收入过400亿元。

华侨城集团培育了旅游及相关文化产业经营、房地产及酒店开发经营、电子及配套包装产品制造等三项国内领先的主营业务,其中康佳、锦绣中华、世界之窗、欢乐谷连锁、波托菲诺、茵特拉根小镇、华侨城大酒店、威尼斯酒店、城市客栈等著名品牌均耳熟能详。2009年11月,华侨城主营业务实现整体上市。至此,分别位居行业前列的几大核心主业和优质资源得到充分整合,经营机制创新又迈上了一个新的台阶,企业高速运转的引擎中又注入了新的动力和活力。

作为以旅游业务为主导的大型国有中央企业,华侨城开发了一系列旅游产品,业态覆盖文化主题景区、连锁文化主题公园、旅游度假区、旅游综合体、当代艺术馆群、公众开放空间、创意文化园、儿童职业体验园、星级酒店、经济型连锁酒店等,并针对各路消费群体的不同需求,打造了生态度假、都市娱乐、滨海休闲、养生旅游等。在全国重点城市已开发建设旅游综合项目14处,截至2012年年底累计接待游客2.2亿人次,已发展成为中国旅游业的一大品牌。

(二)突出特色原则

旅游线路可以多种多样,而特色是旅游线路的灵魂,突出特色是旅游线路具有吸引力的根本所在。这就要求对旅游线路的资源、形式要精心选择,力求充分展示旅游的主题,做到特色鲜明,以新、奇、异、美吸引旅游者的注意。突出特色的原则具体体现在以下几个方面。

1. 尽可能保持自然和历史形成的原始风貌

在这个问题上,旅行社必须要以市场的价值观念看待旅游线路的吸引力问题,而不能凭自己的观念意识主观地决定。在旅游资源的选择上要尽可能保持自然和历史形成的原始风貌,不要作任何更改和装饰。

2. 尽量选择利用带有"最"字的旅游资源项目

在确定旅游线路的时候,应尽量使用带有"最"字的旅游资源,这样可以增加旅游线路的吸引力和竞争力。例如,某旅游资源在一定的地理区域范围内属最高、最大、最古、最奇等。只有具有独特性,才能提高旅游线路的吸引力和竞争力。

3. 努力反映当地的文化特点

突出民族文化,保持某些传统格调也是为了突出特色。旅游者前来游览的重要目的之一便是要观新赏异、体验异乡风情。不难想象,如果旅游线路同客源地的情况无差别,游客是不太愿意前来游览的,即使来过一次,以后也难再故地重游,除非有新的变化。如2009年4月11日,川陕甘渝"三国文化旅游精品线路"在南充阆中市正式启动。四川、陕西、甘肃和重庆三省一市旅游局按照"整合线路、携手合作、资源共享"的原则,共同推出"三国文化溯源之旅"、"三国蜀汉朝觐之旅"、"三国蜀汉开业之旅"、"三国蜀汉忠义之旅"、"三国蜀汉兴衰之旅"、"蜀道三国游"6大主题15条三国文化精品旅游线路。

> **知识链接**
>
> **长春市新中国文化、警示文化旅游产品开发全面提速**
>
> 　　长春是新中国电影工业、汽车工业、轨道客车工业和航空人才培养的摇篮,也是一座见证日本军国主义侵华历史的城市,拥有丰富而独特的新中国文化旅游资源和警示文化旅游资源。多年来,这些资源分布在驻长央企、部属高校和部队等单位,没有得到有效整合和开发利用,没能形成旅游产品并推向市场,严重制约了长春市城市文化建设和旅游业的发展。
>
> 　　2013年年底长春市提出了要大力开发长春市新中国文化、警示文化旅游产品。2014年4月开始对长春市新中国文化、警示文化旅游产品开发工作开展密集的调研,并且对相关项目进展情况进行了跟踪调度、登门服务,从旅游产品规划、策划,讲解服务和一些服务设施建设等诸多方面进行对接,调动了驻长单位开发旅游产品、实现旅游开放的积极性,取得了共识。
>
> 　　长春市推进的新中国文化旅游产品和警示文化旅游产品包括电影、汽车、轨道客车、航空、伪满遗迹等5个板块共10个产品。2014年对外开放的有8个产品,其中"七一"前开放的有长影音乐厅、长影电影院、空军航空大学航空馆,8月份电影节前开放的有长影博物馆、一汽红旗展馆及奔腾轿车生产线、一汽大众奥迪轿车生产线。此外,汽车博物馆、轨道客车生产线观光及中国轨道客车博物馆等产品将按推进计划陆续完成并对外开放。
>
> （资料来源:吉林省旅游信息中心。）

（三）供给全面原则[①]

旅游是一项综合性极强的活动,旅游者在旅游活动需要得到吃、住、行、游、购、娱等各种服务,还需要其他行业对这些提供支持。实际上,旅游业的发展需要全社会的支持,保证旅游者的最佳旅游体验,也需要全社会的努力。旅游供给是旅游线路设计的前提,旅游资源的类型、规模、级别、容量、季节变化等,旅游交通的方式、便利程度、舒适程度、服务水平等,饭店的规模、级别、服务水平等,娱乐设施、购物设施的种类,导游翻译服务的水平,旅游目的地的公用设施的水平,相应机构的服务水平等,都会对旅游者在旅游目的地的旅游体验产生重大影响。在旅游供给中,对旅游者来说最敏感的是价格问题。景点门票、交通、食宿、导游、保险等一系列费用成为旅游产品(旅游线路)价格的主要构成部分,而这些费用都与旅游供给有直接的关系。

（四）时效优先原则[②]

旅游活动的效果或旅游者的旅游体验受自然景观、客观因素影响明显,如何使旅游者的

[①] 参考陈启跃的《旅游线路设计(第2版)》,有所改动。
[②] 参考陈启跃的《旅游线路设计(第2版)》,有所改动。

旅游活动与旅游地优美的自然景观、良好的客观环境完美结合,体现时效优先原则,是旅游线路设计者需要考虑的问题。体现时效优先原则要展现最美的旅游景观、针对不同的季节推出不同的旅游线路、紧扣社会热点推出适应性旅游线路。

1. 展现最美的旅游景观

当旅游者选择一条旅游线路,选定一个旅游目的地进行旅游活动的时候,他的很大心愿是要看到旅游目的地最美的季节和最动人的景观。要想满足旅游者的这种心愿,在设计旅游线路的时候要尽量注意旅游景观的时效性。

2. 针对不同的旅游季节推出旅游路线

旅游路线的时效性不仅仅体现为表现旅游目的地最美的环境上,而且表现为该旅游目的地旅游路线应适合人们出游的季节。对中国旅游者来说,由于我国还没有普遍推行带薪休假制度,所以旅游者出游时间主要还是集中在法定节假日,即通常说的"黄金周"。然而,虽然同在"黄金周"出游,人们的旅游消费特点却有很大的不同。旅行社在设计旅游线路时,应考虑旅游线路的投放时段与人们出游的特点是否相符,针对旅游者不同的旅游季节的消费特点推出适时的线路。

3. 紧扣社会热点推出适应性旅游线路

时效原则的另一项意义,体现在对社会信息的及时采撷,即刻推出适应性产品上。在迅速把握机会,果断决策,抢占先机方面,产品的主动性充分体现,会使产品声名远播,赢得良好的市场声誉。例如,2014年春节最意外走红的是"庆丰包子旅游团",由携程网推出的名为"北京5日私家团·专车专导品美食"的旅游团在行程中被推荐到庆丰包子铺用晚餐,还推出了赠送"主席套餐"的团队线路,春节这类产品的走红意味着传统的团队游越来越时尚,紧跟社会热点进行创新。庆丰包子铺月坛店在春节期间每天接待游客约2500人左右,外地游客占80%,其中有20%是跟随旅游团而来。

(五)效益兼顾原则

1. 旅游经济效益

旅行社产品同其他产品一样,也有各种成本支出。一条旅游线路的成本主要由两部分组成:线路构成项目的成本(包括住宿、餐饮、交通、门票、导游服务等各种费用)和旅游线路设计费用(包括设计人员工资、业务费等)。旅行社作为一个企业,其设计旅游线路的最终目的在于销售旅游线路,获得经济利益,即以相对低的投入,获得相对高的效益。

2. 旅游社会效益

旅游活动是一种特殊的活动。旅游者通过旅游,除了可以游览风景名胜,品尝各地美食,开阔眼界、增长知识以外,更重要的是可以领略到自然世界和人类生活的真、善、美,获得巨大的精神享受。因此,旅行社设计的旅游线路也应该有较高的文化品位和内涵,能满足旅游者求真、求美、求善的精神需求。同时,旅行社作为社会经济生活中的一个组织,也必须考虑自身的行为对社会造成的影响,也必须重视旅行社自身在公众中的品牌形象。事实上,只有那些既注重经济效益又讲求社会效益的旅游线路,才是真正受旅游者欢迎的产品,才是能在市场中长盛不衰的产品。

3. 旅游生态效益

旅游生态效益越来越受到人们的重视,像"除了脚印,你什么也别留下;除了照片,你什么也别带走"的生态旅游口号越来越深入人心。对于生态比较脆弱的旅游目的地,保护旅游生态环境更显得十分重要。在旅游线路设计中,必须要注意保护旅游生态效益。

(六)旅游点结构合理的原则

计调人员在设计旅游线路时,应慎重选择构成旅游线路的各个旅游点,并对之进行科学的优化组合。具体来讲,在旅游线路设计的过程中应注意以下几点。

1. 竭力避免重复经过同一旅游点

在条件许可的情况下,一条旅游行程应竭力避免重复经过同一旅游点。根据满足效应递减规律,重复会影响一般旅游者的满足程度。因此,在设计线路时,应尽可能使整条线路呈环形线路,如果不是迫不得已,尽量不要在同一城市、同一旅游点重复经停。

2. 各旅游点之间距离适中

各旅游点之间的距离不宜太远,以免在旅途中耗费大量的时间和金钱。如福建的泰宁金湖和永安桃源洞两个国家级风景名胜区属于福建三明地区,但在设计旅游线路时就很难组合在一起,原因就是两个旅游点相距太远,又不在同一交通线(铁路、公路)上。一般说来,城市间交通线上的时间耗费不能超过全部旅程时间的1/3。

3. 择点适量

在时间一定的情况下,过多地安排旅游点,采用赶鸭子上架的方式,容易使旅游者紧张疲劳,达不到休息和娱乐的目的,也不利于旅游者细致地了解旅游点(尤其是文化内涵丰富的旅游点),对于老年旅游团采用这种方式就更不可取了,目前许多旅游线路的设计中,在安排旅游点时都有"贪多求全"的趋势。如某地一旅行社开发的"一日游"的线路中,包含了九个景点,许多旅游者甚至是年轻的游客在看完第六、七个景点时就体力不支,不论剩下的景点多么精彩,游客都已失去了兴趣。

4. 顺序科学

旅行社设计旅游线路时一般以空间顺序为根本指导。在交通安排合理的前提下,同一线路旅游点的游览顺序应由一般的旅游点逐步过渡到吸引力较大的旅游点,这样可以不断提高旅游者的游兴,同时要把握游程节奏,做到有张有弛。如福建精华六日游:A."福州—武夷山—泉州—厦门";B."厦门—武夷山—福州—泉州"。A线显然比B线合理,前者符合"中潮—高潮—次高潮—大高潮"的顺序。

5. 特色各异

一般说来,不应将性质相同、景色相近的旅游点编排在同一行程中,否则会影响旅游线路的吸引力。当然,专业考察旅游则另当别论。例如,在北京游览了颐和园,就尽量避免再安排北海、圆明园等,因为这些都是皇家园林,虽各有特色,但是园林的性质相同。又如,行程中安排了雍和宫,就尽量避免再安排潭柘寺、法源寺、白塔寺等,因为这些都是属于寺庙建筑。

四、国内组团社旅游产品的开发流程

（一）确定目标市场

目标市场是旅游产品类型的决定性因素。针对不同的目标市场，旅游产品开发的类型是完全不一样的。游客主要有两类群体：以需求为导向的群体为主要群体，以年龄段而划分的群体为次要群体。

前者被称为主动型游客，他们是带着出游目的寻找适合自己旅游产品的人群，通常会主动寻求旅游信息来源和报名渠道，主要群体定位有婚庆旅游、度假观光、游学探亲、商务考察以及由各类单位或机构组织的学生夏冬令营、摄影团、夕阳红旅游等。而按年龄段划分的群体是受旅行社年龄限定设定的产品，比如海岛带水上活动的产品、泰国的成人场所等不适合老人和儿童。消费群体定位是根据所属地域、经济发展程度以及市场需求而细分的。旅游目标市场一定要定位准确，只有目标市场确定后，下一步的工作才有依据。

> **知识演练**
>
> 问：如何对旅游目标市场进行调研？
>
> 答：确定目标市场之后，可以采用问卷星进行调研。比如，选择大学生作为目标市场，通过问卷星对潜在旅游者的游览景点、出游时间、出游方式、旅游费用、用餐要求、住宿要求、购物需求、娱乐需求等进行调研。通过这个调研可以了解游客的旅游需求，才能有针对性地设计旅游产品。

（二）选定旅游目的地

旅游目标市场确定后，根据目标市场旅游者的旅游偏好来选择旅游目的地。每个组团社应该针对目标市场和市场调研结果选择一些主要的目的地。做旅游要看地图，对目的地的地理位置要有清晰的概念，对不熟悉的目的地，国内可以用百度地图、搜狗地图、图吧、高德地图等进行查询，借助这些网络地图工具来确定方位。

（三）航空交通选择

确立旅游目的地之后，就要考虑交通工具的选择了。可以通过搜索引擎，甄选出行方式。比如国内交通以飞机、火车为主，可以参考去哪儿网、酷讯网。借助搜索引擎，是为了帮助我们了解和对比从始发地到目的地城市的航线信息，知道有哪些航空公司与航班可以选择，有了初步意向后，再进入所选航空公司的官方网站进行航线信息的再度确认。使用搜索引擎是为了辅助我们对旅游目的地航空交通的认知，这是产品策划人在进行交通对比时的参考工具，至于最终选择何种出票渠道和平台则由自己决定。

（四）确定线路名称

线路名称，是线路的性质、大致内容和设计思路等方面的高度概括。因此，确定线路名称应考虑各方面的因素，并力求体现简约、突出主题、时代感强、富有吸引力等原则。国内组团社旅游产品的名称一般由游览目的地、线路性质、游览天数和大交通构成。如"丽江＋香格里拉＋泸沽湖双飞7日跟团游"表明主要游览景点是丽江、香格里拉、泸沽湖,时间是7天,性质是跟团游,大交通是双飞。又如"拉萨＋布达拉宫＋大昭寺＋林芝＋大峡谷＋巴松措＋纳木错＋羊湖双飞8日半自助游",表明游览的主要景点是拉萨、布达拉宫、大昭寺、林芝、大峡谷、巴松措、纳木错、羊湖,时间是8天,性质是半自助游,大交通是双飞。

(五)提炼行程特色

好的旅游产品,必须有它独特的亮点。一定要突出旅游产品的亮点,与其他旅游产品相比,其优势是什么?在哪些方面有特色?目前竞争十分激烈,很多旅行社在设计线路时都很注重突出旅游产品的亮点。携程网、同程网、途牛网都是用了文字加图片的方式来展示产品特色。

知识演练

问:请你举一个例子说明产品特色的表达方式。

答:产品特色有文字和图片两种展示方法。现在以携程网2017年4月推出的"广西桂林＋阳朔＋漓江5日4晚跟团游"为例,来看看网上对产品特色的展示。

(1)文字表述。

产品特色:携程自营独立精致小团,住5星级贵宾楼,更有宏伟梯田＋瀑布。近距离戏水,独家竹筏漓江,计您可以用手摸得着漓江。

★优惠一:单单赠送"哈根达斯"50元抵用券。

★优惠二:2成人—300元/单;6成人—1800元/单。

★优惠三:金鸡送福,狂送10万礼金(1.每单赠送寓意"富贵吉祥"的伴手礼——阳朔有机金橘片一罐;2.出行后对本产品5分好评且上传美图的游客,均有机会参与抽奖,共10名,每位赠送价值1260元"周生生足金Charme小鸡转运珠手链吊坠"1根;每月开奖一次!)。

一价全包,全程0购物0自费!竭尽让您花的每一元钱都变成旅途的欣喜与感动!

(2)图片表达。

除上面的文字外,还用图片来展示产品特色,见图2-1。

(六)按照时间顺序安排行程

产品特色确定之后,就要按照时间顺序安排每一天的活动,安排好每天的游览、住宿、餐饮、购物、娱乐等活动。

(七)确定产品价格

确定好行程之后,按照确定好的行程来确定产品的价格。在确定产品价格时,必须考虑线路成本、竞争对手的价格和旅游者的心理价格三个方面的因素。影响旅游线路价格的因素常常处于不断变化之中,例如,旅游企业战略的改变、机票价格的改变、饭店价格的升降等,都会对线路定价产生影响。

图 2-1 桂林旅游产品特色展示图

(八) 调整细节,注重语言的合理利用

行程安排好之后,一定要考虑细节的调整。比如,文案的语言要合情、合理、合法,如果是附加的自费旅游套餐,组团社一定要把它作为补充协议签在合同内,同时,要把套餐的景点和项目做个简单说明,告知这个活动的重要性和趣味性,让人感受到参与的价值。再比如,亮点和看点的文字要简明扼要,如特别安排什么?与接待社需要沟通、斟酌,将不合理或

难以操作的地方进行调整和取舍。

五、国内组团社旅游产品的构成与示范

关于国内组团社旅游产品的构成,目前,没有统一的模式和标准,每家旅行社都有自己的特色。如果产品是在网上销售,一般都有产品概况、产品特色、行程介绍、费用说明、预订须知、用户评价等内容。如果产品在线下销售,一般包含产品设计理念、产品特色、行程安排、服务标准、费用说明、友情提示、补充协议、特别提示等内容。现以成都和顺国际旅行社有限公司提供的线下国内组团社旅游产品"漫游青海西宁—贵德—青海湖环湖—黑马河—茶卡盐湖双卧6日游"为例来说明国内组团社旅游产品的构成。

(一) 产品名称

漫游青海西宁—贵德—青海湖环湖—黑马河—茶卡盐湖双卧6日游。

(二) 设计理念

让旅游回归本质。西北地区旅游产品行车时间长,夏季又是旅游旺季,路上堵车,排队时间长,常规行程中每天的购物、自费景点等,让精华景点的游览时间严重压缩,错过很多美丽的风景,让大家的旅行多少有些遗憾。为此,我们特别本着让旅游回归本质,给自己和家人一个轻松的假期的理念,设计了这条线路,希望给游客一次轻松舒适的旅行。

(三) 产品特色

1. 成团安排

成都有独立成团出发,一车一导,局部全国大散拼,保护游客的出游安全,保证品质。

2. 购物安排

全程只进一个正规政府制定的特产购物店,无保底费用,明明白白消费,绝不强制,如有强制,双倍赔偿。

3. 住宿安排

精选当地商务酒店,免费 Wi-Fi,特别安排住一晚茶卡/鸟岛,满足您深度游青海湖的需求。

4. 景点安排

自由行的体验,跟团游的价格,精华景点一个不落下,保证每个景点的游览时间。

5. 美食安排

餐餐吃美食,顿顿品特色,特别安排西宁本地特色美食——炕锅羊肉。

6. 增值服务

赠送不限次数民族服装拍照,每人赠送水果拼盘一份,行程中每人每天一瓶矿泉水。

(四) 行程安排

具体行程安排见表2-1。

表 2-1 漫游青海西宁—贵德—青海湖环湖—黑马河—茶卡盐湖双卧 6 日游

D1	【成都—西宁】(车程约 25 小时)　用餐：自理　宿：火车上 　　自行前往成都火车北站进站口集合,乘火车前往西宁,火车上欣赏沿途风光！(车次参考：K1058 次 11:56/12:34 车次,以实际出票为准,火车票铺位和车厢不作为投诉理由,请您理解！) 【特别说明】 　　1. 因成都至西宁铁路局运力不足,在不影响行程的情况下,有可能改乘成都至兰州火车车次,兰州火车站接团后乘大巴前往西宁游览行程。(兰州至西宁约 3 小时车程)此项不作为投诉理由,如对此有异议的客人请慎重报名！ 　　2. 火车票为实名制售票,报名时请提供参团本人二代身份证复印件;因火车票联网售票随机性较大,旅行社无法保证指定铺位、车厢、车次;如有老人、儿童以及特殊人群对铺位和车厢有特别要求的游客,请慎重选择！
D2	【西宁—贵德】(车程约 2 小时)　用餐：晚　宿：贵德 　　中午抵达西宁,接机人员举"漫游青海"导游旗接团,接团后和其他客人汇合。13 点集合后乘车赴贵德,到达后参观素有仙阁插云之称的贵德,参观【阿什贡地质公园】(含门票,游 1.5 小时)。阿什贡峡的丹霞地貌,形成于 1 亿 2 千万年前,峡谷地处黄河北岸,两侧山峦夹峙,高耸入云,红的火红,青的靛青。山崖经亿万年的风沙侵蚀,形状各异,有的似老人久经风霜;有的似取经路上的唐僧师徒;还有多种动物造型,各种形状鬼斧神工、浑然天成、惟妙惟肖、耐人寻味,到天下黄河贵德清之称的黄河边,可乘快艇(自理)游览黄河风光。 【温馨提示】 　　青海湖景区周边及黑马河、茶卡一带此时段为旅游旺季,风景优美,但旅游资源接待量有限,所有团队均不保证星级,只保团队每人一床位的用房(不占床的儿童除外),如对此特别介意的客人,请慎重选择。由于海拔高,地域气候的差异,晚间出行需要带外套;在饮食上注意不要吃完羊肉后吃冰凉的食品！有心脏病、高血压等的客人请慎重选择！ 　　西宁有"中国夏都"之称,夏季凉爽宜人,阳光强烈,昼夜温差大,请注意防晒和增减衣物。
D3	【西宁—青海湖—茶卡】　用餐：早中晚　宿：茶卡/鸟岛 　　早餐后,乘车前往中国最大的内陆咸水湖,被誉为中国五大美丽湖泊之一的【青海湖】(含门票,不含景区游船,电瓶车不含,游览时间 2~3 小时),沿途远观昔日文成公主进藏时经过的【日月山】(如需进入,请自理门票 40 元/人),以及"众河皆向东,唯此向西流"之美誉的倒淌河。然后欣赏青藏高原中著名的【金银滩大草原】,体会著名的音乐家王洛宾先生在歌中"在那遥远的地方"与藏族姑娘美丽的爱情故事。中餐后前往【黑马河】,这一段被誉为青海湖最美的路段,在不同的季节呈现不同的美景:5 月,野花绽放,群鸟飞翔;8 月,万亩油菜花在湖畔灿烂盛开;而在繁华过尽的 7—10 月,黑马河草原归于平静,青海湖也呈现出最朴素的美态。随后,去往具有中国"聚宝盆"之称的柴达木盆地,沿 G109 国道车览青海湖百里观景带,之后前往茶卡盐湖入住茶卡。 【友情提示】 　　1. 平均比西宁气温低 3~5 ℃,光照紫外线强,即使是盛夏季节前往青海湖也要带长袖衣服,下雨更冷一些,需要携带厚衣服。 　　2. 盐湖景区气候干旱、温凉,年平均气温为 4 ℃,1 月气温为−12.2 ℃,7 月气温为 19.6 ℃;年平均降水量为 210.4 mm,年蒸发量为 2000 mm,年平均相对湿度为 45%~50%,常刮西北风,平均风速 3 m/s,为干旱大陆性气候。请大家带上长袖衣服。

续表

D4	【茶卡—西宁】 用餐:早中 宿:西宁 　　早餐后游览【茶卡盐湖】(含门票,不含小火车,游览时间约1.5小时),"茶卡"蒙古语为"盐海",面积105平方公里,观赏各种盐类结晶,如水晶盐、珍珠盐、珊瑚盐、雪花盐、钟乳盐、蘑菇盐等,可以观看现代化大型采盐船采盐时喷水吞珠的壮丽场景,可以透过清澈的湖水,观赏形状各异、正在生长的栩栩如生的朵朵盐花,探求湖底世界的神秘,还可以领略涨潮后湖面上留下的滚滚盐涛奇观。茶卡盐湖以其生产、旅游两相宜而在国际国内旅游界和青藏高原风光游中享有较高知名度,还被国家旅游地理杂志评为"人一生必去的55个地方"之一。如果你足够幸运的话,白天可以看到在这些河面上形成的海市蜃楼。这些由阳光经水汽折射形成的奇观,有的是房屋、牛群,甚至如羊群在湖面上。后乘车返回西宁,途中感受【金银滩大草原】的独特魅力,抵达西宁后赠送【AAA中华枸杞养生苑景点】。中华枸杞养生苑是集青海柴达木枸杞养生与青藏地域文化相结合的青藏地区首家国家AAA级养生文化旅游景区。中华枸杞养生苑二楼为枸杞养生与青藏地域融合的文化陈列展厅,展厅以"柴杞"为元素,以养生为核心,以博大精深的青藏养生文化为内涵,中华枸杞养生苑以养生体验的方式为游客打造旅游、鉴赏、休闲、互动、购物为一体的文化养生之旅。随后入住酒店休息。
D5	【西宁—成都】(车程约25小时) 用餐:早 宿:火车上 　　早餐后,请于早上8点在宾馆大厅收拾好行李等待,后司机送至西宁火车站,乘火车返回成都。(车次参考:K1060次 09:20/10:56车次,以实际出票为准,火车票铺位和车厢不作为投诉理由,请您理解!) (因散客车次时间不统一,导游送至车站,客人自行安排时间进站)。 【特别说明】 　　1. 因成都至西宁铁路局运力不足,在不影响行程的情况下,有可能改乘兰州至成都火车车次,根据兰州至成都火车时间乘大巴或者火车前往兰州火车站乘车返回成都。(西宁至兰州约3小时车程)此项不作为投诉理由,如对此有异议的客人请慎重报名! 　　2. 火车票为实名制售票,报名时请提供参团本人二代身份证复印件;因火车票联网售票随机性较大,旅行社无法保证指定铺位、车厢、车次;如有老人、儿童以及特殊人群对铺位和车厢有特别要求的游客,请慎重选择!(备注:此日送团仅限司机对客服务,无导游)
D6	抵成都用餐:自理 宿:无 　　返回成都,结束愉快旅程。

(五) 报价

该行程报价为大人2180元/人,小孩980元/人,报价包含的服务项目,以及提供的服务标准、未包含的项目和儿童标准详见表2-2。

表 2-2 报价包含的服务项目

服务标准	1. 景点门票 含景点首道大门票,不含景点第二门票、电瓶车等项目。 备注:景区首道大门票,如遇政策性调整以实际票价为主;如果客人持有老年证、军官证、学生证等优惠证件,退票按照景区与旅行社协议价退还门票差价。 2. 住宿标准 旅游酒店双人标准间,无空调,有暖气、电视,独卫,一人一铺核价。 商务酒店参考:西宁——福美宾馆;茶卡——茶卡巴州宾馆或鸟岛;贵德——鸿途商务宾馆。 备注:如遇旅游旺季可变更宾馆酒店(酒店设施与内地有较大差距,所以请勿以内地的酒店标准衡量。客人如不接受拼房或三人间,请现付单房差)。 3. 用餐标准 含3早4正,西宁餐标25元/人,特色餐为炕锅羊肉,正餐八菜一汤/十人一桌/旅游定点餐厅(不含酒水,宾馆含早餐),口味主要以川菜为主,高原地区资源有限,餐饮质量请不要给予太高的期望值,有时因为道路限速而造成的用餐不准时,全程会安排儿正路餐;若有用餐不习惯者可自备佐食,如因特殊原因导致客人不能用正餐,按照餐标退与客人。 4. 旅游交通 成都—西宁往返空调火车硬卧票,一人一铺;西宁全程空调旅游车,保证每位游客一个正座。旅游车辆证照齐全,车辆无事故隐患,整洁,驾驶员礼貌待客,文明驾驶。 5. 导游服务 西宁当地专职导游贴心服务。8人以下司机兼导游,望知悉。 6. 旅游保险 旅行社责任险,旅游意外险。
费用未含	1. 所在城市到机场/车站的往返费用;火车上用餐。 2. 升级火车铺位、升级酒店、升级房型等产生的差价。 3. 单房差:单人入住须补单房差;2～12周岁儿童不含床位不含早餐。 4. 因交通延阻、罢工、天气、飞机/火车机器故障、航班/车次取消或更改时间等不可抗力原因所引致的额外费用。 5. 酒店内洗衣、理发、电话、传真、收费电视、饮品、烟酒等个人消费。 6. 当地参加的自费以及以上"费用包含"中不包含的其他项目。
儿童标准	2～12岁儿童且身高在1.4米以下,费用含半价正餐,汽车位;不含门票、住宿及火车票。产生其他费用需游客自理。 备注:如需占床,所有项目均按成人标准收费。不占床的游客均不含早餐,如产生费用请自理。请各位游客按照约定标准(如身高、年龄)为儿童报名,如因虚报、隐瞒产生的一切后果由游客自理,由此产生的相关损失也将由游客承担。出发前请成人(16周岁以上)携带二代有效期身份证原件,儿童带户口本原件,如因证件不足未能上火车、住酒店或进入景区后果自负。

(六) 友情提示

(1)抵达西宁入住酒店后,接客导游会适时电话落实次日或当日宾馆接客时间、地点以及相关事宜,请保持开机,不要着急。时常有列车晚点、航班延误等情况,请各位来宾在机场/火车站耐心等候,保持开机。多多谅解!

(2) 青海属于高寒地区,请高血压、心脏病患者随身携带备用药品,到西宁后多喝水,少运动为宜,另备防寒衣物,不要洗澡,以防感冒。

(3) 青海属少数民族集居地区,请团友和睦相处,尊重民族地区的文化和信仰习惯。

(4) 当地土特产:牦牛肉干、昆仑玉、雪莲花、枸杞、藏药等。

(5) 在青海旅游过程中,景区景点、酒店、餐厅等地方,均有当地特产,从珠宝玉石、翡翠、昆仑玉、金银首饰,到当地土特产等,商品琳琅满目,请各位贵宾谨慎选择,货比三家,不购买"三无"商品。购买商品时应索取购买发票、相关证书,发票与证书要妥善保管。如果您在这些地方购物,完全属于个人行为,与旅行社无关。

(七)补充协议

具体补充协议见表2-3所示。

表2-3 补充协议

尊敬的VIP集团客户、VIP贵宾客户: 女士/先生:
您好!
欢迎您选择( )旅游产品,很高兴能为您竭诚服务,请您在选择产品时,认真、仔细确认相关行程标准、产品名称。
为保证操作的严谨性、准确性,为了您的旅途愉快以及维护您的合法权益,且不给您带来不必要的麻烦及损失,同时,为了保证您在中国丝绸之路上度过一个愉快的假期,我们将您所参加游览行程涉及的景区景点内的购物情况为您做一个详细告知。
对旅游行程单(我公司专用旅游行程表)中约定的自由活动期间的行程安排,旅行社应提前告知旅游者,保证游客的知情权,并经双方协商一致,作为包价旅游合同的组成部分。以下自费项目提前告知您,属自愿、自费并提前知晓的活动项目,当地导游及旅行社不会强买、强卖,更不会强迫消费,这是您的自由,也是您的合法权益,具体明细如下:
(一)购物店安排告知
1. 您选择的旅游产品,行程为您安排以下购物店,具体如下:

购物店名称	销售产品	参观时间	要求参观	地点
中华枸杞养生苑	枸杞等土特产	45分钟	√	西宁

注:此购物店为政府指定正规旅游特产商店,提供正规发票。游客根据自身情况,自愿选择购买,绝不强制。
2. 各景区、酒店以及公路服务区内均有商品销售,不属于行程内购物店范畴。
3. 此行程中涉及的购物店以及购物店相关商品,请客人谨慎购买,客人在购物店购买商品时,请根据个人需要及喜好理性消费,绝不强迫购物;售出商品请客人自行保管好发票及购物小票,作为今后退换货品的唯一凭证,我社将依据相关法律配合客人换货品,游客在上述购物店中为自愿购物,所购商品非质量问题一律不予退还。
4. 非在本协议内商场商店内购买的商品,我社不提供退换货的协助工作,敬请谅解。

续表

（二）自费安排告知			
玩转青海自费游项目参考			以下项目完全为无压力项目，随游客意愿参加，绝不强迫，如有违反，双倍赔付
自费地点	景点	价格	景点介绍
金沙湾	金沙湾滑沙	50元/人	去金沙湾体验青海湖和沙漠的自然风景，感受湖边滑沙的不一样
黑马河	烤羊	180元/人	在篝火的带动下，挑起锅庄体验我们青藏高原上大碗喝酒，大口吃肉的豪爽情怀

（三）旅游产品关于车辆和保险的告知

1. 旅游行程中车辆为空调旅游车，保证每人一个正座。
2. 旅行社已投保旅行社责任险，强烈建议游客购买旅游意外伤害险。
3. 在行程为自由活动期间，旅行社不提供车辆。

附则：此协议作为旅游合同的补充，作为包价旅游合同的组成部分，与旅游合同具同等法律效力，旅游者对此安排无任何异议。

声明：本人为年满18周岁公民，具有正常的民事行为能力（已详细阅读以上内容，对以上内容组团社已详细说明），本人自愿在自由活动期间，跟随导游前往上述自费旅游景点以及购物店，对于所有上述自费旅游项目的详细情况以及有可能发生的潜在风险均已了解，其余详尽事宜，已在上述说明中阐述，本人完全明白，对此毫无异议。（请出行的每位游客均签字）

旅游者本人（盖章或者签字）：

组团社旅行社（盖章）：

（八）特别说明

特别说明如表2-4所示。

表2-4　特别说明

1. 旅行社有专职火车站接送站人员。请游客所留电话号码务必保持准确、畅通。火车站接站为免费，不用不退费用，当客人到达当地后可能存在等待其他客人的情况，司机送至火车站后客人自行安排时间进站。

2. 行程中包含景点门票，依照当地景区规定，对特定持证人给予门票优惠（小交通及游船等没有优惠），如游客携带优惠证件，必须提前向导游出示，退还金额为我社所报折扣价与景区实际产生价格之差，当地统一退还。优惠证件包括学生证、老年证、离退休证、军官证、残疾证等，优惠证件是否有效以景区规定为准。未带相关证件按全票办理，证件是否有效以景区规定为准。

3. 如遇人力不可抗拒因素（如台风、暴雨、检修等）或政策性调整，导致无法游览的景点和项目，我社有权取消或更换为其他等价景点或项目，赠送景点和项目费用不退，并有权将景点及住宿顺序做相应调整。因季节性原因（遇大雨、暴雨、雾霾、洪水等）或不可抗因素，造成游客当天返程延误，我社可协助客人安排住宿（住宿费用客人自理）所造成的火车票以及飞机票的损失与我社无关。

4. 以上价格为折扣打包价格，不产生不退，散客不提供发票，不便之处敬请谅解。

续表

5. 出行前一天22:00前,您将收到出团通知短信或导游的确认电话,敬请留意,保持电话畅通。

6. 在本次行程中规定的自由活动时间内,您可自由安排活动内容和消费项目,将无导游随行,请随身携带好通信工具和导游联系方式,遇到紧急情况,第一时间向当地相关政府、警务、救援等机构或本团导游求助。

7. 每一段行程结束后,请在当地如实填写旅游质量意见表,质量意见表是投诉的最终依据,请您据实填写。行程中导游有任何违反合同之处,请游客坚决抵制,并及时反馈,争取将您的损失降至最低,若当时因协商不成而拒绝乘车、登机产生的一切损失均请游客自理。如果您对接待持有异议并有投诉意向,请于第一时间告知我公司人员,争取能及时解决您的问题。同时,意见反馈表作为我公司处理投诉的重要依据,请务必认真填写并真实体现您的宝贵意见。行程中无反馈,回程后投诉,无确实凭据(未填写质量反馈表),否则旅行社将不予受理。有效的投诉时间为团队返回出发地起10天内有效。

8. 甲方签订旅游合同时,如因甲方原因导致人数变化,则甲方需承担乙方已经为其准备旅游所支出的全部费用(包括因甲方人数减少而导致乙方增加的各项费用)。因甲方人数减少导致不能达成最初签订主合同的人数时,经双方一致同意,以现有人数出团并且增加的所有费用,均由甲方承担。双方可重新签订补充协议。

9. 甲方如有下列情形之一的,旅行社可以单方面终止履行旅游合同:

①在旅游过程中不得擅自离团或者脱团,不听导游劝解擅自离团或者脱团者,已产生相关费用我社一律不予退还团款;

②患有各类传染病等疾病,可能危害其他旅游者健康和安全的;

③携带危害公共安全物品且不同意交由有关部门处理的;

④从事违法犯罪或者违反社会公德活动的情况下,文明出行,做个有公德心的旅游人;

⑤在旅游纠纷中,游客不能正确处理,行为严重影响其他旅游者正常游览和正当权益的,且不听劝阻、不能控制的,经团内其他客人签字,旅行社可单方面终止履行旅游合同;

⑥因甲方自身原因,造成旅行社人身及财产损失的,甲方应依法承担赔偿责任。

10. 请客人按酒店要求,用身份证实名登记入住并自行缴纳入住押金。市区内如遇单男单女请自行补房差或我们为您安排三人间(部分酒店没有三人间),客人如不接受拼房或三人间,请现付单房差。

11. 请游客务必注意自身安全,贵重物品随身携带,不要将贵重物品滞留在酒店或旅游车内。

12. 铁路民航系统实行改名限制,个人信息输入订座系统后无法更改,所以请游客确保提供的名字和身份证号码准确无误,若因游客提供的信息错误造成的损失,需由游客自行承担。出发前,请务必带齐各类有效证件,如需代订返程火车票,我社只保证有铺,但不承诺车次及铺位。

13. 请游客在当地购物时慎重考虑、把握好质量与价格,建议在当地购物时要开具发票。

14. 根据旅委通知,报名时请提供真实姓名与证件号,务必建议游客购买旅游人身意外伤害险。

15. 新法规明确规定,请游客报名时付清全额团费,我社确认收款后方可进行后续接待服务工作,感谢您的配合。

(九) 游客的签字确认

亲爱的游客:

您好!

感谢您选择我公司为您提供的旅行服务。为了使您的旅途更加顺利、愉快,请您仔细阅读此行程内容、接待标准及各项备注。如果您认同我公司的接待安排,请在下面签名(此行程为合同附件)!

新年伊始,感谢您的支持与信任,希望您拥有一个愉快的旅程!

游客签名:

年　　月　　日

六、旅游团队电子行程单

(一)旅游团队电子行程单的开发

1. 全国旅游团队服务管理系统的开发

为贯彻落实《国务院关于加快发展旅游业的意见》(国发〔2009〕41号),把旅游业培育成为国民经济的战略性支柱产业和人民群众更加满意的现代服务业,推进"智慧旅游"建设,国家旅游局联合上海棕榈电脑系统有限公司开发了"全国旅游团队服务管理系统"(见图2-2),该系统于2011年10月15日上线运行。同时,国家旅游局每年都发文要求各省旅游局推广应用。首先在上海、浙江、武汉、黄山等地进行了试运行,证明系统可以为旅游管理部门提供信息化管理平台,为旅行社企业提供工作管理平台,实现对出境游、入境游、国内游三个旅游市场的有效监管和服务,为维护广大旅游企业、旅游从业人员、旅游者的合法权益提供服务。

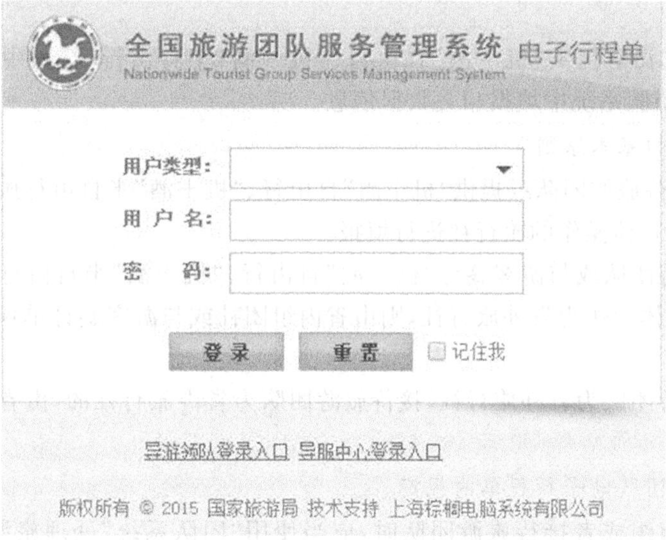

图 2-2　全国旅游团队服务管理系统

为认真贯彻落实国家旅游局关于加强"全国旅游团队服务管理系统"推广应用工作的要求,进一步规范旅行社的经营行为,准确有效掌握各省旅游团队的运行情况,实现对旅游团队的有效监管和服务,利用信息化手段提升各省旅游行业服务监管水平,各省旅游局纷纷下文要求各旅行社加强"全国旅游团队服务管理系统"填报使用工作,并举行各种培训班。

在国家旅游局和各省市旅游局的带动下,2013年已实现32个省市(含新疆建设兵团)全覆盖应用。截至2015年8月19日,已有6500余家的旅行社在"全国旅游团队服务管理系统"中填报超315万个旅游团队、超6100万名游客信息。其中,一线城市达到100%的覆盖率,二线城市达到了80%的覆盖率,大中型旅行社基本达到100%的覆盖率。

2. 旅游团队电子行程单的生成

"旅游团队电子行程单管理系统"是"全国旅游团队服务管理系统"的重要子系统,旨在将传统的旅游团队行程单电子化,通过借助现代信息技术,针对当前旅游团队在接待过程中存在的问题,实现对旅游团队运行全要素、全过程的监控和管理。通过"全国旅游团队服务管理系统"自动生成的电子版,导游、领队可第一时间获取"旅游团队电子行程单"(见图2-3),行程单中,衣食住行一目了然,保障了旅客利益,同时,也保障了正规旅行社的利益。

(二)旅游团队电子行程单的填报与制作

1. 基本要求

(1)各旅行社加强对本社及分支机构应用团队系统的督促指导和监督自查,明确团队系统应用工作分管负责人及1位联络员,落实专人负责旅游团队动态子系统的填报工作。填报数据登录方法:登录"中国旅游诚信网",点击首页右下方的"全国旅游团队服务管理系统",进入系统界面(或登录 http://http://ntsms.palmyou.com/cnta/login.jsp),点击右上角"系统登录",再选择点击"团队动态子系统登录:正式系统",进入正式填报界面,输入"用户名"、"密码"等信息。

(2)各旅行社组织或者接待旅游团队时应在团队系统"团队动态子系统"中如实填报相关数据信息。

(3)旅行社向游客提供"机+酒"自由行、"机+酒"半自由行(行程中提供部分游览安排),均应如实在团队系统中填报相关数据信息。

2. 填报主体的基本原则

(1)组织、接待旅游团队或提供"机+酒"自由行、"机+酒"半自由行旅游服务的均为省内旅行社,由负责具体操作的旅行社进行填报。

(2)组织旅游团队或与游客签订"机+酒"自由行、"机+酒"半自由行旅游服务合同的为省内旅行社,具体操作为省外旅行社,则由省内组团社或与游客签订单项旅游服务合同的旅行社进行填报。

(3)组织旅游团队为省外旅行社,接待旅游团队为省内旅行社的,由省内负责地接的旅行社进行填报。

3. 制作旅游团队电子行程单的规定

(1)旅行社组织或者接待旅游团队时,应当使用"团队系统"处理旅游团队业务,并真实、全面、有效地填报旅游团队数据信息。所有地接旅游团队(含入境旅游团队)、自组省内旅游团队、出省旅游团队,旅行社应当制作旅游团队电子行程单。

(2)凡与旅游者签订了出境旅游包价合同的,出境游组团社应当制作电子名单表。为进一步整顿出境游市场,国家旅游局自2015年9月1日起分别在广东、福建进行港澳游、赴台游的电子名单表试点工作。2015年12月1日起,全国将取消出境游(含港澳游、赴台游)纸质名单表,全面实行电子名单表。

(3)导游、领队受旅行社委派接待旅游团时,应当登录"团队系统"下载"旅游团队电子行程单",在带团过程中随身携带,并依据"旅游团队电子行程单"开展服务工作。导游、领队可以登录"团队系统"查询执业信息。

全国旅游团队服务管理系统二维码电子行程单

团队基本信息

团　　号：	2015000000-1219	线路名称：	锡盟1日游
组 团 社：	上海锦江组团	地 接 社：	中国国际旅行社总社有限公司
接团日期：	2016年01月22日	送团日期：	2016年01月22日
接团时间：	8:00	送团时间：	19:00
接团地点：	锡林浩特火车站	送团地点：	锡林浩特火车站
人　　数：	6人	含儿童数：	0人
客源城市：	洛阳		
备　　注：			

二维码：1100001512290000001

导游信息

序号	姓名	导游证件号	手机号
1	夏晨	D-0000-902201	18516256036

车队信息

车队公司：	锡盟车运公司	车牌号：	蒙A99999	司机姓名：	张三	司机手机：	18516256036

行程说明

日期	景区景点	餐饮	酒店名称/房间数
01月22日第1站	立山 平和公园 星居二重桥 浅草寺	锦江大酒店(早餐) 锦江大酒店(午餐) 锦江大酒店(晚餐)	/

填票单位：	中国国际旅行社总社有限公司	旅行社联系电话：	许可证号： L-BJ-CJ00001
监　制：	国家旅游局监督管理司	投诉电话： 010-12301	技术支持： 上海棕榈电脑系统有限公司

[打印] ☑ 同时打印游客评价二维码

中国国际旅行社总社有限公司

线路名称：锡盟1日游
导游信息
姓名:夏晨
导游证件号:D-0000-902201
手机号:18516256036
旅行社联系电话：

扫描二维码进行评价
游客可关注"旅途服务"微信号进行评价或查看团队行程

图 2-3　旅游团队电子行程单
（由上海棕榈电脑系统有限公司提供）

旅游团队电子行程单的推广应用

成功试点地区：安徽黄山电子行程单试点工作于2013年11月开始正式实施，目前已有152家旅行社使用旅游团队电子行程单正式系统，累计填报行程单近105195份。四川省于2014年大力推广旅游团队电子行程单系统，实现了21个地级市全覆盖，系统全年共采集了550余万游客。

电子行程单实施效果：四川省、安徽黄山等试点地区电子行程单的使用、普及是旅游主管部门面向旅行社管理的智能化、规范化提升。在管理方面，帮助旅游主管部门实现了对旅游团队运行全要素、全过程的实时监控和管理，切实保障了旅行者利益和旅游服务质量，有效提升了旅游主管部门的管理服务水平。在质检执法方面，电子行程单系统还可以帮助旅游主管部门提升旅游质监执法机构的工作水平，通过打击"黑导"、"黑社"、"黑车"等不法经营行为，对旅游经营者经营行为进行规范，为当地旅游市场营造了良好的旅游形象，极大地推动了当地旅游市场快速、健康发展。

任务二　国内组团社旅游产品计价与报价

国内组团计调一定要熟悉国内组团旅游产品的价格构成，掌握国内组团社旅游产品询价、计调和报价方法，能够及时合理地给本社服务网点或同业旅行社报价。

一、国内组团旅游产品的价格构成

（一）城市间大交通费

城市间大交通费指飞机、火车、轮船、内河及古运船和汽车客票价格，从目前来看，城市间大交通主要是以火车、飞机为主，距离较近的可以使用汽车。如成都到西安旅游，可以根据游客的情况选择飞机、火车、汽车等交通工具；重庆到上海可以选择飞机、火车、轮船等交通工具。

（二）异地接待社费用

异地接待社费用包括目的地交通费、住宿费、餐费、景点门票、地陪等费用。异地接待社一般会以总价的方式报给组团社。现在有些组团社自己到目的地采购各项地接服务，但大多数组团社还是通过异地接待社采购当地旅游服务。

（三）全陪分摊费用

全陪费用是指国内组团社派出全陪全程陪同游客游览的所有费用，一般情况下是把全陪所用的费用分摊到每个旅游者头上。对于散客，旅行社一般都没有安排全陪，让游客自己到机场或者火车站，旅行社安排一个导游在机场或者火车站负责送客，散客自己乘坐交通工具到另一个大城市，然后由当地的地陪到机场或火车站迎接。独立成团的团队，一般要安排全陪，全陪的所有费用需要分摊到每个游客头上。

（四）市内接送费用

市内接送费是接送游客到机场（车站、码头等）的费用。对于散客来说，旅行社一般都安排游客自己去机场（车站、码头等），就没有这笔费用，对于团队，一般都要安排接送，在计价时就要加上这笔费用。

（五）保险费

旅游一定要购买保险，保险包括责任险和意外险，责任险由组团旅行社强制购买，意外险由游客自愿购买。《旅行社条例实施细则》第四十条规定：为减少自然灾害等意外风险给旅游者带来的损害，旅行社在招徕、接待旅游者时，可以提示旅游者购买旅游意外保险。鼓励旅行社依法取得保险代理资格，并接受保险公司的委托，为旅游者提供购买人身意外伤害保险的服务。国内旅游保险费为每人10元。现在很多旅行社还要求游客购买交通工具意外险，保险费为每人20元。

（六）经营利润

获取利润是旅行社的根本性质，组团社应根据旅游市场情况确定适当的利润。很多旅行社在分项报价中加入了综合服务费，其实这个综合服务费就是组团社的利润。

二、国内组团计调的报价流程

国内组团计调报价流程分为三个阶段：一是向目的地接待单位询价；二是根据各个接待单位的报价进行内部计价；三是加上利润之后向游客报价（见图2-4）。

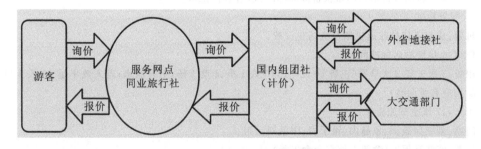

图2-4　国内组团计调报价流程

（一）向各接待部门询价

国内组团计调需要以传真、电话、网络等方式向大交通部门、异地接待社、市内汽车租赁公司、保险公司等询价，等待这些部门的回传确认。

(二) 国内组团社内部计价

1. 成本加总计价法

成本加总计价法就是国内组团社把异地接待社报价、大交通费用、市内接送费用、全陪分摊费用、旅游意外保险费等费用相加,其总和就是国内组团社的接待成本,以四川省中国国际旅行社有限公司提供的成都桂林阳朔休闲三日游为例来说明(见表2-5)。

表2-5 成都桂林阳朔休闲三日游(30人)

1. 行程安排

D1:成都—桂林(参考航班:CA4323 07:40/09:15) 含中晚,住桂林

指定地点统一集合,而后乘车前往成都双流国际机场,乘机飞抵桂林。接团后,游览【刘三姐景观园】(游览约1小时):零距离领略和体验刘三姐文化及广西少数民族文化和乐趣。浓郁的民族风情、风雨长廊、山水歌台、壮寨干栏、瑶寨木楼、侗族鼓楼、苗族吊脚楼。游览桂林城徽——【象鼻山】(游览约50分钟):感受经流水侵蚀后形成宛如一头大象在吸水的绝妙景观。步行游览集优美的风景园林和丰厚的历史文化于一体的城市中央公园——【榕杉湖景区】(游览约1小时):感受"城在景中,景在城中"的桂林小城的悠闲自得。下午自由活动。

D2:桂林—阳朔 含早中晚餐,住阳朔

早餐后,乘车赴漓江码头,乘船游览"百里画卷"——漓江美景【竹江码头/磨盘山码头—阳朔段】(约4小时):杨堤烟雨、童子拜观音、九马画山等(含船上自助午餐/船上盒饭简餐,费用不用退),领略"阳朔风光甲桂林"的迷人风姿。下船后漫步【西街】,欣赏独有的青石板路,古代民居,近百家的酒吧、酒廊、西餐厅,让您尽享浪漫、惬意。随后游览以音乐石屏、广寒深宫、雪山飞瀑"三绝"和佛祖论经、独柱擎天、混元珍珠伞"三宝"等景点为代表,栩栩如生、形象逼真的"世界岩溶奇观"【银子岩】(车程约30分钟,游览约1小时)。晚餐后可欣赏张艺谋世纪巅峰之作——山水实景演出【印象刘三姐】(约70分钟):天然的山水舞台,昂贵的印象灯光设备,强大的演员阵容,绚丽多彩的少数民族服装和银饰将带给你不同凡响的强烈震撼!

D3:阳朔—桂林—成都(参考航班:CA4324 10:00/11:45) 含早

早餐后,自由活动,随后乘车返回桂林(车程约1.5小时)。根据航班时间送机,乘机返回成都。随后统一送到指定地点散团。结束愉快的旅程!

2. 专线报价

3258元/人(同行价格),门市报价3358元/人(直客价格)。

3. 服务标准

机票:成都飞桂林往返机票及机场建设费。

住宿:4星级酒店标准间。

用餐:3次正餐2次早餐(正餐50元/人,10人1桌,8菜1汤,不含酒水;若人数不足10人1桌、餐厅菜品相应有所调整)。

用车:47座空调旅游车。

门票:刘三姐景园、象鼻山、银子岩、印象刘三姐。

游船:漓江环保船(含船上航空套盒午餐)。

导服:含持证导游服务。

综费:旅行社综合服务费。

保险:旅游人身意外保险和交通工具意外伤害保险。

续表

其他:成都市区到双流国际机场往返接送用车。
4. 费用不含
(1) 自由活动期间不提供导游和用车服务。
(2) 行程中景区电瓶车(不含码头—旅游停车场电瓶车 15 元/人)或其他自费项目。
(3) 成都不派导游全程陪同。
(4) 个人消费。
5. 特别说明
(1) 全程不进购物店,无自费项目。
(2) 若遇人力不可抗拒因素(政府行为、天气、塌方、地震等)造成团队滞留、耽误或由此造成损失,产生的费用客人自理,我社将协助安排。
(3) 在不减少旅游景点的情况下,异地接待社导游有权根据实际情况,保留对旅游行程临时调整的权利。
(4) 旅游期间请一定听从导游安排,注意人身安全和财产安全。
(5) 旅游期间请携带有效身份证件。

成都桂林阳朔休闲三日游的成本构成

桂林地接费	桂林地接报价:1318 元/人
机票	1660 元/人(成都飞桂林往返机票及机场建设费)
市内接送	成都市区到双流国际机场往返接送用车:50 元/人
全陪分摊费	该团没有派全陪,就没有产生费用
保险	30 元/人(旅游人身意外保险和交通工具意外伤害保险)
国内组团计调计价	成都组团社计价=桂林异地接待社报价+组团社的往返交通费用+接送费用+全陪费用+保险=1318+1660+50+0+30=3058(元/人)

2. 地接成本分项计价法

地接成本分项计价法是国内组团计调在外省异地接待社分项报价的基础上,把外省接待社的各项成本分项进行计算,然后再把其他各项成本相加。仍然以上例为例,利用地接成本分项计价法,成都组团社的计价见表 2-6。

表 2-6 地接成本分项计价法的成都组团社的计价

机票	1660 元/人(成都飞桂林往返机票及机场建设费)
市内接送	成都市区到双流国际机场往返接送用车:50 元/人
全陪分摊费	该团没有派全陪,就没有产生费用
保险	30 元/人(旅游人身意外保险和交通工具意外伤害保险)

续表

异地接待社分项报价	住宿：400元/人（4星级酒店标准间） 用餐：150元/人（3次正餐2次早餐）（备注：正餐50元/人，10人1桌，8菜1汤，不含酒水；若人数不足10人1桌，餐厅菜品相应有所调整） 用车：150元/人（47座空调旅游车） 门票：288元/人（刘三姐景园、象鼻山、银子岩、印象刘三姐） 游船：300元/人（漓江环保船含船上航空套盒午餐） 导服：30元/人（含持证导游服务900元/团）
国内组团计调计价	成都组团社计价＝桂林异地接待社报价＋组团社的往返交通费用＋接送费用＋全陪费用＋保险＝1318＋1660＋50＋0＋30＝3058（元/人）

（三）组团计调对各服务网点或同业旅行社报价

目前我国外省游的具体操作是由国内各专线负责，收客主要是各服务网点负责或者同业旅行社。因此，专线部询价之后进行内部计价，然后是专线部对服务网点或者同业旅行社报价，最后是服务网点对游客报价，即外省接待社专线部向国内组团社专线部报价→国内组团社专线部进行内部计价→国内组团社专线部在内部计价的基础上加上利润向服务网点报价→服务网点在专线部报价的基础上加上利润之后向直客报价。

国内组团社专线部在所经营地区都开发了很多条不同的旅游产品，在对每一条旅游产品进行内部计价的基础上，加上每条线路的操作费用（操作费包含整个旅游行程的制定与落实费、航空机票出票操作费、省外旅游服务预定协调工作费等）就是专线部对服务网点的报价了。操作费用的多少根据具体的线路来确定，跟团游的利润低一些，一般是计价的5%左右，包团游的利润高一些，一般是计价的10%左右，即国内组团社专线部报价＝内部计价＋操作费用（利润）。仍以上面的成都桂林阳朔休闲三日游为例，成都组团社专线的内部计价为3058元/人，假定利润为200元（利润的多少由专线部自行确定），那么，该国内组团社专线部对服务网点的报价＝内部计价＋操作费用（利润）＝3058＋200＝3258（元/人）。

（四）各服务网点或者同业旅行社对游客报价

国内组团社所属的服务网点或同业旅行社对游客报价一般是采用成本加成法进行的。服务网点的成本就是专线部提供的旅游计划上的同行报价，利润由各个服务网点自行确定。根据不同的时间、不同的线路来确定具体的利润。国内组团社服务网点对游客的报价＝国内组团社专线部报价＋服务网点利润。仍以上面的成都桂林阳朔休闲三日游为例，成都组团社专线部对服务网点的报价为3258元/人，假定服务网点的利润为100元（利润的多少由服务网点自行确定），那么，该国内组团社服务网点对游客的报价＝专线部报价＋服务网点利润 3238＋100＝3358（元/人）。

通过以上的计算可以看出，以成都桂林阳朔休闲三日游为例，地接价是1318元/人，往返机票（含机建燃油税费）为1660元/人，没有全陪，无全陪费，旅游意外保险10元/人，交通工具保险20元，市内接送50元/人，专线内部计价为3058元/人，专线部给服务网点报价为3258元/人，毛利为200元/人，服务网点给游客报价为3358元/人，服务网点毛利为100元/人。详见表2-7成都桂林阳朔休闲三日游计价报价分解表。

表 2-7　成都桂林阳朔休闲三日游计价报价分解表　　　　　　　单位:元/人

部门	成本		内部计价	对外报价	毛利
国内组团社专线部	地接报价	1318	3058	3258（同行报价）	200
	往返机票（含机场建设费和燃油税）	1660			
	市内接送费	50			
	外省旅游意外保险	10			
	交通工具意外险保险费	20			
服务网点	专线报价		3258	3358（直客报价）	100

任务三　国内组团计调的采购业务

组团社计调的采购业务主要有城市之间大交通的采购、异地接待社的采购、全陪服务的采购、市内接送服务的采购及旅游保险的采购等内容。

一、大旅游交通服务的采购

旅游是一种异地活动，无论从常住地到旅游目的地，还是在目的地的暂时逗留与旅游活动期间各地之间的往返，交通都承担着旅游者空间位移的任务。交通不仅要解决旅游者往来不同旅游点间的空间距离问题，更重要的是解决其中的时间距离问题。因此，安全、舒适、便捷、经济是旅行社采购交通时需要考量的因素，交通的形式主要有飞机、火车、汽车和轮船，旅行社必须与包括航空公司、铁路部门、轮船公司、汽车公司在内的交通部门建立密切的合作关系。事实上，为寻找稳定的客源渠道，交通部门也非常倾向于同旅行社的业务合作。旅行社要争取取得有关交通部门的代理资格，以便顺利采购到所需的交通服务。

（一）计调对航空服务的采购

1. 计调对航空服务知识的把握

航空运输作为现代化的先进的旅游运输方式，在长距离国际、国内旅游中处于绝对垄断地位。与其他运输方式相比，其优点是快捷、舒适、安全，并且具有一定的机动性。当今时代，高速性具有无可替代的特殊价值。现代的喷气运输机，时速一般在 900 千米左右，比火车快 5~10 倍，比海轮快 20~25 倍。航空运输不受地形地貌、山川河流的阻碍，是长途、远距离旅游的理想运输方式。

民用航空运输，分为国内航空运输和国际航空运输。国内航空运输是指根据当事人订立的航空运输合同,运输的出发地点、约定的经停地点和目的地地点均在中华人民共和国境内的运输。国际航空运输是指根据当事人订立的航空运输合同,无论运输有无间断或者有无运转,运输的出发地点、约定的经停地点和目的地地点之一不在中华人民共和国境内的运输。国内组团计调重点掌握国内航空运输知识。为了知识的连贯性,在这里把出境计调需要掌握的国际航空知识一起讲解。

1) 航空公司缩写代码

为了使用方便,各国航空公司都用代码表示。有2位代码和3位代码,其中2位代码在航空公司使用普遍。如中国国际航空公司2位代码为CA,日本航空公司2位代码为JL,本教材选取了部分航空公司的代码,详见表2-8。

表2-8 部分航空公司的2位代码和3位代码

中文名称	2位代码	3位代码	中文名称	2位代码	3位代码
中国国际航空公司	CA	CCA	港龙航空公司	KA	HAD
中国南方航空公司	CZ	CSN	大韩航空公司	KE	AKA
东方航空公司	MU	CES	韩亚航空公司	OZ	AAR
厦门航空公司	MF	CXA	日本航空公司	JL	JAL
山东航空公司	SC	CDG	全日空公司	NH	ANA
上海航空公司	FM	CSF	新加坡航空公司	SQ	SIA
深圳航空公司	ZH	CSJ	泰国国际航空公司	TG	THA
中国新华航空公司	X2	CXH	美国西北航空公司	NW	NWA
云南航空公司	3Q	CYH	加拿大国际航空公司	AC	ACA
新疆航空公司	UQ	CXJ	美国联合航空公司	UA	UAL
四川航空公司	3U	CSC	英国航空公司	BA	BAW
武汉航空公司	WU	CWU	荷兰皇家航空公司	KL	KLM
贵州航空公司	G4	CGH	德国汉莎航空公司	LH	DLH
海南航空公司	HU	CHH	法国航空公司	AF	AFR
首都航空公司	JD	CBJ	瑞士航空公司	SR	SWR
上海吉祥航空公司	HO	DKH	奥地利航空公司	OS	AUA
上海春秋航空公司	9C	CQH	俄罗斯国际航空公司	SU	AFL
天津航空公司	GS	GCR	澳洲航空公司	QF	QFA
华夏航空有限公司	G5	HXA	芬兰航空公司	AY	FIN

2) 航班编号

航班是指飞机定期由始发站按规定的航线起飞,经过经停站至终点站或不经经停站直达终点站的运输飞行。在国际航线上飞行的航班称国际航班,在国内航线上飞行的航班称国内航班。为方便运输和用户,每个航班均编有航班号。中国国际航班的编号是由执行该航班任务的航空公司的2位代码和3个阿拉伯数字组成,其中最后一个数字为奇数者,表示去程航班,反之,最后一个数字为偶数者,表示回程航班。例如,编号为CA981的含义为,

"CA"代表中国国际航空公司,"981"的9表示国际航班,8表示中美航线,1表示飞往美国的第一个航班。中国国内航班的航班号由执行航班任务的航空公司2位代码和4个阿拉伯数字组成,其中第一位数字表示执行该航班任务的航空公司或所属管理局,第二位数字表示该航班终点站所属的管理局,第三、四位数字表示班次,即该航班的具体编号,其中第四位数字若为奇数,则表示该航班为去程航班,若为偶数,则为回程航班。例如,CA1201,表示由中国国际航空公司担任的由北京至西安的去程航班;MU5302,是指东方航空公司担任的由长沙至上海的回程航班。

掌握了中国民航局所属9个管理局(或航空公司)的代号,就知道了航班是怎样编排的。1为北京局,2为西安局,3为广州局,4为成都局,5为上海局,6为沈阳局,7为太原局,8为厦门局,9为新疆局。以6503/04航班为例,"6"表示是沈阳管理局的飞机,"5"是指飞往上海,"03"是飞往上海不同时间航线的序号,"04"是本次航班的回程编号。我国国内航空公司2位代码及民航管理局详见表2-9。

表2-9 我国国内航空公司2位代码及民航管理局

航空公司名称	简称	2位代码	所属管理局	民航管理局代码	航站所在地
中国国际航空公司	国航	CA	华北管理局	1	北京
中国西北航空公司	西北航	WH	西北管理局	2	西安
	东航	MU	西北管理局	2	上海
中国南方航空公司	南航	CZ	广州管理局	3	广州
深圳航空公司	深航	ZH	广州管理局	借用新航9	深圳
中国西南航空公司	西南航	SZ	西南管理局	4	成都
	国航	CA	西南管理局	4	成都
四川航空公司	川航	3U	西南管理局	借用厦航8	成都
云南航空公司	云航	3Q	西南管理局	5	昆明
	东航	MU	西南管理局	5	昆明
中国东方航空公司	东航	MU	华东管理局	5	上海
上海航空公司	上航	FM	华东管理局	借用新航9	上海
山东航空公司	山航	SC	华东管理局	借用国航1、4	济南
中国北方航空公司	北航	CJ	北方管理局	6	沈阳
	南航	CZ	北方管理局	6	沈阳
中国通用航空公司	通用	GP	华北管理局	7	太原
海南航空公司	海航	HU	华北管理局	7	海口
厦门航空公司	厦航	MF	华东管理局	8	厦门
新疆航空公司		XO	西北管理局	9	乌鲁木齐
上海春秋航空公司	春秋	9C	华东管理局	8	上海

3）航班起止点

国内航班起止地点比较好确定，一般就是用机场航站来表示，如中国国航 CA155 表示北京飞往上海的航班，起点就是首都国际机场 T3，终点就是浦东国际机场 T2。依照国际惯例，在国际航空中，通常采用世界各大城市或机场英文缩写的前三个字母为该城市的代号，表示航班或航线的起止点。例如，中国国航 CA819 733 就是从国航从北京飞往纽约的航班。起点是 PEK（首都国际机场 T3），终点是（纽瓦克机场 B）。又如从北京—巴黎，即 PEK—PAR。世界各大中城市和机场都有自己的三字代号，如果抵达的城市有两个以上的机场，在表示航班或航段起止点时就不用城市代号而用机场代号。比如从北京到阿联酋沙迦即用 PEK—SHJ 表示。国外部分城市和机场代号见表 2-10。

表 2-10　国外部分城市和机场代号

国外部分城市三个字母代号				国外机场三个字母代号	
城市	代码	城市	代码	机场	代码
新加坡	SIN	伦敦	LON	东京成田机场	NRT
巴格达	BGW	洛杉矶	LAX	东京羽田机场	HND
曼谷	BKK	莫斯科	MOW	纽约肯尼迪机场	JFK
悉尼	SYD	纽约	NYC	纽约拉瓜地机场	LGA
东京	TY0	大阪	OSA	纽约涅瓦克机场	EWR
法兰克福	FRA	巴黎	PAR	巴黎戴高乐机场	CDG
香港	HKG	罗马	ROM	巴黎奥利机场	ORY
华盛顿	WAS	旧金山	SFO	伦敦希思罗机场	LHR

4）购票

中国旅客购票，须凭本人居民身份证或其客观上有效身份证件购买，外国旅客、华侨、港澳台胞购票，须凭有效护照、回乡证、台胞证、居留证、旅行证或公安机关出具的其他有效身份证件购买。

知识演练

问：OK 票和 OPEN 票有什么区别？

答：国内航班机票如果是 OK 票，即签好的票，可以在一年时间里改签。如果是 OPEN 票，即未确认座位的机票（非 OK 票），从开票之日起到确认日期为一年限，确认日期后，即 OK 了以后，还有一年的改签时限。国内航空公司的规定均不相同，但最少是有一次改签的机会。目前大部分航空公司有这样的规定：只要当时可以提供座位，且在有效时限以内，均可改签。

票价是由出发地机场至目的地机场的航空运输价格，不包括机场与市区之间的地面运输费用，也不包括政府、有关当局或机场经营者征收的税款或费用，该项税款或费用应由旅客单独支付。如在购买国内机票时，就需要单独出机场建设费和燃油税。机场建设费一般情况下是50元,有些小飞机是10元。燃油附加税的缴纳数是根据国际油价的变化而调整。婴儿票没有机场建设费和燃油附加税两项费用,儿童票无机场建设费,燃油费减半。在购买国际机票时也需要缴纳税钱,这是航空公司代当地国家政府收的税。国际机票的税大致分为三种,即离境税、过境税及入境税,个别国家还有其他名目的税。例如美国,除了有上述税以外,还有海关使用税、机场税、动植物免疫检查费等。当然有些国家是不收税的,像中国、菲律宾等国家是不收税的。所以,如果你从中国去日本,单程没有税,但是往返则有税;或者你从日本出发回中国的单程机票是有税的,那是因为中国没有出境税,日本没有入境税,但日本有离境税。

已满两周岁未满十二周岁的儿童旅客,乘坐国内航班可以购买儿童票,票价为成人普通票价的50%,或按适用成人特种票价付费;乘坐国际或地区航班,票价为成人适用票价的75%。未满两周岁的婴儿乘坐国内、国际或地区航班可以购买婴儿票,票价为成人普通票价的10%,不单独占一座位。如需要单独占用座位时,应购买儿童票。旅客携带婴儿超过一名时,超过的人数应购买儿童票。某些以折扣价格销售的客票有使用限制条件,如不得退票、改期、签转。

航空运输电子客票行程单是旅客在中国境内购买电子客票的付款凭证或报销凭证,购票时或在航班起飞后七日内向航空公司索取。航空运输电子客票行程单不能重复打印,遗失不予补发。

知识演练

问:购买婴儿票需要提交哪些资料?购买婴儿票有数量限制吗?

答:按照民航的相关规定,"乘机婴儿"指出生14天至满两周岁的婴儿。婴儿乘机时,家长必须提供户口本或者出生证明买票。国内的航空公司基本上都是根据飞机型号来规定承载婴儿人数的。因为不同的飞机型号,配备的婴儿救生衣、氧气罩、安全带等急救设备都不一样。按照东航标准,比如空客A320机型,156座,允许销售婴儿票最大限额是4张。空客340、空客330,都是双通道的宽体机型,销售婴儿票数量可以达到12张。波音737系列,销售婴儿票数量也是4张。同时,在售票电脑系统上,如果婴儿票销售张数已经达到机型上限,系统自动显示无法出票。

5)乘机时间要求

计调要熟悉各个城市机场的情况,机场距离市中心的距离(见表2-11),便于游客提前到达机场,不要误机。乘坐国内航班的旅客应在客票上列明的航班规定时间起飞前120分钟到达指定机场,国际航班180分钟到达指定机场,凭客票及本人有效身份证件办理乘机手续。航班规定离站前45分钟停止办理乘机手续。旅客没有按规定的时间到达指定机场或携带的护照、签证及旅行证件不符合规定,未能办妥乘机和出境等各类手续而引起的一切损失和责任由旅客自负。

表 2-11　国内各城市机场的名称及距离市中心的公里数

城市	机场名称	距离市中心距离	城市	机场名称	距离市中心距离
北京	首都国际机场	天安门 25.4 公里	上海	虹桥国际机场	市中心 13.5 公里
上海	浦东国际机场	市中心 65 公里	天津	滨海国际机场	市中心 13.3 公里
太原	武宿机场	五一广场 13.8 公里	呼和浩特	白塔机场	火车站 14.3 公里
沈阳	桃仙国际机场	市中心 18.5 公里	大连	周水子国际机场	市中心 9.5 公里
长春	龙嘉国际机场	市中心 10 公里	哈尔滨	太平国际机场	市中心 33 公里
齐齐哈尔	三家子机场	市中心 13 公里	佳木斯	东郊机场	松花江铁路桥 13 公里
厦门	高崎国际机场	市中心 11 公里	福州	长乐国际机场	市中心 47.5 公里
杭州	萧山国际机场	市中心 27 公里	合肥	骆岗机场	市中心 9.6 公里
宁波	栎社机场	市中心 11 公里	南京	禄口国际机场	市中心 35.8 公里
广州	白云国际机场	市中心 6 公里	深圳	宝安国际机场	市中心 32.5 公里
长沙	黄花机场	市中心 24.4 公里	海口	美亚机场	市中心 26 公里
武汉	天河机场	长江大桥 26 公里	济南	遥墙机场	西门桥 28.5 公里
青岛	流亭机场	市中心 23 公里	南宁	吴圩机场	市中心 27.5 公里
三亚	凤凰国际机场	市中心 13.5 公里	重庆	江北国际机场	市中心 19 公里
成都	双流国际机场	市中心 17 公里	昆明	巫家坝国际机场	市中心 6.6 公里
桂林	两江国际机场	市中心 35 公里	西安	咸阳国际机场	钟楼 16.8 公里
兰州	中川机场	市中心 74.5 公里	贵阳	龙洞堡机场	市中心 10 公里
拉萨	贡嘎国际机场	市中心 90 公里	乌鲁木齐	地窝堡机场	市中心 16.8 公里
南昌	昌北机场	市中心 25 公里	郑州	新郑机场	市中心 35 公里

(资料来源:孙雯.旅行社计调业务[M].上海:上海交通大学出版社,2011.)

2. 计调对航空服务的采购

计调部根据旅游接待预报计划,在规定的期限内向航空公司提出订位,如有变更,应及时通知有关方面。

1) 确定采购对象

计调人员通过各种渠道和方法收集航空公司、机票销售单位信息资料及负责人的联系方式,然后根据旅行社的线路需求,了解航空公司的规定及航空公司的经济实力,主要包括航空公司的机票折扣、机位数量、服务态度、航班密度、改/退票的手续及费用、机票销售单位信誉度、网络是否方便、付款方式、工作配合度、竞争优势、机票返利额度等信息。最后,确定本旅行社的采购对象。

2) 签订合作协议

旅行社计调与航空公司或机票销售单位经过多次协商之后,确定相关事项,然后双方签订正式的《经济合同书》,明确双方的合作关系及相互约定并备案。

3) 整理相关资料

计调部要印制航空公司的航班、票价信息及相关规定、机票销售单位信息,然后分发给社内相关部门,备案,并根据航空交通部门的相关要求,设计并印制订购票所需的表单,如飞机票订票单(见表2-12)、订票身份证信息确认单、机票变更/取消单等。

表2-12 飞机票订票单

团号		国籍		人数		组团单位	
乘机日期			航班			去向	
人员	成人	2岁以下儿童	2~12岁儿童		金额合计	开票要求	
游客							
陪同							
订票日期			订票单位			订票人	
票务员联系日期				民航接受人			

××旅行社

4) 实施订购票业务

计调人员根据接待计划和《经济合同书》的相关要求选择机票销售单位,向机票销售单位提出订票、购票需求,航空交通部门在约定的时间内出票,计调人员在约定的时间内接票。

5) 报账结算

计调人员根据本社的规定及《经济合同书》的要求,将订、购票的明细账及返利情况上报财务部门,财务部门审核无误后,根据约定付款时间及方式为航空交通部门办理结算事宜,并支付相应的票款。

案例分析

成都某公司11人独立成团赴张家界、长沙、福州、厦门旅游,行程安排为七天,游览线路是成都—厦门—鼓浪屿—福州—长沙—张家界—成都。在七天行程中成都/厦门、福州/长沙、张家界/成都都需要乘坐飞机。厦门专线部的计调已经为游客重新设计了旅游线路,向对方确认行程,根据行程做了报价。但是,当他们给游客出机票时才发现有两个航班都没有,无法出票。原因是这两个航班当中有一个航班是每周一、三、五、七才有,行程中的这一天正好是周二,另一个航班是每周三、六才有,而行程中的这一天正好是周四。结果导致这两个航班都无法出票。这个时候计调才重新给游客打电话,重新订航班、修改出发日期、报价。但是游客认为这家旅行社做事太不负责了,于是就取消了与该旅行社的合作,选择了另外一家旅行社。

(资料来源:学生实习期间发生的真实案例。)

问:旅行社造成损失该由谁承担责任?组团社计调人员今后在工作中应该吸取哪些教训?

分析提示:在该案例中旅行社的损失应该由计调来承担。因为国内组团计调很重要的一项工作就是要熟悉各种大交通工具的基本知识,准确地为游客提供大交通服务,在该案例中只购买三段机票,结果有两段机票都出了问题,说明计调工作责任心不强,没有认真核对机票信息导致无法准时出票,需要重新订票,重新报价。最终导致游客不信任旅行社,取消合作。组团计调今后一定要吸取教训,对工作认真负责,每次要仔细核对航班信息,使航班信息与行程安排相吻合,让游客能够顺利出行。

(二)计调对铁路服务的采购

1. 计调对铁路服务知识的把握

火车价格便宜,沿途又可以饱览风光,特别在包价产品中具有竞争力。近年来,我国铁路加大力度改善交通环境,使火车运输仍具优势。目前,国内多数旅游者仍选择火车作为首选出游的交通工具。

1) 旅客列车的种类及代码含义

国内组团计调在操作过程中,要对火车的情况有所了解,包括列车的车次、运行时间、抵离时间等,实际上,火车的车次就包含了很多的信息。比如从北京出发的华东团,首站是南京,从北京去南京选择T65次列车,T代表什么意思呢?快车还是慢车?有无空调?很多计调对这个并不熟悉,其实从火车的代码上就能知道这些信息。火车车次的首字母代码具体说的是铁路列车车次的一种等级编号,常见的有T、K、Z、N、L、A、Y等。旅客列车的种类及代码含义详见表2-13。

表2-13 旅客列车的种类及代码含义

字母类型	列车种类	备注
G字头列车	高速动车	2009年12月26日,武广高速铁路正式对公众运行,新启用车次为G+4位数字,意为高速动车(G字头),最高时速可达350公里
C字头列车	城际列车	2008年8月1日,京津城际铁路正式对公众运行,新启用车次为C+4位数字,意为城际列车,最高时速可达350公里
D字头列车	动车组列车	以CRH1、CRH2、CRH5型为主,最高时速可达250公里,其中,广深线更全线使用此车
Z字头列车	直达特快旅客列车	直达特别快速旅客列车,简称直特,字母Z是"直"字的汉语拼音简写。这样的列车在行程中一站不停或者经停必须站但不办理客运业务,全部都是空调列车,这类列车是从2004年4月18日铁路第五次提速后才出现的
T字头列车	特快旅客列车	特别快速旅客列车,简称特快,字母T是"特"字汉语拼音的简写,最高时速为140公里,全部都是空调列车
K字头列车	快速旅客列车	快速旅客列车,简称快速,字母K是"快"字汉语拼音的简写,最高时速为120公里

续表

字母类型	列车种类	备注
1001—5998 列车	普通旅客快车	普通旅客快车(1001—5998)，停靠县级市和大部分县级中大站点，此类列车大约 40% 为空调列车
6001—7598 列车	普通旅客慢车	普通旅客慢车(6001—7598)，停靠大部分可以停靠的站点。由于票价低廉，列车基本上"站站停"
7601—8998 列车	通勤列车	通勤列车(7601—8998)，此类列车通常用于铁路职工和周边居民上下班，列车"站站停"，铁路职工凭证免费乘坐
L 字头列车	临时旅客快车	临时旅客快车，此类列车一般在春运、暑运、国庆长假等时候运行，跨局临客列车一般没有空调
Y 字头列车	临时旅游列车	旅游季节增开，一般都由各大旅行社开展主题旅游活动，租用铁路部门的车体开行的车次

2）车次的编排

车次的编制和上行下行有关。铁路规定，进京方向或是从支线到干线被称为上行列车；反之，离京方向或是从干线到支线被称为下行列车。上行的列车车次为偶数(双数)，下行的列车车次为奇数(单数)。如 T11 次是从北京开往沈阳北方向，为下行，所以是奇数(单数)，它的回头车 T12 次是从沈阳北开往北京方向，为上行，所以是偶数(双数)。另外还有的车在运行途中会因为线路上下行的改变而改变车次，例如 K388/385、K386/387 次，是运行沈阳北到成都区间内的，从沈阳北始发是开向北京的，所以上行，车次为 K388 次，车经停天津以后开始向离京方向行驶，改为下行，所以车次同时改为 K385 次。从成都向沈阳北开的时候也是一样，在到天津前是上行，所以车次是 K386 次，经停天津后改下行，所以车次为 K387 次，同时在改车次前后的区间内，车次自成一对，比如沈阳北到天津区间车次是上行 K388，下行 K387，铁路车次的编排就是这样的。

列车的卧铺和硬座编组也和上下行有关，往北京方向开，卧铺基本在前面，硬座在后面；反之，返回的时候，就变硬座在前，卧铺在后。如南昌—上海的 K288 次，往上海方向为上行，卧铺在前，硬座在后。

3）车票

根据铁道部规定，从 2012 年 1 月 1 日起，所有旅客列车都将实行实名制购票验票乘车制度。旅客购票均须凭本人有效身份证件购票，并持车票及购票时所使用的乘车人本人有效身份证件原件(免费乘车的儿童及持儿童票乘车的儿童除外)进站、乘车。车票票面主要应载明以下内容：发站和到站站名；座别、卧别、径路；票价；车次；乘车日期；有效期。随同成人旅行身高 1.2～1.5 米的儿童，享受半价客票、加快票和空调票(简称儿童票)，超过 1.5 米时应购买全价票。每一成人旅客可免费携带一名身高不足 1.2 米的儿童，超过一名时，超过的人数应购买儿童票。儿童票的座别应与成人车票相同，其到站不得远于成人车票的到站。身高不足 1.2 米的儿童单独使用卧铺时，应购买全价卧铺票，有空调时还应购买半价空调票。

知识链接

火车常识

1. 车票

A 基本票,指客票;B 附加票,指加快票、空调票、卧铺票等。火车票分为 YZ、RZ、YW、RW 四种,按运输分类分为普快、直快、特快等。

2. 列车

YZ 车厢:21、22 型 118 座,已淘汰;24、25 型(新型、多用)128 座。卧铺车厢:66 个铺。双层车厢:162 座。

2. 计调对铁路服务的采购

旅行社计调向铁路部门采购,主要是做好票务工作。采购铁路服务就是按照旅游接待计划订购火车票,确保团队顺利成行。出票率、保障率是衡量铁路服务采购的重要指标。计调在制定线路时,在交通工具的选择及车次的把握上要动点脑筋。以火车车次为例,通行城市间往往有多班车次可供选择,有早上的、中午的、下午的、晚上的、夜间的,有硬座、硬卧、软卧,国内组团计调在选择时可根据具体行程安排来制定时间的选择,例如短线团队时间比较紧张,一般安排一天内完成行程,就可以安排早上坐火车抵达,下午返回的方式,这样比较节省团费,同时行程不会很累。计调具体选择火车车次的时候需要按照具体团队的计划安排来制定,切不可随意指定。

1) 确定采购对象

计调人员要了解铁路部门的相关规定及列车时刻表,主要包括列车密度、提前预订票的时间限制、预订票应交的手续费、改/退票的手续等,通过各种渠道和方法收集车票销售单位、火车票销售网点的信息资料及负责人的联系方式。

2) 签订合作协议

旅行社计调要与车票销售单位、火车票销售网点的相关人员进行多次的协商,然后,签订正式的《经济合同书》,明确双方的合作关系并备案。

3) 整理相关资料

计调部需要印制铁路部门的相关规定、列车时刻表、票价等信息,并分发给社内相关部门,并备案。根据铁路部门的相关要求,设计并印制订、购票所需的表单,如火车票订票单(见表 2-14)、火车票变更/取消单等。

表 2-14 火车票订票单

团号		国籍		人数		组团单位	
乘车日期			车次			去向	
人员	成人	1.2~1.5米以下儿童		1.5米以下儿童	金额合计		开票要求
游客							

续表

陪同					
订票日期		订票单位		订票人	
票务员 联系日期			车站接受人		

×× 旅行社

4）实施订、购票业务

计调人员根据接待计划中人数、车次、火车类别及特殊游客乘车席别、铺位的需求和《经济合同书》的相关要求，在规定时间内向铁路交通部门提出订票、购票需求，铁路交通部门在约定的时间内出票，计调人员在约定的时间内接票。

5）报账结算

计调人员根据本社的规定及《经济合同书》的要求，将订、购票的明细账及手续费上报财务部门，财务部门审核无误后与铁路交通部门办理结算事宜，并支付相应的票款。

二、异地接待社的采购

旅行社向旅游者销售的旅游线路，通常有一至多个旅游目的地。采购异地接待服务的目的，是使旅游计划如期如愿实现。应该说，旅游产品的质量在很大程度上取决于各地接待质量，尤其是各旅行社的接待质量。因此，选择高质量的接待旅行社，是采购到优质接待服务的关键。

（一）异地接待社的选择标准

异地接待社选择的成功，能给组团社赢得良好的社会声誉，争取更多的回头客；异地接待社选择的失误，可能导致客人和组团社受到损害，使得组团社永远失去来之不易的客源。因此，在异地接待社的选择上一般应掌握以下标准。

1. 异地接待社存在是否合法

组团社在选择异地接待社时，应该把握异地接待社是否具备以下基本条件：是否依法设立，是否具有法人资格，是否有旅游行政主管部门颁发的旅行社业务经营许可证，是否上缴了国家规定的质量保证金，注册资金是多少，业务范围是什么，旅行社的经营许可证期限为多少，导游人员是否持有中华人民共和国导游证，业务经营是否遵守旅游行业的法律法规等。

2. 异地接待社经营管理是否规范

一般说来，规模较大的旅行社在经营管理、资金、人才、承担风险等方面比规模小的旅行社更具优势，在旅游采购中更具备优惠条件，业务操作流程会更加先进、规范、熟练，效率会更高。因此，选择规模较大的异地接待社可以更好地保障客人的利益，更让人放心。可是，就目前情况来看，我国旅行社行业中真正规模很大的旅行社并不多见。中小型旅行社的数量占有绝对优势。中小型旅行社在经营管理上本着信誉第一、客人和组团社至上的原则跟组团社合作，在价格、服务细节等方面可商量的余地更大些。在经营管理上非常规范，对组

团社所送交的团队高度重视,尽心尽责,工作一丝不苟,处处为客人着想,赢得客人的满意这类中小型地接旅行社,应该是我们的首选。

3. 社会评价如何

在同行业中,经常会谈到某旅行社的导游人员服务不热情,某旅行社欠账不还的现象严重等说法,在社会上,谈到某旅行社时,人们立即建议朋友不能找该旅行社安排旅游,因为该旅行社不讲诚信,只在乎利润等。存在以上说法的旅行社,社会声誉较差,不是我们选择的范围。所以,选择异地接待社时,可以通过同行业企业、当地旅游行政管理部门、旅行社协会或者当地朋友等了解异地接待社在当地的声誉情况,做出是否合作的选择。

4. 报价是否合理

在前三条都能满足需要的情况下,针对具体的客人,组团计调会选择旅游目的地的几家异地接待社进行报价,然后进行详细比较和仔细斟酌,最终确定要合作的异地接待社,从而完成对异地接待服务的采购。

(二) 异地接待社的选择途径

对异地接待社的选择,是组团社计调部门的一项重要工作,主要选择途径如下。

1. 参加旅游交易会

各级旅游行政管理部门或社会团体,每年都会组织规模不等的旅游交易会。组团社计调应积极参加旅游交易会,与旅游目的地的旅行社交流沟通,获取更多的关于异地接待社的可靠信息,从而选择信任的异地接待社。

2. 建立网络合作关系

组团社可以通过各省市旅游局网站查询异地旅行社情况,以便建立合作关系;可以广泛参加旅游行业协会和组织,如国际级别的旅游协会,各级旅游局下属的旅游协会,各个档次的旅行社协会等,结识更多的异地旅行社和旅游企业,形成庞大的合作网络。

3. 上门推销

在旅游淡季,旅行社尤其是异地接待社勇于走出家门、走出城市,到异地推销自己企业的现象越来越普遍。组团社跟上门推销的异地接待社进行交流沟通,经过对多家异地接待社的考察、比较,最后选择满意的合作伙伴。通过尝试合作进一步考察接待质量,从而决定是否建立长期的合作关系。

4. 亲自考察

在旅游淡季,组团社领导带领计调亲自到旅游目的地进行实地考察,到各家以地接业务为主的旅行社走访,与异地接待社的有关领导和计调进行交谈,然后将当地的异地接待社进行比较分析,挑选出比较符合自己意愿的异地接待社建立合作关系。

5. 朋友或者同行推荐

对于来不及考察的旅游目的地,可以通过同行或者朋友推荐异地接待社。通过这种途径选择的异地接待社,受同行合作伙伴和朋友的监督,一般讲究信誉,重视服务质量,接待水平比较高。

6. 同业杂志

目前,各省市旅行社都会定期收到免费赠阅的同业杂志,杂志内容主要是同业旅行社、旅游供应商及旅游批发商的介绍。组团计调可以通过类似期刊获得所需要的合作伙伴。

(三) 异地接待社的采购

1. 确定采购对象

计调人员根据本社经营计划,调查、收集异地接待社或外地在当地办事处的相关信息资料,经过初步筛选后,对基本符合本社要求的异地接待社或外地在当地办事处考察,重点考察接待质量和信誉等,通过考察后,进行综合比较和评价,与符合本社要求的异地接待社或外地在当地办事处联系,初步协商合作事宜。

2. 签订合作协议

计调人员根据协商的结果,利用本社的标准采购合同文本,拟订《合作协议书》,通过与异地接待社或外地在当地办事处负责人谈判,协商具体的合作事宜,并签订双方认可的《合作协议书》。

3. 整理相关资料

计调将签署的《合作协议书》进行编号、存档,并报送相关部门备案,将相关资料及规定列表分发给本社相关部门。

4. 落实游览工作

计调人员根据游客游览要求,制订异地接待服务采购计划,并落实具体的游览工作,将发团的人数、时间等具体要求,用传真发给异地接待社索要报价,根据异地接待社的回传传真确认情况,按照接待计划中的发团日期顺序排列存档,并将异地接待社联系人姓名、联系方式转告给接待部门。

5. 报账结算

根据本社的财务规定和《合作协议书》的相关规定,及时将该团费用明细报财务部门,财务部门根据《合作协议书》审核无误后与异地接待社办理结算。

三、全陪服务的采购

(一) 全陪服务采购知识

全程陪同导游人员,简称全陪,是指受组团旅行社委派,作为组团社的代表,在领队和地方陪同导游人员的配合下实施接待计划,为旅游团(者)提供全程陪同服务的工作人员。全陪作为组团社的代表,自始至终参与旅游团的全程活动,负责旅游团移动中各环节的衔接,监督接待计划的实施,协调领队、地陪、司机等旅游接待人员的关系。因此,旅行社在全陪服务的采购中应注意全程陪同导游人员的品德修养、业务能力、沟通能力等。

(二) 全陪服务的采购流程

由于全陪的采购流程与地陪的采购流程是相同的,全陪的采购流程详见项目三中的任务四的相关内容。

四、市内接送交通服务的采购

为了知识结构的完整,市内交通接送服务的采购内容在项目三中的地接计调操作流程中讲解。

五、旅游保险的采购

根据《旅行社条例》及相关法律,旅行社应该为旅游者提供规定的保险服务。

(一)确定采购对象

国内组团计调认真理解旅游保险规定,收集、调查保险公司的资料,经过初步筛选后,对基本符合本社要求的保险公司进行考察,考察后进行综合比较和评价,初步协商合作事宜。

(二)签订合作协议

国内组团计调根据协商的结果,代表旅行社与对方代表签订双方认可的《合作协议书》。

(三)整理资料

对签署的《合作协议书》进行编号、存档,并报送相关部门备案,整理与保险公司签订的《合作协议书》及相关资料及规定并列表,将列表分发给本社相关部门,通知收取保险费。

(四)及时购买保险

一旦游客签订了旅游合同,就应及时填写旅游意外险保单,将每一名投保游客的资料发送给保险公司,并请保险公司及时回复传真确认,注意接收《承保确认书》以此作为投保依据。

(五)及时理赔

在旅游途中发生意外事故时,及时通知保险公司并向导游了解真实情况,必要时可进行现场考察,在保险协议规定的期限内向保险公司呈报书面材料,索赔时,真实地向保险公司提供相关方面的证明。

任务四 国内组团计调操作流程

国内组团社的操作流程比较复杂,散拼团和独立成团的操作流程有些差异,现分别加以说明。

一、出团前的操作流程

(一)接听独立成团负责人或散拼团游客的咨询电话

独立成团是指一个单位或一个群体或者个人,要求旅行社为其设计旅游路线,提供独立包车、独立使用导游、预订酒店，从而组成的一个团队。独立成团通常会委派专门人员跟旅行社洽谈旅游事宜，签订旅游合同，通常将该单位或者机构从事此项工作的专门人员称为旅游洽谈专员。旅游洽谈专员不一定参加此次旅游活动。国内组团计调在接旅游洽谈专员咨询电话时一定要做好电话记录，问清客人的基本情况和要求，如出团时间、往返大交通、住宿标准、人数、主要旅游景点、是否需要全陪、特殊要求等。认真记录与客户谈话的要点，留下来电客户的联系方式。为了减少和避免工作中的失误，国内组团计调应该重复确认客户提出的要求。

拼团全称散客拼起来的旅游团队。旅游团队中的团员相互拼凑，奔着同一个旅游目的地共同组成的十人以上（含十人）的团队。社会上各个层次的客人，因各种不同因素的制约，在不能独立成团的情况下，在自己仅有的时间内，又有强烈的旅游欲望时，就会选择以散客拼团的旅游形式进行旅游。散客拼团是一种常规的、经济的旅游方式，是独立成团团队之外的另一种常见团队，也是目前大多数团队旅游者所采用的旅行方式。

（二）精心设计旅游行程

如果是独立成团，专线组团社就必须根据客人的要求来重新策划旅游产品。计调在设计旅游产品时，一定要根据客人的要求进行设计，经常与客人沟通，经过双方多次修改，最后设计出客人满意的旅游产品。

散客拼团客人所购买的旅游产品是包含了固定时间、固定地点、固定旅游期限、固定旅游内容、固定旅游价格、固定服务标准的一种旅行社产品。专线组团社在对客源市场调查之后，针对社会需求，就特定的旅游目的地，集中精力开发设计特定的散拼旅游产品。相对于其他旅行社来讲，专线组团社开发设计的散拼旅游产品具有明显的服务与价格优势，这种产品主要针对同业旅行社进行销售。

知识演练

问：散客拼团跟独立成团最大的不同是什么？

答：散客拼团的旅游内容是固定的，组团社专线部推出的专线是早已设计好的旅游产品。散客拼团的团队中，所有客人都是自愿选择旅游产品。

（三）向游客合理报价

独立成团团队的报价比较复杂，一旦有独立成团团队咨询价格时，就需要组团社向各个接待单位询价，根据各个接待单位的报价进行成本核算，然后向游客做出合理报价。报价的项目包括往返大交通费、异地接待社综合服务费、全陪服务费、市内接送费和一定的利税。给客户报价时一定要及时、准确，报价不能太高，太高了客户会流失；也不能太低，太低了旅行社就没有利润了。

知识演练

问：散拼团团队的价格是否还需要询价？

答：散拼团团队的价格是由组团社事先就确定了的，直接向游客报价就可以了，不需要重新询价计价和报价。

（四）签合同，收团费

1. 独立成团旅游合同的签订

1）组团社与客人签订正式旅游合同

国内组团计调根据客人满意的最终行程和报价与客人签订国内旅游合同，收取旅游费用。合同范本采用2014年国家工商管理局和国家旅游局共同制定的《境内旅游合同》范本。签订合同之后，收齐团费。

2）组团社与异地接待社签订国内旅游团队合作合同

当组团社跟客人签订旅游合同后，要在第一时间内跟异地接待社签订最终的合作合同，并要求异地接待社根据最终的行程和合同要求，充分做好所有接待事宜的准备工作。组团社跟异地接待社签订合同的形式一般是通过传真，国内组团计调要审核公章的清晰度。当然如果时间来得及，可以通过快递形式签订旅游接待合同，这样公章都是本色，使得操作更加规范。至此，组团社对于独立成团的客人出团前的工作基本完成。合同范本采用2014年国家工商管理局和国家旅游局共同制定的《境内旅游组团社与异地接待社合同》范本。在客人出发之前或者旅游过程中如果发生紧急情况，需要进行某一方面的更改，组团社在跟客人协调后要求对方书面确认，尽量减少各个方面的损失。

2. 散拼团旅游合同的签订

1）专线组团社或同业旅行社与散客签订旅游合同

专线组团社推出某旅游专线产品后，在社会上和同业中广泛宣传，专线组团社可以直接接收社会散客（直客）报名，同时，专线组团社给予社会同业旅行社以同行价格，委托同业旅行社为其收客，与客人签订旅游合同，并将所收散客交给组团社专线部操作。当人数达到十人或者十人以上时，就可以拼成团队。

2）同业旅行社与专线组团社签订旅游合作协议

当同业旅行社与客人签订旅游合同以后，就客人旅游活动的接待事宜委托给专线组团社，由专线组团社计调部选择旅游目的地的异地接待社。同时，同业旅行社与专线组团社要签订正规的旅游合作协议。

知识演练

问：请你拟定一份专线组团社与送客的同业旅行社的散客约定协议。

答：同业旅行社与专线组团社要签订正规的旅游合作协议，其合作协议的格式如下。

专线组团社与送客的同业旅行社的散客约定协议

同业确认出团通知书(请同业旅行社核对客人姓名、电话)

To:同业旅行社　　　　Tel:　　　　　Fax:

From:专线组团社　　　Tel:　　　　　Fax:

请您及您的游客认真阅读通知内容(见表2-15)并配合接待人员工作,祝合作愉快,谢谢!(收到后请盖好合同章回传)

表2-15　出团通知

贵社2人将于2014年2月21日乘飞机由济南(送站电话:12345678　12:30济南遥墙机场国内候机厅集合)前往桂林,抵达桂林机场出站口,认准黄色"逍遥桂林游"导游旗。			
客人姓名:××	身份证号码:××	电话:××××	地接导游:××
客人姓名:××	身份证号码:××	电话:××××	电话:××××
D1	济南/桂林,SC4929(14:05/17:50),接机后用晚餐,之后自由活动。 住桂林(含晚餐)		
D2	早餐后乘车往磨盘山码头,乘豪华空调船游百里画卷5A景区——漓江(磨盘山—阳朔,约4.5小时)。漓江素有"江作青罗带,山如碧玉簪"之美誉,游人仿佛置身于一幅流动的山水画之间,晚餐享用阳朔特色风味餐——啤酒鱼。 住桂林或阳朔(含早餐、中餐、晚餐)		
D3	早餐后乘车返回桂林,途中赠送观看人蛇表演、广西特有的斗鸡表演——蛇王李景区(约30分钟),人蛇大战,斗智斗勇,不亚于西班牙的斗牛表演。游览刘三姐景观园(约60分钟),步入景观园,广西壮、瑶、侗、苗族的少男少女载歌相迎,跳过竹竿舞后,您会步步高升;迎面的水上对歌台,游客可一舒歌喉与美丽的"刘三姐"对歌比试,被三姐相中的幸运游客还可得到抛出的绣球;寨楼风情是游客参与性节目,游客在这里能身临其境地感受少数民族的婚礼习俗。游览桂林历史文化的渊源地——虞山公园(约1小时),园内流泉飞瀑,充满现代气息。游览南溪山公园(约45分钟),南溪山两峰对峙,高突险峻,犹如两扇白色屏风,南溪河从山北穿公园潺潺流过,魅力自然好风光。 住桂林(含早餐、中餐、晚餐)		
D4	早餐后游览荣获两项吉尼斯世界纪录的4A景区的冠岩景区(约120分钟),冠岩洞内玲珑别透、姿态万千,令人拍手称奇、叹为观止,更有观光电梯、峡谷列车、地下河木舟等游览途径,可谓妙趣横生。岩洞外便是鬼斧神工的景区神韵。在冠岩水洞口小窥漓江对岸景色,依稀可见桂林山水的"四绝"——山青、水秀、洞奇、石美融为一体,当真有如"天仙配",难怪会有"愿做桂林人,不愿做神仙"之说! 游览被人们称为大自然氧吧的古东瀑布(约120分钟),古东瀑布是全国唯一一个由地下涌泉形成的多级串连瀑布,九级瀑布形态各异,水流集中下注跌入深潭溅起层层水雾浪花,犹如细雨蒙蒙,瀑布两岸林木葱郁,荫蔽幽静,水质清澈透明,凉爽甘甜。 住桂林(含早餐、中餐、晚餐)		

续表

D5	早餐后步行游览榕杉湖景区,榕杉湖是由唐代、宋代的护城河演化而成,两湖水面共15万平方米。因位于桂林中心城的核心地段,在环城水系中最能体现"城在景中,景在城中"的山水格局。后由桂林返回济南,SC4930(18:40/22:15),结束愉快旅程。(含早餐、中餐)
团款总计:	元
接待标准	1. 交通:往返飞机票、当地空调旅游车。 2. 用餐:4早8正(正餐八菜一汤,十人一桌,不含酒水)。 3. 住宿:三星级酒店双人标准间。 4. 门票:景点第一大门票。 5. 导服:持证导游服务。 6. 机场建设费、燃油费。 7. 请客人带好有效身份证。
友情提示	1. 出行游客请关注当地气候变化,保管好贵重物品(旅游证件、现金等),随意忘失,后果自负。 2. 出行旅游请尊重当地民族习惯,切勿按游客所在地生活标准去衡量,有个好心情才能旅途愉快! 3. 如遇人力不可抗力之因素或自然灾害引起的游客滞留而影响正常行程,旅行社尽力而为,因此所产生的一切费用由客人承担。 4. 所有团队优惠机票原则上不能退改(游客可自行处理),一旦误机、误车,旅行社权当退团,产生费用概不退还。 5. 游客参团,必须积极配合导游,按已定的小组就座、用餐、分票、分房(特殊情况与导游协商)。 6. 游客不得以任何理由拒绝登机、登车、入住酒店,如有异议可协商解决或参照相关的法律法规执行,无理取闹或不听劝阻者接待社有权劝其离团,产生的费用由客人自理,我们的接待质量以大部分游客的合理签字评价为依据。 7. 合同经双方认定为同业委托《旅游接待合同》,凡双方盖章确认的出团通知书作为合同的附件,同具法律效力。 8. 在不缺少景点、不降低住房及用餐标准的情况下,旅行社保留对行程的调整权。 9. 如在住宿方面出现自然单男单女,旅行社有权安排三人间或由客人补齐房差。 10. 行程结束,客人离开旅游目的地前,地陪导游要求客人填写"游客意见反馈单"(质量监督表)时,请客人如实填写。
专线组团社(盖章): 经办人:×× 联系电话:×××× 日期:××××年××月××日	同业旅行社(盖章): 经办人:×× 联系电话:×××× 日期:××××年××月××日

(资料来源:王煜琴,韩国华,沈建军,等.旅行社计调业务[M].北京:旅游教育出版社,2012.)

3）专业组团社跟异地接待社签订旅游合同

散客拼团客人达到成团的人数后,专线组团社选择合适的异地接待社,双方签订合作合同,预付部分团款。

二、出团中的操作流程

（一）编制团号

团号就是旅游团的编号。目前,国内各旅行社对旅游团的编号并没有统一规定,比较杂乱。现代旅行社计调规范培训专家熊晓敏对于规范团号的编制给予了详细的说明。要了解旅行社规范团号的组成,首先应将全球旅游区域进行明确的划分,按习惯分为国内区域、境外华侨区域、港澳台区域和国际区域四个大区。（为了知识结构的完整,这里把出境旅游团队的编号一同讲完。）

1. 全球旅游区域的划分

1）国内区域

以中国大区为依据,可划分为六大区,其代码以航空公司的三位数为基数,即大区的两位拼音代码,加上一个主要游览城市的首位拼音大写,如北京（HBB）。

东北大区（DB）：黑龙江,吉林,辽宁。

华北大区（HB）：河北,河南,山西,北京,天津,内蒙古自治区。

华东大区（HD）：山东,江苏,安徽,浙江,江西,福建,上海。

华南大区（HN）：湖北,湖南,广东,广西壮族自治区,海南。

西北大区（XB）：陕西,甘肃,宁夏回族自治区,青海,新疆维吾尔自治区。

西南大区（XN）：云南,贵州,四川,重庆,西藏自治区。

2）境外华侨区域

境外华侨区域可分为八个区域：①东南亚；②东亚；③西亚；④欧洲；⑤非洲；⑥美加；⑦拉美；⑧澳新。代码主要以城市名为主,参阅航空代码,如泰国（BKK）。

3）港澳台区域

代码主要以城市名为主,参阅航空代码,如香港（HKG）。

4）国际区域

国际区域可分为九个区域：①东南亚；②东亚；③西亚；④北欧；⑤西欧；⑥南北非；⑦美加；⑧拉美；⑨澳新。代码主要以城市名为主,参阅航空代码,如澳大利亚（AUS）。

2. 各种交通代码在规范团号中的应用

1）火车代码在规范团号中的应用

在规范团号的书写中,我们要运用交通等级的代码。比如,铁路硬卧用字母"W"表示,是"卧"字的汉语拼音首字母的缩写；软卧用字母"RW"表示,是"软卧"汉语拼音首字母的缩写；硬座用字母"Z"表示,是"座"字的汉语拼音首字母的缩写；"软座"用字母"RZ"表示,是"软座"汉语拼音首字母的缩写。

2）汽车代码在规范团号中的应用

旅游用汽车以座位数来安排游客,而在规范团号的书写中,是以吨位来编制团号的,符号为"T"。例如从北京参加周边短线汽车团1日游,乘空调旅游车往返,在团号中交通代码的设定为"2T"。

3) 飞机代码在规范团号中的应用

飞机用字母"F"指代。例如,往返全程飞机,叫"双飞",则用"2F"表示;去程是火车卧铺回来乘飞机,叫"单飞单卧",则用"FM"表示。

3. 运用三字代码设定标准团号

了解规范团号如何设定,首先要将全球旅游区域进行明确划分,参照航空代码三位数设定团号,前两位英文大写为中国区域代码,第三位以中国第一个游览城市的拼音大写组成了三位数团号代码,如北京(HBB)、香港(HKG)、出境国家如新加坡(SIN)、马来西亚(KUL)、泰国(BKK);连接横线后两位是交通等级,如双飞(2F)、单飞(1F)、一飞一卧(1F1W)、双卧(含船)(2W)、双座(2Z)、全程汽车(2T);后四位数表示出团日期,比如,12月20日为"1220";最后一位英文大写为出团数,如第一个团写作"A",这就是规范的团号标准。

举例1:一个中国区域团"北京双飞五日游",出团日期为8月20日,出团数为第一个,合成规范团号为HBB05-2F0820A。

举例2:"香港双飞五日游",出团日期为12月26日,出团数为第五个团,合成规范团号为HKG05-2F1226E。

举例3:"新马泰双飞七日游",出团日期为2月14日,出团数为第二个团,首先将新加坡(SIN)、马来西亚(KUL)、泰国(BKK)三个国家的航空代码的首字母组成一个简约代码,合成规范团号为SKB07-2F0214B。

4. 人数在规范团号中的表示

人数在规范团号中应如何书写是个很严谨的问题,如果太过随意可能会带来很大的麻烦。比如,24个成人、3个儿童(其中1个是不满2周岁的婴儿),此外旅行社还派了一个全陪,应该如何书写呢?标准规范的人数写法应该如何表示呢?成人有多少人,就用相应的阿拉伯数字表示,1人就是"1",10人就是"10";儿童写作1/2,如3个儿童写作"3/2";婴儿在旅游费用的核算中通常是不产生费用的,故用1/0表示,也可写作1/10。则24个成人、3个儿童(其中1个是不满2周岁的婴儿)、1个全陪正确规范的表示方式为:24+2/2+1/10+1。

(二) 预报出团计划

某一团队经旅游者确认并交付团费后,国内组团社就应该开始进行作业,首先是向各异地接待社以传真、电话、网络等形式预报计划,具体内容包括团号、人数、行程、到达日期、离开日期、食宿要求(宗教信仰、过敏食物)等,特别应标明抵离的交通工具、车次、航班等相关内容,并请接团社确认行程及价格。

组团社在发出初步计划之后,一般会要求国内接团社尽快给予书面答复,主要是接团社对各项内容逐一进行确认,同时落实具体情况。如果确认的时间距离发团的日期还很远,途中如果有什么变化,必须及时发送更改传真,以最后那份的传真内容为准。

(三) 落实交通票据

飞机团首先将客人的身份证号码与航空公司传真的机票订单逐一进行数字核对,查看名单是否正确(特别注意很多航空公司散客预订一旦确定机位就不允许更改客人姓名,特别在出团旺季,因此,必须确保名单的正确),将核对好的订单附在机票委托预订单上传真给航空公司通知出票,确认好当日出票金额,向财务提交。机票出好后应仔细核对机票内容,并留机票复印件备存,同时应及时将机票发票交还给财务部。火车团应注意核对发车时间、车次、铺位、张数,并留复印件备存交财务部。

(四)国内组团社正式发出计划

团队预报计划经过组团社、异地接待社的几次变更和确认之后,组团社应在团队到达第一站前给异地接待社发出完整、详细的正式计划。正式计划一般包括以下几个方面的内容:①团队行程和各项服务的标准及特殊要求;②团队旅游者资料,包括姓名、年龄、身份证号码等;③各异地接待社名称、联系人及联系电话;④旅游团委托协议书等。正式计划以正式文件打印并盖公章,每个旅游目的地旅行社需发出两份以上。一般在收到后给予回复,确认计划无误。

(五)等待异地接待社回传

等待异地接待社回传确认出团事项,落实好团队的所有细节。组团旅行社给异地接待社的发团确认书见表2-16,异地接待社确认之后就发给组团社,这是结算的依据。

表2-16　××旅行社发团确认书

To:××旅行社　　　(T)　　　　(F)
Form:××旅行社　　　(T)　　　　(F)
关于我社××团计划
现将我社国内旅游中心贵宾团×××团计划发去,请按照下列行程接待。请速回传真确认,谢谢合作!
人数:
用房:
用车:
门票:
用餐:
导游:
其他:

日期	行程安排	游览景点	住宿

备注:此团为我社重点客户,请务必以高标准接待,多谢!
　　　接站牌:"欢迎××××旅行社贵宾"
　　　客人联系电话:
请提前告知导游名字及电话。
请确认!
作业人:
　　　　　　　　　　　　　　　　　　　签发人:

(六)审核确认操作,核对每项细节

团队操作落实的同时要将国内组团社旅游产品操作预审单(见表 2-17)交由 OP 主管、部门经理审核,此单对团队的成本与毛利、是否存在风险性做出了预算,是发团前确保团队盈利与顺利的一个有效保证。还需要对每项工作细节进行核对,如返程火车票是否需要在本地出票,有无回民、残疾人、军人等特殊游客,团队中如有团员在外旅游期间过生日应告知全陪或地接酌情安排庆祝等,如有公务活动的安排,应在出团前确认好接待时间地点等事项。

表 2-17 国内组团社旅游产品操作预审单

一、出发口岸:	行程安排			
产品名称				周出团
				行程走向图示:

二、成本分析 团号: 有效期:				
单项成本		备注	成本(元)	成本分析(若有返佣备注于下)
A	往返机票			
B	接待费用 □团队 □散客	接待社1		
		接待社2		
C	区间交通	①		
		②		
		③		
D	司导杂费			
成本累计 元		成人: 不占床儿童: 单房差:		佣金累计: 元
建议报价 元				

三、待收费用(以下均以 RMB 人均计价) 四、自选套餐(需报名时一并交齐)

机建+燃油费		套餐 A	
自费项目		套餐 B	
其他		购物店列表	

（七）办理旅游人身意外保险

团队出发前要给团队中选择意外保险的客人上意外保险，并在出团前得到保险公司的回执确认。如果购买了交通工具意外险，还需要确认。

（八）发出团通知

国内组团计调发游客出团通知书（见表2-18）和同业委托接待游客出团通知书（见表2-19），把出游前需要准备的资料、出游中的注意事项向游客逐项交代清楚。

表2-18　××西宁旅行出团通知书

尊敬的贵宾：

您好！感谢您订购我公司"漫游青海·西宁—贵德—青海湖环湖—黑马河—茶卡盐湖·双卧6日游"产品。

请您在出团前仔细阅读以下注意事项，以免耽误您的旅行
(1) 集合时间：2016年06月04日11:00。
(2) 集合地点：成都火车北站进站口。
(3) 成都集合标准：黄底红字"寻秦之旅"导游旗集合。
(4) 去程火车车次：　月　日　成都/西宁　K1058次　11:56/12:37。
(5) 回程火车车次：　月　日　西宁/成都　K1060次　09:50/10:46。
(6) 西宁接团标志：蓝底白字"漫游青海"导游旗。
(7) 西宁导游：
(8) 西宁接团人：杨师傅（×××××××××）。
(9) 紧急联系人：庭竹（×××××××××）。
(10) 客人名单：
（请仔细核对客人信息）

特别提示：请您携带本人有效身份证原件、12岁以下儿童带户口本原件出团！请保持电话畅通，以便接团人员联系！

西宁旅游注意事项：

1. 青藏高原平均海拔高，初到者往往有轻微高原反应，可能有头痛、头晕和食欲消退等现象，均属于正常现象。这时需要多饮水，注意休息，行动不要过剧、过急等。（西宁海拔2200米，有些地方更高）

2. 受旅游地自然条件限制，景点沿途餐厅的条件与其他地区比较，无论从硬件设施或饭菜质量都有较大差距，并且少数民族餐厅较多，用餐时牛羊肉偏多，要做好入乡随俗的心理准备。

3. 西北地区由于地域辽阔，景点较分散，景点之间车程较长，请游客备好晕车药物，在旅游时注意休息，调配好时间安排，以充足的体力参加旅游活动。

4. 在西部地区要注意拍照时的禁忌：寺庙一般禁止拍照，拍摄人物，尤其是僧侣，取景时要经过对方允许。

5. 西北地区受宗教影响，风俗习惯各异，在西北大部分地区信仰伊斯兰教的民族不吃猪肉，这是他们生活中的最大禁忌，绝对不可冒犯。游览时要谨记地陪宣布的注意事项，最好不要提有关少数民族的政治问题。并且在说话时注意不要当着回民的面讲"猪"一类的词语。

6. 出行：请游客保管好自己的随身物品，注意自己的人身及财产安全，最好穿一双舒适的旅游鞋出游；带上雨具及常备药品出游；夜间自由活动要结伴出行，切记不要单独出行，尊重当地民俗习惯，不要随意和陌生人搭话，也不要随意算命，以免造成不必要的麻烦。

续表

7. 自费景点随客意，如果不去，可以在景区外等其他参观的客人，绝不强制。

8. 若产生单房差，旅行社可根据情况安排三人间或加床，如无法拼住请客人自补房差。

9. 因自然灾害或国家政策性调价等人力不可抗拒的因素造成滞留或延误，所产生的费用请客人自理。

10. 青海最近气温参考：12～28 ℃，早晚温差较大，注意加减衣服，避免造成感冒，影响您的旅行。

温馨提示：

西北地区，空气较干燥，请多喝水、多吃水果、少喝酒，由于气温变化大，请带长袖衣、外套、帽子、墨镜、防晒霜。一些景区（如沙湖、沙坡头等）沙子较多，请注意保护好照相机，最好随照相关镜头盖；来到回族自治区，特色之一是清真餐多，汉餐少，用餐主要以牛、羊肉为主，您要做好心理准备！

祝您旅途愉快！

（注：该资料由成都和顺旅行社有限公司提供。）

表 2-19　同业委托接待游客出团通知书

To	×××公司××游客，您好！		接待	
Tel		Fax	应急电话	

请您和您的游客认真阅读通知内容并配合接待人员的工作，祝合作愉快，谢谢！

同业出团通知：

　　您的游客将于　　月　　日乘（车次或航班号）火车硬卧/航班前往　　旅游，请提前　　小时在火车站/飞机场自行凭票登车/机，抵达当地火车站/飞机场出口处，认　　导游旗，请务必带好有效证件：身份证、护照、军官证，儿童携带有效户口簿，如遇证照不符，我社将全力协助，因此而产生的费用，游客自负。

出行提示：

1. 出行游客请关注当地气候变化，保管好贵重物品（旅游证件、现金等），随意忘失，后果自负。

2. 当地导游可能推荐当地特色产品或增加行程外自费项目，游客参加须注意安全，纯属个人行为，与旅行社无任何关系。

3. 出行旅游请尊重当地民族习惯，切勿按游客所在地的生活标准去衡量，保持好心情才能旅途愉快！

4. 如遇人力不可抗拒因素（如爆胎、塞车等）或自然灾害引起的游客滞留而影响正常行程，旅行社尽力而为。

5. 所有团队优惠票原则上不能退改（游客可自行处理），一旦误机、误车，旅行社权当退团，产生费用概不退还。

6. 游客参团，必须积极配合导游，按已定的小组就座、用餐、分票、分房（特殊情况与导游协商）。

7. 游客不得以任何理由拒绝登机、登车、入住酒店，如有异议可协商解决，或参照旅游条例执行；无理取闹或不听劝阻者接待社有权劝其离团，产生的费用客人自理，我们的接待质量以大部分游客的合理签字为依据。

8. 协议经双方认定为同业委托《旅游接待协议》，凡双方盖章确认的出团通知书作为协议的附件同具法律效力。

续表

游客确认签字： 　　本人已详细阅读以上内容,同意拼团出行游览,并遵守当地旅行社的调整安排,同时收到　　月　　日由　　至　　火车票/飞机票　　张。 　　游客签字：	
组团社(盖章) 经办人： 联系电话： 日期：	接待社(盖章) 经办人： 联系电话： 日期：
附件	□催款单　　□最终出团行程
催款单:贵社　　等　　位游客参加由我处负责接待的旅游行程　　,团号　　,按照双方确认的要求,每位成人收费　　元,总计　　元,已付　　元,尚欠团款　　元。所有散客出行均收取全额团款,如需开票请提前告知,由我方快递至贵社。多谢支持与合作！	

(资料来源：熊晓敏.旅游圣经——出境旅行社专业运营实操手册(上)[M].北京:中国旅游出版社,2014.)

(九)与全陪导游交接团队

计调根据不同团队的要求选派不同的全陪,确定团队接待重点及服务方向,交代接待计划,发放全陪出团通知书(见表 2-20)和全陪日志(见表 2-21)。

表 2-20　全陪出团通知书

To:　导游　　手机：　　导游证号：　　制单单位:(盖章)			
现公司有一团,特委派你负责全陪导游工作,请认真阅读本出团通知书及注意事项,注意行为规范,维护公司信誉。			
一、团队注意事项　　本团团号：　　人数： 性质:□独立成团　　□散拼团			
出发地点：　　月　　日　　时手举　　旗或游客名单与游客一同出发前往目的地。			
二、团队行程注意事项(公司应急电话：　　手机：　　联系人：　　)			
日期	合同内容规定景点	餐	用餐要求
		早	
		中	
		晚	
		早	
		中	
		晚	
		早	
		中	
		晚	

续表

三、费用支付事项(请导游仔细阅读核查以下内容,如有不详,务必接团时向计调询问清楚)	
酒店	用房:双人房间　　,其他人房间　　,全陪房间　　,共计入住　　晚 备注:如实际用房数量临时有变,务必与 OP 联系确认。
车辆	□目的地车辆:　　座,车型:　　□自带车 备注:请就本次用车情况如实填写《旅游车评价表》,以便公司用做团队接待质量标准之一。
门票	本团行程共包含　　个景点,其中有门票景点　　个,无门票景点　　个,分别如下:
提示	本团需委托全陪现收客人团款　　元,现付地接团款　　元。 团队有任何变动必须填写《团队旅游项目变更补充协议》,团队结束前必须请游客填写《游客意见反馈单》并交回公司,以便公司评价团队接待质量。
四、导游必读(接单时必须阅读带团要求,一旦签字领单意味着导游清楚明白,如有差错导游自行解决并承担责任!)	
本次带团你需要领取的现金款为:　　元,借用公司信用卡一张,卡号:　　。	
本次带团你需自备的现金:　　元	
导游带团领取物品是:□全陪导游出团通知书　□游客名单表　□游客意见反馈表　□团队旅游项目变更补充协议	

(资料来源:熊晓敏.旅游圣经——出境旅行社专业运营实操手册(上)[M].北京:中国旅游出版社,2014.)

表 2-21　全陪日志

单位/部门		团号	
全陪姓名		组团社	
领队姓名		国籍	
接待时间	年　月　日至　年　月　日	人数	(含　岁儿童　名)
途经城市			
国内重要客人、特别情况及要求:			
领队或游客的意见、建议和对旅游接待工作的评价:			
该团发生问题处理情况(意外事件、游客投诉、追加费用等):			
全陪意见和建议:			
全陪对全过程服务的评价:　　合格　　不合格			
行程状况	顺利	较顺利	一般	不顺利
客户评价	满意	较满意	一般	不满意
服务质量	优秀	良好	一般	比较差
全陪签字		部门经理签字	质管部门签字
日期		日期	日期

（十）发团

发团是指组团社把通过各种招徕手段形成的旅游团队，委托给选定的接团社，并由其负责完成合同中规定的游客应该享受的权利和旅行游览活动的过程。组团社将旅游团委托给旅游目的地接团社后，由接团社根据合同规定安排该旅游团在旅游目的地的一切旅游活动，而发团社通过对接团社的监督，督促对方完成旅游合同。

三、出团后的操作流程

（一）监督团队运行情况

出团后应至少 2 次通过电话向全陪或异地接待社询问团队进行状况，出现问题尽可能及时在当地予以解决。

1. 监督异地接待社的接待情况

组团计调在团队发出后应该履行监督职责。监督异地接待社的接待质量，具体监督方法可以通过组团社派出的全陪或客人的信息反馈，发现问题及时纠正，消除各种隐患。

2. 监督全陪的工作情况

组团计调在团队发出后应该要求全陪定期向组团社汇报团队的情况，同时还要向接待社了解全陪在工作中是否认真履行自己的职责。现在很多国内团为了降低成本，不再派全陪，给组团社的监督工作带来一些不便，这样就更需要维持联系，"遥控"地接，如有问题必须及时按程序处理。

3. 监督游客的游览情况

组团计调在团队发出后应该向全陪、接待社了解客人游览的情况，在第一时间发现问题，并及时与接待社协商加以解决，保证团队顺利游览。对游客违规要收集证据，为以后处理问题留下依据。

（二）送团

在团队顺利结束异地行程返回本地后，组团计调与全陪一起搞好送团工作。主动征求客人的意见，让游客高高兴兴地结束整个旅游行程。

（三）核算团队成本

团队返回后，全陪应在 3 日内前往公司报账，提交全陪导游报账单、全陪导游日志、游客意见反馈单、旅游车评核表、发票、团队合影照片。初步了解团队接待情况，团队如果有投诉即刻转交质检部处理，并配合质检做团队情况说明。

与异地接待社确认好最终账单后，核算最终团队成本，回团一周内与财务部结团，包括异地接待社最终账单、团队结算单，同时填写汇款协议确认通知、团队款项收支明细表、团队盈亏明细表。与异地接待社沟通反映接待反馈情况，并通知团款支付时间。

（四）归档总结

1. 建立团队档案

团队结束之后，要整理该团的原始资料，每月底将该月团队资料登记存档，以备查询。建立团队档案的主要内容有地接报价单（历次报价）、双方签字的确认单（盖章）、客户名单

表、合同、缴费单、最终行程表、订车单、订票单。这些资料保存期为两年以上。

2. 总结工作

全陪对整个带团工作进行总结,检查全陪的带团日志;处理表扬与投诉,有表扬和投诉都需要报告给部门负责人,有的表扬需要对当事人进行褒奖,或通过一定的宣传,增加旅行社的美誉度;有的投诉涉及多个部门,处理不好,旅行社可能会有名誉或经济损失,计调要弄清情况,如实报告给部门领导,做好协调工作。

(五)调整产品销售

根据线路产品的销售情况,以及成团后的游客反馈情况及时进行调整,对不完善、存在投诉隐患的地方予以解决。

本项目分为国内组团社旅游产品策划、国内组团社旅游产品计价与报价、国内组团社旅游服务的采购和国内组团计调操作流程四个任务。通过四个任务的学习,使学生了解旅游产品的概念、类型及开发原则,掌握国内组团社旅游产品的开发流程;明确国内组团社旅游产品的价格构成、计价和报价方法,熟悉国内组团社旅游服务的采购流程与方法;掌握国内组团计调的操作流程。

知识训练

一、复习题

1. 简述旅游产品与旅游线路的区别。
2. 简述国内组团社旅游产品开发的原则。
3. 国内组团社旅游产品价格由哪些费用构成?
4. 组团社选择异地接待社的标准有哪些?
5. 组团社选择异地接待社的途径有哪些?

二、思考题

1. 携程成功开发了差旅管理产品,为2000余家跨国公司、中外大型企业,超过几十万工商界人士提供专业的商务旅行管理服务。在旅行社利润越来越低的情况下,假如你是旅行社总经理,你应该如何开发差旅管理产品?

2. 北京某公司决定奖励29位员工到西安旅游,往返时间为5天,正餐餐标为40元/人/餐,住宿标准为当地挂牌四星级酒店双人标间,游览景点以西安市区、东线、华山等为主,交通工具为双飞,全程无购物点,娱乐以当地导游推荐、客人自愿参加为主。假如你是北京某旅行社的组团计调,请你为他们设计一条北京—西安五日游行程,并做出分项报价。

> 能力训练

一、案例分析

婴儿票的购买

2016年9月10日下午,在成都某国内组团社从事票务采购工作的小田,带着婴儿与其监护人信息去了国航办理购票手续,准备提前开婴儿票,当小田把所有的航班编码、单据写好,就等国航工作人员录入系统时,突然被告知这天出发的婴儿人数已经达到限额,告知这个婴儿无法出行。小田刚工作不久,第一次遇到这类问题,就打电话询问上级领导,寻求处理方案。上级领导说他们也是第一次遇到这种情况,领导要求小田与国航负责人一起与深航相关人员沟通。但是,由于深航并没有给予小田和国航及时回复。于是在与国航人员沟通后,最终的处理方案是把婴儿当成儿童顺利出团。但是,由于儿童票高于婴儿票,导致公司亏损了500元。

深航为了保证航行安全,明确表示今后禁止再把婴儿当成儿童出票。公司领导告知小田,今后出婴儿票时,首先看看航班已经出票的婴儿数,不要盲目地收取婴儿资料和承诺出票事宜。如果婴儿无法出票,其监护人的行程也会被耽误,客人已经全额付款,而且已为客人办理好了机票,预订好了房间,制定了相关的旅游行程,这样会给旅行社造成经济损失和名誉损失。

(资料来源:学生实习期间发生的真实案例。)

问:

1. 婴儿出票有哪些规定?
2. 从中应该吸取哪些教训?

二、实训操练

国内组团社旅游产品的开发

1. 实训目标:通过开发国内组团社旅游产品,提高学生对旅游产品的设计和开发能力。
2. 实训内容:每位同学选定一个目标市场,然后对该目标市场进行调研,在调研的基础上为目标群体设计一条旅游线路。
3. 实训工具:能上网的电脑、摄影器材。
4. 实训步骤:

(1) 每位同学选定一个目标市场。

(2) 对目标市场进行调研。利用问卷星设计问卷,然后通过QQ群、微信群或其他途径进行问卷调查,并归纳整理调研结果。

(3) 根据调研结果,在网上调研同类产品的开发情况,然后有针对性地设计旅游产品。

(4) 根据行程安排对该产品进行计价,并分别对同行和直客进行报价。

(5) 把自己设计出来的旅游产品通过美篇软件进行宣传,每位通过美篇看其他同学的线路设计产品。

(6) 在老师的组织下,开展全班交流讨论会,相互点评、修改,最后提交修改过的线路产品。

项目三
国内接待计调业务

项目目标

职业知识目标：
1. 了解国内地接社旅游产品的开发流程。
2. 熟悉国内地接社旅游产品的计价报价。
3. 掌握国内地接社旅游服务采购的内容及采购流程。
4. 掌握国内接待计调工作流程。

职业能力目标：
1. 能够为游客设计国内接待旅游产品。
2. 能够为游客采购国内接待旅游服务。
3. 能够独立完成国内接待计调操作。

职业素质目标：
1. 培养学生从事国内接待计调工作的职业荣誉感。
2. 培养学生认真做好国内接待计调工作的职业态度。
3. 培养学生热爱国内接待计调工作岗位的职业情感。

项目核心

国内接待社旅游产品开发；国内接待社旅游产品价格构成；国内接待旅游服务采购；国内接待计调操作流程

项目导入： 2014年10月10日，成都某旅行社接待计调小陈，接到北京某组团社的咨询电话，10月28日下午将有25人到达成都，参加成都—康定—新都桥—木格措—海螺沟冰川四日游旅游行程。组团社计调连续咨询了康定、新都桥、海螺沟等地的酒店、餐饮、交通等很多问题,由于小陈才上班不久,对康定、海螺沟等地不是很熟悉,不能完全回答这些问题,组团社就认为这家旅行社接待能力不强,选择了另外的旅行社负责接待。

　　作为一个地接社计调,对本旅行社所在地和所经营旅游线路的景区、酒店、交通、餐饮等各个方面都要非常熟悉。组团社和游客对地接社计调的期望值是很高的,期望计调能完整地回答他们提出的每个问题。在该案例中,由于计调小陈对景区、酒店、餐饮、交通等问题不是很清楚,导致他不能全面地回答组团社的问题,最终失去了合作机会,给旅行社造成了损失。因此,接待计调应该对本旅行社所在地和所经营旅游线路的景区、酒店、交通、餐饮等知识都要有一个全面的了解。只有掌握了这些知识,才能给游客设计出具有本地特色的旅游产品,采购游客满意的旅游服务。

任务一　国内接待社旅游产品开发

　　国内接待社旅游产品主要是由国内接待社负责,因为国内接待社对当地资源具有优势。国内接待社旅游产品开发最重要的就是要进行实地调研,把控当地资源。掌握了资源的主动权,就可以开发更多更好的旅游产品。

一、国内接待社旅游产品的开发流程

(一)实地调研,把控本地资源

对于设计新的产品,尤其是涉及新的线路、新的特色的旅游产品,实地考察不是可有可无,而是必须要有。许多旅行社的线路设计平淡、安排不精粹、行程不合理,原因多与产品研发阶段没有对线路进行实地考察有关。

1. 制订考察计划

首先在网上收集该省的基本情况,包括目的地的概况、各类相关介绍,以及对目的地的评价文章等。把要考察的内容记录下来,先考察哪个,后考察哪个?准备好踩点需要的各种工具。其次确定考察人员,哪个负责记录?哪个负责照相?哪个负责写导游词?哪个负责活动的设计?

2. 选择考察人员

实地考察期间,应要求参加考察的人员,时时以旅行社与游客的双重身份出现,常常从两种角度审视周围的一切。

从旅行社的角度看,考察人员既然是旅行社派出的专业线路制作人员,那就必须时刻以旅行社的专业眼光,对考察期间的所见所闻进行观察、分析、记录,带着挑剔的眼光,冷静地发现问题,不时进行常规或非常规的提问,还应对考察中发现的问题及解决措施进行评价,并认真作好记录。每天的考察工作开始前,都要对当日的考察内容进行预习,对下榻饭店、用餐餐厅、景点名称、经过线路的名称做到心中有数,以便在导游讲解中提及时不感到突然和陌生。在每天的考察结束后,都应对当日的考察情况进行一次全面整理和总结。对餐食质量、景点精彩及路况等涉及旅游行程的各种细节内容,均应进行翔实记录。

从初访客的角度看,考察过程中,要求考察人员也能时时从一名初次探访的游客的角度,来进行实地观察和体验。这种心情体验,要求考察者必须始终处在一种非功利的状态和心境下。这对长期从事旅行社工作的专业人员来说,把握起来往往有一定的困难。与从旅行社专业考察角度的冷静出发点恰好相反,这里要求考察者不再冷静,而是热情。在一种对美的欣赏、美的感动的想象中,去拥抱客观世界。与此同时,要将最初的未加取舍的、能打动自己、感受最明显的苦与乐的感觉捕捉下来,原原本本地进行翔实记录。例如,什么地方能使人兴奋?什么地方美不胜收?这些细微之处,往往是在日后的"人性化"线路设计中必不可少的。对这些细节的把握常常会发挥出意想不到的作用。

3. 确定考察内容

实地考察阶段,要对旅游6要素进行全方位的考察。在一次全方位的考察中,要珍惜机会、掌握要领,力求在最短的时间里获取最大的收益,各要素考察要求如下。

1) 景区考察的内容

景区的类型、资源状况、景区特点、淡旺季门票价格、门票的减免情况、折扣情况、开放时间、游览时间、景区游览线路、景点在旅游者中的吸引力;景点是否安全;到达景点的交通情况如何;景点的管理是否严格;有哪些自费景点等,要特别关注不同客源地客人对这些景点的评价。

2) 住宿考察的内容

线路所在地主要饭店的具体位置、星级、硬件设施、管理水平、服务质量、服务项目、竞争情况、经营情况、各季节的价格及变化情况;距离飞机场、火车站、长途汽车站的距离和用车时间;饭店的联系人、联系电话等信息都要做好记录。

3) 餐饮考察的内容

了解旅游线路沿线餐饮服务业分布情况,有哪些餐饮企业?各有什么特色?有哪些风味餐?餐饮企业的地理位置、就餐环境、服务质量、菜品数量、质量、卫生设施、停车场地、餐标、风味餐、联系人、联系电话等。

4) 交通考察的内容

本地有哪些汽车站、火车站、机场?位置在哪里?这些枢纽站距离旅行社有多远?距离主要饭店有多远?本地的主要旅游运输公司有哪些?有哪些车型?价格怎样?联系人及联系电话?司机的基本情况?旅游行程沿途的加油站、汽车维修站情况?旅游景区的观光车、索道、游船、电瓶车等交通工具的价格、使用情况等。景区交通工具有哪些?价格多少?采取哪种购票方式等。

5）购物考察的内容

收集本条线路中的购物商店及这些购物单位的信息资料,选择质量有保证的购物商店(购物地点要相对集中,购物商店应当正规,商品有质量保证)。

6）娱乐考察的内容

收集该线路中有哪些娱乐项目?了解其内容、价格、演出时间等基本情况,选择健康的旅游娱乐项目。

（二）研究旅游者的消费需求

旅行社在开发旅游线路产品时,必须从宏观上研究旅游者的消费需求和消费时尚,了解影响旅游者选择不同旅游产品的主客观因素,这样才能使推出的线路产品具有一定的市场号召力,能够为旅游者所关注,为旅行社带来合理的利润。

1. 研究旅游消费的三要素

个人旅游需求的产生和实现,至少需要同时具备三个方面的条件:一是需要具备足够的支付能力;二是需要拥有足够的闲暇时间;三是必须有外出旅游的动机。前两个是客观条件,第三个是主观条件。虽然不是所有具备上述三个条件的人都会成为现实的旅游者,但如果不能同时具备这三个基本条件,则注定无法成为现实的旅游者。旅行社必须了解这三个条件,这样才能有的放矢地组合出符合需求的旅游产品。

2. 研究影响旅游者出游的个人因素

1）居住环境对出游的影响

如偏高纬度地区的居民喜欢有阳光的地方。由于纬度偏高和温带气旋的频繁活动,使欧、美这两大传统的旅游客源市场区日照时数偏少。因此,这里的居民对阳光的追求几乎到了如饥似渴的程度。无论是近距离还是远距离旅游,人们在旅游地的选择上都表现出对阳光的偏好。又如游客偏爱自己熟悉的自然环境。长期生活的环境在潜移默化中影响到人们的审美情趣,在选择旅游目的地时,人们会不自觉地被自己的审美情趣左右,表现出对自己熟悉的环境的偏爱。如英国人对海滨有特殊的偏好,外出旅游的人群中63%的人是奔向海滨的,而瑞典、芬兰、东欧各国的人们则对森林景区情有独钟。再如人们的环境补偿心理,即选择与居住环境不同的地区旅游,如部分旅游者对城市环境厌倦,愿意选择纯自然的生态区域旅游,久居南方的居民愿意选择北方的林海雪原旅游,山区居民愿意选择海滨旅游等。

2）所属群体对出游的影响

不同类型的旅游者往往有不同的消费趋向,如老年人喜欢历史文化类景观,年轻人偏向新奇时尚的项目,商务人士则喜欢休闲类旅游产品。旅行社产品研发部门应紧紧抓住不同群体的消费特征,为各种类型的旅游者量身定制个性化的旅游产品。

3）文化水平与受教育程度对出游的影响

文化水平与受教育程度在很大程度上影响着一个人的知识结构和对外界信息的感受,由此产生不同的旅游需求和出游动机。按照一般的规律,旅游愿望与感知环境的范围与深度成正比。学历较高的人一般较理性,出游目的非常明确,多追求旅游的文化内涵;而学历较低的人则容易受从众心理影响,旅游目的不明确,所追求的旅游效益偏重于娱乐与消遣。

4) 个人阅历对出游的影响

人们的兴趣爱好、能力、性格往往随着年龄和生活阅历的不断增长而变化。少年儿童天真活泼,对外界感知较少,因此好奇心极强;青年人精力充沛、兴趣广泛,征服自然、战胜困难的欲望强,因此对冒险性、刺激性、体能消耗大的旅游活动倍感兴趣;中老年人阅历丰富,习惯于回顾往事、品味人生,他们厌倦城市的嘈杂和拥挤,喜欢僻静优雅的海滨、林区或田园风光,偏好历史文化内涵丰富的旅游地、曾留有深刻印象的故地或环境优美的度假地。经统计发现,阅历对旅游者选择度假地的影响很大:16~24岁年龄组的青年人,愿意到森林景区度假的只有31.3%,而60岁以上的老人组此比例竟高达47%。

5) 职业对出游的影响

职业也是影响人们个性形成发展的重要因素,在旅游决策的过程中,个体的旅游偏好与其所从事的职业有相当密切的关系,旅行社在设计旅游产品时,应该对此因素有所考虑。

3. 研究旅游者的旅游消费时尚与潮流

旅游产品的开发与消费时尚的变化紧密相连。消费时尚受诸多因素影响,如社会需求、科技发展、文艺节目潮流和名人效应等。16世纪中期,欧洲人发现温泉可以治病,自此温泉旅游的热度长达几个世纪;18世纪初期,人们认识到海水浴有利于健康,于是海滨旅游渐成时尚;第二次世界大战后汽车大量进入家庭,自驾旅游又成为现代都市人新的追求。旅行社只要善于把握时尚潮流,设计适宜的时尚产品,就可能占得市场先机。如一部影视剧热播前后,旅行社如能锁定影片所拍摄或展示的场景大做文章,推出相应的旅游线路,往往不用投巨资做宣传,就能获得较好的市场效应。

(三) 编排旅游线路

在对本地资源和游客需求调研的基础上,有针对性地开发国内接待社旅游产品。

1. 确定旅游线路名称

国内接待社旅游产品的名称一般由游览目的地、线路性质及游览天数构成。详见项目二任务一国内组团社旅游产品的开发。

2. 提炼行程特色

详见项目二任务一国内组团社旅游产品的开发。

3. 合理编排景点和走向

景点的合理编排对行程设计的成功至关重要。同业的旅游行程设计,很多都是从网上下载或同行的行程单上抄过来抄过去的,景点颠三倒四,行程凌乱,反复走回头路。行程参考网站或同业的当然也是方法之一,但是作为产品开发人,在开发自己的产品时,一定要对行程的景点和走向进行甄选。对于自己尚未涉足的区域,要把自己当作一个旅游者,去找资料做功课。

行程中的景点可分为必游景点、可替代景点、非必去但有特色景点三类。第一,必游景点。必游景点是行程中一定要安排的景点,国内如北京的故宫、杭州的西湖、大连的星海广场。第二,可替代景点。根据产品的目标定位人群,有比较地选择,如年轻人可游山玩水,注重游览的舒适性,他们不愿意爬山而倾向选择乘索道;探险者喜欢挑战极限,寻找原始的自然风光和刺激的景点项目;老年人注重景点的价值和历史韵味,不喜欢玩水、攀岩等危险项目。第三,非必去但有特色的景点。根据行程安排适当选择一些有特色的景点作为产品的特色亮点加以推销。

4. 选择旅游交通方式

根据旅游线路的距离、旅游团的等级、旅游者的特点等,选择合适的交通工具类型,注意安全、舒适、经济、快捷、高效,并在可能的情况下做到多样化。在省内一般是以汽车为主,飞机和火车相对较少。国内接待计调应该与本地常用车队签订租车合作协议并加强合作,特别是在旅游旺季,要保证团队用车。

5. 选择住宿餐饮

住宿和餐饮是旅游活动得以顺利进行的保证。根据旅游团的等级、特点来确定餐标和选择酒店的级别、位置、风格等。一般来说,要体现安全卫生、经济实惠、交通便利、环境优美等原则。一般国内高端团队会选择五星、四星级酒店住宿,常规团队以三星级标准为多,北方地区团队多要求干净、整洁,选择有电视、空调、独立卫浴的二星级酒店即可。

餐厅的选择有几种,一是靠近景点附近,方便游览就餐,这一类型的餐厅往往价高质次,临近饭点团队拥挤,翻台快,就餐环境也不甚理想,餐标稍高的国内团队菜品还可有保证,餐标低的国内普通团队则品质很差,极易引起投诉;二是有特色的社会餐厅,不同于常规团队餐厅,这一类型的餐厅很少和旅行社打交道,不走餐标只可零点,需要计调去和餐厅具体洽谈菜品及接待方式,以满足特色团队和高品质团队的就餐需求。

可以通过携程网、艺龙网、美团网等查询酒店信息,可以通过美团网、糯米网、大众点评网等查询餐饮信息。

6. 安排购物娱乐

国内接待计调与本地区、经旅游局批核的合法购物商店签订协议,能保证游客购物质量。购物的时间安排合理,避免重复、单调。娱乐活动的选择要体现丰富多彩、雅俗共赏、健康文明、注重参与等原则。

7. 制定合理的价格

在确定产品价格时,必须考虑线路成本、竞争对手的价格和旅游者的心理价格三个方面的因素。影响旅游线路价格的因素常常处于不断变化之中,例如,旅游企业战略的改变、机票价格的增减、饭店价格的升降等,都会对线路定价产生影响。

8. 旅游产品的试销和修改

旅游产品试销主要是了解产品销路,在销售中发现问题,完善问题。这时候要注意规模适中,保证质量。有时候为了尽快占领某个市场,避免让竞争对手发现,这个阶段可以省略。根据旅游者或者中间商的要求对旅游产品做相应的调整,把旅行社想卖出去的产品变成旅游者想购买的旅游产品。

二、国内接待社旅游产品开发注意事项

开发旅游产品是地接计调重要的工作之一,旅游产品的质量,直接影响着游客对旅游活动的印象和体验。开发旅游产品时要注意以下几个方面。

(一)要有合理的游览节奏,景点取舍得当

地接计调设计安排行程时,要充分考虑客人的实际情况,行程安排要有合理的游览节

奏,主要游览项目时间要充足,行程的安排要张弛有度。在可能的情况下,一种活动量大的项目之后,要安排另一种较为轻松的游览项目或提供一段休息时间,一方面可以使旅游者的体力、精力得到恢复,提高游兴,避免因过度劳累而患病等问题;另一方面可以让旅游者有回味提升和总结的时间。比如,老年人居多的旅游团,应注意不要安排过多的旅游景点,节奏要放慢,必要时配备队医;年轻人多的旅游团则可以相对多安排一些旅游景点,每个景点停留的时间可不必太长。

（二）充分考虑旅游团自身的特殊要求

当旅游团有特殊要求时,地接计调要根据团队的需要,重点安排体现团队出游特点的项目。例如,接待宗教朝圣的游客,去寺庙或教堂的活动安排要偏重,还要根据地域特点设计安排景点和饮食住宿。又如,广州人冬天游览北方,无论级别高低,一定要注意住宿饭店的空调等硬件设施要好些。

（三）适当为旅游者空出一些自由活动的时间

安排行程时为客人留出下午或晚上作为自由活动时间,可以让客人更深入地了解当地居民的生活习俗。注意不要安排旅游者到治安条件不好、复杂混乱的地方自由活动。地接计调还要提醒导游,在所有的自由活动中,都要提醒游客注意人身和财产的安全,这种提醒要重复进行,使每位游客都牢记于心。

（四）要与组团社计调充分沟通

沟通是提高团队接待质量和游客满意度的不可忽视的环节。地接计调除了按照"规定动作"将行程做出外,还要及时充分与组团社交流意见,将行程安排中有关组团社可能模糊的问题进行详细解释,就行程中需要跟客人事先约定好的内容对组团社计调进行强调,得到客人认可。

（五）注意细节,提高客人满意度

地接计调设计安排行程的过程中要注意成本的细节变化,推陈出新时要考虑合作方的成本接受能力。在旅游行程的时间安排方面,要注意公共节假日和周末的交通、人流情况,合理安排餐饮、住宿、游览等事项,要尽量错开旅游高峰时期,避免车房等费用的增加,以便使得行程安排合理恰当,提高游客的满意度。

三、国内接待社旅游产品的构成及示范

（一）旅游产品的构成

旅游产品的构成,没有统一的规定。每家旅行社的旅游产品的构成都有一些差异,现以线上旅游产品的构成来说明。线上销售的旅游产品,一般都有产品概况、产品特色、行程介绍、费用说明、预订须知、用户评价等内容。

1. 产品概况

产品概况是用最简短、最醒目的文字来介绍该产品的情况,让游客一看就知道该产品的大致内容。主要包含产品价格、产品特色、服务保障、行程概要、产品经理推荐等内容。

知识演练

问:请你对"峨眉山＋乐山2日1晚跟团游·金顶＋半山 住峨眉山景区真纯玩0自费0购物"旅游产品做一个产品概要说明。

答:"峨眉山＋乐山2日1晚跟团游·金顶＋半山 住峨眉山景区真纯玩0自费0购物"旅游产品概要如下。

价格:688元。

产品特色:二进峨眉8个景点。

服务保障:无自费＋无购物＋成团保障。

行程概要:D1 乐山大佛—九曲栈道—凌云寺—灵宝塔—万年寺;D2 峨眉佛光—金顶—报国寺。

产品经理推荐:

★ 100%纯玩,不进"购物景点",不进乐山玉店水晶店,不进峨眉山茶叶店。

★ 全程一位服务性导游,无玉器祈福、药酒购买等项目。

★ 夜憩半山,圣象大酒店,0霾呼吸,心动二进峨眉,只为全景深度游览。

2. 产品特色

产品特色就是要详细地阐述该产品与其他产品相比较的优势,让游客阅读产品特色之后,就能够选择该产品。由于现在基本上都是在网上销售,各个旅行社都配了很多精美的图片来展示旅游产品的特色。

3. 行程介绍

行程介绍就是详细地介绍该产品的具体安排,把每一天的安排都详细地写出来,让游客清楚每一天的游览项目、用餐情况、住宿安排等。在行程介绍方面,各个旅行社也做得非常详细,把每个小景点都做了一些具体的介绍,并配上图片,同时,对行程中的用餐也进行了介绍,特别是对特色餐的介绍是比较详细的。

4. 费用说明

费用说明就是说明报价包含了哪些项目,需要游客自费的有哪些项目,让游客明确自己所交的旅游费用包含的内容,明明白白地消费。

5. 预订须知

预订须知一般包括预订限制、预订说明、产品说明、违约条款、出行须知、出行指南及法规、支付说明等内容。让游客在预订该产品前,明确该产品预订和出行的各种规定,做到心中有数。

6. 用户评价

用户评价主要是要求用户完成旅游活动之后,对该产品进行整体评价,发表游客对该产品的评价,便于今后更好地设计旅游产品和改进服务。

(二)国内接待社旅游产品示范

现以携程旅游网2017年3月提供的峨眉山＋乐山旅游产品为例,来说明旅游产品的构成,具体见表3-1。

表3-1　峨眉山+乐山2日1晚跟团游·金顶+半山　住峨眉山景区真纯玩0自费0购物

一、产品概况

价格:688元。

产品特色:二进峨眉8个景点。

服务保障:无自费,无购物,成团保障。

行程概要:D1 乐山大佛—九曲栈道—凌云寺—灵宝塔—万年寺;D2 峨眉佛光—金顶—报国寺。

产品经理推荐:

★ 100%纯玩,不进"购物景点",不进乐山玉店水晶店,不进峨眉山茶叶店。

★ 全程一位服务性导游,无玉器祈福、药酒购买等项目。

★ 夜憩半山,圣象大酒店,0霾呼吸,心动二进峨眉,只为全景深度游览。

二、产品特色

【产品特色】

(1) 乐山大佛景区自由活动(3小时充足游览)。亲临大佛抱佛足,云雾缭绕观佛影,5A级景区,亲临大佛,不留遗憾。

(2) 峨眉山景区超长游览(时间1天半)。绝不为售卖峨眉山茶叶、药酒耽误时间,取消生态猴区游览。

(3) 全程一个服务性导游。不与常规团混拼,单独发车,不换地接导游(忽悠景区内购物),拒绝常规2日行程3～4个导游的操作模式。

(4) 夜憩半山,圣象大酒店(确保干净卫生),0霾呼吸。

(5) 旅游车设老人、小孩爱心专座,旅游百宝箱(配晕车贴、针线包、创可贴、风油精、藿香正气水等)。

【半自助游】

全程一个服务性导游随行,为您安排吃、住、行、游等贴心服务。

全程只与美景相遇,只讲解景区历史人文、风土人情,观赏自然风光。

以佛度人,绝不以佛之名骗人骗钱(忽悠您请佛、开光、烧香、点灯等)。

旅游不是游览购物店(购物景区),用自由的方式,感受纯正的佛教文化以及壮丽的自然风光,才不虚此行。

【敢于保障　才有约束】

打破常规的"三差"旅游服务,打造真正省心、舒适的旅程,我们只提供高品质旅游,让您明明白白消费!

出现以下情况您将得到1000元/人的违约赔付:

(1) 推荐自费娱乐项目。上车收取综合服务费/峨眉山索道保险(注:本行程已含旅游意外险,索道费用自理)。

(2) 进购物店。天工开物—水晶店、古蜀嘉州遗址—乌木工艺品丝绸店、嘉定坊丝绸店、仙芝熊猫馆—土特产店等购物店(含乐山玉器/水晶店、峨眉山茶叶店)。景区寺庙内法物流通处及峨眉山景区内沿途有山民售卖当地特产,非我社控制均不属于旅游局划定的购物店范畴,请不要误解。

(3) 以各种理由不去金顶风景区,节约门票(观光车)。

注意:峨眉山执行淡季门票(1月1日—1月15日)乐山免票退90元,半票退45元;峨眉山免票退110元,半票退55元。峨眉山恢复旺季门票(1月16日—12月14日)乐山免票退90元,半票退45元;峨眉山免票退185元,半票退95元。

续表

【峨眉山资讯】

金庸笔下的峨眉山,是座女人山,温婉秀美但又凌厉冷傲。不管这里是否曾有周芷若或灭绝师太,这座修长如峨眉的山川,始终令人向往。峨眉山雄踞四川盆地西南部,以"雄、秀、神、奇、灵"和深厚的佛教文化,成为世界自然与文化双遗产。

峨眉山自然遗产丰富,素有"植物王国"、"动物乐园"和"地质博物馆"之称,并有"峨眉天下秀"之赞誉。峨眉山文化遗产深厚,是我国四大佛教名山之一,以供奉普贤菩萨著称。在漫长的历史中,以包容道教、佛教、儒学三教之宗的胸襟,形成了道之源、佛之始、儒之境,并传习至今。目前以佛教文化为核心,大小寺庙近30座,著名的寺庙有报国寺、伏虎寺、万年寺、清音阁、华藏寺等。

三、行程介绍

【第1天】 游览主题:乐山大佛,峨眉山半山风景区。

07:00

早上7点集合,旅游车出发(根据路程远近小车会提前1~1.5小时在二环内免费接您),从成都出发经成雅乐高速【约2小时】到达乐山。由于节假日车辆较多,出发时间可能会提前,具体以导游安排为准。

行驶距离:约136公里 | 行驶时间:约1小时50分钟。

09:30

前往景点:灵宝塔,凌云寺,九曲栈道,乐山大佛。

行驶距离:约15公里 | 行驶时间:约30分钟 | 游览时间:约2小时30分钟。

灵宝塔:灵宝塔建于唐代,因其耸立在灵宝峰巅,故以山峰命名。塔形呈密檐式四方锥体,砖砌而成,坐东向西,高38米,共13级塔体中空,内有石阶沿塔轴盘旋至顶,塔顶为四角攒尖式。灵宝塔的结构和风格与西安小雁塔相似。灵宝塔每级都开有窗眼,既可以采光,又能供游人登临塔顶,眺望四周青山秀水。

凌云寺:凌云寺又称大佛寺,位于凌云山栖鸾峰侧,与乐山大佛相邻。创建于唐代,后荒废,今寺为明清所建,有由天王殿、大雄殿、藏经楼组成的三重四合院建筑。寺内最后一重殿是藏经楼,原为寺内收藏佛教经卷的地方,于1930年新建。从它的结构和外形可以看到近代建筑风格,在寺中别具一格却另有一番情趣。

九曲栈道:大佛右侧的石壁上,有一条险峻的栈道自上而下盘旋至大佛脚,这便是著名的"九曲栈道",是与修建佛像同时开凿的。栈道第一折处的"经变图"雕刻精细,形象生动,线条优美,并刻有楼台亭塔,是研究唐代建筑和石刻艺术的宝贵资料。

乐山大佛:乐山大佛位于四川省乐山市,雕凿于岷江、青衣江和大渡河交汇处凌云山栖霞峰的岩壁上,为弥勒佛坐像,又名凌云大佛,是唐代摩崖造像的艺术精品之一,也是世界上最大的石刻弥勒佛坐像。参观AAAAA级景区世界第一大佛——乐山大佛【不少于2小时】,大佛开凿于唐玄宗开元初年,历时90年才告完成,佛像高71米,比号称世界最大的阿富汗米昂大佛(高53米)高出18米,是名副其实的世界之最,素有"佛是一座山,山是一座佛"之称。游览凌云寺,大雄宝殿,下九曲栈道,观三江汇流,灵宝塔。

12:30

午餐:跷脚牛肉(牛杂2斤一锅,一份蒸肉,炒牛肝,烩豇豆,番茄炒蛋,炒藕片,凉拌带丝,凉拌黄瓜,一份锅盔)。

用餐地点:牛行天下饭店。

续表

跷脚牛肉:四川省乐山市一道源远流长的汉族名菜。它的散寒止咳的药膳功能,以脏补脏的中医原理,大大提升了这道地方名食的品位和档次。跷脚牛肉几经发展,汤味愈加讲究。在传统汤味的基础上,新添了胡椒、味精、芽菜等现代佐料,渗入了几十种中药材熬制而成的"精汤",更加科学营养。已形成汤色碧清、香味绵长、牛杂脆嫩、吃法多样的四大特色。跷脚牛肉是乐山的非物质文化遗产,是乐山大街小巷中少不了的一道美味,跷脚牛肉不但汤汁醇厚,味美鲜香,还有驱寒的功效。在乐山吃过了跷脚牛肉的外地人,无不竖起大拇指称赞。

行驶距离:约20公里│行驶时间:约30分钟│用餐时间:约30分钟。

14:30

前往酒店:峨眉山圣象大酒店。

行驶距离:约40公里│行驶时间:约20分钟。

指定入住圣象大酒店。

18:00

晚餐:在峨眉山圣象大酒店内用晚餐(10人一桌,10菜一汤,人数减少菜品相应减少,菜单仅供参考,菜品随季节变化)。

菜单:干烧三江鱼、菜瓜烧鸡、回锅肉、野菜炒蛋、洋葱炒肉、木耳肉片、麻婆豆腐、炒大白菜、凉拌凉粉、炒大白菜、冬瓜汤。

★酒店洗漱用品非常简单,您可以根据自身情况自带洗漱用品。

行驶距离:约1公里│行驶时间:约5分钟│用餐时间:约40分钟。

【第2天】 游览主题:峨眉山金顶。

05:30

早餐:酒店内用早餐。

行驶距离:约10公里│行驶时间:约20分钟│用餐时间:约40分钟。

06:30

前往景点:金顶,峨眉佛光。

行驶距离:约40公里│行驶时间:约2小时│游览时间:约4小时。

金顶:峨眉山金顶海拔3077米,顶上是一个小平原,原有铜殿一座,在阳光的照耀下,金光闪闪,故名金顶。现金顶以一尊48米高的十方普贤菩萨铜像为中心,由金殿、铜殿、银殿和朝圣大道组成。

峨眉佛光:佛光是一种特殊的自然物理现象,其本质是太阳自观赏者的身后,将人影投射到观赏者面前的云彩之上,云彩中的细小冰晶与水滴形成独特的圆圈形彩虹,人影正在其中。19世纪初,科学界便把这种难得的自然现象命名为"峨眉宝光"。峨眉山摄身岩(舍身崖)是一个得天独厚的观赏佛光的场所。在金顶的摄身岩前,这种自然现象并非十分难得,据统计,平均每五天左右就有可能出现一次便于观赏佛光的天气条件,其时间一般在15:00—16:00。

早餐后观光车至雷洞坪停车场,可乘坐索道【旺季往返120元/人自理】登至峨眉主峰——金顶(海拔3077米)所在的观景平台观云海、佛光【视天气情况】等自然奇观以及金银铜殿、十方普贤等,在世界最大的朝拜中心祈福许愿。金顶是峨眉山寺庙和景点最集中的地方,拥有总面积1614平方米的铜殿一座,以及第一山亭铜亭一座,为峨眉的精华所在。1983年被列为汉族地区佛教全国重点寺院。

12:00

午餐:至雷洞坪用午餐(10人一桌,10菜一汤,人数减少菜品相应减少,菜单仅供参考,菜品随季节变化)。

菜单:东坡肘子、葱油全鱼、蒜苗老腊肉、木耳肉片、玉笋烧牛肉、野菜煎蛋、冰糖南瓜、炒野菜、炒时蔬、酸菜粉丝汤。

续表

用餐地点：雷洞坪山庄饭店。

行驶距离：约 140 公里 ｜ 行驶时间：约 2 小时 ｜ 用餐时间：约 40 分钟。

13:30

前往景点：报国寺。

行驶距离：约 120 公里 ｜ 行驶时间：约 2 小时 ｜ 游览时间：约 1 小时。

报国寺始建于明朝万历年间，原名会宗堂，清代康熙时期皇帝亲书"报国寺"匾额而易名。报国寺为峨眉山第一座寺庙，是峨眉山进山的门户、游峨眉山的起点，也是峨眉山佛事活动的中心。寺庙山门上的"报国寺"大匾，是清康熙皇帝御题，王藩手书，大气磅礴。参观报国寺（门票 8 元/人自理），峨眉山报国寺，位于四川省峨眉山市峨眉山麓的凤凰坪下，是全国重点寺院之一，海拔 533 米。寺院坐北朝南，占地百亩。原为山中第一大寺，其原址在伏虎寺对岸的瑜伽河畔，始建于明万历年间（公元 1573—1619 年），原名会宗堂，清初迁建于此，顺治九年重建；康熙四十二年（公元 1703 年），康熙皇帝取佛经"四恩四报"中"报国主恩"之意，御题"报国寺"匾额，王藩手书；报国寺历史上经过数次修葺，寺院得以完整保存，特别是中华人民共和国建立后维修、扩建的次数最多；1993 年，又新建了钟楼、鼓楼、茶园、法物流通处，使报国寺更加庄严。

19:00

乘坐旅游大巴回到成都，在成都市中心红照壁统一散团，结束愉快的旅程。

特别申明：1. 当日晚餐不含。2. 此行程为散客拼团，同其他旅行社联合发团，回成都后均统一地点散团。

行驶距离：约 180 公里 ｜ 行驶时间：约 2 小时。

注：以上行程时间安排可能会因天气、路况等原因做相应调整，敬请谅解。

四、费用说明

费用包含：

1. 正规空调旅游车，1 人 1 正座。

2. 峨眉山圣象大酒店入住，如出现单男单女，旅行社有权安排三人间（加床）或由客人自补房差。酒店洗漱用品比较简单，您可以根据自身情况自带洗漱用品。

3. 全程含 3 正 1 早【午餐为 10 菜 1 汤，晚餐为 10 菜一汤，10 人一桌，按实际人数的情增减菜品，不含酒水】；旺季游客较多接待能力有限，如团队餐用餐质量稍差请游客谅解；午餐在指定旅游餐厅用餐，早、晚餐在酒店用餐，团队餐为桌餐，需要统一时间，共同享用，如游客不用餐不退费。如住宿为指定高星级酒店则统一用完晚餐后送至酒店入住。

4. 全陪和当地中文导游服务。成都出发持证中文导游、景区持证中文导游服务。

5. 行程中所列景点首道大门票，乐山大佛、峨眉山景区大门票，观光车。持有学生证、残疾证、离休干部证、现役军人证、军残证凭证以及 60 岁以上老人凭身份证可享受门票优惠，优惠部分由导游在行程结束前现退【因峨眉山为网订门票须在统计门票时向导游出示有效证件，若因未出示或使用伪造证件导致的一切责任及后果由游客自行承担】。另：1.2 米以下小孩免票且需要成人带领进入景区；1.2 米以上小孩需购买门票（自理）。

6. 含旅行社责任险，代购旅游意外伤害险，如因交通事故造成游客人身伤害及财物损失，按照《中华人民共和国道路交通事故处理办法》进行赔偿，解释权及理赔权由保险公司负责。

注：保险公司对 3 岁以下小孩和 75 岁以上老人不受理保险。

续表

儿童价特殊说明:年龄2~18周岁(不含),不占床,不含门票,只含车位、餐、保险。如按照大人下单此订单不生效。

自理费用:

1. 外宾(包括港澳台地区)需要支付150元的差价。

2. 费用不含:金顶往返索道120元/人,万年寺上行索道65元/人,万年寺门票10元/人,报国寺门票8元/人。

3. 因交通延阻、罢工、天气、飞机、机器故障、航班取消或更改时间等不可抗力原因所导致的额外费用。

4. 酒店内洗衣、理发、电话、传真、收费电视、饮品、烟酒等个人消费。

5. 以上"费用包含"中不包含的其他项目。

五、预订须知

本产品由成都中国青年旅行社提供产品销售、资源确认、合同签署、行程安排等全部环节的旅游服务。在您付款成功并且商家给您最终确认后,商家与您的合同方能生效。在合同生效之前,用户与商家双方均有权更改或取消订单,且无须承担任何损失。

预订限制:

1. 本产品不接受78岁以上(含)客人预订,敬请原谅。

2. 18岁以下未成年人需要至少一名家长或成年旅客全程陪同。

预订说明:

1. 请您在预订时务必提供准确、完整的信息(姓名、性别、证件号码、国籍、联系方式、是否成人或儿童等),以免产生预订错误,影响出行。如因客人提供错误个人信息而造成损失,我社不承担任何责任。

2. 本产品目的地海拔较高,有严重高血压、心脏病等疾病的客人及老年客人,请根据自身条件,谨遵医嘱,谨慎决定是否出行。

3. 儿童门票不接受预订,请自行在景区购买。

4. 请您在下订单时,在附加信息中提供身份证号码和姓名信息,以便工作人员安排您预订的项目。

产品说明:

1. 最晚在出行前1天您将收到出团通知书或导游的确认电话,敬请留意,保持电话畅通。集合时间请参考网站披露信息,具体时间请以出团通知书或导游通知为准。

2. 本产品单张订单最多能保证8人同乘一车,若超出此人数建议独立成团或分批走(即无法保证同车同酒店同导游)。

3. 每团最多人数为55人。

4. 本产品最少成团人数为10人,如未达到最少成团人数,携程商家将在出发前7天通知不成团,未通知的视为成团。如不成团,携程商家会为您推荐其他出发班期或更换其他同类产品(相关损失或差价由携程商家承担),如您不接受上述方案,携程商家将全额退还您支付的费用。

5. 本行程为我社委托当地旅行社散客拼团线路,在保证承诺的服务内容和标准不变的前提下,会与其他旅行社的客人拼成一个团,统一安排行程。

6. 团队中可能会有入住不同酒店的其他携程团友一同出行,如涉及不同酒店客人的接送事宜,当地司导人员会根据团队实际情况进行合理安排,敬请理解、配合,谢谢。

7. 本产品行程实际出行中,在不减少景点且征得客人同意的前提下,导游、司机可能会根据天气、交通等情况,对您的行程进行适当调整(如调整景点游览顺序等),以确保行程顺利进行。如因不可抗力

续表

等因素确实无法执行原行程计划,对于因此而造成的费用变更,我社实行多退少补,敬请配合。

8. 出游过程中,如遇不可抗力因素造成景点未能正常游玩,导游经与客人协商后可根据实际情况取消或更换该景点,或由导游在现场按旅游产品中的门票价退还费用,退费不以景区挂牌价为准,敬请谅解。

9. 如遇路况原因等突发情况需要变更各集合时间的,届时以导游或随车人员公布为准。

10. 行程中的赠送项目,如因交通、天气等不可抗力因素导致不能赠送的,或因您个人原因不能参观的,费用不退,敬请谅解。

11. 团队行程中,非自由活动期间,不允许提前离团或中途脱团,如有不便敬请谅解。

12. 持老年证、军官证、学生证等优惠证件的游客可享受景区门票优惠政策,具体以出行当日景区公布政策为准。请具备条件的游客携带好相关证件,届时由导游统一安排,按打包行程中客人已享受的优惠价格,现场退还差价,峨眉山、乐山半票一共退60元/人,免票共退120元/人。

13. 当地酒店条件有限,请勿以城市标准衡量。酒店定时供应热水及空调,敬请理解!

14. 该目的地区域内多数酒店不提供一次性洗漱用品,请客人自带备用,敬请配合!

15. 因当地经济条件有限,交通、酒店服务及设施、餐饮等方面与发达城市相比会有一定的差距,敬请谅解。

16. 本产品线路行程如包含购物店,您可自愿选择是否参加。

17. 行程有售卖当地特色产品的购物店,请配合团进团出,不强制购物,请您谨慎消费,保留好票据。

违约条款:

1. 旅行社违约

在行程前解除合同的旅行社需支付的费用标准如下。

行程前30日至7日,退还全额旅游费用,支付旅游费用总额5%的违约金。

行程前6日至4日,退还全额旅游费用,支付旅游费用总额10%的违约金。

行程前3日至1日,退还全额旅游费用,支付旅游费用总额30%的违约金。

行程开始当日,退还全额旅游费用,支付旅游费用总额70%的违约金。

凡订购产品的行程日期部分或全部涉及以下时段:2017.4.2—2017.4.4、2017.4.29—2017.5.1、2017.5.28—2017.5.30、2017.10.1—2017.10.8,退还全额旅游费用,支付旅游费用总额70%的违约金。

2. 旅游者违约

在行程前解除合同的,必要的费用扣除标准如下。

行程前30日至7日,收取旅游费用总额20%的违约金。

行程前6日至4日,收取旅游费用总额40%的违约金。

行程前3日至1日,收取旅游费用总额60%的违约金。

行程开始当日,收取旅游费用总额100%的违约金。

凡订购产品的行程日期部分或全部涉及以下时段:2017.4.2—2017.4.4、2017.4.29—2017.5.1、2017.5.28—2017.5.30、2017.10.1—2017.10.8,收取旅游费用总额100%的违约金。

出行须知:

1. 最晚在出行前1天,导游或我社工作人员会短信联系您,告知导游、司机联系方式及其他具体出行事宜,请保持手机畅通。如您在10点之前仍未接到通知,请速来电咨询。

2. 请在导游约定的时间到达上车地点集合,切勿迟到,以免耽误其他游客的行程。若因迟到导致

续表

无法随车游览,责任自负,敬请谅解。

3. 我社将最晚在出行前1天向您发送出团通知书或导游的确认电话,如未收到请及时联系携程商家工作人员。

4. 旅游团队用餐,旅行社按承诺标准确保餐饮卫生及餐食数量,但不同地区餐食口味有差异,不一定满足游客口味需求,敬请见谅。

5. 在旅游行程中,个别景点景区、餐厅、休息区等场所存在商场等购物场所,上述场所非旅行社安排的指定购物场所。携程提醒旅游者根据自身需要,理性消费并索要必要票据。如产生消费争议,请自行承担相关责任义务,由此带来的不便,敬请谅解!

6. 逢周末和节假日出行,可能因景区、道路交通拥堵等原因造成回程时间延误,为避免造成不必要的损失,不建议客人预订返程当天的大交通(如飞机、火车、轮船等)。

7. 目的地可能有部分私人经营的娱乐、消费场所,此类组织多数无合法经营资质,存在各种隐患。为了您的安全和健康考虑,携程提醒您,谨慎消费。

出行指南及法规:

1. 请不要同陌生人搭讪,也不要接触歌厅、舞厅等娱乐场所以免不法分子乘机敲诈、勒索,对您造成身体和心理的伤害,同时请注意野外动物(如藏獒、蛇、虫等有伤害性的动物)对您身体的伤害。

2. 为了您人身、财产的安全,请您避免在公开场合暴露贵重物品及大量现金。上街时需时刻看管好首饰、相机等随身物品。

3. 游泳、漂流、潜水、滑雪、溜冰、戏雪等活动项目,均存在危险。参与前请根据自身条件,并充分参考当地相关部门及其他专业机构的相关公告和建议后量力而行。

4. 携程从出行常识、旅游活动(风险性项目)和特殊人群三方面为您提供旅游安全指南,请您仔细阅读。

5. 温泉水含有多种矿物元素,可强身健体,但一般不宜长时间浸泡;患心脏病、高血压等疾病或体弱多病者以及酗酒者切勿浸浴;请留意浴区相关温泉告示,正确浸浴。

6. 为普及旅游安全知识及旅游文明公约,使您的旅程圆满完成,特制定《携程旅游告游客注意事项》,请您认真阅读并切实遵守。

7. 为确保锂电池的安全运输,避免发生不安全事件,我们友情提醒您,民航局将对旅客携带锂电池乘机进行严格检查。

支付信息、常见支付问题:

1. 本产品支持信用卡、网银/第三方、礼品卡(任我行)、储蓄卡、微信、现金余额、拿去花支付,具体以支付页为准。

2. 零售产品不支持礼品卡(任我游)、优惠券支付。

六、用户点评

总体评分

- 5分(132)　4分(7)　3分(0)　2分(0)　1分(1)
- 全部点评(140)
- 5分(132)　4分(7)　3分(0)　2分(0)　1分(1)　图片(26)

(资料来源:http://vacations.ctrip.com/around/p11974641s28.html?kwd=%E5%B3%A8%E7%9C%89%E5%B1%B1.)

任务二 国内地接社旅游产品的计价与报价

地接计调制作报价是一项繁琐而细致的工作,精确科学的报价需要计调特别有耐心。如果组团社或者自组团没有特殊要求,只要提供总报价就可以;如果组团社或者自组团有分项报价要求,地接计调要根据旅游活动项目及分项成本价格,做出合理的分项报价。

一、国内地接社旅游产品价格的构成

国内地接社旅游产品的价格一般包括房费、餐费、当地交通费(一般情况下主要是旅游车费)、门票费、导游服务费、(往)返程交通费、其他费用等方面。

(一) 餐费

餐费含团队餐和特色餐费用,旅行社报价中一般只包含团队用餐费用,特色餐费用由游客自付。团队餐包含早中晚三餐,许多酒店为住店客人提供免费早餐,因此,旅行社报价时含的餐费多指正餐的费用。

(二) 房费

一般指双人标准间的房费,也可按旅游者要求预订高、中、低档饭店或由旅游者自订房、委托代订房和委托代订指定房,但一律加收自订房手续费。团队价和散客价相差很大,淡季价、平季价和旺季价也有很大差异。计调人员必须熟悉业务,充分了解每个地区饭店的淡、平、旺季的划分,否则报价将不真实,报价过高会失去竞争力,报价过低会造成旅行社亏损。

> **知识演练**
>
> 问:什么是单房差?单房差如何处理?
> 答:单房差是旅行社之间常用的术语。它是指组团社的团队到异地旅游住宿宾馆或饭店标准房时,团队分配住房之后出现奇数,也就是出现一张单床时,组团社应向接团社付空床费用。但也不尽然,如果组团社根据客人要求,可以在单差房内另外安排其他客人,也就不用再付单房差费。或者选择在别的已经排满客人房间加床,费用收取方式跟单房差类似。如果发生了单房差,单房差的费用一般是由住一个房间的游客支付,也可以由组团社支付,也可以分摊到每个游客头上。

(三) 车费

报价中的车费包括机场(火车站、码头等)到酒店的接送费,酒店到景区、景区之间、酒店

到机场以及景区的观光车费等。但是,很多报价中不包含观光车费和索道费。如峨眉山金顶往返索道120元/人,万年寺上行索道65元/人。

知识演练

问:儿童车费怎么算?

答:关于儿童车费,每家旅行社规定有差异,一般规定身高0.8米(含)以上必须占座,票价与成人同价;身高不足0.8米(不含)且无需占座,则无需交车费。

(四)游览景区门票

旅行社报价一般包括景区大门的第一道门票,不包含景区内小景点的门票。例如四川峨眉山乐山二日游行程报价中只包含了峨眉山景区首道门票185元/人,就没有包含万年寺门票10元/人,报国寺门票8元/人。儿童报价中不包含门票价格,游客自行在景区购买。

(五)导游服务费分摊费

国内地接社主要安排的是地陪导游服务,每辆车都要安排一个导游,导游的费用一般按照天数计算,根据导游的级别和服务质量给予报酬。按照天数计算之后,分摊到每一个游客身上。

(六)旅游意外保险费

国内旅游每人保险费为10元,保额为10万元。

(七)综合服务费

目前,旅行社很少收综合服务费了,这笔费用一般是指旅行社的利润。利润的高低要根据不同的团队、不同的季节来确定。

(八)其他费用

其他费用是指旅行社根据客人要求所做出的行程报价中不包含,但客人在旅游活动中又可能涉及的费用。地接计调应在行程报价中注明,以起到友情提示的作用。例如索道费、电瓶车费用、小门票、游船船票、漂流费用、骑马费用、潜水费用等。

二、国内地接社旅游产品的报价流程

国内地接计调报价流程分为三个阶段:一是向各接待单位询价,二是根据各个接待单位的报价进行内部计价,三是加上利润之后向外地组团社或者本社服务网点报价(见图3-1)。

(一)向各接待单位询价

接到组团社的询价之后,地接计调就要以传真、电话或网络的方式向本地交通部门、酒店等各接待部门询价。一般国内地接团队只需要询问房价、车价,餐标按照组团社标准报价即可,景点门票与导游服务费均有固定标准,如需代订返程交通则向相应票务部门询问。各个接待部门会给地接计调一个报价。

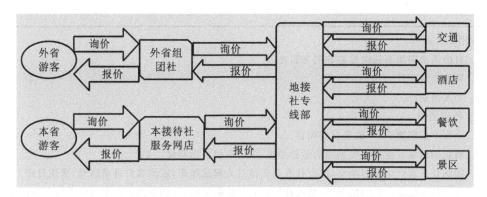

图 3-1　国内接待社询价计价报价流程图

（二）国内接待社内部计价

国内接待社内部计价是旅行社计调部门一项非常重要的工作，要根据各个接待单位的报价和市场需求制定合理的价格，并及时对外报价，才能最大限度地占领市场份额。国内接待社内部计价是指接待社在向组团社或本地服务网点报价之前对接待社的各项成本进行计算的过程。下面以成都—峨眉山（七里坪+金顶）休闲二日游为例来说明计价方法（见表3-2）。

表 3-2　成都—峨眉山（七里坪+金顶）休闲二日游行程安排

一、行程安排

　D1：成都—峨眉山　含：中晚餐　宿：七里坪温泉酒店

　　成都市区酒店统一集合，乘车经过成乐高速，前往峨眉山七里坪（车程约3小时）。抵达后，办理入住手续（七里坪温泉酒店地处峨眉山中山段，海拔1300米左右，距峨眉山零公里景区4公里。该酒店是一家高星级山地度假酒店，集客房、餐饮、温泉会所、购物、娱乐为一体）。下午自由活动，可自行逛七里小镇、景观大道，或前往溪谷栈道、森林禅道去感受大自然，或享受温泉。

　D2：峨眉山—成都　含：早中餐

　　早餐后，前往零公里换乘峨眉山景区观光车至雷洞坪，随后步行半小时到达接引殿，乘坐索道至金顶，观普贤铜像，感受金顶的自然风光。然后乘索道下山，换成观光车返回零公里，再换乘旅游车返回成都，送到指定酒店统一散团，结束愉快的旅程。

二、报价

团费：1102元/人（周日至周四）。

备注：国家法定假日、周五和周六费用需另计（暂按16人核算）。

费用包含：

　1. 住宿：七里坪温泉大酒店B5号院（含温泉）。

　2. 用餐：3次正餐1次早餐（备注：正餐10人1桌，8菜1汤，不含酒水；若1桌人数不足10人，餐厅菜品相应有所调整）。

　3. 用车：30座空调旅游车，行程内用车。

　4. 门票：峨眉山进山费185元/人，金顶往返索道120元/人，景区往返观光车50元/人。

　5. 导服：含持证导游服务。

续表

费用不含：
1. 自由活动期间不提供导游和用车服务。
2. 其他自费项目。
3. 个人消费。

三、特别说明
1. 全程不进购物店，不推荐自费项目。
2. 酒店的温泉营业时间根据酒店运营要求，酒店有权灵活调整。
3. 团队住房若产生单男单女，旅行社有权安排三人间或加床，或游客自补单房差，费用自理。
4. 在不减少旅游景点的情况下，地接社导游有权根据实际情况，保留对旅游行程临时调整的权利。
5. 若遇人力不可抗拒因素（政府行为、天气、塌方、地震等）造成团队滞留、耽误或由此造成损失，产生的费用由客人自理，我社将协助安排。
6. 以上报价暂按7月初16人核算，若确定具体出游细节，请再次来电核实相关事宜。

四、温馨提示
1. 旅游期间请携带有效身份证件。
2. 旅游期间请一定听从导游安排，注意人身安全和财产安全。
3. 峨眉山上山途中若遇到猴子，请游客游玩时，一定注意安全。
4. 峨眉山金顶海拔3000多米，山上和山下温差较大，请游客出游自备衣物保暖。

（注：该行程由四川省中国国际旅行社有限公司提供。）

在该行程中各服务单位的价格如下：

（1）住宿：200元/人（七里坪温泉大酒店B5号院含温泉）。

（2）用餐：3×50＝150（元/人）（3次正餐1次早餐，正餐餐标50元/人，注：酒店含早）。

（3）用车：(1900×2)÷16＝237.5（元/人）（30座空调旅游车，行程内用车）。

（4）门票：355元/人（峨眉山进山费185元/人，金顶往返索道120元/人，景区往返观光车50元/人）。

（5）导服：800÷16＝50（元/人）（含持证导游服务800元/团）。

（6）保险：10元/人（旅游人身意外保险）。

地接社核价＝车237＋餐150＋住200＋门355＋导50＋保10＝1002（元/人）。

地接社的计价就是把各服务单位的价格加起来，实际上就是地接社的成本价。

（三）国内地接社给组团社或本社服务网点报价

国内接待社对外报价是指国内接待社专线部在内部计价基础上加上一定比例利润后向国内组团社或本地服务网点报出的接待价格。目前，国内旅游产品的具体操作是由本地接待社各专线负责操作，收客主要是本地各服务网点和外省组团社负责。因此，报价就有两种情况，一是接待社专线部给外省组团社专线部报价，专线部再向外省组团社服务网点报价，外省服务网点再向外省游客报价。二是接待社专线部给本地服务网点报价，本地服务网点再向本地游客报价。

1. 总体报价法

总体报价法是将所有分项旅游产品的价格加上旅行社利润后形成的价格，包括餐费、住宿费、大交通费、市内交通费、景点门票、导游服务费以及合理的利润等费用。如上述成都—峨眉山休闲二日游行程安排的内部计价为1002元/人,对外省组团社或本地服务网点的报价就可以直接加上一定的利润,即地接社对外省组团社或本地服务网点的报价＝1002＋1002×10％＝1102(元/人)(假定利润为10％),其中,102元是地接社的利润。本地服务网点在接待社报价的基础上再加上服务网点的利润就是接待社的对外报价了。

2. 分项报价法

分项报价法是应旅游客源市场需要而产生的一种报价方式,随着旅游者素质的提高和旅游经验的丰富,人们已经不满足于全包价的旅游收费方式,更喜欢灵活的收费方式。地接社将旅游行程中的收费项目详细列出,分项进行收费,透明度高,便于组团社和旅游消费者了解费用的组成和价格,消费者可根据自己的需要,自由进行选择消费内容和档次,可以更好地维护自身利益。分项报价需要注意以下几个问题。

(1) 餐费。注明一日三餐的标准和次数,若有特色风味餐,注明价格。如果客人要提高用餐标准,应提前告知补差价。

(2) 住宿费。注明出行期间每晚住宿酒店的名称、星级标准和价格,如酒店不含早餐,应提前告知。如果需要住民宿,应提前告诉组团社和旅游者。

(3) 交通费。如乘坐旅游大巴,注明旅游大巴座位数和费用,并按照出团人数计算出每个人的价格。

(4) 景点门票。一般来说,旅游团的景点门票主要指景点第一门票,里面的分项收费由旅游者自行负责,但要在报价中有所体现。在报给组团社时,最好注明每个景点的价格和季节差价。

(5) 导游服务费。有两种计算方式:一种是算出每人每天的价格乘以总天数;另一种是按照整团的价格进行计算。

(6) 其他费用。客户提出需要提供会议室、翻译等特殊要求时的收费。

分项报价举例:广州国旅组织20位客人,乘中国国航CA4318航班于2017年4月21日17:55到达成都,到达双流机场后,由四川国际旅行社有限公司负责地接,接机后入住四川民航大厦宾馆。4月22日早餐后乘车赴乐山,中午在乐山吃午餐,下午游览乐山大佛,晚上住峨眉山花园城度假酒店。4月23日早餐后换乘观光车进入金顶游览,下午游览万年寺,晚上住四川民航大厦宾馆。24日上午游览武侯祠和杜甫草堂,17:00乘深圳航空ZH4303航班返回广州,结束愉快的旅程。

各服务单位的价格如下:四川民航大厦宾馆商务标间180元/间/晚(含双早),峨眉山花园城度假酒店标间200元/间/晚(含双早);餐标均为30元/人/餐;乐山大佛门票90元/人,峨眉山门票185元/人,峨眉山观光车全山往返90元/人,金顶索道上行65元/人,下行55元/人,万年索道上行65元/人,下行45元/人,武侯祠门票60元/人,杜甫草堂60元/人;22座金龙车一天的租金为1800元;接机1次300元;导游费每团1000元;保险每人10元。

(1) 计算各服务单位的价格。

$$车＝(300＋3×1800)÷20＝285(元/人)(接机1次)$$

$$门票及观光车＝90＋185＋60＋60＋90＝485(元/人)$$

$$住宿＝(180＋200＋180)÷2＝280(元/人)$$

$$餐 = 30 \times 6 = 180(元/人)(餐标:30元/人/餐,6个正餐,酒店含双早)$$

$$导游服务费 = 1000 \div 20 = 50(元/人)$$

$$保险 = 10(元/人)$$

(2) 进行内部计价。

$$地接社内部计价 = 服务单位的价格之和 = 车285 + 门485 + 住280$$
$$+ 餐180 + 导50 + 保10 = 1290(元/人)$$

(3) 地接社对外报价(分项报价)。

$$车 = (500 + 3 \times 2200) \div 20 = 355(元/人)(接机1次)$$

$$门票及观光车 = 90 + 185 + 60 + 60 + 90 = 485(元/人)$$

$$住宿 = (220 + 240 + 220) \div 2 = 340(元/人)$$

$$餐 = 30 \times 6 = 180(元/人)(餐标:30元/人/餐,6个正餐,酒店含双早)$$

$$导游服务费 = 1200 \div 20 = 60(元/人)$$

$$保险 = 10(元/人)$$

$$地接社报价 = 车355 + 门485 + 住340 + 餐180 + 导60 + 保10 = 1430(元/人)$$

接待社专线部向外省组团社专线部或本地服务网点的报价为1430元/人。

$$接待社利润 = 接待社报价 - 接待社计价(总成本) = 1430 - 1290 = 140(元/人)$$

$$接待社总利润 = 140 \times 20 = 2800(元)$$

利润分摊法便于计调明确利润的详细来源,表3-3就直观地展现了各要素的利润情况。

表3-3 分项报价利润明细

项目	地接社计价	地接社报价	利润
住宿	$(180+200+180) \div 2 = 280$(元/人)	$(220+240+220) \div 2 = 340$(元/人)	60元/人
门票观光车	$90+185+60+60+90=485$(元/人)	$90+185+60+60+90=485$(元/人)	0
车	$(300+3 \times 1800) \div 20 = 285$(元/人)	$(500+3 \times 2200) \div 20 = 355$(元/人)	70元/人
餐费	$6 \times 30 = 180$(元/人)	$6 \times 30 = 180$(元/人)	0
导游	50元/人	60元/人	10元/人
保险	10元/人	10元/人	0
总计	1290元/人	1430元/人	140元/人

1. 各服务单位的报价之和 = 1290元/人
2. 接待社计价 = 各服务单位报价 = 1290元/人
3. 接待社报价 = 1430元/人
4. 接待社利润 = 接待社报价 - 接待社计价(总成本) = 1430 - 1290 = 140元/人
5. 接待社总利润 = 140 × 20 = 2800元

报价的方式是采用报价单进行报价。报价单就是地接社向组团社展示旅游线路、交通工具、住房情况、旅游价格、出团日期等详细情况的表格。报价单没有固定的模式,但不管是哪一类报价单都必须注明旅游线路、价格、出团时间、住房、交通等内容,让游客一目了然,具体见表3-4。

表 3-4　团队报价单

To		/经理	From		/制单人	
Tel		MP	Tel		MP	
Fax		QQ	Fax		QQ	

感谢您的信任与坚持,现将贵社团队旅游的行程及报价传真给您,如有任何疑问,敬请来电咨询,期待与贵社的合作!

接团时间　　年　月　日(未含在旅途时间,仅以抵达我处接待时间为止)

房费	元/人/晚×　　晚＝　　元/人
餐费	房费含早,共　　早 正餐　　元/人/正×　　正＝　　元/人
车费	座空调旅游车,平均　　元/人
门票	元/人
其他费用	导服：　　元/人 游船：　　元/人 区间交通：　　元/人
A 报价	A 报价＝房费＋餐费＋车费＋门票＋其他费用
B 报价	B 报价：代办项目及注意事项说明 幼儿：身高不超　　米,年纪不超过　　岁不占床位不含门票,仅收：　　元/人 其他：
本团接待费用累计为　　A×人数＋B×人数＝　　　　元 应付：　　元	

任务三　国内地接计调的采购业务

国内接待计调负责采购旅游团在本地的住宿、交通、用餐、购物、景点及娱乐等服务项目,因此,接待计调必须学会每种接待服务的采购方法和采购程序,以便能够及时地为外地旅游团提供本地旅游服务。

一、住宿服务的采购

(一) 计调对住宿服务的把握

饭店是旅游者的第二个家,选择不同星级标准和地理位置的饭店来满足不同旅游者的多样化需求,是旅游产品组合中至关重要的部分。同时,饭店住宿的支出费用也在旅游者旅游支出费用中占据了相当大的比例。要想成为一名优秀的计调人员,必须掌握住宿方面的一些基本知识。

1. 掌握本旅行社所在地及经营线路所在地旅游饭店的基本情况

掌握本旅行社所在地及经营线路所在地主要饭店的具体位置、星级、硬件设施、管理水平、服务质量、服务项目、竞争情况、经营情况、各季节的价格及变化情况;距离飞机场、火车站、长途汽车站的距离和用车时间;饭店的联系人、联系电话等信息。

知识演练

问:国内接待计调可以在哪些地方查询本地旅游饭店的基本信息?可以查到哪些信息?

答:在携程网、艺龙网、美团、大众点评网等网站都能查到酒店的相关信息。现以携程网为例,在酒店介绍页面可提供的信息有酒店星级、地理位置、图片、整体介绍、开业时间、房间数量,距机场、火车站、市中心的距离,周边三公里内景点,酒店服务项目、餐饮设施、早餐和加床价格、可接受信用卡信息、特别提示信息等。在酒店房型信息方面可提供的信息有酒店房型描述、图片、早餐份数以及礼盒(通过携程预订该酒店,在入住时即可获得由该酒店提供的额外优惠)。

2. 学会考察饭店

案例分析

李小姐利用周末参加了一家旅行社组织的"周末郊区观光2日游"活动,并与旅行社签订了旅游合同,双方约定住宿标准为三星级酒店。星期六的游览活动结束后,导游将旅游团安排在一家酒店入住。李小姐进入房间后发现,客房设施陈旧,水龙头里流出的水都是浑浊的,房间似乎很久都没人住了,散发着霉味。李小姐当即找到旅行社导游,提出入住的酒店不是三星级,要求更换。导游坚持所安排的酒店就是三星级,并拉着李小姐来到酒店大堂,让李小姐查看悬挂在大堂墙上的由国家旅游局颁发的三星级酒店的标牌。但是,李小姐仍然对酒店的星级表示怀疑,并向旅行社投诉了。

问:旅行社计调人员采购相关服务产品时,能从该案例中得到什么启发?

分析提示:旅行社计调人员在采购相关服务产品时,一定要实地考察,看该饭店的设备设施是否齐全,是否可以使用,是否安全卫生,一定要保证采购数量和质量。在这些设施设备都能得到保证的前提下,才能采购。

1）看饭店外观

考察饭店大楼有多少层，是单体还是复合体，有无延伸出来的外厅，有无身着整齐制服的迎宾人员及停车场大小等。

2）看饭店周围环境

看周围有无方便的商业设施，如大型超市、中小商店、水果摊、公交站点，位置是否在市中心，离市中心稍远还是在很偏远的郊区等，这些在客人自由活动期间都会派上用场。

3）看饭店大厅

看大厅面积是大还是小，整体装修是否气派，风格是否新颖，能否让人眼前一亮等；有无供客人免费坐的沙发和椅子，座位多不多，沙发是否整洁干净；大堂吧里咖啡、茶水等的收费标准是否合理；前台人员整体形象档次是高还是低，业务素质高低；团队要用的房间标牌价是多少。

4）看客房

看客房门是简易门还是高档门，是否为电子门锁；房间内卫生间新旧程度，有无浴缸（内宾一般现在很少用，外宾有的喜欢用），是否是干湿分开的（有无单独的淋浴房），洗漱用品配备得周全与否，房间面积有多大（标准间一般20～40平方米）；床的大小，看二星级饭店等低档饭店时最好掀开床盖用手压一压床垫，看是否凹凸不平；电视是液晶的还是老式的；有无圈椅或茶几、椅子；是挂在墙上的简易衣架还是质地很好的衣柜；是否有无线网；有无供客人免费使用的液晶显示器的电脑；房间内有无自费的饮料、水果；电视有无收费频道等。大床房有时给夫妻或领导居住，也有的领导要住套房。套房一般又分为普通套房、商务套房和总统套房。面积和设施不同，价格也有很大差异。

5）看餐厅

一般情况下，客人会在饭店用早餐，有时也会用晚餐。招待宴会基本是在饭店内，如果人数较多，达一两百人，甚至更多人的会议团，就要注意餐厅最多能摆多少张圆桌。如果领导要讲话，还要注意有无小舞台。有的饭店不同楼层的多功能厅桌位紧张时也兼做餐厅，那就要注意旁边有无备用的厨房，菜是从楼下厨房运上来还是在旁边备用厨房做，这涉及上菜的速度和饭菜的凉热程度。

6）看会议室

看总共有多少个会议室，各能容纳多少人，设施怎样，门市收费多少，给旅行社优惠价格怎样等。

7）看价格及房源

淡旺季都常用的饭店一般会给旅行社优惠价，在房源紧张时也会尽量调剂房间。另外，平时订房时要讲信誉，客人人数有变化时及时提前通知，团队临时取消如果影响饭店接其他团了，要适当赔偿损失，付款要及时、不拖欠，这些都会影响饭店对旅行社的评价，进而影响和旅行社合作的态度和价格。另外，还要看饭店的房源是否充足，能否满足旅行社的用房需求。

案例分析

2016年国庆节前夕,四川某旅行社九寨沟专线接待计调小王,突然接到一个游客的电话,说国庆节不能来参加九寨沟旅游了,要求取消两间房。计调小王给酒店打电话说:"取消两间用房,用房数六间。"结果导游带游客办理入住手续时,酒店说没有预订的登记。小王马上打电话到酒店,预订部人员说:"不是取消用房么?"这时小王就说:"我取消的是两间用房,最终用房数是六间房,不是取消六间房。"最后,经过小王和酒店部预订员的共同努力,终于解决了住房问题。

（资料来源：旅游管理专业学生在旅行社实习期间发生的真实案例。）

问：这个案例说明了什么问题？

分析提示：旅行社都是提前预订酒店的,但因游客变化较多,一般都要到成团前两天才能真正确定下来。本案例也属于这种情况,提前订好了酒店,但是,由于客人突然取消用房,旅行社需要给酒店确认取消用房数量。计调小王确认了取消用房数量,但是,在表达上不严谨,造成酒店预订部理解有误,取消了全部预订。本案例说明,计调在预订、取消酒店用房数量时,一定要注意语言表达的准确性。

3. 针对不同的客人选择不同类型的饭店

随着经济的发展、人们收入水平的提高和活动范围的不断扩大,出现了满足各种类型人们需要的饭店。如商务型饭店,主要是满足商务散客,也就是出差或来此地办事的人们的需要,这类饭店为了给会员提供方便,有好多是全国连锁型的,如在美国纳斯达克上市的、目前中国最大的连锁商务型饭店"如家快捷酒店"。经济型饭店,如青年旅馆,有的饭店有四人公共卫生间、公共淋浴的房间,以满足客人只要省钱,只要能休息,干净、卫生就行的简单需要。旅游饭店则是以接待旅游团队和散客居住为主。计调要根据游客的要求,提供合适的饭店让游客居住。目前,国内旅游者选择在商务型饭店住宿的人群以高学历的中青年为主,且集中在商务、会议、交流方面,以观光游览为目的的国内旅游者选择主要集中在经济型酒店。

知识链接

饭店的基本类型

1. 按饭店服务设施设备的豪华程度和服务水平来划分

豪华(高档)饭店(设施设备优良,服务项目齐全,服务水平高,价格也高);较豪华(中档)饭店(价格适中);经济型(低档)饭店(价格较为便宜)。

2. 根据饭店的规模来划分

小型饭店(客房数不超过300间);中型饭店(客房数为300～600间);大型饭店(客房数为600间以上)。

3. 根据饭店市场及宾客特点分类

(1) 商务型饭店。

商务型饭店也称暂住型饭店,此类饭店多位于城市的中心地区,接待商务客人、旅游客人及因各种原因作短暂逗留的其他客人。

(2) 长住型饭店。

此类型饭店的宾客通常长期或永久居住,因而其主要市场是住宿期较长的在当地短期工作或度假的客人或者家庭。一般只提供住宿、饮食等基本服务,但服务讲究家庭气氛,特点是亲切、周到、针对性强。

(3) 度假型饭店。

度假型饭店传统上以接待游乐、度假的宾客为主。此类饭店多位于海滨、山区、温泉、海岛、森林等地,开辟各种体育活动项目来吸引客人。

(4) 会议型饭店。

会议型饭店的主要接待对象是各种会议团体。通常在大都市和政治、经济中心,或交通方便的游览胜地,要求饭店设置足够数量的多种规格的会议厅或大的多功能厅,具备会议设备。会议型饭店一般都配备工作人员帮助会议组织者协调和组织会议各项事务,要求饭店提供高效率的接待服务。

(5) 汽车饭店。

汽车饭店常见于欧美国家公路干线上。早期此类饭店设施简单,规模较小,有相当一部分仅有客房而无餐厅酒吧,以接待驾车旅行者投宿为主。现在,有的汽车饭店不仅在设施方面大有改善,且趋向豪华型,多数可提供现代化的综合服务。

(二) 计调对住宿服务的采购

1. 确定采购对象

计调人员根据本社经营计划,收集、调查各地酒店/宾馆的资料,选择与本社要求基本吻合的酒店/宾馆洽谈合作事宜,并进行实地考察。通过实地考察从价位及结算方式、档次、服务、酒店安保、同级性价比、房况、酒店销售配合等方面对酒店/宾馆进行综合比较和评价,选出符合本社要求的酒店/宾馆。

2. 签订合作协议

计调人员与多家符合本社要求的酒店/宾馆进行合作洽谈,根据当地具体行规,由一方或双方协商拟订《合作协议书》,通过谈判与协商,计调人员代表旅行社与对方代表签订《合作协议书》。对签署的《合作协议书》进行编号、存档,并报送相关部门备案。

3. 整理相关资料

整理与住宿单位签订的《合作协议书》、酒店/宾馆的名称、值班电话、销售联系人姓名及24小时联系方式、淡旺季价格等相关资料及规定并列表,将列表分发给本社相关部门并备案。

4. 落实订房工作

一旦有旅游团到达本地时,计调人员就要根据游客住宿要求,对行程安排、酒店位置、房间数量、入住时间、是否在酒店用餐、本次旅游活动的住宿价格、付款方式的要求制订住宿采购计划,并与酒店相关人员进行沟通。

知识演练

北京 A 旅行社计调与成都喜来登饭店销售人员关于旅游住宿的电话沟通

地接计调:请问是成都喜来登饭店吗?

饭店销售员:是的,我可以为您效劳吗?

地接计调:我是北京 A 旅行社的计调刘敏,8 月 11 日,我社有 16＋1 旅游团将入住贵饭店,请问还有房间吗?

饭店销售员:请告诉我您的团队需要什么样的房间类型?

地接计调:需要套房一间,大床房一间,普通双标间 7 间。

饭店销售员:请稍等!让我落实一下……还可以……

地接计调:好的,请问,是我们的协议价格吗?

饭店销售员:是的,我们是长期签约单位,虽然是旺季,但是价格保持不变。

地接计调:谢谢!此团有导游 2 人(一位全陪为男士,一位地陪为女士),司机 1 人(男),安排两间普通双标间,请问怎么收费?

饭店销售员:老规矩,司陪房价格是客人普通双标间价格的一半。

地接计调:好的,非常感谢,请给我预留一下,等团队确定,我们会马上跟您传真确认。请记一下我的电话××××,如果房态情况有变化,请及时通知我。

饭店销售员:没有问题,合作愉快!

团队确定后,计调人员应该及时与酒店/宾馆联系,传真发送订房计划单(见表 3-5),及时掌握最新的客房行情,争取更优惠的房价。

表 3-5　旅行社订房计划单

To:	From:
Tel:	Tel:
Fax:	Fax:
团队(客人)名称:	人数:

入住时间:　　年　　月　　日　　时至　　年　　月　　日　　时共　　天
住宿要求:　　房　　间
房费标准:　　房　　元/天,全陪床　　元/天,住宿费累计　　元
膳食标准:早餐　　元/人(含早 or 不含早),中餐　　元/人,晚餐　　元/人,餐费累计　　元
付款方式:按付款协议约定执行(导游、前台凭此单登记入住)

续表

备注： 1. 代订费、房费结算账单，请寄到我社财务部。 2. 其他费用均由客人自理，本社不予承担。 3. 收到订房委托后，请速将订房回执传回我社。
酒店确认：

公司名称(盖章)：　　　　　联系人：　　　　　年　月　日

计调人员在收到酒店/宾馆的确认传真后，进行登记并按发团时间顺序排列存档，计调人员将酒店星级、位置、联系方式、使用该酒店注意事项、入住天数、价格、付款方式等信息转交给接待部门。如有更改还需要重新订房，重新填写订房变更单(见表3-6)。

表3-6　旅行社订房变更单

To:　　　　　　　　From:
Tel:　　　　　　　 Tel:
Fax:　　　　　　　 Fax:

您好！感谢贵酒店的信任与支持，由于团号入住计划变动，现将更改单传真给您，请尽快确认、回传！谢谢！

事项	原订情况	变更后情况
人数		
日期		
用房类型		
用房数目		
酒店更改确认：		

公司名称(盖章)：　　　　　联系人：　　　　　年　月　日

5．报账结算

计调人员根据《合作协议书》的相关规定，根据本次用房协议付款方式规定，及时将住房费用明细报财务部门。财务部门根据《合作协议书》审核无误后与酒店/宾馆办理结算。

二、餐饮服务的采购

（一）计调对餐饮服务的把握

对于游客而言，"食"是旅游活动中的基本要素之一，旅游者通过"食"，不仅可以补充因旅游付出的体力消耗所需要的营养与水分，维持生理需要，更可以通过餐饮去体验异国、异地风情和文明，使旅游的经历更加丰富多彩。因此，餐饮服务是旅游业构成组织中必不可缺的。

1．了解本地及旅游线路所在地餐饮业的基本情况

作为一个计调，应该了解本地、旅游线路沿线餐饮服务业的分布情况，有哪些餐饮企业？

各有什么特色？有哪些风味餐？对餐饮企业的地理位置、就餐环境、服务质量、菜品数量、质量、卫生设施、停车场地、联系人、联系电话等都要有详细的了解。把这些要素记录在一个本子上，便于随时查阅和订餐。

2. 掌握标准团餐的菜系选择

菜系，又称帮菜，是指在选料、切配、烹饪等技艺方面，经长期演变而自成体系，具有鲜明的地方风味特色，并为社会所公认的中国饮食的菜肴流派。中国饮食文化的菜系，是指在一定区域内，由于气候、地理、历史、物产及饮食风俗的不同，经过漫长历史演变而形成的一整套自成体系的烹饪技艺和风味，并被全国各地承认的地方菜肴。早在春秋战国时期，饮食文化中南北菜肴风味就表现出差异。到唐宋时，南食、北食各自形成体系。到了宋代，北咸南甜的格局形成。发展到清代初期时，川菜、鲁菜、粤菜、苏菜，成为当时较有影响的地方菜，被称作"四大菜系"。到清末时，浙菜、闽菜、湘菜、徽菜四大新地方菜系分化形成，与之前的"四大菜系"共同构成汉民族饮食的"八大菜系"。除"八大菜系"外还有一些在中国较有影响的菜系，如潮州菜、东北菜、本帮菜、赣菜、鄂菜、京菜、津菜、冀菜、豫菜、客家菜、清真菜等菜系。计调应该掌握我国"八大菜系"的构成、特点、主要菜品，然后根据不同的团队选择不同的标准团餐。

知识演练

问：广东一组团社，组织了28位游客到北京游览，游客们还是希望在北京能吃到粤菜。你作为北京接待社的计调，应该如何给他们选择粤菜？

答：粤菜即广东菜，狭义指广州府菜，是中国汉族"四大菜系"之一，发源于岭南，广义由广州菜、客家菜、潮州菜发展而成，以广州菜为代表。在世界各地粤菜与法国大餐齐名，国外的中餐基本上都是粤菜。因此有不少人，认为粤菜是海外中国的代表菜系。粤菜讲究鲜、嫩、爽、滑。著名的菜肴品种有三蛇虎凤大会、五蛇羹、盐焗鸡、蚝油牛肉、烤乳猪等，计调人员在接待广东客人及港澳台客人时，可适当选择具有广东地方风味的瓦煲类菜式，如瓦煲葱油鸡、瓦煲块鲤鱼、什锦煲，时令菜肴如八宝鲜莲冬瓜、蚝油鲜菇、清蒸海鲜、白灼鲜鱿，或是糯米鸡、荔脯秋芋角、小食肠粉等广东名点。

3. 熟悉标准团餐的餐标和菜单

计调在操作旅游团队时，必须学会编制餐单。我们以国内团为例，标准团队餐通常为早餐5元/人，正餐20元/人(10人1桌，8菜1汤)。团队餐的质量往往也是旅游团产生不满和投诉的重点。接待旅游团队的餐厅都有按照不同标准定制的包桌，但其质量往往达不到标准，作为计调，不能盲目地接受餐厅或地接社给出的标准，要学会根据客源地（或客人类别）的不同按照标准罗列菜单。如"夕阳红"老年团要饮食清淡，荤素搭配得当；北方客人偏重面食，可在主食上配置馒头、花卷等；南方客人偏好甜食，色香味俱全；四川、湖南客人喜欢吃辣。不管是哪里的客人，如果在餐后添加一道水果，团餐的档次马上就会提升，注意以上这些，即便再挑剔的客人也会心满意足。

知识演练

请你制作一份餐标20元/人的团队菜单。

答:团队餐一般是八菜一汤,四荤四素。目前,餐标为20元/人的团队菜单主要有以下几种搭配。每个地方、不同的季节,菜品是有差别的。

1. 主菜

(1) 青椒土豆丝(酸辣土豆丝、红烧茄子、韭菜炒银芽、清蒸水蛋)。

(2) 西红柿炒鸡蛋(玉米西红柿粒,俗称满江红)。

(3) 麻婆豆腐(红烧豆腐、家常豆腐)。

(4) 丝瓜毛豆(蒜蓉丝瓜、素炒油麦菜、酒香茼蒿、茭白青椒)。

(5) 鱼香肉丝(京酱肉丝、青椒肉丝、木耳炒肉片)。

(6) 葱爆羊肉(土豆烧牛肉、辣子鸡块)。

(7) 清蒸鲈鱼(草鱼、鲤鱼、酱汁鲶鱼)。

(8) 青椒塞肉(面筋塞肉、红烧狮子头、大盘鸡、梅菜扣肉)。

2. 汤类

豆腐鸡蛋汤、冬瓜丸子汤、西红柿蛋汤、紫菜蛋花汤、玉米羹、酸辣汤、三鲜汤等。

3. 主食

米饭、面条、烙饼、稀饭、馒头、包子等。

4. 选好就餐地点

计调一定要灵活,不要一说团餐就一定得安排在接待团餐的地方。其实很多团餐厅,因为接待的团量大,餐标再提高也没法保证良好的环境和口味。还有的团餐厅人多时卫生一塌糊涂,成堆的碗碟堆在一角,厕所很脏,却又偏偏是座便等。对一些高档团队或者想吃当地风味的团队,应尽量避开团餐厅,可以辛苦一点去当地常吃饭的饭店就餐。一般在入住的饭店内用正餐相对来说是比较贵的,还有的四星酒店低于每桌800元不予接待,所以要尽量避开,除非客人刻意要求在酒店内就餐。

5. 掌握当地风味餐的选择和预订方法

有些团队到了一个新的地方一定要吃当地的风味餐,如到北京吃烤鸭,到重庆吃火锅,到云南吃过桥米线等,这些风味餐价格一般比较高。游客品尝风味餐有两种形式:一种是计划内的,即在旅游行程中安排了风味餐的,如在重庆、四川旅游,有些团队安排了火锅,费用已经计算在团费里;另一种则是计划外的,是游客自费品尝风味餐,这种就要单独计算费用。计调应在行程中注明风味餐的名称、价格、主要特色。

(二) 计调对餐饮服务的采购

1. 确定采购对象

计调人员根据本社经营计划,调查、收集餐饮部门(定点餐馆、酒饭店等)的相关信息资料。经过初步筛选后,对基本符合本社要求的餐饮单位进行实地考察,重点考察餐馆/饭店的餐厅卫生标准、地理位置、车位、洗手间、餐标、主要经营风味、菜单(特色餐)、结算方式、销售配合、环境、停车场地、接待能力和服务情况等。通过实地考察后,进行综合比较和评价,与符合本社要求的餐馆/饭店联系,选出符合本社要求的餐馆/饭店。

知识链接

藏餐是西藏菜的统称,用料广泛,独具特色。具有代表性的是烧羊、牛肉、糌粑、酥油茶和青稞酒等,原料有牛、羊、猪、鸡等肉食,以及土豆、萝卜等蔬菜。饮食以米、面、青稞为主,喜欢重油、厚味和香、酥、甜、脆的食品,调料多辣、酸,重用香料,常用烤、炸、煎、煮等法。林芝由于林下资源极为丰富,藏餐筵席也主要以松茸烧藏鸡、手掌参炖藏鸡、虫草炖鸭、烤藏香猪、青岗菌烧藏香猪及蕨麻米饭、灌汤包子、荞麦烧饼、手抓羊肉、土制血肠等为主。

2. 签订合作协议

计调人员根据考察结果,与多家符合本社要求的餐馆进行合作洽谈,根据当地具体行规,由一方或双方协商拟订《合作协议书》。通过与餐馆负责人谈判,协商具体的合作事宜,并签订双方认可的《合作协议书》。将签署的《合作协议书》进行编号、存档,并报送相关部门备案。

知识演练

团队用餐协议

甲方　　　　　　　　　乙方　餐厅/酒店

为了提升双方的品牌知名度,甲乙双方本着平等互利、诚信协作的原则,就团队用餐事宜达成如下协议。

一、合作方式

1. 甲方组织客源赴乙方签约处餐厅用餐,甲方带队导游在预约乙方餐厅用餐时必须提前2小时以上以手机短信形式(或传真)将用餐标准、人数、时间以及菜样发给乙方主管人员,得到乙方确认落实后,甲方导游在团队到达乙方餐厅之前,提前30分钟致电乙方主管。乙方应待5个菜肴准备好后连同米饭一并上桌,剩余菜肴待游客抵达乙方餐厅按顺序上桌,避免游客空等上菜和发生哄抢等不良现象所引起的投诉。

2. 乙方在收到甲方导游订菜单后,应尽快备好团队餐桌,确保所有硬件设施在良好状态下招待甲方客人,并尽可能地在餐厅显眼位置摆放多种警示牌,如"小心地滑"等,如因乙方餐厅原因造成甲方游客的任何身体伤害,如食物中毒、烫伤、滑倒等均由乙方承担责任。

3. 乙方酒店服务人员必须提供优质的服务,不得刁难顶撞甲方的游客,不得以任何形式向甲方客人索取小费(甲方游客自愿付费例外)。

4. 甲方用餐菜样原则上必须以乙方提供的菜样为准,为避免他人效仿与损害甲乙双方的利益、避免用餐标准混乱搞错而引起双方经济纠纷,双方约定以汉语拼音首字母作为用餐符号并附以数字代码再次确认用餐标准。如 A 档,符号为 A15,则为每人 15 元餐标,或每桌 10 人计价为 150 元。结账时,甲方导游则须在团餐通知书上核对实际用餐桌数或用餐人数确认用餐标准。最后签字认可即可(单上有甲方的单位盖章)。

5. 由于季节原因,乙方提供的菜样可以随季节变化调整同等级以上的菜肴,确保游客吃饱为基准。同时必须提供两份以上当地风味餐,每团司机、导游、陪同三人应享受免费餐待遇。

二、付款方式

1. 甲乙双方按此协议执行。每月____日,须凭团队用餐通知单(见表3-7)对账,并凭此单结清餐费。如用餐额较大或较少,双方协商后可提前或延后结清。如甲方未按指示日期对账结清餐费(特殊情况,如食物中毒、用餐投诉等另议),甲方必须承担由此所引起的违约费用并以银行利息计算。

2. 此协议一式两份,双方各执一份,执行期以双方签字日生效,即____年____月____日至____年____月____日止,有效期为____。

3. 以上协议内容如有不尽之处将在执行中逐步完善。

甲方单位:　　　　　　　　　　乙方单位:
签约人:　　　　　　　　　　　签约人:
联系电话:　　　　　　　　　　联系电话:
日期:　　　　　　　　　　　　日期:

表 3-7　团队用餐通知单

团号		客源地		用餐日期		电话	
人数		标准		结算金额		传真	
说明						签发单位（盖章）年 月 日	
菜单参考							

(注:此单一经填写不得更改,只适用填单日期,逾期无效。结账时请附上此通知单作为凭证。)

3. 整理相关资料

整理与餐饮单位签订的《合作协议书》和餐馆/饭店的名称、主要经营风味、值班电话、餐标、销售联系人姓名及24小时联系方式、接待能力等相关资料及规定并列表,将列表分发给本社相关部门并备案。

4. 落实订餐工作

有旅游团到本地用餐时,计调人员根据游客餐饮要求、用餐禁忌、用餐风味、行程中路程距离、饭店位置、接待能力、餐标、是否在饭店入住、付款方式等制订餐饮采购计划,在已签订《合作协议书》的饭店中选择,用恰当的询问方式选择符合要求的饭店,并及时与餐厅沟通。如不能满足本次用餐需要,再次调整餐饮采购计划,最终选择符合本次旅游行程要求的饭店。

知识演练

> **地接计调与旅游餐厅人员关于旅游餐饮预订的电话沟通**
>
> 地接计调:请问是成都大蓉和餐厅吗?
>
> 餐饮销售员:是的,请问有什么吩咐?
>
> 地接计调:我是成都泰丰国际旅行社的计调小蒋,我社在10月25日中午,有16+3旅游团在贵餐厅用午餐,餐饮标准是50元/人,您那里可以预订吗?
>
> 餐饮销售员:没问题,请问有什么特殊要求吗?
>
> 地接计调:16位客人全是广州客人,菜不要太辣了,清淡一些,希望贵餐厅提供的午餐中有几个粤菜。
>
> 餐饮销售员:好的,请放心吧,我们一定让客人品尝到正宗的粤菜。
>
> 地接计调:麻烦您提醒厨师,要做足餐标,让客人觉得餐饮物有所值。
>
> 餐饮销售员:好的,没有问题。合作愉快!

团队确定后,及时与饭店联系,发送传真订餐通知单(见表3-8)到餐厅,及时掌握饭店行情,争取更优惠的餐标。

表3-8 旅行社订餐通知单

To:	From:
Tel:	Tel:
Fax:	Fax:
团队(客人)名称:	
人数:成人 小孩 用餐时间: 年 月 日 餐	
用餐要求:菜汤(10人一桌, 荤 素)	
餐标:早餐 成人 元/人,小孩 元/人	
中餐 成人 元/人,小孩 元/人	
晚餐 成人 元/人,小孩 元/人 餐费累计 元	
付款方式:按付款协议约定执行(导游、前台凭此单登记用餐) 特殊要求:	

续表

备注：
1. 其他费用均由客人自理，本社不予承担。 2. 收到订餐委托后，请速将订餐回执传回我社。
餐厅确认：

　　　　　　　　　　　公司名称(盖章)：　　　　联系人：　　　　年　月　日

根据餐馆/饭店的传真确认情况，按照接待计划中的发团日期顺序存档，并将饭店位置、联系方式、在该用餐饭店的注意事项、本行程在该饭店的用餐次数、餐标、是否再次提醒饭店客人用餐禁忌、特殊用餐要求、付款方式等信息，转告给接待部门。如有更改还需要重新订餐，填写订餐变更单(见表3-9)。

表3-9　旅行社订餐变更单

To:	From:
Tel:	Tel:
Fax:	Fax:

您好！感谢贵公司的信任与支持，由于团号　　　　用餐计划变动，现将更改单传真给您，请尽快确认、回传！谢谢！

事项	原订情况	变更后情况
人数		
日期		
餐标		
总餐费		
餐厅确认：		

　　　　　　　　　　　公司名称(盖章)：　　　　联系人：　　　　年　月　日

5. 报账结算

根据本社的财务规定和《合作协议书》的相关规定，及时将用餐费用明细报财务部门。财务部门根据《合作协议书》中关于本次用餐协议付款方式的规定，审核无误后与餐馆/饭店办理结算。

三、交通服务的采购

(一) 计调对交通服务的把握

旅游交通的任务是要解决旅游者在定居地与旅游目的地之间的往返，从一个目的地到另外一个目的地，以及在一个目的地内的各地区间便利往来的问题。国内接待计调主要掌握本地交通工具和景区交通工具的使用。

1. 了解各类旅游交通的优缺点，合理安排交通工具

计调人员要了解各种交通工具的优缺点，在安排行程时合理搭配各种交通工具。根据

交通线路和交通工具的不同,旅游交通一般可分为铁路、公路、航空、水运和特殊交通五种类型。五种旅游交通类型相互配合、相互补充,为旅游活动的开展提供了便利的物质条件。

2. 掌握本地及景区交通运行情况

作为国内接待计调,主要是要掌握本地交通的运行情况、旅游行程经过地区的交通情况、旅游景区的交通情况。如本地的交通工具有哪些种类?本地有哪些汽车站、火车站、机场?位置在哪里?这些枢纽站距离旅行社多远?距离主要饭店有多远?本地的主要旅游运输公司有哪些?有哪些车型?价格怎样?旅游行程沿途的加油站、汽车维修站有哪些?旅游景区的观光车、索道、游船、电瓶车等交通工具的价格、使用情况等。

3. 了解本地旅游车的车型和计价方法

1) 车型

接待计调在为团队设计行程时,公路交通是不可缺少的一个重要组成部分,计调必须对公路交通非常了解,才能驾轻就熟地安排团队,准确核算出团队的成本。计调在操作汽车团队时需要按照团队的人数来安排汽车的型号。对于不同型号的旅游汽车,载客人数、汽车环境、乘坐感觉、租赁价位也有所不同。因此,目前常用的车型主要有金龙、现代、凯斯鲍尔、宇通等。

2) 旅游常用车型计价方法

一是根据运载公里数来计算租赁价格。在实际操作中,计调人员往往通过旅游车的运载公里数来算出车辆的租赁价格,如成都到九寨沟435公里,25人的团队,首先选择车型,然后就可以按照单公里价格,算出租赁汽车的价格,计算公式是:汽车租赁价格＝单公里价格×公里数。二是根据运行时间来确定价格。看从出发地到目的地,用了多少时间,然后根据不同的公路等级大体估算出从出发地到目的地之间的公里数,运用上述公式算出车辆的租赁价格。

4. 掌握交通票据预订、核对及变更方法

计调应根据旅游者或旅游团队的旅行计划和要求,向交通部门预订各种票据,并将填写好的订票单在规定日期内送交预订处。在取票时应根据旅行计划逐项核对票据的日期、离开时间、班次、去向、乘客名单、票据数量及票据金额等内容。购票后,如因旅行计划变更造成乘交通人数增加、减少、旅行计划取消等情况时,计调人员应及时办理增购或退票手续,保证旅游者能够按计划乘车(机、船),同时减少旅行社的经济损失。

(二) 计调对本地交通服务的采购

本地交通服务包括汽车、飞机、火车、轮船等交通服务。但是,对于地接计调来说,主要是采购汽车,火车、飞机相对来说较少。关于飞机、火车、轮船等交通服务在国内组团计调操作中进行统一讲解,现在只讲汽车的采购。

1. 确定采购对象

计调人员要对提供此项服务的汽车公司(包括定点旅游车队、出租汽车公司等)进行调查,充分了解这些公司的车辆数目、车型、性能、车况、驾驶员技术水平、公司管理状况、服务规范、准运(营运资格)、租车费用等。整理所收集到的信息和资料,进行分析,从中选出管理严格、车型齐全、驾驶员素质好、服务优良、已取得准运资格、善于配合(用车高峰期能提供给本社旅游车辆)、车价优惠的汽车公司的汽车租赁公司,作为本社的采购对象。

2. 签订合作协议

计调人员与多家汽车租赁服务采购对象进行洽谈,协商《用车协议书》的有关条款,并代表旅行社同这些公司签约。计调人员将经过双方签字的《用车协议书》存档,并送本社相关部门备案。

知识演练

问:假如你是某地接社的地接计调,现在请你马上拟草一份旅游用租车合作协议。

答:计调草拟的租车协议如下。

旅游团租车合作协议

租车单位(以下简称甲方):

出租单位(以下简称乙方):

为了配合新版《旅行社条例》的规定,本着平等自愿、互惠互利的原则,根据《合同法》有关法律法规要求,甲乙双方就旅游团队租车一事达成如下协议,双方共同遵守,并信守协议条款。

一、双方合作方式

甲方将旅游车辆需求以书面形式制成订车计划单,并附上车辆行车游览内容、租车要求,以传真形式发给乙方知悉。如是单团单租车则以《旅游团租车游览行程执行单》为准,乙方在收到甲方传来的订车计划单后,在24小时内予以落实盖章或有效法律程序认可的签字形式回传乙方予以确认。一经双方确认完毕,任何一方不得擅自更改或取消,必须双方认可更改方为有效,违者将承担一切责任并赔偿违约金。

二、租车时效约定

双方在落实计划后,任何一方必须在用车前三天再次核对车辆租用事宜,如有变动,必须及时告知。至用车日未通知对方变动,则遵照原合同执行。具体租车价格见《旅游团订车计划》,实效为____年,签字日起生效,即____年____月____日至____年____月____日。

三、租车费用结算方式

每月____日凭租车单结算当月车费;

团队结束后凭租车发票即时结账。

四、双方合作的责任与违约处罚

1. 甲方必须提前将所需租车需求以传真或双方认可的手机短信形式发至乙方手机上,一经乙方回复,则表示乙方已收到并认可,该合作有效,同具法律效力。

2. 甲方有责任与义务在团队发生退、减、增或任何变化时,第一时间告知乙方,如乙方车辆已安排,难以更改时,由甲方承担相应违约责任并支付违约金,违约金额以租车费用的10%计算,特殊情况双方协商处理。

3. 乙方有责任与义务在双方落实确认后,不得以任何理由推诿出车,更不可有擅自提升车价、刁难甲方等有违职业道德的行为。如影响了甲方团队接待,乙方将承担由此引发的责任,并承担以租车费用20%计的违约金。

4. 乙方有责任与义务向委派接待甲方团队的司机明确告知甲方的行程内容,包括自费景点以及增加费用返佣的分配方式。乙方委派司机必须严格按甲方制定的团队行程执行,尊重导游的团队安排,且有权拒绝甲方委派导游提出的非行程内自费增加项目。如乙方委派司机因私人情绪、个人利益影响团队的正常运行,或擅自删改行程、煽动游客参与非行程所规定自费项目引发意外或投诉,乙方须承担一切法律及赔偿责任。

5. 乙方委派司机必须提前30分钟抵达甲方指定地点接团,送团时必须视城市交通堵塞状况提前1.5小时将游客送至火车站或机场。

6. 乙方委派司机必须保持车辆清洁卫生,夏天接团时必须在游客上车前提前打开空调,如遇爆胎、车辆故障、交通事故等因素造成团队滞留超过半小时不能正常运行的,乙方必须及时换车。

五、双方合作附则

1. 本协议一式两份,甲方盖章及乙方所属车队盖章或乙方个人签字有效。
2. 本协议未尽事宜,双方在执行中协商完善。

甲方(盖章/盖章):　　　　　　　　乙方(盖章/签字):
签约代表:　　　　　　　　　　　　签约代表:
联系电话:　　　　　　　　　　　　联系电话:
签约日期:　　　　　　　　　　　　签约日期:

3. 整理相关资料

计调人员将签约汽车租赁公司的名称、24小时值班电话、调度联系人姓名及联系方式等相关资料列表,将汽车租赁公司的相关规定等资料分发给本社相关部门。

4. 及时订车

一旦有游客到达本地旅游,地接计调根据用车计划,将需用车型、接送时间、行程安排时间顺序、是否购物等信息向有合作关系的汽车服务公司提出用车要求,用恰当的询问方式与交通部门相关人员进行沟通,从而了解相关价格并且进行预留。因此,沟通的技能和技巧显得尤其重要,这是地接计调顺利完成工作的基础。

知识演练

成都 A 旅行社计调小张与成都 B 汽车公司调度员小李电话沟通。

计调小张：你好！我是成都 A 旅行社计调小张，本月 12—13 日，我社有个旅游团到峨眉山乐山旅游，人数 37 人，租用贵公司 39 座金龙。请问是否有车？总价是多少？

调度员小李：你好！我是成都 B 汽车租赁公司调度员小李。本月 12—13 日我公司有车，可以满足你们的用车需要。现在是旅游旺季，价格比较贵，但是贵旅行社跟我们公司是长期合作单位，还是按照合同价执行，全含 4000 元。

计调小张：好的，在双流机场送走团队后，地陪导游付款，好吗？

调度员小李：好的，谢谢！

计调小张：请先预留吧，等团队确定了，我尽早跟您传真确认。

调度员小李：好的，谢谢！合作愉快！

团队确定后，计调人员马上填写订车通知单（见表 3-10），签章后传至汽车服务公司。汽车租赁公司落实后传回，计调人员将车号、车型、驾驶员姓名及联系方式、使用该车注意事项、时间、地点、付款方式通报给相关部门和人员。

表 3-10 旅行社订车通知单

接收方：××车队　　负责人：		发出方：××旅行社　　负责人：	
传真：　　　　电话：		传真：　　　　电话：	
您好！现将我社用车计划传给您，请派车并回信确认告知师傅电话、车号。感谢支持！			
团号：	国家：		人数：
日期：	天数：		团队类别：
用车要求			
车型：　　座旅游空调车	车价：　　元		结算方式：
行程表			
日期	行程		住宿
备注：			
回传确认：			
车队名称（盖章）：		派车人：	
本次车号：　　　本次驾驶员姓名：		驾驶员电话：	
制表人：　　　　　日期：			（单位盖章生效）

计调人员应在游客或旅游团到达前一天,再次与汽车租赁公司联系,核实车辆落实情况有无变更。如有更改,还需要重新订车,填写订车变更单(见表3-11)。

表3-11 旅行社订车变更单

To:	From:
Tel:	Tel:
Fax:	Fax:

您好!感谢贵公司的信任与支持,由于团号行程计划变动,现将更改单传真给您,请尽快确认、回传!谢谢!

事项	原订情况	变更后情况
人数(需座位数)		
日期		
用车类型		
车费		

汽车租赁公司确认.

公司名称(盖章): 联系人: 年 月 日

5. 报账结算

计调人员根据《用车协议书》的相关规定,将实际发生的用车费用及明细上报财务部门,经财务部门审核,确定符合《用车协议书》规定后,根据本次用车协议付款方式规定与汽车租赁公司办理结算付款手续。

四、游览服务的采购

游览服务是在旅游景区进行的。旅游景区是指具有吸引国内外游客前往游览的明确的区域场所,能够满足游客游览观光、消遣娱乐、康体健身、求知等旅游需求,应具备相应的旅游服务设施并提供相应旅游服务的独立管理区。旅游景区是旅游活动的主体,它是旅游者选择该项旅游产品最主要的原因和动机。游览景点是旅游行程中的核心内容,是旅游者在旅游目的地进行的最基本和最重要的旅游活动,各项服务都围绕着这个主体展开。

(一)计调对游览服务的把握

计调要了解地接范围行程中所有景区景点的类型、资源品位、景区特点、淡旺季门票价格、门票的减免情况、折扣情况、开放时间、游览时间、景区游览线路、景点在旅游者中的吸引力;景点是否安全;到达景点的交通情况如何;景点的管理是否严格;有哪些自费景点等,要特别关注不同客源地客人对这些景点的评价。

> **知识链接**
>
> **旅游景区的分类**
>
> 1. 自然风光类
>
> 自然风光类景区是以当地独特、优美的自然环境为主,当地旅游部门精心开发而成的景区,适合于休闲、养生等。比如著名的自然风光景区有桂林、九寨沟、漓江、张家界等。
>
> 2. 文化古迹类
>
> 文化古迹类旅游景区主要是指古代时期就已经存在,却未因时间原因消逝,至今仍然存在的典型遗迹,具有一定的文化价值或历史价值的文物古迹为主的景区。文化古迹类景区是人们学习历史、了解历史以及教育当代人的良好场所。如北京故宫、长城、天坛、颐和园、云冈石窟、沈阳故宫、莫高窟、秦始皇帝陵、周口店北京猿人遗迹、承德避暑山庄、曲阜孔庙、平遥古城、丽江古城、龙门洞窟、五台山、殷墟、大足石刻、福建土楼、凤凰古城等。
>
> 3. 风景名胜类
>
> 风景名胜类旅游景区是指具有独特的风光、景物以及古迹,同时也包括有独特的人文习俗的景区。风景名胜是人们休闲、学习、放松心情的好去处。如北岳恒山、云台山、鸡公山、青城山、峨眉山、崂山等。
>
> 4. 红色旅游类
>
> 红色旅游是把红色人文景观和绿色自然景观结合起来,把革命传统教育与促进旅游产业发展结合起来的一种新型的主题旅游形式。其打造的红色旅游线路和经典景区,既可以观光赏景,也可以了解革命历史,增长革命斗争知识,学习革命斗争精神,培育新的时代精神,并使之成为一种文化。

(二)计调对游览服务的采购

1. 确定采购对象

计调人员根据本社经营规划,调查、收集旅游资源管理部门(文物局等)及游览单位(名胜古迹、风景区、动植物园、博物馆等)的相关信息资料。经过初步筛选后,对基本符合本社要求的游览项目进行实地考察,重点考察旅游资源情况、地理位置、公路状况、停车场地、结算方式、销售配合、接待能力和服务情况等。通过实地考察,进行综合比较和评价,选出符合本社要求的游览项目。

2. 签订合作协议

根据本社需求与游览单位进行洽谈,协商合作事宜,内容包括旅游团队门票折扣、旅行社散客门票折扣、游览前是否传真确认、大小车进园的单价、结算方式和期限、陪同的减免人数及费用等。在协商一致的基础上,根据当地具体行规,由一方或双方协商拟订《合作协议书》,以享受团队优惠折扣待遇。将签署的《合作协议书》进行编号、存档,并报送相关部门备案。

> **知识演练**

某风景名胜区对旅行社优惠协议书

甲方：某风景名胜区管理处（以下简称甲方）
乙方：某旅行社（以下简称乙方）

为推动旅游事业的发展，加强双方友好合作，本着平等互利的原则，经甲乙双方协商，签订协议如下。

一、双方权利与义务

1. 甲方应为乙方提供良好的旅游环境和优惠政策。
2. 甲方应按协议价格向乙方出售门票。
3. 乙方必须是国家旅游行业和当地旅游主管部门正式批准认可并缴纳了本年度质量保证金的旅游公司和旅行社，方可签订本协议，享受甲方给予的优惠政策。
4. 乙方导游员应持有国家旅游局或省旅游局颁发的证书，乙方导游员出示导游证，可享受免费。
5. 乙方应做好销售甲方门票的宣传促销工作，并根据游客的反映，将信息及时反馈甲方。
6. 乙方若违反本协议所定条款，甲方有权终止协议，并有权向乙方索赔由此造成的损失。

二、具体优惠措施

1. 乙方带团来甲方游览，甲方将按门票价格的六五折给予乙方优惠。
2. 乙方所带学生团队（20人以上），凭学生证享受优惠，小学生按"1票5人"，中学生按"1票3人"，大学生按"1票2人"优惠。
3. 乙方带团可从甲方正门（步行）、东门（车行）进入，来团时请携带协议书复印件（双方盖章有效），购票时应由带团导游认真填写"旅行社入园回执单"。乙方本年度独立发团累计超过3000人（以"入园回执单"为依据），甲方视其为重要合作伙伴，年底将按实购票款的15%给予返还；超过2000人，将按实购票款的10%给予返还；超过500人，将按实购票款的5%给予返还。
4. 乙方旅游车辆入园免费，来团20人以上，提前预约可享受免费导游服务（春节、五一、十一黄金周、学生团队除外）。

三、本协议期限及其他

1. 本协议自2017年1月1日至2017年12月31日止。
2. 本协议一式两份，自双方签字之日起生效，甲乙双方各执一份，具备同等法律效力。

3. 未尽事宜由双方协商解决。

甲方：	乙方：
地址：	地址：
邮编：	邮编：
电话：	电话：
传真：	传真：
网址：	网址：
联系人：	联系人：
签署日期：	签署日期：

3. 整理相关资料

整理签约旅游项目单位的资料，包括单位名称、电话、联系人、淡旺季价格、团队散客价格等相关资料，并做成列表。计调人员根据《合作协议书》和双方的相关规定，编制游览结算单，主要内容包括旅行社的名称、人数、收款单位、导游人员签名、日期、编号等。将《合作协议书》及列表分发给本社相关部门，并备案。

4. 带团游览

团队确定后，计调人员根据游客游览要求，确定游览单位及游览该单位的时间，如需要，可以向景区传真确认、向导游人员派发游览结算单。导游人员根据接待计划，安排游客游览观光。如遇接待大型旅游团队，地接计调要提早与景区沟通，以保证团队到达时有足够的门票。导游人员按规定填好游览结算单并交给旅游景点工作人员，双方按协议共同做好游客的接待和游览工作。

知识演练

地接计调与旅游景区就游客所需景区门票事宜的电话沟通

地接计调：您好，请问是峨眉山景区销售部吗？

景区销售员：是的，请问您是哪里？

地接计调：我是四川省中国旅行社峨眉山专线的计调小李，6天以后有一个180人的大型团队来四川旅游，其中要去贵景区参观游览。

景区销售员：非常欢迎，具体日期能确定吗？我们要提前做好准备。

地接计调：如果计划不变，就是5月20日上午九点左右到达贵景区。请准备好门票，做好其他接待事宜。

景区销售员：好的，请放心，保证没有问题。

> 地接计调：谢谢您，如果有变化，我会提早告诉您。
> 景区销售员：谢谢！合作愉快！生意兴隆！
> 地接计调：谢谢！

5. 报账结算

导游人员将游览结算单（见表3-12）统一交给财务部门。财务部门根据《合作协议书》的规定，根据本次游览协议及付款方式规定，审核无误后与相关旅游项目单位办理结算。

表3-12 游览结算单

参观游览券存根	中国　　旅行社参观游览券
团名：	旅游团名称：
人数：	旅游团人数：　　（大写）
地点：	收款单位：　　（公章）
陪同：	陪同姓名：
日期：	日期：　　年　　月　　日

五、购物服务的采购

旅游购物日益成为旅游业发展的重要因素。旅游资源的吸引力固然是旅游者产生旅游动机的极为重要的因素，但随着旅游业的发展和人们收入水平的提高，旅游购物越来越深受旅游者的喜爱。

（一）计调对购物服务的把握

旅游购物在外汇收入中所占份额越来越大，许多地方旅游购物的收入占旅游总收入的一半以上。因此，开发旅游商品成为各国、各旅游目的地发展旅游业的重要项目。许多旅游发达国家不惜花费巨额宣传促销费用，以扩大购物在旅游总收入中的比重。计调人员根据本社经营计划，调查、收集各地与旅游产品相配套的购物商店及这些购物单位的信息资料。

知识链接

旅游购物品的类型

1. 旅游生活用品

旅游生活用品种类繁多，因人、因地、因时各不相同，包括旅游服装、鞋帽（旅游鞋、草帽、雨衣等）、旅游卫生用品（手纸、手绢、毛巾、药品等）、旅游洗涤用品（香皂、牙膏、洗涤剂等）、旅游摄像用品（录像机、照相机、电池等）、旅游防护用品（手杖、防护、防晒霜等）以及其他旅游商品（旅行包、袋、手电筒、指南针等）。

2. 旅游文化用品

旅游文化用品主要是指各种介绍景点的导游书、旅游图、交通时刻表、笔记本、明信片、信笺、旅游用笔、纸张、文房四宝、印章等。

3. 旅游食品

旅游食品是指能够随身携带或邮寄的、用于旅游的主副食品和饮料等，包括各地的名酒、名菜等土特产。

4. 旅游纪念品

旅游纪念品是指以旅游景点的文化古迹或自然风光为题材，利用当地特有原材料制作，带有纪念性的各种各样的商品，包括旅游纪念章、纪念图片、景点景区光盘、VCD、录像带之类的商品。

（二）计调对购物服务的采购

1. 确定采购对象

计调人员根据本社经营计划，调查、收集各地与旅游产品相配套的娱乐节目及这些节目提供单位的信息资料。与这些旅游定点商店协商、洽谈合作事宜。根据协商的结果，选择有特色的购物商店。选择购物店要注意几点：一是购物地点要相对集中。购物点太远了，浪费的时间太多，要尽量相对集中，便于游客购物。二是购物商店应当正规，商品有质量保证。选择的购物店应该是指定的正规的定点购物商店，提供的商品有质量保证。计调须在旅游行程中注明购物店的名称、主要经营特色。三是商品价格合理。目前由于很多购物店返给旅行社和导游的佣金较多，商品价格太高，游客意见大，投诉较多。因此，计调要选择商品价格合理的购物店，并与之签订合同。

2. 签订合作协议

计调人员根据协商的结果，根据当地具体行规，由一方或双方协商拟订《合作协议书》。通过与旅游定点商店谈判，双方在公正平等的基础上签订《合作协议书》。将签署的《合作协议书》进行编号、存档，并报送相关部门备案。

3. 整理相关资料

整理与旅游定点商店签订的《合作协议书》，注明各旅游定点商店提供单位的要求及特殊规定，将旅游定点商店的相关资料列表及特殊规定分发给本社相关部门。

4. 落实旅游购物商店

计调人员根据本社业务计划和游客的要求，安排旅游定点商店，并落实具体的工作。安排旅游定点商店后，及时通知接待部门或导游，带游客去欣赏或购物。

5. 报账结算

根据本社的财务规定和《合作协议书》的相关规定，及时将结算单报财务部门。财务部门根据《合作协议书》审核无误后定时与旅游定点商店办理结算。

六、娱乐服务的采购

旅游娱乐业是指为旅游者提供各种游览娱乐设施，以满足其游乐需要的各类相关行业的总称。旅游娱乐是构成旅游活动的六大要素之一，它是旅游者在旅游过程中穿插进行的一种文娱活动项目，强调娱乐性和参与性。

（一）计调对娱乐服务的把握

旅游娱乐产品的生产，有的是以饭店、旅游景点为依托，设计编排民俗风情等文艺演出；有的则是由旅游娱乐企业生产，这些企业为满足旅游者的需要，投入空间设备和康乐娱乐设施等，经营综合性或单一性娱乐业，如大型游乐园、跑马场、高尔夫球场等。计调要掌握娱乐项目的类型、内容、价格、演出时间等基本情况。

> **知识链接**
>
> **旅游娱乐业的类型**
>
> 1. 健身性娱乐
>
> 健身性娱乐集游玩、健身、个性、挑战于一体，通常有游泳、武术、保龄球、高尔夫球、滑雪、冲浪、自行车旅游、登山等，它越来越受到旅游者尤其是度假、专项旅游者的欢迎。
>
> 2. 赌博性娱乐
>
> 赌博性娱乐，在美国有赌场赌博、赛马赌博、彩票赌博等，欧洲的袖珍国家摩洛哥靠赌博业吸引游客，南美的巴西及巴拿马也都靠赌博支撑旅游业。在亚洲，韩国首尔的华克山庄赌场有"东方阿拉斯维加斯"之称，澳门也是靠博彩业享誉世界。我国是社会主义性质的国家，我国政府明令取缔旅游业中的赌博娱乐项目。
>
> 3. 游戏性娱乐
>
> 游戏性娱乐项目，一般是设计别致、立意新奇、具备游艺内容的综合游乐场所。如1958年由美国著名动画片作者迪士尼设计修建的洛杉矶迪士尼乐园，其中各种惟妙惟肖的动画形象使不同年龄层次、不同性别、不同肤色的人都感到新颖别致，妙趣横生。
>
> 4. 文化性娱乐
>
> 文化性娱乐是既能愉悦旅游者身心，又能领略异域文化氛围的旅游乐项目，诸如影视、歌舞、杂技、民俗表演以及各种文化性的展览等，深受游客的喜爱。

（二）计调对娱乐服务的采购

1. 确定采购对象

计调人员根据本社的业务需要，调查、收集各地具有特色的娱乐节目的信息资料。与这些提供娱乐节目的单位协商、洽谈合作事宜。根据协商的结果，选择符合本社业务需要的娱乐项目。选择娱乐项目时，需要注意以下几点。

1）娱乐项目安全,有特色

很多旅游者到旅游目的地之后都想了解、体验当地的文化。当地举办的一些娱乐项目就是当地文化的体现。比如到四川九寨沟旅游,晚上通过观看藏羌族文艺晚会,就可以了解一些藏族、羌族文化。目前大多数旅游景区都准备了一些娱乐项目,计调在安排或者推荐娱乐项目时,一定要考虑安全性,在安全性得到保证的基础上才考虑是否有特色。

2）娱乐项目内容健康

计调安排或推荐的娱乐项目内容一定要健康,不能违反国家法律的规定。

3）娱乐项目价格合理

目前一些景区推出的娱乐项目,特别是自费的娱乐项目,如有些晚会、骑马等活动价格太高,超出成本价很多倍,导致游客投诉导游。

2. 签订合作协议

计调人员根据协商的结果,根据当地具体行规,由一方或双方协商拟订《合作协议书》。通过与娱乐单位谈判,双方在公正平等的基础上签订《合作协议书》。将签署的《合作协议书》进行编号、存档,并报送相关部门备案。

3. 整理相关资料

整理与娱乐单位签订的《合作协议书》和娱乐单位的相关资料并列表,注明各娱乐项目提供单位的要求及特殊规定。将娱乐项目提供单位的列表及特殊规定分发给本社相关部门。

4. 实施采购

与娱乐项目提供单位随时保持联系,了解新节目的上演,索取节目简介与节目单,并及时分发给本社相关部门。计调人员根据游客的娱乐要求,制订采购计划,并落实具体的订票工作。门票预订落实后,及时通知接待部门或导游,安排游客去欣赏娱乐节目。

5. 报账结算

根据本社的财务规定和《合作协议书》的相关规定,及时将娱乐费用明细报财务部门。财务部门根据《合作协议书》审核无误后与娱乐节目提供单位办理结算。

七、地陪服务的采购

（一）旅行社委派导游

《导游人员管理条例》第 2 条规定,本条例所称导游人员,是指依照本条例的规定取得导游证,接受旅行社委派,为旅游者提供向导、讲解及相关旅游服务的人员。《导游人员管理条例》第 19 条规定,导游人员未经旅行社委派,私自承揽或者以其他任何方式直接承揽导游业务,进行导游活动的,由旅游行政部门责令改正,处 1000 元以上 3 万元以下的罚款;有违法所得的,并处没收违法所得;情节严重的,由省、自治区、直辖市人民政府旅游行政部门吊销导游证并予以公告。

《旅游法》第 40 条规定,导游和领队为旅游者提供服务必须接受旅行社委派,不得私自承揽导游和领队业务。《旅游法》第 102 条第 2 款规定,导游、领队违反本法规定,私自承揽业务的,由旅游主管部门责令改正,没收违法所得,处 1000 元以上 1 万元以下罚款,并暂扣或吊销导游证。

旅行社委派导游,需要计调人员根据本社经营计划,调查、收集地接导游人员的相关信息资料。经过初步筛选后,对基本符合本社要求的地接导游人员考察,重点对声誉好、经验丰富的地接导游人员进行考察。通过考察后,进行综合比较和评价,与符合本社要求的地接导游人员联系,初步约定合作关系。根据组团社的要求,选择合适的地接导游人员。

(二)自主选择导游服务

2016年5月5日,国家旅游局发布了《国家旅游局关于开展导游自由执业试点工作的通知》,要求从2016年5月开始,9个省市开始试点导游自由执业,游客和旅行社可以在平台上自主选择导游服务。

1. 导游自由执业的方式

1)线上自由执业

线上自由执业是指游客通过网络平台预约,导游按照预约向游客提供单项讲解或者向导服务,并通过第三方支付平台收取导游服务费的执业方式。

2)线下自由执业

线下自由执业是指游客通过旅游集散中心、旅游咨询中心、A级景区游客服务中心等机构预约,导游按照预约向游客提供单项讲解或向导服务,并通过第三方支付平台收取导游服务费的执业方式。

2. 导游自由执业的试点

导游自由执业只能在国家旅游局确定的试点区域内进行。在江苏、浙江、上海三省市以及广东省开展线上导游自由执业试点工作,在吉林长白山、湖南长沙和张家界、广西桂林、海南三亚、四川成都开展线上线下导游自由执业试点工作;引导具有一定实力的OTA(在线旅行社)企业、在线服务发展较好的旅行社参与试点工作。导游在开展自由执业试点的地区,可以自主选择从事自由执业或者接受旅行社聘用委派执业。国家旅游局确定参与导游自由执业试点的地区,建立全国统一的"全国导游公共服务监管平台",制定平台接入标准,统筹管理导游自由执业试点工作。

试点地区旅游主管部门通过"全国导游公共服务监管平台"对使用平台的线上旅游企业、线下旅游机构、注册导游进行监督管理,负责导游自由执业试点工作的具体实施。旅游者可对自由执业的导游进行评价或投诉,自由执业的导游也可对旅游者不文明行为等进行举报、点评。

知识链接

成都网购导游

成都的网购导游,从10月1日起全面启动。在"网约"平台上,导游的服务费明码标价,每天的价格在200元到600元不等,超过8小时后的服务费将按照指导价时薪的1.5倍计算,游客可通过第三方平台完成支付。

成都导游执业公共服务分导游、游客手机端和旅行社PC端三个入口。目前平台已导入全市导游基础信息。导游登录平台注册激活个人账号，就可开展执业活动。

1. 散客网约导游流程

游客网约导游流程为进入"云游易导"的微信公众企业号，通过手机号注册，点击预约导游，可看到目前可带团的导游，根据性别、年龄、学历、级别、服务费等条件筛选点击任意一位导游的头像，该导游的带团经验、带团特长以及个人技能等信息一目了然。

2. 旅游团队网约导游流程

2016年10月1日成都导游执业公共服务平台上线运行后，旅行社也必须通过其选取导游。

（1）旅行社在服务平台选择派遣本社导游、领队，系统将自动生成电子行程单、电子名单表，导游按派遣执业。

（2）旅行社在平台借调其他旅行社的导游、领队，则需在线与借出旅行社签订"导游员借调协议"，由借用旅行社通过第三方支付方式先行支付导游、领队服务费到第三方支付机构，行程结束借用旅行社对导游、领队进行评价后，第三方支付机构实时将导服费支付到导游、领队所属旅行社。

（3）旅行社在平台选择协会导游，需在线与导游签订"旅行社与导游雇佣协议"，旅行社通过第三方支付方式先行支付导游服务费，行程结束旅行社对导游进行评价后，第三方支付机构实时将导服费支付到导游个人账户。

3. 导游服务收费指导价

导游服务收费指导价详见表3-13。

表3-13 导游服务收费指导价

费用		按照天数收费	按照小时收费 基础时间为2小时
导游每日行程8小时内的服务费用	一星	200元/天/人	80元/2小时/人，2小时后30元/小时/人
	二星	260元/天/人	100元/2小时/人，2小时后35元/小时/人
	三星	300元/天/人	150元/2小时/人，2小时后40元/小时/人
	四星	400元/天/人	180元/2小时/人，2小时后50元/小时/人
	五星	500元/天/人	200元/2小时/人，2小时后60元/小时/人
超过8小时以后的服务费用		按照指导价时薪的1.5倍计算	
不含费用		不含导游餐费、住宿费和远途补贴费用，根据需要，游客和导游自行协商餐费、住宿费和远途补贴费用等其他费用的收费价格	

八、旅游保险的采购

本部分内容详见项目二任务四旅游保险的采购。

任务四　国内接待计调操作流程

国内接待计调操作比较复杂,涉及的环节多,需要计调认真对待每一个环节。

一、接听咨询电话或接收询价单

国内地接计调的工作流程是从接国内组团社、本社服务网点、同业旅行社、本地客人的咨询电话和接收组团社询价单开始的。国内接待计调在接听电话时要注意以下几点。

(一) 接听电话咨询

1. 接通电话后自报家门

国内接待计调接通电话后,一定要向对方问好,然后自报家门,如:"您好!我是四川康辉国际旅行社九寨沟专线李某某,很高兴为您服务。"绝对禁止抓起话就问:"喂,你找谁呀?"这样不仅浪费时间还很不礼貌,让公司的形象在顾客心中大打折扣,接听电话前一般要让电话响一到两个长音,切忌让电话一直响而缓慢地接听。

2. 向客人问清楚相关服务内容

接听电话时,问清对方单位、姓名、电话、传真(最好能问到手机)、团号、抵离时间、往返大交通、所需产品(行程线路)、等级标准、团队大概人数、出行日期、有无全陪、客人有无特殊要求(如风味餐、回民餐、增减住房、禁忌等)、是公司哪位业务员的客户及相关信息。

3. 记录重要内容

在电话机旁最好摆放一些纸和笔,这样可以一边听电话一边随手将重点记录下来,电话结束后,应该对记录下来的重点内容进行妥善处理或上报。对于房、餐、车、游等内容一定要详细问清楚具体标准。

4. 重复重要内容

电话结束前,还应该对一些重要内容进行核对,重复重要内容,看是否记录有错。

(二) 接收组团社团队预报及询价计划

当国内接待计调接收到组团旅行社发过来的旅游意向、询价单(见表 3-14)或预报后,需要对旅游团资料进行分类、整理、登记等,计调部收到的旅游意向计划和预报是各种各样的,有系列团、特殊团、单项委托等;有需要立即处理的,有几个月后才成行的;有传真的,有用电子邮件发过来的等。总之,旅游计划和预报五花八门,需要计调部门妥善处理,及时报送相关领导、财务,以及计划中涉及的所有合作部门和机构。

表 3-14　组团社团队接待询价单

To：	旅行社：	经理：
Tel：	Fax：	

　　感谢您的信任与支持,现我社有一团赴贵处游览,人数为　　人,于　月　日乘　　航班/车次(待定)抵达,游览天数为　　天,请贵社将合理的行程、接待标准及返程最低折扣机票/火车票(硬卧/硬座)票价、订票费用告知我社。多谢支持!

　　(一)行程(为确保接待质量,谨希望接待社将贵社的优势,如酒店、车队、景区、导游、公司实力等传真至我社)

主要游览行程,景点参考

　　(二)接待标准及成本分析

A 成人综费	B 代办费用
房费：　　元/人/天(　星标准)×　　天＝　　元/人	12岁以下儿童(身高不超1.2米)不占床/硬卧
餐费：　　元/人/天(　早　正)×　　天＝　　元/人	费用:(不含酒店早餐)
车费：　　元/人(　　座　车)	
其中，	本团接待费用累计为：　　元/人
门票：　　元/人	已付费用：
区间交通：　　元/人	未结费用：
导游：　　元/人　全陪：　　元/人(凭证免费)	合计：
报价未含：	

　　(三)结算价及付款方式约定

| 1. 我方将按双方签订合约执行,即 |
| 2. 出团前预付团款总额的　　%,并将汇款单即时回传至我社,余款应当在团队离开前结清。 |
| 3. 散客出行前须结清全款,并将汇款单即时回传至我社(本社提供接待发票,大交通票据复印留底)。 |
| ★本社全称： |
| 　开户行：　　　　　　　账号： |
| 　卡号户名：　　　　　　开户行：　　　　　　　卡号： |

　　(四)友情提示和特别说明
　　为能更好地协助贵社接待,出团前我社将游客姓名单表及陪同或领队姓名、手机号告之。接团时请将本次接团的导游姓名及手机号、司机姓名及手机号、车型等告之。
　　一经双方盖章确认,贵社将严格按照确认的行程及标准执行。
　　如擅自变更行程、降低标准、减少景点而引起我方游客投诉并造成损失均由贵社承担。
　　如遇人力不可抗因素所引起的游客滞留、无法完成正常行程,贵社将征得游客谅解、同意,与当地协商解决,并将处理结果传真我社以备查证。

续表

> 凡双方盖章确认的行程单,均具有同等法律效力,不得拒接、甩团、中途停团。
> 接传真后如无异议请签字盖章回传确认,以便操作。
> 组团社(盖章):　　　　　　　　　　接待社(盖章):
> 经办人:　　　　　　　　　　　　　经办人:
> 日期:　　　　　　　　　　　　　　日期:

(资料来源:熊晓敏.旅行社OP计调手册[M].北京:中国旅游出版社,2007.)

二、确定旅游线路

(一)审核组团社提供的旅游线路

如果组团社提供了旅游线路,就要仔细阅读并审核组团社的旅游线路,如认为安排不合理,或地接方面的特殊情况不可能实施的,要向组团社说明情况要求更改,并提出相应合理可行的建议。

(二)推荐旅行社现有的旅游线路

如果组团社没有提供旅游线路,地接社计调就可以根据组团社客户的要求推荐旅行社现有的旅游线路。

(三)重新设计旅游线路

如果组团社对现有的旅游线路不满意,可以根据游客的要求重新设计旅游线路。经双方协商同意后作为最终的旅游线路。

三、询价、计价、报价

国内地接计调需要根据已经确定好了的旅游行程,向需要提供服务的酒店、车队等协作单位——询价,以询价单的方式向对方询价,要求对方尽快回传确认。一般国内地接团队只需要询问房价、车价,餐标按组团社标准报价即可,景点门票与导游费用均有固定标准。把各协作单位的价格加起来,就构成了国内地接社的成本。在国内地接社总成本的基础上加上一定的利润之后就可以向组团社报价了。

四、确定团名和团号

(一)团名

国内旅游团队团名即旅游团的名称,一般采用"地区(省或城市)+组团旅行社(简称)+线路名称"组成,用中文表示。如上海华夏旅行社接待北京春秋旅行社组织到上海的5日游旅游团队,可以命名为"北京春秋上海5日游团"。

(二)团号

国内接待社团号是在国内组团社团号前加两位简约代码,如湖南某旅行社组织一个"北京双飞7日游",出团日期为10月7日,出团数为第一个团,其规范团号为:HBB07-

2F1007A。如接待社为北京阳光旅行社,则在团号前加两位公司代码 YG,接团后团号为 YGHBB07-2F1007A。

五、确定接待计划

当组团社与地接社之间就旅游行程和报价达成一致后,双方即进入旅游接待计划确认阶段。接待计划是地接社落实各项旅游服务的文字依据,属于旅行社业务方面的纲领性文件范畴,是体现旅行社专业化、标准化程度的文本。国内地接社以传真方式向协议组团社发送团队接待确认单(见表3-15),并要求对方书面确认。如遇变更,及时做出团队接待计划更改单,以传真方式向协议组团社发送,并要求对方书面确认。

表3-15 成都××旅行社与××旅行社团队接待确认单

收件单位				发件单位			
收件人				发件人			
E-mail				E-mail			
Tel		Fax		Tel		Fax	
您好!现将贵社来成都旅游团队的行程及价格表传真给您。如无异议,请按照双方约定及时给予确认;若有异议,敬请及时沟通。谢谢!							
时间				人数			
行程	D1:						
	D2:						
	D3:						
	D4:						
报价	大人			小孩			
备注							
经办人签名:				经办人签名:			
地接社:成都××旅行社(盖章)				组团社: ××旅行社(盖章)			
年 月 日				年 月 日			

六、落实接待计划

当组团社发来团队确认传真后,地接社要向各接待单位一一确认落实,实际上就是完成旅游服务项目的采购工作。

(一)落实用房

根据团队人数、要求,以传真方式向协议酒店或指定酒店采购住宿服务,并要求对方书面确认。如遇人数变更,及时做出更改件,以传真方式向协议酒店或指定酒店发送,并要求对方书面确认;如遇酒店无法接待,应及时通知组团社,经同意后调整至同级酒店。

(二)落实用车

根据人数、要求安排用车,以传真方式向协议车队采购交通服务,并要求对方书面确认。如遇变更,及时做出更改件,以传真方式向协议车队发送,并要求对方书面确认。

(三)落实用餐

根据团队人数、要求,以传真或电话通知向协议餐厅或指定餐厅采购用餐服务。如遇变更,及时做出更改件,以传真方式向协议餐厅发送,并要求对方书面确认。

(四)游览活动

国内地接计调根据接待计划及时采购游览服务项目。如遇到变更,应及时做出调整,并要求对方书面确认。

(五)子地接社

如客人还需要到本地以外的其他地区旅游,就需要以传真方式向协议子地接社发送《团队接待通知书》,并要求对方书面确认。如遇变更,及时做出更改件,以传真方式向协议地接社发送,并要求对方书面确认。

(六)返程交通

如果组团社没有落实返程交通,需要接待社落实返程交通时,国内接待计调就要仔细落实并核对计划,向票务人员下达订票通知单,注明团号、人数、航班(车次)、用票时间、票别、票量,并由经手人签字。如遇变更,及时通知票务人员。

七、编制团队运行计划

团队运行计划由团队基本情况(含个性要求)、日程安排、游客名单三个部分组成,下面分别阐述这三个部分。

(一)团队的基本情况和要求

团队基本情况和要求包含旅游团队名称、团号、组团社名称、团队人数;团队类别(考察团、疗养院、会议团、观光团等);团队要求的服务等级(豪华团、标准团、经济团等);自订和代订项目;住宿要求;膳食要求及标准;对地陪的要求;全陪信息;特殊要求备注等内容。

(二)日程安排

日程安排包括游览日期;旅游线路;游览景点;游览日期;出发城市;团队抵离时间、班次和机场(车站、码头)名称;住宿情况;游览活动时间安排;用餐安排;文娱活动时间安排;其他特殊要求等内容(见表3-16)。

表3-16 旅行社团队运行计划表

××旅行社(印章)　　　　编号　　　　　　　　年　月　日

团名:	人数:	组团社:	
旅游线路名称:		行程共计:　　天　　夜(含在途时间)	
出发日期:		出发地点:	
途经地点:		目的地:	
结束日期:		返回地点:	

续表

一、行程与标准

行程时间	主要景点名称（游览时间/小时）	交通工具标准	酒店标准	房间标准	其他活动
月　日					
月　日					
月　日					

备注：
1."交通工具标准"栏中不含景区内观光车、索道等，应按各类别的标准填写，如飞机：头等舱/商务舱/经济舱；火车：普通车/空调车/动组车（软卧/硬卧/软座/硬座）；轮船：普通客船/星级游船　　人/间（是否带卫生间）；汽车：空调大巴/空调卧铺/普通客车。
2."酒店标准"栏不得写"准×星"或"相当于×星"。
3."房间标准"栏指几人间，如双人间（带卫生间）。
4."其他活动"栏指晚间活动或自由活动。
5．行程天数不够填写可另加页。

二、用餐标准
早餐　　次，标准　　元/餐/人；
正餐　　次，标准　　元/餐/人（含　　菜　　汤）。

三、购物安排
购物次数原则上每日不超过　　次，每次停留时间不得超过双方约定时间。

日期	购物场所名称	停留时间(小时)	日期	购物场所名称	停留时间(小时)
月　日			月　日		
月　日			月　日		

四、住宿时如遇单人住宿或房间标准与原计划有异
住宿差价的解决办法：　　　　　　　　　　　　。

五、如因人数不足无法单独成团
本社将按与游客约定的行程计划与　　旅行社签订委托发团合同。

六、如遇不可抗力或三分之二以上游客的要求，本社带团导游有权临时调整行程。

七、自费项目提示及其他注意事项：　　　　　　　　　。
地接社名称：　　　　汽车车型：　　　　车号：
全陪：　　　手机：　　　地陪：　　　手机：
集合标志：
旅行社投诉电话：　　　　各级旅游执法机构投诉电话：区号+96927
本计划编制人：
游客认定并签字：

（注：该表格由四川省中国国际旅行社提供。）

(三) 成员名单

成员名单要有旅游者姓名、性别、年龄、身份证号及分房要求,如果是 VIP 客人,还需要注明客人的身份,以及有无特殊要求等(见表 3-17)。

表 3-17　团队成员名单

姓名	性别	身份证号	成人	儿童(身高)	老人(年龄)	特殊身份

八、委派导游、发放资料

目前,地接社中地陪导游的选派工作一般由地接计调负责。计调应该全面熟知导游的性格、爱好、综合能力、身体状况等情况,能够根据旅游者的性别、年龄、职业、特殊要求等,为客人精心配备合适的地陪导游。对特别重要的团队,除选派优秀导游外,旅行社相关领导将直接参与接待,甚至总经理可以直接担任特别重要团队的导游。

地陪导游选定后,地接计调要通知导游到旅行社领取团队接待计划单、电子行程单(表 3-18)、协议单(旅行社与相关旅游供应商之间签订的关于团队优惠价格的协议)、签单表(旅行社在费用结算方面与相关供应商之间的约定,在团队结束后累计一段时间统一结算的一种合作方式)、服务质量跟踪调查表(表 3-19)、全陪书等资料。之后,地陪导游进行接团前的物质准备、知识准备和情感准备。

表 3-18　导游带团电子行程单

团号:SDRX20140221			团队品质:休闲团			保险:团款含意外险				
组团社					领队/全陪					
人数					客房数			客源地		
抵达					地点			航班/车次		
离开					地点			航班/车次		
地接社			导游		汽车公司	汽车牌照		驾驶员		
日期	地点		前往地	游览行程		交通	早餐	午餐	晚餐	住宿	购物	自费项目
×月×日												
×月×日												

表 3-19　旅行社服务质量跟踪调查表

团名		人数		全陪	
地陪		车号		驾驶员	
游客意见	非常满意		满意	基本满意	不满意
日程安排					
导游服务					
餐饮质量					
住宿标准					
娱乐项目					
交通保障					
购物安排					
旅游安全					
其他					

一、为了切实保护游客的合法权益,加强对旅游经营者特别是导游人员的监督管理,特别制定本表。
二、团队抵达时,由导游将本表分发给每位游客。
三、导游不得随意更改团队运行计划。
四、游客如对表中所列项目不满意,可向各级旅游执法(质监)机构投诉,投诉电话:96927

投诉地址:　　　　　邮编:

九、全程跟踪团队

(一) 接团

国内地接社接团是指本国、本地区的旅行社对来自外地的或本地的,从事游览、观光、探亲以及商务、会务或其他旅游活动的团队和个人做好接待与服务工作的过程。计调要做好接团管理工作,安排导游准时到机场(火车站、码头、车站)接团。接团工作开始后,旅行社将从多方面为旅游者提供服务,旅游者与旅行社的接触也随之增加。因此,接团工作的好坏,直接关系旅行社的知名度和效益。

(二) 监督管理

计调在实际操作过程中对接团的监督往往不太重视,认为旅游团队已经开始了旅游行程,不会出现大的问题,即使有问题,只要自己出面协调解决也不会造成严重的后果。为了防患于未然,与各方保持良好的关系,计调的监督非常重要。

在团队运行过程中注意"一进一出"原则(对于重点团要注意跟踪),即团队抵达第一日及团队返程最后一日,一直都要密切关注。如产生问题或投诉,应及时与客户沟通,以最快的速度解决问题,尽量在当地把问题处理好,不要把麻烦带回组团社。并有明确的处理意见书,需领队及陪同签字确认。如是重点团队,可请领导看望团队。

1. 监督接团过程中各接待单位的落实情况

一是监督交通工具的使用情况。特别要注意旅游车的设施设备是否齐全、车况如何,它常常对团队的接待质量和利润有决定性影响。二是监督餐饮部门落实用餐的情况。特别是餐厅的卫生情况,提醒地接导游订餐时,及时把旅游者(团)的宗教信仰和个别客人的特殊要求转告餐厅,避免出现不愉快和尴尬的局面。三是监督酒店宾馆的住宿情况。特别要重视住宿地点的环境、设施等。提醒住宿单位严格按照协议约定的标准向旅游者提供住宿服务。

2. 监督地接导游的工作情况

一是监督地接导游实施旅游接待计划的情况。二是监督地接导游的服务态度和服务水平,并了解全陪、旅游者对地接导游的评价。

3. 计调人员监督的方法

一是实地监督。在实施接待计划的同时,计调人员到达现场对各个部门及导游进行监督。但是,在实际操作中,这一点在执行时会有困难。如果条件允许的话,可以采用此方法。二是通过电话监督。计调人员可以通过电话询问,如向地接导游询问各个接待单位的接待情况,向各个接待单位询问导游的工作情况,向旅游者询问导游的服务态度等。这在实际工作中比较常用。

(三) 送团

在团队顺利结束本地行程后,地接计调人员还要做好送团管理工作,安排导游准时到机场送机,不要造成误机。计调人员还要与游客保持良好的关系,努力使之成为自己的朋友,为第二次销售工作打下基础。

十、后续工作

(一) 审核账单

团队结束后,地接导游应及时(无特殊情况 3 天内)到旅行社报账,账单(即收支核算单见表 3-20)按实际发生费用贴票。报账时须持团队接待计划单、电子行程单、账单、签单表、质监卡、带团总结,先送交派团的计调审核,再由分管领导审核签字,最后由总经理签字,方可到财务部门报账。地接计调审核时要注意以下几点。

(1) 地陪导游所需上交的团队材料是否齐全。计调通过审核质监卡,判断客人对导游的服务是否满意,若出现导游服务质量问题,根据情节轻重,应给予教育批评、扣发补助、停团学习等处分,必要时上报旅行社。

(2) 导游所列费用是否为团队行程时间内应该发生的。

(3) 导游报账所用发票是否与团队接待计划中的酒店、餐厅、景点相对应,严禁导游私自变更行程。

表 3-20　地接社旅游团队收支核算单

导游员：　　　　　　　　　　　　　　　　　　　　　　　　　　　　　　年　　月　　日

组团社名称		××旅行社		团号	
抵离时间		月　日抵达，月　日离开		人数	
开票金额			开票时间	发票号码	
收款记录		转账：　　元　　现金：　　元　　其中,导游员代收：　　元			
应补(退)团款		万　仟　佰　拾　元　¥：			
成本费用	项目	金额	签单明细		
	门票	元			
	车费	元/团			
	房费	元			
	导服费	元/团			
	返程票款	元			
	杂费	元			
	合计	元	大写：　万　仟　佰　元整		
	已付	元	余款　元	大写：　万　仟　佰　元整	

（二）核算利润

核算利润是计调的基本技能。地接计调核算出的团队利润在一定程度上是其研究与改进最初报价、提高报价精确度的凭证。地接计调在为旅游团队制定行程并报价时，会核算出单人的利润，这个数字与人数的乘积就是此团队的总利润。如果地接计调最初报价时核算出来的利润数与实际的利润数比较接近，说明当初的报价比较准确；如果两者相差很大，地接计调要仔细分析，找出当初报价时的问题所在，为以后的团队报价积累工作经验。

（三）督促导游收尾事宜的办理

计调要督促地陪导游做好收尾相关工作，导游的收尾工作主要体现在以下几个方面。

1. 物品归还

导游接团前从旅行社借走的物品，如麦克、接站牌、导游旗等都是旅行社的资产，可以重复利用，在报账时应一同归还旅行社。

2. 资料上交

地陪导游在团队旅游活动结束后，要将团队质量反馈表、出团总结等相关资料整理上交旅行社，以备建档和处理客户关系时用。

3. 完成客人委托事宜

如果有客人委托事宜，地陪导游要及时汇报给地接计调，同时要尽快完成委托任务，满足客人需求。

(四）做好回访、催款与寄发票工作

1. 回访

（1）团队返回客源地后，地接计调应主动及时回访组团社或者自组团客人，诚恳询问客人对旅游活动的安排是否满意，有何建议等。

（2）表达期盼双方再次合作的愿望。

2. 结账

（1）地接计调与组团社计调或者自组团领队就团队实际发生的具体费用进行核对，并将团队结算单传真给组团社或者自组团领队，双方结账。

（2）若组团社或者自组团尚未付清团款，应催款。催收团款是地接计调的重要工作之一。如果团款没有回收，那么团队利润仅仅是虚拟的，旅行社存在赔掉所有经营成本的风险。地接计调只有在协助旅行社收到团款后，团队的财务核算工作才算结束。

（3）账目结算清楚后，将发票寄给组团社或者自组团负责人。

（五）处理好旅游者的表扬与投诉

表扬是旅游者对接待人员尤其是导游工作的肯定，是旅行社对优秀接待人员及其事迹进行表彰，在工作人员中树立榜样，促进人员素质提高的依据。

投诉则是旅游者对旅游产品供给表示不满的行为。一般情况下，在时间序列上，旅游投诉的处理属于旅行社一系列服务工作的收尾工作，这也意味着投诉处理将是对旅行社所有服务中的缺陷进行弥补的最后机会。不论旅游投诉的过错是不是在旅行社一方，旅行社都应该妥善地处理旅游者的投诉，尽可能地消除旅游者的不满情绪，化解误会，达成谅解。同时，也有助于旅行社采取积极的补救措施，尽可能地弥补由于旅行社员工的失误所导致的旅游者的损失，挽回旅行社的信誉。

当然，正确处理投诉，也可以教育工作人员，对犯了严重错误的导游，旅行社还要做出必要的处罚。旅行社尤其是计调必须重视游客的表扬与投诉，要把游客对于导游的评价跟导游员收入、晋升、去留密切结合起来，使之成为优胜劣汰的淘金棒。

及时处理客人的表扬和投诉，有利于旅行社员工在工作中扬长避短，不断完善旅行社接待工作的管理和服务质量。

（六）写出团队总结

团队结束后，地接计调会要求地陪导游写团队日志和出团总结。计调也应根据团队情况写团队总结，找出不足，总结经验教训，以改进工作。

（七）做好文件归档工作

地接计调必须将接待计划等接待资料作为原始资料归档收存，同时要保存组团社或者自组团的资料（旅行社或者客人单位名称、电话、联系人、地址等），以便于回访和维护客户之用。

本项目分为国内接待社旅游产品开发、国内地接社旅游产品计价与报价、国内地接计调的采购业务和国内接待计调操作流程四个任务。通过四个任务的学习,使学生了解旅游产品的概念、类型;掌握国内接待社旅游产品的开发流程;明确国内接待社旅游产品的价格构成、计价和报价方法;熟悉国内地接计调的采购流程与方法;掌握国内接待计调的操作流程。

知识训练

一、复习题

1. 国内接待社开发旅游产品时应该注意哪些事项?
2. 简述国内地接社旅游产品开发的流程。
3. 简述国内地接社旅游产品的报价流程。
4. 国内地接社旅游产品价格由哪些部分构成?
5. 国内接待计调应该从哪些方面来监督各接待单位的落实情况?
6. 简述接待计调采购住宿服务的程序。

二、思考题

1. 所谓零负团费接团,就是旅行社在接待外地组团社的游客团队时,分文不赚只收成本价,甚至低于成本价收客。在"零团费"运行模式下,客源地组团社不付给目的地地接社任何费用,只输送客源。在这种模式中,游客的基本旅游消费,以及地接社的折旧费、利润、税金、导游服务费等都来自导游所交的"高人头费"和旅游服务供应商的"签单";地接社的运营费用以购物和自费活动佣金为主,导游人头费为辅;地接社和导游的"回扣"项目多。假如你是地接社的计调,你愿意接零负团费接团吗?你对零负团费接团有什么认识?

2. 云南 A 旅行社组织 27 人的旅游团去西安旅游。5 月 12 日 12:45 乘昆明航空 KY9266,15:10 到达咸阳国际机场 T2,西安 B 地接社负责接待。5 月 13—16 日在西安游览,16 日 18:15 从咸阳国际机场乘南方航空 CZ9540 返回昆明。住宿标准:挂四星级酒店;正餐餐标:50 元/人/餐。假如你是西安 B 地接社的计调,由你为云南游客设计西安游览行程,并给云南 A 组团社进行分项报价。请问你在设计行程和分项报价之前,还有哪些事项应该与云南 A 组团社的计调沟通?

能力训练

一、案例分析

2015 年国庆黄金周,成都某旅行社海螺沟专线组织了四车游客到海螺沟旅游。从 9 月 30 日晚上开始,该专线部的所有人员都在加班。10 月 1 日上午 9 点 20 分,计调小李接到导游打来电话,说康定到磨西镇的一处地方塌方了,车辆无法通行,游客晚上就不能到磨西镇

入住,必须另外找房间入住。情况很紧急,国庆节间,住宿到处都很紧张。小李接到导游电话后,马上把情况给计调部领导汇报了,计调部的所有人员都通过不同渠道在泸定县寻找住宿。毕竟是国庆黄金周,各大旅馆都爆满,想找大规模的酒店根本不可能。幸好,计调部小李有个同事的家就是泸定的,她们家还空着好几间房。最后,安排了白天出过轻微车祸的一车人去住同事家,其他几车人由于实在无法找到住宿,就只有在车上将就过一夜。

(资料来源:学生在旅行社实习期间发生的真实案例。)

问:这个案例说明了什么问题?今后遇到类似的问题应该怎么办?

二、实训操练

实操1 设计一条本省旅游线路

1. 实训目标:通过旅游线路设计实训,让学生掌握本省旅游线路设计方法。
2. 实训内容:每位学生针对特定的目标群体,设计一条本省旅游线路。
3. 实训工具:电脑。
4. 实训步骤:

(1) 在网上收集本省地接资源,包括酒店、车队、餐饮、景区等。
(2) 每位同学选定一个特定的目标群体。
(3) 利用问卷星针对该群体,设计一些问卷,掌握该群体的旅游需求。
(4) 根据调研结果为该群体设计一条本省三日游旅游线路。
(5) 对自己设计的三日游旅游线路进行合理报价。
(6) 利用美篇或易企秀等App发布你的线路。

实操2 撰写订车单、订房单

1. 实训目的:让学生掌握订车单、订房单等相关文本的撰写,学会使用打印机、传真机。
2. 实训内容:要求每位学生代表本地的一家地接社撰写订车单、订房单。
3. 实训工具:电脑、传真机、打印机。
4. 实训步骤:

(1) 老师指定一家旅行社、一家酒店、一家汽车租赁公司。
(2) 让学生代表旅行社接待计调向酒店订房,撰写一份订房通知单。
(3) 让学生代表旅行社接待计调向汽车租赁公司订车,撰写一份订车通知单。
(4) 用打印机打印出订房、订餐传真件,然后传真给酒店和汽车租赁公司。

项目四
入境接待计调业务

项目目标

职业知识目标：
1. 了解入境游客的构成及需求变化趋势。
2. 熟悉入境旅游产品开发的要求和种类。
3. 明确入境旅游产品的价格构成与报价流程。
4. 掌握入境接待计调的采购服务。
5. 掌握入境接待计调的操作流程。

职业能力目标：
1. 能够设计入境旅游者满意的旅游产品。
2. 能够为给境外组团社做出准确报价。
3. 能够为入境旅游者采购各种旅游服务。
4. 能够独立操作入境旅游团队。

职业素质目标：
1. 培养学生从事入境接待计调工作的职业荣誉感。
2. 培养学生认真做好入境接待计调工作的职业态度。
3. 培养学生热爱入境接待计调工作岗位的职业情感。

项目核心

入境旅游者；入境接待计调；入境旅游产品；入境价格构成；入境旅游产品计价报价；入境旅游服务采购；入境计调操作流程

项目导入： 入境旅游是指境外旅游者来华进行游览观光、休闲度假等有目的的活

动的总称。从世界范围来看,一个国家或者地区入境旅游者的人数和外汇收入是衡量该国家或者地区旅游业发展水平的主要指标。因此,做好入境旅游接待意义重大。我国入境旅游市场由港澳台市场和入境外国旅游市场两大板块构成,在港澳台市场日趋饱和的前提下,入境外国旅游市场具有更大的拓展空间。2016年入境旅游人数1.38亿人次,同比增长3.8%,其中外国人入境2814.2万人次,同比增长8.3%;国际旅游收入1200亿美元,同比增长5.6%。

入境旅游属于涉外事务,周恩来总理曾说过:"外事无小事",所以,在入境旅游接待工作中,入境地接计调一定要保持"旅游无小事,事事是大事,事事须重视"的原则,为境外游客提供高质量的服务,让在期盼中高兴而来的境外客人有一个舒适、快乐、圆满的旅程。

入境操作介于地接和组团两者之间。一般入境团队在中国旅游的行程不会限于某一地,联线情况居多。比如第一个入境口岸为北京,北京旅游结束后还会去上海、西安、桂林等地。那么入境计调的接待操作会出现两种情况:第一,作为第一个入境口岸,需要做好本地区的接待安排(地接),同时还需做好其他几个联线地区当地接待社的接洽和安排(中转组团);第二,仅作为入境团队游览行程的一站,做好本地区的接待安排(地接)。

任务一 入境旅游产品的开发

由于距离遥远,绝大多数境外旅行社对我国旅游目的地的了解相对较少,对旅游线路产品的开发设计更多需要我国的入境地接旅行社给予帮助,因此,入境地接社计调的工作质量将直接影响到境外旅行社的组团情况。在开发入境产品之前一定要仔细研究入境海外游客的基本情况,然后才有针对性地开发产品。

一、研究入境海外游客的基本情况

(一)入境海外游客的构成

1. 境外直客(自联)

境外直客就是入境接待旅行社直接从境外招徕的游客,称为境外直客,又叫自联,这种自联游客又分为以下两种。

1）境外旅游团队

境外团队就是境外旅行社和专业机构组织的旅游团队，由入境接待社直接负责接待。如泰国世纪风采旅游有限公司组织了30位泰国游客到北京旅游，由北京中国国际旅行社有限公司入境中心负责接待，这30位泰国游客就属于境外直客。

2）境外散客

境外游客通过其他途径或者自己直接联系我国入境接待社。如美国的游客通过上网了解了我国的某一家入境接待社，然后直接与该旅行社联系，来参加我们的旅游活动，这位游客就属于境外散客。

2. 横向游客（地接）

横向游客是由国内其他旅行社或国内相关机构组织的入境游客，又分为以下两种情况。

1）由国内其他旅行社组织的入境游客

国内其他旅行社把这些游客发给异地入境接待社，由异地接待社负责接待在异地的游览事宜。这种横向游客又分为团队和散客两种形式。如美国的游客到北京旅游，由北京中国国际旅行社入境部门负责接待，在北京游览之后还需要到四川来游览，这个时候北京中国国际旅行社入境部门就扮演了组团社的角色，四川省中国国际旅行社负责接待，就扮演了地接社的角色。

2）国内相关机构组织的入境旅游团队

国内相关机构是指有组织接待境外人员的一些单位，如外事部门、高校、会展企业、会议公司等。如外事部门组织一些境外人员来我国参加各种活动，活动结束之后，外事部门就会与旅行社联系，安排这部分人去参加旅游活动。高校的留学生也会与旅行社联系，利用节假日组织一批留学生去旅游。如新加坡商务部门组织了20人到北京交流学习，由北京商务部门负责接待，交流学习之后他们要到长城、颐和园等地去旅游，这个时候北京商务部门就会把20位客人交给北京中国国际旅行社入境中心负责接待，负责安排他们到北京，这些游客就属于横向游客。又如北京大学的留学生，要到西藏去旅游，北京某入境接待社就可以组织他们到西藏去旅游。

知识链接

根据天巡网发布的《2015—2016中国出入境自由行白皮书》显示，我国入境游游客主要来自英国、台湾、日本、香港、韩国、俄罗斯、新加坡、澳大利亚、泰国、美国。与欧美大陆等远距离客源地相比，台湾、日本、香港、韩国等地成为我国入境游的主要客源地。其中，韩国成为入境游客人数增长最快的客源国，增幅达到近3倍，其次是香港、日本、台湾，增幅均在2倍左右。入境游游客在目的地的选择上，根据天巡网发布的《2015—2016中国出入境自由行白皮书》调查显示，一线城市仍是外国游客入境游的首选，上海、北京、广州位列前三，成都、厦门紧随其后跻身前五，深圳、三亚、青岛、西安、昆明、杭州等也在热门旅游地之列。

(二) 入境海外游客的旅游行为新变化与顾虑

2015年9月23日,Google(谷歌)与市场调研机构Millward Brown(明略行)共同发布了《2015中国入境游海外游客行为与态度研究报告》,帮助中国了解海外游客来华的人群特征、旅游需求、决策习惯、获取信息渠道变化趋势、满意度等,推动中国旅游目的地更好地向海外游客展现中国的美,让更多全球游客发现中国的魅力。

1. 入境海外游客旅游行为的新变化

(1) 带有商务和休闲需求的入境游客日渐增加。2014年,近1/3的游客来华有商务和休闲的双重需求,与2013年相比提升了9%,其中,美国、马来西亚、新加坡三个国家的游客比例较高,83%的游客带有游玩的需求,43%的游客带有商务的需求。

(2) 自由行的游客比例是跟团游客的近两倍。2014年来华自由行的比例已是跟团游的近2倍,其中,日本、新加坡、美国的游客占比最高。

(3) 期待可以亲身体验中国悠久的人文历史。传统的旅游热门目的地围绕在长城、故宫等景点,但是目前来华的游客对中国多元的民族文化、民间故事以及民俗工艺更感兴趣,期待可以亲身体验中国悠久的人文历史。丝绸之旅则更为新奇,2015年,Google搜索中与丝绸之路旅游相关的热门关键词为敦煌、兵马俑和马可·波罗,海外游客对冒险、神秘、东方文化等相关的旅游产品都有更高的期待。对于丝绸之路,受访者表示除了欣赏自然风光,如带有冒险、神秘/异域、东方文化和民俗生活元素的旅游产品将会更令人期待。在丝绸之路省份中,沿海地区海外游客量高于内陆地区,64%的游客表示曾经到过上海,相比内陆地区明显高出许多,内陆地区要提高知名度和游客量,可以考虑与沿海城市合作推广。

2. 入境海外游客来华旅游的顾虑

(1) 中国网速慢影响他们的旅游信息收集。在整个旅行过程中,智能手机和平板电脑的使用率提升显著,63%的游客使用移动设备收集信息后,会直接使用移动设备预订或购买旅游行程,移动设备成为旅游消费和购买的重要平台,足见针对移动设备开发的软件和应用程序至关重要。网络媒体在旅游的各个阶段都是重要的信息来源,83%的游客通过网络媒体收集目的地的相关信息,而87%的游客在网络媒体上预订行程,74%的游客于旅行期间需要建议时会依赖网络媒体,在旅游结束之后,有56%的游客选择在网络上分享旅游心得;与2013年相比,各阶段的增长在10%左右。

(2) 担心当地的旅游环境。入境海外游客的顾虑更多的是当地最基础的旅游环境,比如饮食和厕所,各占61%及51%,其次是担心会遇到欺诈行为以及人多拥挤的情形。

知识演练

问:在设计入境旅游产品时应该从哪些方面来了解游客?

答:一是要通过多渠道了解游客的职业背景,如游客是否是记者,是否是外交官员,遇到这种情况需要上报公安或外事部门。二是要通过多渠道了解游客的偏好,根据游客的偏好有针对性地设计产品。不同国家、不同地区游客的偏好是不同的,只有有针对性的入境旅游产品,才能满足游客的需求。三是要通过多渠道了解游客的财务状况,入境游客的财务状况好,接待标准可以高一些,如果财务状况不好,接待标准可以低一些。四是要考虑游客的身体状况,如果要到高海拔地区旅游,一定要事先提醒,对食物、药物等有过敏性的人也要提前提醒。

二、开发入境旅游产品应该遵循的原则

入境旅游产品的开发与国内旅游产品的开发基本相同,但是,由于客源地的区别,还是有一些差别,比如入境旅游团队的行程安排与国内旅游团队相比,没有那么紧凑,较为宽松舒适。所以,在开发入境旅游产品时,还应该遵循以下原则。

(一)旅游景区(景点)的选择要满足入境海外游客的心理预期

入境海外游客的心理预期通常是指客人本人对旅游目的地旅游价值的估量。入境海外游客在选择旅游目的地时,一般对于旅游目的地的历史文化、风俗民情以及闻名中外的景区(景点)有较高的心理预期,并期望通过亲身前往加深了解和体验。所以,计调要更多地了解客源国的情况,在设计行程时结合当地的主流审美观、价值观等情况来安排游览内容。同时,对于旅游行程中景区(景点)的安排不要过于密集,给客人充分游览、品味和感受的时间与空间,尽可能实现或者超过客人入境前的心理预期。

(二)行程制作要从为境外旅行社提供方便的角度出发

入境地接计调设计制作行程的目的是为境外旅行社的销售提供便利,境外组团旅行社将以此行程为主要内容进行宣传并招徕客人。因此,计调在制作行程时要考虑周到,仔细认真推敲每个环节的可行性,要重点突出,特色鲜明,让日程具有较强的吸引力,同时应该将行程的卖点向境外旅行社作重点详细介绍。

(三)对行程内景区(景点)作一定描述

相对于国内游客,入境海外游客对于旅游目的地的信息掌握甚少,对旅游目的地的景点了解不多,因此,入境地接计调在行程安排上,除了表述客人感兴趣的景区(景点)的名称外,还要对景区(景点)进行比较详细的介绍性描述,为境外旅行社和客人提供更多方便。

三、影响入境旅游产品开发的因素

(一)本地旅游资源

旅游资源是进行旅游产品设计的核心和物质基础,是旅游者选择和购买旅游产品的决定性因素。旅游资源的吸引力决定了旅游产品的主体和特色。旅游产品的设计必须最大限度地体现出旅游资源的价值。它是一个地区旅游业存在和发展的基础,也是旅游者选择旅游地的决定性因素。在旅游产品设计中,它是起影响作用的基础因子,也是旅游产品中旅游内容的最主要构成,同时也是影响旅游产品竞争力的主导因素。入境旅游产品在旅游资源考量上主要凸显中国特色、东方文化神韵和民族精神等方面。如四川旅游资源得天独厚,应

以其数量多、组合优、类型全、价值高的旅游资源为载体,打造名副其实的风景大省,为其入境旅游发展奠定坚实的资源基础;福建在继续重点开发武夷山、湄州岛、鼓浪屿、惠安女、客家土楼五大旅游品牌的基础上,应大力推出妈祖文化旅游、中国茶都(安溪)茶文化旅游,这对外国旅游者具有很大的吸引力;湖南旅游资源品位高,特别是武陵源,其产品成熟度、知名度迅速提高,已成为港澳台、日本及东南亚地区游客首选的旅游产品。

(二)本地旅游设施

旅游设施是完成旅游活动所必备的各种设施、设备和相关的物质条件的总称,是旅游经营者向旅游者提供旅游服务所凭借的各种物质载体,是旅游者实现旅游目的的保证。旅游设施不是旅游者选择和购买旅游产品的决定因素,但它能影响旅游活动的顺利开展以及旅游服务质量。因此,旅游设施的完善与否,直接影响到境外旅游者的旅游效果。在旅游产品设计中必须充分考虑境外旅游者的客观条件与旅游设施的方便性,使境外旅游者获得最佳的旅游效果。

(三)旅游可进入性

旅游可进入性是指旅游者进入旅游目的地的难易程度和时效性。旅游活动异地消费的特点,决定了旅游产品的提供只能存在于旅游目的地,旅游者是否能够按时顺利到达旅游目的地是构成旅游产品设计的重要因素。因此,旅游可进入性是连接旅游者需求与各种具体旅游产品的纽带,是旅游产品实现其价值的前提条件,旅游可进入性的具体内容包括以下几个方面。

1. 交通状况

旅游者的异地空间转移,依靠的是交通工具。现代交通工具的不断发展,是现代旅游业发展的基本条件之一。可以说没有现代航空业的出现,就不会产生现代的国际旅游业。因此,良好的交通条件是旅游者进入旅游目的地的基本保证。交通条件不仅仅关系到旅游者能否到达旅游地,更重要的是能否安全、舒适和快速地抵达旅游地。

2. 通信条件

通信设施也是旅游者能否顺利进入旅游地的重要条件。没有便捷的通信条件,难以使旅游者、旅游经营者和旅游目的地之间及时准确地沟通,会给旅游者的旅游活动的顺利实现带来很大的盲目性和不确定性。因此,旅游产品中通信设备的规模、能力及配套状况等,也会对旅游地的可进入性产生影响。

3. 手续的繁简程度

国际旅游中的入境手续的难易、繁简程度,以及办理效率的高低,不仅决定了进入旅游地的难易程度,而且对旅游产品的成本、质量、吸引力等都有重要影响。

4. 旅游地的社会环境

旅游地的社会环境对旅游者进入的难易程度也有很大影响。比如旅游地的民族文化中是否具有排外性因素,以及社会公众对旅游开发的态度、社会治安状况、管理水平等,都可能成为影响旅游可进入性的重要因素。

5. 宗教信仰原因

因为宗教信仰的原因,比如信仰伊斯兰教的客人需要在清真餐厅用餐,在没有清真餐厅的地区旅游就很不方便。

（四）旅游成本因子

1. 旅游时间

旅游时间包括旅游产品所需的总的旅游时间以及整个旅游过程中的时间安排。因旅游客源地、旅游目的地、出游季节、旅游者闲暇时间等不同，旅游产品中的时间安排也不一样。从旅游经营者的角度考虑，旅游时间就是旅游者对各种旅游产品的消费时间，旅游时间长短直接影响旅游消费，二者成正比关系。旅游者逗留的时间长，旅游经营者获利也就多。

2. 旅游价格

旅游价格（费用）是旅游者为满足其旅游活动的需要所购买的旅游产品的价值的货币表现。它受到许多外在因素的影响，如旅游供求关系、市场竞争状况、汇率变动及通货膨胀等因素，都会对旅游价格产生一定的影响。我国的旅游市场价格体系主要由旅游景区景点门票价格、旅行社价格、旅游饭店价格、旅游交通价格、旅游商品价格等相关价格要素构成。

（五）旅游服务

旅游服务是旅游经营者向旅游者提供劳务的过程，旅游服务质量直接影响旅游产品的质量，没有上乘的旅游服务水平，就没有优质的旅游产品。因而旅游服务是旅游产品设计的核心内容，它在旅游产品设计中是不容忽视的。

四、入境旅游产品开发的类型

（一）地接旅游产品

入境海外游客本地入境只在本地旅游时，入境接待社为其设计的旅游产品仅为地接旅游产品。如新加坡游客从四川入境，只在四川旅游，为其设计的旅游产品就是四川境内的旅游产品（见表4-1）。

表4-1　新加坡游客成都—阿坝十日游（2016年）

24/10，第一天：新加坡—成都　　住：成都

25/10，第二天：成都—都江堰—汶川—茂县—松潘—川主寺—九寨沟（440 km）　　住：九寨沟沟口

早上六点左右从成都集合出发，途经都江堰，都汶高速沿紫坪铺库区而上，经汶川至茂县，中餐品尝羌族风味——羌族十三花（12菜1汤，餐标30元/人），午餐后沿途观赏岷江河谷风光、藏羌民族风情，下午翻越1933年地震遗迹——叠溪海子，抵达松潘古城（不上城墙），松潘古城曾经是川西北地区最早的政治、经济、文化中心，后经川主寺到达九寨沟的后花园——中查沟自然生态园，在这里尽情享受草原风光，蓝天白云，宝塔树、经幡林、神伞林、水能转金筒等景点争相夺艳，游览完后乘车前往酒店入住休息。晚餐后参加走进藏家烤羊活动，品尝特色藏餐，体验藏族文化。

26/10，第三天：九寨沟日则沟、则查洼沟　　住：风情街

早餐后前往人间仙境、童话世界——九寨沟世界级自然风景区，到景区后换乘景区观光车，进入人间天堂九寨沟国家公园。游览箭竹海—熊猫海—熊猫海瀑布—五花海/孔雀海—金铃海—珍珠滩—珍珠滩瀑布—镜海—诺日朗中心站—诺日朗瀑布—犀牛海—未名海—老虎海—树正瀑布—树正群海（树正寨）。

续表

27/10,第四天:九寨沟　　住:川主寺

坐直达到原始森林的班车在镜海下,开始走行程:镜海—日则沟群海—诺日朗中心站—犀牛海—长海(30 min)—五彩池(40 min)—树正寨/树正群海—卧龙海—火花海(10 min)—双龙海—芦苇滩/玉带河—盆景滩出沟。

28/10,第五天:川主寺—若尔盖—花湖—若尔盖(223 km)　　住:若尔盖

早餐后从川主寺出发,乘车前往中国最美的湿地草原——若尔盖大草原,沿途欣赏川西大草原美丽的景色,经热尔大坝到达若尔盖湿地国家级自然保护区——花湖风景区(电瓶车自理),一片未被污染的处女地,感受明镜般的湖水影照下的蓝天白云,领悟大自然的无私给予,这里是中国最大、最平坦的湿地草原,四周数百亩水草地就是高原湿地生物多样性自然保护区,其被喻为"地球之肾",保护区有黑颈鹤、白天鹅、藏鸳鸯、白鹳、候鸟、梅花鹿、小熊猫等大量野生动物。可以走上浮桥,陶醉在湖水和鲜花的美景中,与水鸟嬉戏,寻找黑颈鹤的花湖。

29/10,第六天:若尔盖—唐克—瓦切(100 km)　　住:瓦切

早餐后前往若尔盖唐克乡,到达被誉为"宇宙中庄严幻影"的九曲黄河第一弯,清澈的河流水势平缓,蓝天白云,绿草繁花,帐篷炊烟,牛羊骏马,盘旋的雄鹰,如诗如画,气象万千。夕阳下的黄河湾河水像火一样在燃烧!若尔盖到唐克需要1小时40分钟左右,黄河第一弯的游览时间大概需要2个小时。随后前往纪念第十世班禅大师诵经祈福之地瓦切塔林,塔林周围是一片连绵的经幡,甚为壮观。

30/10,第七天:瓦切—达古冰川—黑水　　住:黑水

早餐后,经驱车前往黑水县,游览达古冰山风景区,乘坐景区内观光车沿途可游览金猴湖、上中下达古藏寨、藏酋猴观赏区、神牛湖、达古湖、昌达雪山、达古雪山,徒步游览洛格斯圣山、凌云瀑布、鸿运坡,也可乘坐全球第一高海拔观光索道到海拔4850米的冰川腹地,融入空旷寂灵的冰天雪地,游览一号冰川、东措日月海、一号冰舌、冰川云海、东天门,游览后乘车到达黑水县入住酒店。

31/10,第八天:黑水—卡龙沟—古尔沟　　住:古尔沟

早餐后,乘车前往卡龙沟,游览粗犷、原始、典型的湾崖景观和原始森林,钙华池群胜过黄龙,景内5200米木栈道贯穿迎宾仙景、金沙滩、珍珠飞瀑、彩池盆景、龙鳞坡、生物彩池、钙华长坡、钙华池群、苔藓彩坡、滴水观音等,犹如童话世界。红军峡峭壁耸峙,激流奔腾,瀑布层叠,松涛密林,美不胜收。经过米亚罗景区,来到温泉之乡——古尔沟。

1/11,第九天:米亚罗—桃坪羌寨(55 km)—成都　　住:成都

早餐后,乘车赴米亚罗核心景区——毕棚沟(沟内观光车从景区门口至上海子停车场50/人,整个景区游览时间大概4个小时),沟内雪景、原始森林、古冰川、湖泊、泉水、瀑布、奇山异峰、各种野花(春天)、沼泽构成毕棚沟"原始天地"的"八绝",在这里可以尽情观赏古朴的原始风光——海龙王潭、女皇峰、哈姆湖、神女十二蜂、白龙瀑布、磐羊湖,让您流连忘返,与大自然有一个最亲密的接触,留在心里,回味一生!感受原始森林带来的原始气息,春花景观相互辉映,其意境只有仙境可比,在这里画下您的身影,将您的祝福永远留在这里!穿梭于原始森林,眺望绵延的雪山雄峰、望飞泻而下的瀑布、看星罗棋布的海子、觅时有出没的奇珍异兽,梦幻般的世界让您领略别样的异族风情,途径美丽的桃坪羌寨,桃坪羌寨在羌寨中最具特色,因其典型的羌族建筑、交错复杂的道路结构被称为"东方神秘古堡",是世界保存最完整的羌族建筑文化艺术"活化石"。桃坪羌寨似乎浓缩着羌族千年历史,在桃坪羌寨内,多少年来羌民们都保留着传统的生活习惯,从田间采摘苹果的孩童到穿着整齐民族服饰的老者,从正在织羌绣的妇女到喝着青稞酒的彪汉,都呈现出一种田园牧歌式的生活境界。随后返回成都。

续表

	2/11,第十天:成都—新加坡 早餐后自由活动,送机返回新加坡。

(资料来源:由四川省中国青年旅行社百姓之旅提供。)

(二) 外省旅游产品

境外游客不从本地入境,也不在本地旅游,只在外省旅游,这时入境接待社为其设计的旅游产品仅为外省旅游产品。如四川省青年旅行社百姓之旅接待的新加坡游客,游客从新加坡飞到上海,然后,直接从上海飞到山西太原,玩美山西—五台山、云冈石窟、平遥古城、乔家大院、杏花村、壶口瀑布双飞七日游(见表4-2)。

表4-2 玩美山西—五台山、云冈石窟、平遥古城、乔家大院、杏花村、壶口瀑布双飞七日游

第一天	23/9:新加坡—上海　MU566　23:25—04:55 24/9:上海—太原　MU2401　10:45—13:10　含晚餐　宿:太原阳光大酒店 于上海前往山西首府太原。太原三面环山,是一座具有2400年历史的古城,有"锦绣太原城"的美誉。曾为北部边防重镇,是兵家必争之地,有"中原北门"之称。2011年被列为国家历史文化名城,同时太原也是我国北方重要的商业、工业城市。在清代,这里的粮行、绸缎、钱庄等十大行业曾盛极一时。参观山西小江南晋祠(游览40分钟),晋祠作为全国重点文物保护单位和著名的旅游胜地,常年接待国内外成千上万的游客。这里,山环水绕,古木参天,在如画的美景中,历代劳动人民建筑了近百座殿、堂、楼、阁、亭、台、桥、榭。晚餐后入住指定酒店休息。
第二天	25/9:太原—五台山(240公里,约4.5小时车程)　早餐:酒店　中餐:五台山风味素斋　晚餐:中式合菜　宿:五台山中宇大酒店 早餐后,前往中国四大佛教名山之首的五台山(文殊菩萨的道场)。五台山是中国佛教寺庙建筑较早地方之一,一起走进古老而神秘的佛教清凉圣境,倾听佛乐,参观清帝之行宫——菩萨顶(游览40分钟),它是五台山五大禅处之一,清室皇帝朝山所居之行宫,五台山黄庙领袖寺,建筑之华丽居山中诸寺之冠,随后游览显通寺(游览40分钟),它是中国较早的寺庙之一,与洛阳的白马寺齐名。初创于东汉,是五台山历史最久远、占地最大、影响最广的寺庙。接着浏览塔院寺(游览40分钟),寺内释迦牟尼舍利塔高耸云霄,塔刹、露盘、宝瓶皆为铜铸,塔腰及露盘四周各悬风铃,因通体呈白色,故俗称大白塔,是佛国五台山的象征。最后参观章嘉活佛修行的道场镇海寺(游览40分钟)。晚餐后,入住酒店休息。
第三天	26/9:五台山—大同(300公里,约3.5小时车程)　早餐:酒店　中餐:中式合菜　晚餐:大同风味火锅　宿:大同浩海国际酒店 早餐后,乘车前往塞外古都,煤海之乡——大同,大同是中国的历史文化名城之一,历代的军事重镇,是兵家必争之地,也是山西省丰富多彩的旅游区之一。途中参观世界级危岩建筑悬空寺(游览1小时),游览世界文化遗产——云冈石窟(游览2小时),石窟依山而凿,绵延1千米,规模宏伟,雕饰奇美。云冈石窟是我国较大的石窟之一,与敦煌莫高窟、洛阳龙门石窟和麦积山石窟并称为中国四大石窟艺术宝库。晚餐后入住酒店。

续表

第四天	27/9：大同—太原(300公里,约4小时车程)—汾阳(100公里,约2小时)—平遥(50公里,约1小时)　早餐：酒店　中餐：中式合菜　晚餐：晋商乡音表演用餐　宿：平遥晋商府邸 　　早餐后,乘车赴平遥,参观国家4A级旅游景区老醋坊,醋坊采用明清建筑风格,采用驴拉磨,人推碾,古法酒精发酵,古法淋虑等方法一步步再现古代酿醋工艺。老醋坊的博物馆里陈列着醋坛、醋葫芦、醋车等古代盛醋器皿并用运醋工具展示了山西悠久的酿醋文化。后乘车赴杏花村,参观杏花村酒厂,汾酒文化源远流长,是晋商文化的重要一支,与黄河文化一脉相承。公司拥有"杏花村"、"竹叶青"两个中国驰名商标。晚餐后入住客栈。
第五天	28/9：平遥—临汾(160公里,约2.5小时车程)—壶口(100公里,2小时车程)　早餐：酒店　中餐：平遥小吃　晚餐：壶口鲤鱼风味　宿：壶口天河花园 　　早餐后,前往平遥古城,平遥古城是世界历史文化遗产、全国四大古城之一(游程约2.5小时),畅游这座具有2700多年历史的古城,欣赏古城风貌,游中国银行的鼻祖——日升昌票号、古代县令审案的地方——县衙,漫步平遥的华尔街——明清一条街,进入街面小店了解平遥三宝,推光漆器,冠云牛肉,长山药粉等,游协同庆票号博物馆。午餐后,前往壶口景区,晚餐后,入住酒店。
第六天	29/9：壶口—太原(370公里,约5小时车程)　早餐：酒店　中餐：中式合菜　晚餐：山西面食风味　宿：太原阳光大酒店 　　早餐后,游览黄河壶口瀑布。黄河是中华民族的象征,在这里,古今诗人和音乐家们奏出了一曲曲"黄河大合唱"。参观全国最大的黄色瀑布——壶口瀑布(参观1.5小时),徜徉在波涛汹涌的母亲河畔,一览黄河的壮观和雄伟,回味中华五千年文明历史。后乘车赴临汾,中餐后,乘车赴太原,途中参观闻名全国的寻根祭祖和明代迁民的遗址大槐树风景区,探寻500年前移民浪潮历史遗迹(游览约1.5小时),观"饮水思源"、根字碑,观迁民故事的雕塑群,观二、三代槐树,祭祖堂寻根祭祖。结束愉快的山西之旅,乘车赴被称为"华北第一民俗博物馆"的乔家大院(游览90分钟),乔家大院位于祁县乔家堡村正中。这是一座雄伟壮观的建筑群体,从高空俯视院落布局,似一个象征大吉大利的双"喜"字,被专家学者恰如其分地赞美为北方民居建筑的一颗明珠。晚餐后入住酒店休息。
第七天	30/9：太原—送团　含早中餐 　　早餐后,参观山西博物院(游览1小时,周一闭馆),山西博物院是全省最大的文物收藏、保护、研究和展示中心,藏品约40万件,荟萃山西文物精华,其中,青铜、玉器、雕塑、壁画等尤具特色。根据航班时间送团！ 　　(航班时间　太原—昆明　MU2243　14:45—19:30　昆明—新加坡　MU5093　23:00—02:30)

(资料来源：由四川省中国青年旅行社百姓之旅提供。)

（三）本省游加外省游旅游产品

境外游客从本地入境,既要在本地旅游,又要到外省旅游,这个时候我们为其设计的旅游产品既有本省旅游产品,又有外省旅游产品。如成都—蜀南竹海—水墨映秀—大足石刻—山城重庆六日游行程就是属于这种情况(见表4-3)。

表 4-3 成都—蜀南竹海—水墨映秀—大足石刻—山城重庆六日游行程安排

　　第一天　新加坡—成都　（不含餐）　住：成都香格里拉酒店或城市名人酒店
　　乘机前往天府之国——成都，接机后前往成都武侯祠博物馆，游览三国文化蜀国古迹——武侯祠。祠内翠柏森森，殿宇重重，布局严谨，庄严肃穆。现存高达12米的刘备墓（惠陵）、蜀汉"直百五铢钱"和47尊蜀汉人物塑像等珍贵文物。尤以岳飞手书的诸葛亮《出师表》和文、书、刻号称"三绝"的《汉丞相诸葛亮武侯祠堂碑》最为知名。后前往民俗休闲一条街——成都锦里步行街，自由活动。晚餐后可游览兼具艺术与文化底蕴的花园洋楼等建筑群落组成的宽窄巷子，徜徉其间让您充分体会"最成都"的"闲生活"、"慢生活"与"新生活"。（注：宽窄巷子也有许多小酒吧，尤其以茶马古道尤为出色，周围的海鲜烧烤乐山烧烤一定让您流连忘返。）

　　第二天　成都—宜宾—蜀南竹海　（含：早餐）　住：宜宾世外桃源宾馆
　　早上从成都出发，途经甜城、大千故乡——内江，恐之乡、灯之城、盐之都——自贡参观恐龙博物馆（门票50元/人），历史悠久、风光秀丽的万里长江第一城——宜宾，途中可远眺长江、岷江、金沙江三江汇流处。午餐后抵蜀南竹海，游览超凡脱俗、荡涤烦忧的忘忧谷景区，让万杆翠竹荡涤世间烦尘（约1小时），去我国第一家"竹"专业博物馆——蜀南竹海博物馆追溯千古民族文化，展示万载竹海精华之后（约0.5小时）回宾馆自由活动。

　　第三天　蜀南竹海—成都　（含：早餐）　住：成都香格里拉酒店或城市名人酒店
　　早餐后，前往以丹涯古穴、文物古迹为主要特色、素有"竹海明珠"之称的佛道文化圣地——仙寓洞探奇（约40分钟），赏始建于明末时期的天宝古寨（全长1500米）、古代兵法精粹——《三十六计》的丹霞石刻，感受"一夫当关，万夫莫开"的险道奇观，筏舟海中感受"天上有竹海，竹林住神仙"。碧波连天处，天上似人间"的水国景色，午餐后登观海楼赏120平方公里的竹海全景（乘坐索道40元/人），领略"万顷竹海波涛涌"的气势，漫步"玉柱框栏，红霞铺地"的翡翠长廊，游览竹海最大的瀑布群——七彩瀑布景区。随着山势的曲折还回，将您从茂竹、幽谷、小溪、飞瀑带到江畔、古洞、高崖、险峰，真正体会整个身心融入山水的乐趣（约1小时）。

　　第四天　成都—映秀—水磨—成都　（含：早餐）　住：成都香格里拉酒店或城市名人酒店
　　成都经都江堰抵达5·12大地震中——映秀，沿紫坪铺库区而上，观赏"地震壁画"，经漩口集中村、5·12断桥抵达震中映秀，参观张家坪牛眠沟汶川大地震震源点、漩口中学地震遗址等景点，登渔子溪观景台，纪念5·12大地震遇难者集体公墓。观映秀地震全貌（交警队、映秀小学、映电宾馆、映秀政府大院、岷电公司、映秀老街），后前往具有浓郁羌民族特色的水磨羌城，游览明代的古戏台万年台、清代的大夫第，以及名称取自唐代诗人王之涣的名句"羌笛何须怨杨柳，春风不度玉门关"的春风阁，沿着整洁的石板路一路前行，飘香的水磨老腊肉，鲜嫩的豆花，还有九大碗的流水席，飘得老远的香味让你忍不住向前寻去。后返程，结束愉快的行程。

　　第五天　成都—重庆—大足　（含：早餐）　住：重庆万豪酒店
　　早餐后乘动车前往重庆，随后乘车前往大足县（车程约2小时），用中餐，餐后参观世界文化遗产、全国重点文物保护单位、国家4A级景区、佛教文化圣地、晚期石窟艺术的杰出代表作——大足石刻，它始凿于唐永徽元年（公元650年），盛于宋代。现存摩崖石刻造像5万余尊，铭文10万余宁，遍布100多处。其中，比较重要的有宝顶山、南山、石门、石篆山石刻，是大足石刻中规模最大、艺术价值最高的石刻造像代表。石刻以佛教造像为主，兼有儒、道造像，具有石窟造像的特征，属于石窟艺术的范畴。早期的"庙宇殿堂"式结构，完全是摩崖造像，如大佛湾造像全都裸露在外，与山崖连成一片，给人一种非常直观的感觉。突破了一些宗教的约束，使造像更具人性化。雕刻形式有圆雕、高浮雕、浅浮雕、凸浮雕、阴雕五种，但主要以高浮雕为主，辅以其他形式。不仅有不计其数的各阶层人物形象，以及众多的社会生活

续表

场面,而且还配有大量的文字记载。 　　第六天　重庆市内游 　　早上 8:00 由朝天门乘车出发,环游半岛风光,沿滨江路赴华严寺风景区参观亚洲第一大金佛"释迦牟尼"金像,感受千年古刹的祥和与宁静,或参观重庆市一级文物保护单位湖广会馆,品读数百年前"湖广填四川"的移民浪潮。随后到重庆餐饮业重点企业周君记火锅产业工业园(约 40 分钟),参观重庆火锅制作过程,免费品尝重庆火锅产品。后至革命传统教育基地中美合作所所辖的国民党在渝最大的两个监狱渣宰洞、白公馆缅怀革命先辈(约 1 个小时),然后参观磁器口古镇感受重庆人文文化(30 分钟),经过滨江路返回渝中区参观重庆标志建筑人民大礼堂外观(约 20 分钟),车观洪崖洞,随后到重庆富园超市自由选购驰名中外的重庆特产(约 30 分钟),结束愉快旅程。

(资料来源:由四川省中国青年旅行社百姓之旅提供。)

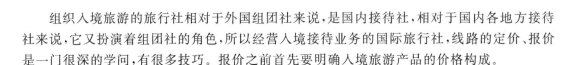

任务二　入境旅游产品的报价

组织入境旅游的旅行社相对于外国组团社来说,是国内接待社,相对于国内各地方接待社来说,它又扮演着组团社的角色,所以经营入境接待业务的国际旅行社,线路的定价、报价是一门很深的学问,有很多技巧。报价之前首先要明确入境旅游产品的价格构成。

一、入境旅游产品的价格构成

入境旅游产品报价包括国内大交通(火车、飞机等)费用、餐费、房费、旅游车费、门票、当地导游费以及综合服务费。另外,在报价中一定要列明包含的项目和不包含的项目。比如国际惯例的小费一般不包括在报价中。具体来讲,入境旅游产品的价格构成又分为以下几种情况。

（一）本地入境、本地游时的价格构成

如果游客从本地入境,只在本地游时,入境接待费用与国内接待是一样的,主要由餐费、住宿费、门票、车费、导游费、保险费即综合服务费构成。其计算公式为

入境接待社价格＝餐费＋房费＋交通费＋门票＋导游费＋保险费＋综合服务费

（二）本地入境、异地游时的价格构成

如果游客从本地进入,只在异地游时,入境接待社就充当了国内组团社的角色,入境接待价格就是大交通费用、全陪费、办证费用(如外国游客和台湾游客到西藏旅游就需要办理入藏函等)、各地国内接待社报价。其计算公式为

入境接待社价格＝城市间大交通费＋各地国内接待社报价＋全陪费＋办证费

(三) 本地入境,既有本地游,又有异地游时的价格构成

如果游客从本地入境,既有本地游时,又有异地游览时,入境接待社既充当了入境接待社的角色,又充当了国内组团社的角色,因此其价格构成就包含了上述两个部分。其计算公式为

入境接待社价格＝本地接待费＋城市间大交通费＋各国内接待社报价＋全陪费＋办证费

二、入境旅游产品的报价流程

(一) 向各服务单位询价

入境计调与境外游客确定好旅游线路之后,就开始以询价单的方式向酒店、餐饮公司、汽车租赁公司或者外地地接社等部门询价,要求对方尽快确认报价,没有询价是不能报价的。

(二) 入境接待社内部计价

入境计调计价就是把通过询价的各服务单位的报价加起来,即计算入境接待社总成本的过程。计价一定要准确,不要遗漏相关服务项目。

(三) 向境外组团社或者国内相关部门报价

入境计调在计价的基础上,根据团队的实际情况和旅行社的经营情况加上一定比例的利润,就可以向境外组团社或者国内相关机构报价了。

案例分析

某旅行社入境部欧洲业务处的小张,做计价业务已经快1年了。小张聪明伶俐,一学就会,进步飞快,师傅老王对他很满意,小张自己也觉得可以出徒了。小型团队和零散客户的计价工作,师傅已经让他独立操作了。在此之前,每次算完价后,师傅都要仔细审核,确认无误后才能发给客户。适逢年末,一年一度的计价高峰又如期而至,在此期间,所有的业务人员都在埋头苦干,忙得不亦乐乎。刚刚开始独立操作的小张也不例外。为了能多出活,小张也顾不得师傅教过的流程了,怎么快就怎么来,效率倒是蛮高的,一大摞的报价也都如期完成,大家总算能缓口气了。

在小张的报价中,有一家很快就回复确认了,而且还有好几个团队预订。小张很高兴,赶紧把这个好消息告诉了师傅。可是当师傅看过小张的报价后,原本满是喜悦的脸上突然阴云密布。师傅指出小张的报价有漏项,所以直观价格才显得那么诱人。他在附加费用中少算了风味餐、索道费和机场建设费(现如今,机场建设费已含在机票里代收了,故避免了这方面的差错)。因为忙,小张没有严格按师傅所教的流程,一步步地计价、审核,也没有用计价表,仅根据客户的行程进行核算。行程中的需求很分散,有很多还隐藏在字里行间,很容易被忽略,只能按照计价表中的内容逐一核对,才可避免漏项。小张觉得自己对计价的内容和项目已经很熟悉了,甚至可以倒背如流,用不用计价表都无关紧要。其实不然,人们往往对越是

熟悉的东西,越容易忘记和忽略。就像学生考试一样,越简单的题目反而越容易出错。

少算的这几项的金额加起来也不少,核算后,该团亏损。这是小张始料不及的,高兴的心情也因此烟消云散。与客户联系后得知,该报价已打在客户的广告上,无法追加报价。一言既出,驷马难追呀!该团的价格只好如此了,只能赔本赚教训了。根据公司规定,小张承担了部分经济损失。

(资料来源:周晓梅.计调部实操手册[M].北京:旅游教育出版社,2007.)

问:入境计调应该从该案例中吸取哪些教训?

分析提示:计价中不可漏项,一定要反复审阅行程,逐项进行核对,最好能由具体报价人员和业务主管双向审核,确保万无一失后,再报出,防止差错,避免损失。错误的价格一经报出就是泼出去的水,报价不讲信用,出尔反尔,会影响公司声誉和业务合作。另外,不要拒绝像计价表这类的工具,它是人们的经验和智慧的结晶,学会利用它,可使自己的工作事半功倍。

三、入境旅游产品的报价方法

纵观全国国际旅行社入境游接待的实际情况,总结得出入境旅游接待的报价形式主要有以下两种。

(一)含综费式报价

综费指的是综合服务费,包括市内交通费、导游服务费、领队减免费、通信联络费、旅行社宣传费等,然后平均到每个游客身上,按照一定的标准收取费用。目前很少使用这个方法了。

(二)成本利润报价法

成本利润报价法就是把入境接待社的各项成本加起来,然后加上一定比例的利润,就作为向境外组团社或国内相关机构的报价。成本包括入境接待社本地接待的住宿、餐、车、门票、导游等费用和到异地旅游的大交通费、异地接待社费用、全陪费用等。利润根据各个旅行社的实际情况而定,一般在15%~20%。目前各旅行社主要采用这种方法报价。现以成都—阿坝十日游为例,该团的成本为4304元/人,假定利润率为10%,那么报价应该为4734元/人(见表4-4)。

表4-4 成都—阿坝十日游

24/10,第一天:新加坡—成都　　住:成都
25/10,第二天:成都—都江堰—汶川—茂县—松潘—川主寺—九寨沟(440 km)　　住:九寨沟沟口
26/10,第三天:九寨沟日则沟、则查洼沟　　住:风情街
27/10,第四天:九寨沟　　住:川主寺
28/10,第五天:川主寺—若尔盖—花湖—若尔盖(223 km)　　住:若尔盖
29/10,第六天:若尔盖—唐克—瓦切(100 km)　　住:瓦切
30/10,第七、八天:瓦切—达古冰川—黑水　　住:黑水
1/11,第九天:米亚罗—桃坪羌寨—成都　　住:成都
2/11,第十天:成都—新加坡

续表

团队报价	4734元/人				
日期	2016年10月份出发	人数	7人	费用合计	4304元/人
用车	车:9020元/台(15+2座全顺)+接机送机200×2+接送费150×2÷7=1388(元/人)				
住宿	房:1124元/人 成都100×2(准四)+九寨沟80+九寨沟景区口200+川主寺90+若尔盖140+瓦切100+黑水180+古尔沟134(当地准四星,九寨沟一晚当地准四,一晚景区内藏式小别墅,瓦切为一般住宿)				
门票	九寨沟310+花湖65+九曲55+达古冰川120+观光车70+卡龙沟48+毕棚沟30=698(元/人)				
用餐	35元/正×15正=525(元/人) （正餐餐标为每人每餐35元,酒店含早餐）				
导服	450元/天×8天÷7=514(元/人)				
保险	保险:55元/人				
计价	计价＝车1388+住1124+门票698+餐525+导514+保55=4304(元/人) 合计:4304元/人				
报价	报价＝4304+利润＝4304(1+10%)＝4734(元/人) （假定按照10%利润来计算,利润可以根据实际情况变化）				

四、入境接待社报价说明

入境团队的报价除大交通费用外,极少采用分项明细报价的形式,一般核算出单人地接价即可,以下几项需要在报价中明确标准。

(一) 单房差

单房差是指单间差,就是客人单独包住一个房间需要另外缴纳的房费差额。由于客人的特别要求、团员人数或者男女搭配不成比例等原因,有少数客人可能会单独包住一间房间。此项费用作为境外旅行社的支出项目,需要在报价中单独列出。许多境外团队客人在我国国内的旅游住宿是单人单房的形式,此类情况下不存在单房差的问题。

(二) 15+1 FOC

FOC是英文 free of charge 的缩写,15+1 FOC 就是16免1的意思。国际旅游业内的财务结算有每满16个客人就减免一个收费的惯例。如航空公司在对旅行社销售时,对满16个客人的团队有优惠1个客人机票的促销方式,旅行社的地接费用同样采用这种计算方式。入境地接计调在报价单上一定要将这项惯例作明显的标注,以方便境外旅行社对旅游产品的销售。不同的旅行社对"16免1"中被免费客人的成本核算方式不同,有的旅行社要求将这项成本计算入报价中,也有的在自己的利润中内部消化。

(三) 列出报价中包含的项目

由于入境团队报价单上没有对价格的分项描述,因此入境地接计调需要单独在页尾将报价所包含的项目一一罗列清楚。这些项目包括旅游酒店的星级标准、旅游正餐(包括风味餐)的次数和标准、旅游交通的标准、游览景点的门票说明、导游服务语言种类及标准等。大交通的费用以及票面种类,如内陆段机票、火车票或船票,一般单独列出,不包含在单人价格内。

一般来说,入境接待报价不包含短途火车上用餐、航空意外保险以及各种自费项目等。

(四)优惠项目

为增强竞争力,细化对客人提供的服务,地接社经常会提供众多优惠项目,入境地接计调要将其作为一项促销手段单独在报价中列出。如瓶装饮用水,客人购买不方便,地接社会免费为客人提供矿泉水;热带地区客人前往寒冷地区旅游时,缺少生活经验,旅行社将免费为客人提供棉帽、手套、围巾、口罩等;旅行社免费提供当地风味餐等。

(五)陪同人员的费用

入境团队的陪同主要是海外领队或者全陪,国内接待社会对陪同人员费用向国外组团社报价,一般包括大交通费和陪同床位费。

(六)结算方式

入境游中,一般是国内接待社向海外组团社先收一部分预付款,其余部分在团队离开前结清。

(七)免责声明

入境游接待报价在实施过程中若因不可抗力造成的损失,旅行社不承担责任,由此产生的费用客人自理。还有因天气原因需调整游览顺序时,旅行社有权调整顺序,但是要确保不减少计划游览项目。

知识演练

对境外旅行社的分项报价形式

如果境外旅行社需要分项报价,入境地接计调要及时提供。以下是某旅行社就某行程北京段的分项报价原稿,供参考("北京、西安、济南、泰山、曲阜、上海、苏州十三日游"行程略)。

尊敬的××女士/先生:

您好!根据您的询价要求,您所需要的北京段分项报价已经做好,请参阅!如有不明之处,敬请来电!

一、分项报价如下(各项报价皆为人均价格)

1. 门票:故宫_____元+八达岭长城_____元+定陵_____元+颐和园_____元+天坛_____元=_____元。

2. 车费:总计_____元;(按15人计算)平均每人_____元。

3. 综费：_____元。
4. 酒店费用：三星级：_____元（单间差：_____元/人）；四星级：_____元（单间差：_____元/人）。
5. 餐费：便餐：_____元；烤鸭风味：_____元。
6. 火车票：北京—西安：软卧_____元。

二、以上报价合计

三星级酒店住宿总报价：_____元；四星级酒店住宿总报价：_____元。

三、备注

（一）报价含

1. 北京三晚三星或者四星级酒店房费（含西式自助早餐，酒店房费为2人分住一间的标间费用）。
2. 景点首道大门票。
3. 英语导游。
4. 旅游车费。
5. 行程中所列餐费：5个便餐和一个烤鸭风味餐。

（二）报价不含

导游和司机小费。

×× 旅行社计调部
× 年 × 月 × 日

任务三　入境接待计调的采购业务

入境接待旅行社主要是采购本地旅游服务，但是很多时候入境游客除了在本地旅游之外，还要到异地游览，这时入境接待社又充当了国内组团社的角色，还需要采购大交通、异地接待社、全陪、办证等服务，下面分别阐述。

一、餐饮采购

入境游客正常日程中每天需要安排一个早餐和两个正餐（包括午餐和晚餐）。在旅游餐的预订方面，入境地接计调应该注意以下几点。

（一）入境计调亲自选择用餐地点

跟国内旅游客人餐饮预订有所不同，对于境外客人，入境地接计调要亲自选择用餐地点，进行团队餐的预订，不允许导游私自订餐，更不能给导游提供拿餐饮回扣的机会。导游必须带领团队在旅行社安排的餐厅内用餐。遇到必须更换餐厅的特殊情况，导游也必须得到计调批准后方可更换餐厅。

（二）关注境外客人的饮食习惯

境外客人的饮食习惯普遍清淡，菜肴里面不要放味精，要求菜品不能油腻，口味也不能过重；部分境外客人对以动物内脏为主料制作的菜品非常反感；狗肉菜品对于宠物保护观念强烈的客人同样不适应；很多入境客人因为宗教信仰等原因还拒食牛肉、羊肉菜品。对于以上特殊情况，计调一定要提前与餐厅协调好，保证满足客人各种合理的用餐要求。近年来，也有要求提供素食的客人，他们的菜品需要餐厅单独提供。素食分为绝对素食和相对素食，绝对素食就是菜肴不要放包括葱、姜、蒜在内的任何佐料，油只能用植物油，即便是鸡蛋在他们眼里也属荤菜类而不能接受；相对素食可以有鱼类和鸡蛋。

当然，对于有特殊要求的境外客人，境外旅行社一般会提前以醒目的方式给国内地接社以提醒，入境地接计调对此类要求一定要在尊重的基础上进行细致而特别的安排。

（三）合理搭配一日三餐

境外客人的早餐一般安排在酒店吃，以中西餐结合的自助餐为宜。正餐要吃出特色，吃出品味。所谓特色，就是多安排一些有中国特色的餐厅和菜品，比如山东的鲁菜、四川的川菜、湖南的湘菜、广州的粤菜等。很多的游客在来中国前，对中国的特色菜早就有了一定要尝尝的心理。所以，在安排用餐时一定要有当地的特色并与中国文化巧妙结合，才可能让客人满意。

（四）高度重视用餐环境

入境地接计调对境外客人的用餐环境要予以高度重视。除了保证菜品干净、可口、足量等基本的条件外，还要保证餐厅用餐环境良好，尽量安排境外客人在包房、无烟、安静和方便进出的区域用餐。

知识链接

德国人吃得比较简单。早餐主要是面包、黄油、果酱和咖啡，午餐和晚餐一般只有一个汤或一道菜。过节时，餐桌上才相对丰富一些，通常也不过是香肠和蛋糕等。德国人喝啤酒达到惊人的地步，平均每人一年饮啤酒145升。

俄罗斯菜包括菜肴、小吃和饮料。第一道菜通常是一种由肉、白菜和其他菜做成的有名的俄罗斯菜汤,第二道菜通常是炖牛肉以及各种菜一块炒的牛肉,第三道菜通常是甜食和水果。俄罗斯人喜欢喝伏特加。俄罗斯的主食当然是面包,包括白面包和黑面包。早餐一般包括小吃,第一道菜和第二道菜,甜点或水果,下午喝茶,晚餐一般比较丰盛,只是没有汤。

美国人吃得比较单调,一年到头,吃的总是那几种,如咖啡、牛奶、可口可乐、面包、热狗、三明治、汉堡包、煎牛排之类。美国人吃饭时,有的先喝一杯冰水,有的先喝一小碗汤,然后往往是一盘沙拉,接着就是一道主菜牛排,然后吃水果,不饱的话,再吃块甜点。平时就吃得十分简单,早上喝点牛奶煮麦片,吃些面包或果酱;中午一般不休息,吃个夹肉的三明治或夹香肠的热狗,喝杯咖啡就算了事;晚上回到家里,除了生菜之外,再加一道菜。

日本人饮食比较朴实而简单。许多工作职员的早餐多是面包夹香肠或奶油、果酱,一块蛋糕,一杯牛奶。午餐在单位吃盒饭,包括大米饭、鱼、肉、咸菜和西红柿等。日本人晚餐都回家吃,多数是一饭一菜一汤,男人们都是晚饭时喝酒。日本有名的生鱼片,因价格较贵,老百姓平时很少吃。日本人吃饭时,各种食品的配色很讲究,红黄粉绿,像工艺品一样好看,色、香、味、鲜俱全。

(资料来源:http://shenghuo.foods1.com/show_19352.htm.)

二、住宿的采购

境外客人非常注重住宿环节,多数境外客人把住宿当作实现旅游目标的重要保障,晚上在饭店休息得好才能保证第二天的旅程顺利。一般来说,境外客入住饭店比较豪华高档,大都是四星或者五星级饭店。入境地接计调在预订住房时应该特别注意以下几点。

(一) 预订时间要早

星级饭店的住房预订大多由专业的电脑程序来处理,可以准确地接受几个月之后,甚至十几个月后的房间预订。入境地接计调应尽可能早地将团队的用房预订通知饭店,房间预订得越早,计调对旅游团队房间安排的主动性越大,团队的接待工作就越有保证。

(二) 预订要有据可查

入境地接计调与饭店销售部的业务往来应尽量选用传真等书面方式进行,要养成及时归档用房确认的好习惯。当使用电了方式时(如 QQ 或者 MSN),一定要在电脑中保存好相关的消息历史记录,以备后查。

(三) 超预订房间

入境地接计调收到的团队操作预报,一般是境外旅行社根据经验对团队销售的判断结果,所预报的人数一般不会有很大的变动,但是会有小范围的调整。入境地接计调在预订饭

店时,除了要保障客人的必须用房数量外,可以多预订3间左右的房间,一般的饭店都允许团队抵达时临时取消超预订的房间。

(四) 及时作最后确认

境外旅游团队临近成行日期时,境外旅行社会发来最后的确认名单,这份确认名单将关系到国际机票的出票情况,一般来讲名单会十分准确。地接计调要将此名单及时传送给所预订的饭店,一方面可以将团队准确的用房数告诉饭店;另一方面,很多境外领队有要求饭店提前分房的工作习惯,饭店得到名单后才可以将房间分配好,团队抵达后客人就能够直接入住,行李员也可以依照名单与房号将客人行李及时送达。

(五) 要留意客人的特别要求

由于生活习惯的不同,一部分境外客人对入住的房间会有一些特殊的要求。比如酒店品牌的选择,需要用国际品牌还是当地品牌的酒店,入住无烟楼层、无烟房间、房间通风良好、卫生间特别干净等,也有多人参加一个团队时,要求房间要安排连通房。当然有特殊要求的客人在团队出发前会把自己的特别要求告诉境外旅行社,入境地接计调在接到这些要求时,一定要通知饭店认真落实,最大限度地满足客人的愿望。

三、交通工具的采购

(一) 交通工具的预订

1. 境内大交通的预订

境外出具的国际段或者国际+国内联程票的价格要比国内出具票价优惠很多,境外旅行社可以自行完成查询并定制大交通票据。但是,我国国内段的铁路、水运等大交通工具的安排几乎全部由我国的入境地接社计调提供信息、预订并购买。购买火车票和船票时,最好是连号票,这样方便客人集中,客人和客人之间可以互相照顾。入境地接计调在预订国内大交通票据时,一定要注意交通票的时间跟旅游行程协调一致。

2. 旅游汽车的预订

除了大交通之外,境外客人在国内某一地域的实际旅游交通工具以旅游汽车为主,计调要提早进行旅游汽车的预订。近年来,我国境内使用的旅游汽车更新换代步伐很快,但是,这些旅游车的硬件状况、舒适程度等与境外普通交通工具相比尚有较大差距。境外的旅行社与客人对此情况都比较了解。

入境地接计调一定要认识到国内与境外在交通工具质量方面存在的差距,预订车辆时要注意安排车况新、乘坐相对舒适、行李架齐全、影音娱乐器材齐备的豪华旅游大巴。境外团队所用的旅游车不能一人一车座,建议要预留1/3以上的空位,比如20人的旅游团队要安排37座左右的旅游车。

(二) 交通工具的再确认

1. 国际机票的再确认

入境团队的大交通一般牵涉国际航空机票,所以地接计调对此一定要有充分的认识,在境外团队进行旅游活动期间,计调应及时掌握交通工具的变化情况,并针对变化做出及时的调整。

入境旅游团队的往返国际机票由境外旅行社出具,虽然办理国际机票的再确认等手续是领队的职责,但是领队毕竟是境外人员,入境地接计调应该设身处地为领队和客人多做协助工作,团队是否能够按照预期的返程航班准时返回,与国内旅行社的接待工作息息相关。

随着信息技术的发展,传统的纸质客票被电子客票取代,客人不用携带机票就可以顺利登机,但是电子客票在方便客人的同时,也缺少传统客票对于客人的信息提醒功能,时常有客人弄错返程的航班时间。因此,计调应该协助领队及时核对国际段机票信息并提醒团队的返航航班详细情况,对于境外团队来说,这项工作非常重要。

2. 国内机票的再确认

计调在操作有国内段机票的入境旅游团队时,其中一项很重要的工作就是协调上下站接待旅行社,通知他们准确的航班信息,不能出现上站送出客人下站没人接待客人的情况。如果一个城市有两个以上的机场或者航站楼,计调要跟领队、导游员作特别的提醒。

计调受境外旅行社的委托代订国内段机票时,要核实清楚旅行社和客人的要求,当客人的机票有时间、航班班次和舱位等级的不同要求时,一定要特别注意,在出票前仔细核对确认。

3. 对铁路、水运客票的再落实

包含有境内铁路、水运安排的入境团队,计调协调上下站接待社的衔接也十分重要,一定要仔细落实,坚决杜绝在衔接过程中可能发生的任何问题。

如果境外客人乘坐的火车或者轮船检票时间短,建议客人提前将大件行李托运,必须随车船的行李提前联系好车站行李包房或者小红帽代为有偿搬运;如果旅游团从某地出发,在另一段的旅游活动结束后,还要再次返回某地,计调可以提醒客人将用不到的行李在住宿饭店免费寄存。

四、旅游景区的采购

(一)准备景区(景点)所需资料

旅行社与景区(景点)会签订合作合同,按照合同规定,景区(景点)给旅行社提供优惠门票。不同的景区(景点)在不同的时间段,要求旅行社提供的材料不尽相同。入境地接计调在团队入境前要及时与景区(景点)联系,按照合同约定准备进入景区(景点)所需要的资料和文件。

(二)熟悉景区(景点)的容量

随着人们的资源保护和可持续开发利用等意识逐渐提高,部分景区(景点)已经对外界公布每天限量接待的规定,计调对于此类景区(景点)的最大日容量要熟悉。在公共节假日和旅游旺季,特别是操作大型的包机、专列、邮轮等团队时,入境地接计调一定要提前和景区协调好,保证境外客人在景区(景点)的可进入性。

五、旅游购物的采购

自《中华人民共和国旅游法》实施以来,媒体的解读和公众的眼球对这个由行业规定升级为国家法典的法规,关注最多的就是"禁止强迫游客购物"。入境游客虽然是外国人或者港澳台同胞,但是他们在中国境内的旅游活动适用于《中华人民共和国旅游法》,而且海外媒体和公众对这部法规的关注程度丝毫不亚于境内。因此,入境地接计调在安排境外游客旅游购物时,应特别注意以下几点。

(一)不能强迫购物

客人的购物活动应该遵循自愿购物的原则,不能强迫,计调不能将购物安排作为必需项目写在日程里。

(二)应该向境外旅行社和游客介绍购物点情况

法规中"不强迫购物"的要求不等于"不能安排购物"。旅游购物是客人消费异地文化的一项内容,同时也是增加旅游目的地收入的一项来源,国家出台这项法规的目的绝对不是限制游客的购买行为,而是为了更好地保护游客的消费行为。计调可以向境外客人提供当地特产及购物点的相关情况,供客人自主选择。

(三)禁止导游安排计划外购物

入境地接计调在给导游交代任务时,应特别强调对于境外客人购物的相关要求,明确告知导游不能随意安排购物。如果境外客人自行提出增加购物点的要求,导游应在第一时间请示旅行社,之后听从指示为客人安排。

(四)珠宝类商品的购买要谨慎

据统计,境外游客对于购买珠宝类商品出现的纠纷是比较多的,入境地接计调在日程中要向客人做出特别说明。

知识演练

问:购买珠宝时常常会遇到哪些陷阱?

答:一是以次充好,如将B货、C货、D货翡翠冒充A货翡翠;二是以假充真,如以染色石英岩冒充翡翠,以玻璃冒充水晶,以玻璃猫眼冒充天然猫眼,以合成宝石冒充天然宝石;三是标识不明,如为珠宝玉石定名混乱,所用金属材料标注不明确,一些商家用金、银、铂之外的非贵金属作为首饰材料,但在销售时却不加以说明;四是价格陷阱,很多商家利用消费者喜欢砍价的心理,标出高额天价,然后虚假打折。

六、旅游娱乐项目的采购

与旅游业发达的国家和地区相比,我国的旅游娱乐受多种因素的制约,开发水平相对滞后,尤其是我国北方的旅游城市,旅游娱乐是个硬伤。但近几年来,在各级领导的关怀下,旅游娱乐业有了较大的进步,发展比较迅速。如山东省济南市的《粉墨剧场》、曲阜市的《杏坛圣梦》、泰安市的《封禅大典》;云南省的"印象·丽江";湖南的"魅力湘西";四川峨眉山的《圣象峨眉》、九寨沟的《九寨千古情》、《藏谜》等文化演出,都是境外客人特别喜欢的娱乐活动。

旅行社计调有义务、有责任及时向境外旅行社和客人介绍这些娱乐活动。在实际旅游行程安排时,娱乐活动通常是由导游现场推介,客人本着自愿的原则进行选择,旅行社不作为报价项目和预订的内容。

七、国内异地接待社的采购

入境旅游者在本地入境,还需要到异地旅游时,入境接待社还需要选择异地接待社。入境接待社应根据旅游客源市场的需求和发展趋势,有针对性地在各旅游目的地旅行社中间进行挑选和比较。

异地接待社的主要职能是根据入境接待社的预订,向当地旅游服务供应商订购有关服务,如客房、餐饮、汽车、景点门票、文娱门票以及赴下一站的机(车、船)票等,将它们组合成包价旅游产品并在制定价格后预售给组团社。第一接待社在旅游者到达本地后,向他们提供上述已销售出去的各项服务,组织安排他们在本地旅游,并在事先或事后和入境接待社结算和收费。

异地接待社的选择,是入境接团社发团管理中的一个重要环节,对整个旅游活动的成功与否,起着关键的作用。入境接待社对异地接待社要多方选择、重点培养,建立长期、稳定的合作关系。入境接待社在掌握了众多异地接待社的情况后,要根据本次旅游团队的特点和要求,综合考虑各种因素,选择合作过的旅行社作为异地地接社。有时,一个团队的旅游目的地不止一个,那么,就会涉及两家以上的地接社,所以,还要考虑各地接待社之间的衔接和协作等因素。

总之,通过各种选择渠道,将意向性的合作伙伴的资料存档,填制地接社基本情况一览表。在建立合作关系之后,应按时记录地接社的接团情况。

任务四 入境接待计调操作流程

入境接待计调的操作与国内接待计调的操作流程基本相同,只是国外入境团队在入境前需要准备好相关手续,比如邀请函、中转机票、入境客人的资料登记等。另外,入境团队往往行程长,不是单纯在某一个城市或者区域游览,这样就需要多家旅行社共同操作完成。入境游客从报名、游览到最后结束游览需要很长的时间,在这个过程中入境计调不仅需要扮演入境接待计调的角色,还需要扮演国内组团计调的角色,因此,一定要严格按照工作流程来操作。

一、接听境外直客或者国内横向游客的咨询电话

入境接待计调的工作流程是从接境外直客或国内横向游客的咨询电话开始的。境外直

客或国内横向游客打电话主要是咨询旅游线路和报价。入境计调在接听电话时应该问清对方的单位、姓名、电话、传真（最好能问到手机）、团号、抵离时间、往返大交通、所需产品（行程线路）、等级标准、团队大概人数、出行日期、客人有无特殊要求（如风味餐、增减住房、禁忌等）等相关信息，并做好相应的记录。

二、确定旅游线路

如果境外直客或国内横向游客提供了旅游线路，入境计调就要仔细阅读并审核他们提供的行程，如认为安排不合理，或地接方面的特殊情况不可能实现的，要向对方说明情况要求更改，并提出相应合理、可行的建议。如果境外直客或国内横向游客没有提供旅游线路，入境计调就可以根据境外组团社客户的要求推荐旅行社现有的旅游线路。如果境外组团社对现有的旅游线路不满意，可以根据游客的要求重新设计旅游线路。经双方协商同意后作为最终的旅游线路。

三、询价、计价、报价

入境接待社需要以传真、电话或网络的方式向具有接待外国游客资质的接待单位询价，要求对方传真确认接待价格。入境计调把各接待单位的报价加起来就是入境接待社的总成本。在总成本的基础上加上一定的利润（一般是15%~20%）之后就可以向境外直客或国内横向游客报价。报价的项目包括大交通费、住宿费、餐费、景点门票费、导游服务费、大交通费、异地接待费、利润等。入境接待社给境外组团社都是报总价，不分项报价。入境接待社给国内同行报价，一般要分项报价。

四、与境外直客或国内横向游客签合同

行程和报价确定之后，入境接待计调就与境外直客或国内横向游客签正式的旅游合同了。其中，对双方约定的事项进行程序上的确认，是入境计调人员在操作上必不可少的程序。入境合同没有固定的格式，有些旅行社仍然使用国内合同，但是，一般入境接待旅行社都事先与境外组团社签订了长期的合作协议，基本上都使用的是外文入境合同，每次接待入境游客直接签订已经拟定好的合同就可以了。合同内容包括旅游时间、付款方式、时间、交付金额，双方的权利、义务、违约责任等。在双方协商时注意文字表达，避免发生争议。应该向对方提醒合同中的敏感条款，并加以适当的解释和说明。在双方没有任何异议的情况下，签字生效，计调人员一定要注意，如果任何一方没有签字，则该协议或旅游合同将视为无效。

五、制订团队接待计划

接到境外组团社书面预报计划后，将团号、人数、国籍、抵/离机（车）、时间等相关信息登录在当月团队动态表中。如遇对方口头预报，必须请求对方以书面方式补发计划，或在我方确认书上加盖对方业务专用章并由经手人签名，回传作为确认件。

随后，计调需制订接待计划，将人数、陪同数、抵/离航班（车）、时间、住宿酒店、餐厅、参观景点、地接旅行社、接团时间及地点、其他特殊要求等逐一登记在团队动态表中。

六、向各接待单位落实接待计划

计划登陆之后,就开始向各有关单位发送计划书,逐一落实。入境游客在本地入境、本地游览,计划的发送与国内接待计调是一样的,只需要给本地的酒店、餐饮、汽车租赁公司等单位发送计划就可以了,并要求各单位书面确认。

入境游客从本地入境,先在本地游览还要到异地游览时,入境计调除了向本地各接待部门发送计划外,还需要向异地接待社、大交通等部门以传真方式发送团队接待通知书并要求对方书面确认。如遇变更,及时做出更改件,以传真方式向协议地接社发送,并要求对方书面确认。

七、向境外组团社或国内相关单位确认计划

境外组团社或国内相关单位把团队接待计划传真给入境地接社时,在计划中会附有一份回执,要求入境地接社或国内相关单位在收到接待计划后,将团队计划落实情况确认后盖章回传给境外组团社或国内相关单位。这样,境外组团社或国内相关单位收到回执后就可以放心发团。入境地接社对确认的接待计划负有法律责任,入境接待社以计划确认书的方式进行确认。

八、编制团队运行计划

团队运行计划由团队基本情况(含个性要求)、日程安排、游客名单三个部分组成,详见项目三任务五。

九、选派导游人员

(一) 接待境外团队的导游人员的选派

入境地接计调要根据境外旅游团队的实际需求和旅游行程所跨越的地域范围,合理选派导游人员,主要分为以下两种情况。

1. 选派地陪导游

如果入境旅游团队的旅游行程是入境地接社可以直接操作的,此时地接计调可以选派一名地陪导游为境外团队提供服务。在此情况下,从接团开始,到送团结束的整个旅游过程,皆由此地陪导游负责完成。

2. 选派全陪导游和地陪导游

如果入境旅游团队的旅游时间相对较长,行程相对复杂,跨越几个城市或者省份,由一个国内旅行社难以完成全部的接待任务,此时,与境外直接联系的国内接待社就成为总接待社,计调为总计调,总计调一方面要安排所在旅行社导游(此导游可以称为总导游)完成其所在地区的地方旅游接待服务(总导游在此区域是地陪导游的角色);另一方面,总导游要自始至终参与旅游团队在境内各地的各项活动,配合各地地陪导游的工作,同时代表总接待社监督团队在各地的接待质量,负责旅游团队在不同区域间的顺利交接,处理发生在旅游过程中的各种事件(此时间段内,总导游的角色是全陪导游),责任重大,任务艰巨。

境外旅游团队尤其是跨越地域范围较广的境外团队,其导游的选派是一项十分重要的工作。计调一定要优选能够长期出差执行接待任务、有较强的独立工作能力、有长时间的从业资历、有丰富的工作经验、有较强的工作责任心、有良好的组织协调能力、有较高的导游技巧、有广博的知识面、善于调节气氛、能够控制大局的导游来担当重任。

(二)发放资料物品

入境地接计调要将旅游接待计划书、各个相关合同复印件、各种出团表格、各类出团所需物品一一发放给导游,以尽早做好接团前的物质准备工作。地陪导游出团前到入境地接计调处领取的文字材料主要有电子行程单、景区介绍信(协议单)和签单表等。

(三)布置填写团队日志

计调要特别交代导游做好团队日志,为入境团队留下宝贵的旅游活动资料。目前,很多旅行社的计调和导游都忽视团队日志的作用。有些旅行社虽然对团队日志有要求,但实际上不重视,只是将团队日志视为一个敷衍了事的程序和一本流水账,其实这是对团队日志作用的一种曲解。团队日志作为导游陪同团队的第一手资料,对旅行社工作的监督和提高有很重要的作用,因此,计调要高度重视团队日志的重要性,要求选派的导游养成良好的实事求是地书写团队日志的习惯。

十、全程跟踪团队

(一)接团

境外团队到达的前一天入境计调要再次提醒导游注意接团,安排导游准时到机场(火车站、码头、车站等)接团。接团工作开始后,旅行社接待计调将从多方面为旅游者提供服务,旅游者与旅行社的接触也随之增加。因此,接团工作的好坏,直接关系到旅行社的知名度和效益。

(二)首次拜访团队

对于境外旅游团队来说,计调能够去拜访游客是一件很好的事情。一方面计调可以作为旅行社的代表,与境外旅行社的领队见面认识,对领队表示尊重;另一方面计调可以见到客人,直接征求客人对旅游安排的意见和建议,建立感性认识,如果有必要,可以根据领队和客人提出的合理要求对行程进行适当修改和完善,更好地为客人提供有针对性的服务,提升旅行社的服务层次。

对入境团队首次拜访的时间与地点没有固定要求,计调可以选择在机场、首次用餐餐厅、客人入住的酒店、景区的入口等场所,由导游向领队和客人介绍计调的身份,并讲明来访目的。入境游客与领队对旅行社提供的这种服务一定会十分欣赏。

(三)主动与领队沟通

境外领队作为境外旅行社的代表,在为客人提供满意服务这一工作中起到无法替代的重要作用,在团队旅游活动进行过程中计调要主动与领队进行沟通,一方面可以直接了解客人的要求并会同导游与领队提出解决办法,方便领队的工作;另一方面通过领队的反馈,了解导游的工作情况,对导游的工作进行质量监督。

（四）处理团队旅游期间的突发事件

境外团队在旅游过程中，可能遇到纷繁复杂的各种情况。出现的任何问题和事件都可能给游客带来麻烦和困难，这些问题处理不好，不仅会影响客人的游兴，甚至会给旅行社的声誉带来不良影响。导游在带团的过程中要时刻保持警惕，采取各种措施预防问题和事件的发生。对于已经发生的问题和事件，入境地接计调要及时提醒导游会同境外领队进行处理，必要时计调和旅行社领导要亲自前往进行处理，尽量杜绝或者减少突发事件对于旅游活动的影响，最大限度地保证客人旅游活动的顺利进行。

（五）最后回访

境外旅游团队在我国国内的旅游活动结束后，作为入境地接计调，一般在团队离境前应该对领队进行短暂的回访，一方面可以征求领队对接待工作的意见和建议；另一方面可以表达友谊和惜别之情，诚邀下次再来。回访的方式多种多样，如果有见面的机会，地接计调可以选择在酒店、机场、餐厅等场所见面；如果没有机会见面，电话回访也是一种很好的方式。

（六）后续工作

1. 游客意见书的回收与处理

游客是计调所安排的所有旅游活动的全程直接参与者和体验者，他们的意见和建议对计调工作的改进十分重要。

出团前计调交给导游的中英文双语意见书一般包含客人对旅游过程中的食、住、行、游等要素的意见与建议。对于每项指标的考核一般设计有"优秀、良好、一般、较差"等级别让客人选择，但是每一项旅游要素的评价都留有余地，给希望表达更多意见的客人提供方便。

计调可以通过客人提出的意见对导游的工作进行了解，意见书对于计调总体衡量导游的工作具有十分重要的意义。

计调要求导游回收并上缴至少70%的客人意见表。对客人普遍反馈的问题，计调应该引起足够的重视，必要时要亲自调查，找到引起问题发生的原因并给予妥当处理，选择适当的方式给客人一个合理的答复。

知识演练

请你制作一份境外游客意见书。

境外游客意见书

尊敬的宾客：

您好！欢迎您来旅游观光，并感谢您选择了我们的服务。为了保障您的合法权益和提高我们的服务质量，请您据实填写此份征求意见书。谢谢您的支持与合作，并祝您身体健康，万事如意！

团号：　　　　导游：　　　　司机：

1. 您对导游服务的评价

□十分满意　□满意　□一般　□不满意

说明：

2. 您对司机服务及车况的评价
□十分满意　□满意　□一般　□不满意
说明：
3. 您对餐食的评价
□十分满意　□满意　□一般　□不满意
说明：
4. 您对住宿酒店的评价
□十分满意　□满意　□一般　□不满意
说明：
5. 您的其他意见

签字：
日期：

2. 回收并审阅团队日志

团队日志是境外旅游团队档案的一个重要组成部分，计调应该要求导游及时认真填写并上交，在仔细研究后做归档处理。

3. 回访海外旅行社

境外旅游团队在结束旅游活动返回客源地后，境外组团社将及时回访客人。入境地接计调应该选择合适的时机，与境外旅行社联系，了解境外游客对接待旅行社的意见和建议，并对反馈的问题及时处理。对于在我国境内出现过问题的旅游团队，计调跟境外旅行社的主动沟通显得更加重要，地接计调应及时询问客人对善后处理工作的意见并采取相关措施，保证将各种损失降到最低。

4. 审核账目

团队的成本核算中(见表 4-5)，导游所控制的团队费用支出是灵活性较大的一项。这项支出控制得好，团队盈利就高；这项支出控制得不好，团队的盈利核算就没有科学性，而团队总体支出的主要控制人员就是计调。

因此，入境地接计调不仅要催促导游及时报账，对导游上交的支出凭据应该进行仔细严格的审核，坚决杜绝不合理的支出发生，保证团队的盈利，使得导游形成良好的报账习惯，进而保证旅行社的利益。

表 4-5　团队财务核算单

团号	CS—2016—	人数		借款	
行程		陪同		余款	
现金					

续表

	景点	金额	景点	金额
门票				
	现金小计		转账小计	
	宾馆名	金额	宾馆名	金额
房费				
	现金小计		转账小计	
	饭店名	金额	饭店名	金额
餐费				
	现金小计		转账小计	
车费				
	现金小计		转账小计	
备注				
	现金小计		转账小计	
	现金合计		转账合计	
	现金小计			

审核人：

5. 回收团队设备

境外旅游团队的接待工作结束后,导游应将出团前借出的各种导游活动相关设备及时上交给旅行社,这是保证旅行社导游工作顺利进行的物质储备。

6. 团队利润的核算及团款的回收

导游报账结束后,入境地接计调应该根据相关资料核算团队利润,及时监督回收相关团款。

7. 资料归档

团队行程结束后,计调应该尽快将团队的相关资料归类存档。这些资料包括境外组团社的询价函、行程安排、报价底稿、团队确认书、客人名单、团队日志、导游团队报告、客人意见书、导游报账单和团队利润核算单等。这些文件的归档一方面可以健全旅行社的档案资料,另一方面也对计调业务工作有一个圆满的交代。

本项目主要是学习入境计调的基本知识和操作流程。本项目包括四个方面的内容:一是入境旅游产品的开发,阐述了入境旅游产品开发的要求、类型、方式等知识,要求入境接待计调能根据游客的要求开发出游客喜欢的入境旅游产品;二是阐述了入境旅游产品的价格构成和报价流程,要求入境接待计调对游客进行合理的报价;三是入境旅游产品的各个要素的采购流程;四是重点阐述了入境接待计调的操作流程,要求学生能够独立地进行入境接待业务的操作。

知识训练

一、复习题

1. 简述我国入境海外游客的构成。
2. 我国入境海外游客的旅游行为有哪些新变化?
3. 入境接待计调设计入境旅游线路时应该遵循哪些原则?
4. 影响入境旅游产品开发的因素有哪些?
5. 入境计调对境外组团社报价时应明确哪些问题?
6. 入境接待计调在预订旅游餐时应该注意哪些问题?
7. 入境接待在采购住宿服务时应该注意哪些问题?

二、思考题

1. 美国亚洲旅行社组织 26 人旅游团来中国进行成都、西安、北京、上海、桂林 9 日旅游,游客从成都入境。假如你是成都中国国际旅行社的地接计调,在为境外组团外制作行程和报价时应该注意哪些事项？操作此团队与操作国内地接团队的主要不同体现在哪些方面？

2. 我国"十三五"旅游业发展规划明确提出，要大力提倡入境旅游，实施中国旅游国际竞争力提升计划。你认为应该采取哪些措施来大力提倡入境旅游？

能力训练

一、案例分析

游客航班的变更造成的漏接事故

2016年9月16日上午10点，四川A旅行社入境部陈经理突然接到客户的来电，着急地问，客人都在成都的机场了，怎么不见导游接客人？陈经理一边稳住客户，并请他提供客人的有效联系方式，一边立刻打电话给该团的导游，强调无论在何处，要尽快赶到机场跟客人碰面，若司机还没到客人不愿意等的话，就立刻带着客人打的到酒店。若客人愿意等的话，则带着客人在最近的饮品店坐下边喝边等（费用由旅行社先垫付）。最终导游抵达机场顺利接到了客人。

随后，陈经理查找造成此次漏接事件的原因。第一，客人抵达成都的航班发生了变更，比接待计划上的时间提前了足足两个小时。第二，组团社没有通知入境接待社航班发生了变化，而组团社负责订购外宾在华旅行所有航段机票、火车票或者船票，所以组团社是应该第一时间知道航班变更的。第三，入境接待社计调人员也没有提前与组团社或者上一站地接社进行核对。

（资料来源：学生实习期间发生的真实案例。）

问：哪些人应该承担这次漏接事故的责任？

二、实训操练

入境旅游产品报价

1. 实训目标：通过为泰国游客报价，让学生掌握入境旅游产品报价的方法。

2. 实训内容：泰国旅行社组织13位游客到四川、西藏旅游，请你为他们设计行程，并报价。

3. 实训工具：电脑、网络。

4. 实训步骤：

(1) 确定泰国游客到四川、西藏旅游的具体行程安排。

(2) 向四川、西藏各接待单位询价。

(3) 询问四川到西藏的往返大交通费用。

(4) 督促各接待单位尽快回传确认价格。

(5) 把各接待单位的报价加起来就是接待入境游客的成本价。

(6) 在成本的基础上加上一定的利润就可以向境外组团社报价了。

项目五
出境组团计调业务

项目目标

职业知识目标：
1. 掌握出境旅游产品的开发流程。
2. 熟悉出境旅游产品的价格构成与报价方法。
3. 掌握出境旅游产品的采购流程。
4. 掌握出境组团计调的操作流程。

职业能力目标：
1. 能够设计出境旅游线路，并对其设计的旅游线路进行定价和报价。
2. 能够及时地采购各种出境旅游服务，能够初步操作出境旅游团队。

职业素质目标：
1. 培养学生从事出境组团计调工作的职业荣誉感。
2. 培养学生认真做好出境组团计调工作的职业态度。
3. 培养学生热爱出境组团计调工作岗位的职业情感。

项目核心

出境旅游线路开发；出境计调计价报价；出境旅游服务采购；出境计调操作流程

项目导入：

2016 中国出境旅游大数据：1.22 亿人次花了 1098 亿美元

携程旅游和中国旅游研究院联合发布《向中国游客致敬——2016 年中国出境旅游者大数据》，对 2016 年出境游情况和游客行为进行了全面监测，报告显示，2016 年我国出境旅游人数达 1.22 亿人次，旅游花费达 1098 亿美元（约 7600 亿元人民币)。

2016年,在收入增长和旅游消费升级推动,以及签证、航班等便利因素的影响下,我国出境旅游热依然持续,出境旅游人数达1.22亿人次,比2015年的1.17亿人次增长4.3%,继续蝉联全球出境旅游人次冠军。我国已经成为泰国、日本、越南、俄罗斯、马尔代夫、英国等多个国家的第一大入境旅游客源地。但每年只有不到全国人口10%的人参与出境游,拥有出境证件的国人只占总人口的10%,出境游发展依然潜力无穷。

2016年我国出境旅游花费达1098亿美元(约7600亿元人民币),人均花费900美元。虽然出境游人数只占旅游总人数的3%,但是出境游消费却占到全国旅游花费的16%。从在线旅游者的花费看,国人越来越热衷出境游。从携程旅游度假产品的统计看,2016年,超过65%的花费是出境游,35%是国内游。中国游客被称为"移动的钱包",去哪些国家旅游花费最多? 报告根据携程出境游订单数据,发布了2016年我国游客花费总额最多的十大出境目的地国家,依次是泰国、日本、韩国、美国、马尔代夫、印度尼西亚、新加坡、澳大利亚、意大利、马来西亚。距离我国最近的泰国、日本成为最大的赢家。

(资料来源:http://www.cnta.gov.cn/xxfb/hydt/201701/t20170124_813152.shtml.)

从上面的出境人数和出境消费数据可以看出:我国出境旅游持续增长。面对这个庞大的出境旅游队伍,作为一个出境组团计调,必须认真调研游客需求,开发出游客满意的出境旅游产品;必须及时关注国际航班和签证信息,保证游客顺利出入境;必须慎重选择境外接待社,保证游客在境外顺利游览。

任务一 出境旅游产品的开发

2016年我国旅游人均花费最高的十大旅游线路分别是阿根廷、智利、马达加斯加、埃塞俄比亚、法属波利尼西亚、大溪地、墨西哥、巴西、肯尼亚、留尼汪岛(法属)。以南美线路为例,去年人均消费超过5万元,游客量增长了200%。作为一个出境计调,应该如何设计旅游产品呢?

一、出境旅游产品开发优先考虑的因素

(一) 了解旅游目的地国的签证状况

在开发出境旅游产品时,出境组团计调一定要了解该国的签证情况。明确目的地国家的签证政策是否稳定,办理签证的时间是否固定,出签率是否较高等情况。因为以上因素都将直接影响旅游线路产品的收客状况和成团率。如果签证政策不稳定,出签率很低,将会影响该产品的收客量和成团率。

> **知识演练**
>
> 问:持护照和外国签证可在香港和澳门过境停留是怎么回事呢?
>
> 答:持本人护照和任一外国签证过境香港可停留七天,持本人护照和任一外国签证过境澳门可停留五天,也就是说内地居民持护照和任一外国签证可进入香港和澳门过境停留,不用再办理港澳通行证和签注。但是,如果你真的是经香港过境前往外国,或者由外国过境香港返回内地,那么使用护照+外国签证完全没有问题。但如果你是假装去外国实际上只是在香港办完事或游览完后就直接返回内地,那么,在你离开香港时,香港的出入境查验人员会在你的护照上签上"DT"字样。DT 是 Delete Travel 的英文缩写,即取消行程,DT1=取消行程1次,DT2=取消行程2次,以此类推。DT3 之后你的这本护照不但再也不能用于入境香港,也很有可能在申请其他国家签证时被拒签。

(二) 了解旅游目的国的航线是否具备条件

对于出境旅游来讲,策划设计旅游线路产品时在一定程度上受航空公司的限制比较大。航空交通是决定性因素,交通条件将直接决定所策划设计的旅游线路产品能否推向市场。出境组团计调掌握去往旅游目的地国家或者地区的航线密度情况,掌握航线对旅游团队的价格政策,与相关航空公司保持长期和谐的合作关系。可以通过航空公司官网(国航、南航、东航等)、OTA综合在线旅游代理(携程、艺龙、芒果等)、机票比价平台(去哪儿、酷讯等)等渠道同时进行国际航班查询。

(三) 了解旅游目的地国家的旅游旺季和会展高峰期

目前,我国大陆游客钟爱的目的地国家和地区往往是国际知名度较高的旅游地域,每当遇到旅游旺季或会展高峰时,旅游目的地国家和地区的住宿、用餐、用车等方面非常紧张,此时的旅游接待安排比较困难,即使安排,也难以保证接待质量,在一定程度上将影响客人的旅游感受和体验。中国出发的国际机票价格有很强的季节性规律,其中1月、8月是价格的高峰,5月、6月、11月、12月是价格的低谷。出境组团计调在进行出境产品开发时尽量避开境外的旅游旺季和会展高峰。

二、出境旅游产品开发的要求

出境旅游产品的开发,主要是根据客源地旅游者对出境旅游产品和地区的需求,并针对

他们的要求与欲望,结合旅游目的地国家和地区的旅游资源的分布,以及当地接待社的旅游产品,综合制定出符合旅游市场的旅游产品,具体有以下几个方面的要求。

(一) 具有安全保障,能保证游客在境外的人身财产安全

在旅游活动中,保障安全是旅游者最基本的要求。在旅游安全没有保障的情况下,再精彩的游览活动也不能激发旅游者的旅游兴趣。只有那些能够确保旅游者人身、财产安全的旅游线路,才能让旅游者放心购买,放心游玩,才是有市场活力的旅游线路。

(二) 符合国家法律法规、部门规章、国家或行业标准的要求

《旅行社条例》第26条规定,旅行社为旅游者安排或者介绍的旅游活动不得含有违反有关法律、法规规定的内容。这是关于旅行社安排或者介绍的旅游活动的禁止性义务。设计的出境旅游线路一定要符合相关国家的法律法规、部门规章、国家或行业标准要求。

知识链接

海关对出入境游客所携带物品的规定

1. 部分限制进出境物品

(1) 烟酒。

来往我国港澳地区的游客(包括港澳游客和内地因私前往港澳地区探亲和旅游等游客),免税烟草制品限量:香烟200支或雪茄50支或烟丝250克;免税12度以上酒精饮料限量:酒1瓶(不超过0.75升)。当天往返或短期内多次来往港澳地区的游客,免税烟草制品限量:香烟40支或雪茄5支或烟丝40克;免税12度以上酒精饮料限量:不准免税带进。

其他入境游客,免税烟草制品限量:香烟400支或雪茄100支或烟丝500克;免税12度以上酒精饮料限量:酒2瓶(不超过1.5升)。对不满16周岁者,烟酒禁止携带。

(2) 旅行自用物品。

非居民游客及持有前往国家和地区再入境签证的居民游客携带旅行自用物品照相机、便携式收录音机、小型摄像机、手提式摄像机、手提式文字处理机每种一件。超出范围的或单价超过5000元人民币的物品,需向海关如实申报,并办理有关手续。经海关放行的旅行自用物品,游客应在回程时复带出境。游客在海外购买了音像制品(如录音带、录像带、唱片、电影片、VCD光盘等)和印刷品(如书报、刊物、图画等)也必须申报和交验。若藏匿不报,海关将按规定处理。

(3) 金、银及其制品。

游客携带金、银及其制品入境应以自用合理数量为限,若超过50克,应填写申报单,向海关申请;复带出境时,海关凭本次进境申报的数量核放。携带或托运出境在中国境内购买的金、银及其制品(包括镶嵌饰品、器皿等新工艺品),海关验凭中国人民银行制发的"特种发货票"放行。

(4) 外汇。

游客携带外币、旅行支票、信用证等进境,数量不受限制。游客携带5000美元或等值其他外币入境,须向海关如实申报;复带出境时,海关凭本次入境申报的数额核发。游客携带外币现钞金额等值5000美元至1万美元出境,海关凭携带外汇出境许可证查验放行。

(5) 人民币。

游客携带人民币现钞进出境,限额20000元。超出限额的禁止出境。

(6) 文物、字画。

文物指遗存在社会上或埋藏在地下的历史文化遗物。字画也称书画,系书法和绘画的合称。中国政府禁止出境珍贵文物及其他禁止出境的文物。珍贵文物是指国家馆藏一、二、三级文物;其他禁止出境的文物,指有损国家荣誉、有碍民族团结、在政治上有不良影响的文物;一般文物是指公元1795年(乾隆六十年)以后的、可以在文物商店出售的文物。

游客携带文物入境,如需复带出境,请向海关详细报明。游客携带出境的文物(含已故现代著名书画家的作品),需经中国文化行政管理部门鉴定。携运文物出境时,必须向海关详细申报。对在境内商店购买的文物,海关凭中国文化行政管理部门加盖的鉴定标志和"文物古籍外销统一发货票"查验放行;对在境内通过其他途径得到的文物,海关凭中国文化行政管理部门加盖的鉴定标志及开具的出口许可证明查验放行;未经鉴定的文物,不允许携带出境。携带文物出境不据实向海关申报的,海关将按规定处理。

(7) 中药材、中成药。

游客携带中药材、中成药出境,前往国外的,总值限人民币300元;前往港澳地区的,总值限人民币150元;寄往国外的中药材、中成药,总值限人民币200元;寄往港澳地区的,总值限人民币100元。入境游客出境时携带用外汇购买的、数量合理的自用中药材、中成药,海关凭有关发货票和外汇兑换证明放行。麝香、犀牛角、虎骨以及超出上述规定限值的中药材、中成药不准出境。

2. 禁止入出境物品

(1) 禁止入境物品。

各种武器、仿真武器、弹药及爆炸物品;伪造的货币及伪造的有价证券;对中国政治、经济、文化、道德有害的印刷品、胶卷、照片、唱片、影片、录音带、录像带、激光视盘、计算机存储介质及其物品;各种烈性毒药;鸦片、吗啡、海洛因、大麻以及其他能使人成瘾的麻醉品、精神药物;带有危险性病菌、害虫及其他有害生物的动物、植物及其产品;有碍人畜健康的、来自疫区的以及其他能传播疾病的食品、药物或其他物品。

(2) 禁止出境物品。

列入禁止入境范围的所有物品；内容涉及国家秘密的手稿、印刷品、胶卷、照片、唱片、影片、录音带、录像带、激光视盘、计算机存储介质及其他物品；珍贵文物及其他禁止出境的文物；濒危的和珍贵的动物、植物（均含标本）及其种子和繁殖材料。

（三）正常情况下能确保全面履约，发生意外情况时有应急对策

由于出境旅游产品具有很强的预约性，一般要提前较长时间预订。但是，由于旅游产品的易受影响性，任何一个部门和因素发生变化，都会引起旅游需求的变化，诸如战争、政治动乱、国际关系、政府政策、经济状况、汇率变化、贸易关系以及地缘文化等社会因素和地震、台风、海啸等自然因素，其中任何一项关系发生变化，都会引起旅游需求的变化，由此影响旅行社产品的生产和消费。因此，在设计旅游产品时，应该考虑这些因素，保证在正常情况下能确保旅游合同全面履约，发生意外时有应对对策。

知识链接

汇率变化对出境旅游的影响

汇率就是人民币与美元或其他国家（或地区）主要流通货币之间不断变化而产生的比率。出境计调要学会利用汇率来增加利润。例如，某团在出发前已经核算好了价格和确认了汇率，一旦团队行程结束后，汇率升高或者降低，就会造成结算价格的变动，很可能对己方造成损失。利用汇率换算出对方的接待价格，对比解析实际接待成本及对方利润点、可能产生的边际效益是计调人员对团队成本控制的一个重要控制手段。如出境计调组一个团到境外去旅游，在组团时，与对方确定的接待费用为10000元/人，而出行当天，接待国币种升值了3%，则组团成本明显加大，接待费用变为10300元/人，此时应采取延缓支出以求平衡。当接待国的币种汇率下降了，或人民币升值了，此时应该赶快汇款，这样可以控制支出费用，起到节约成本，增加利润的目的。

（四）满足不同消费档次、不同品位的市场需求，可供不同的旅游者选择

开发出境旅游产品，首先要对不同消费档次的潜在旅游者进行调研，根据他们的偏好、经济、时间等要素设计不同档次、不同品位的出境旅游产品，满足不同消费者的旅游需求。世界上很多著名国家及旅游城市之所以吸引游人前往，很大原因是其民族风格、风俗习惯及宗教信仰具有独特魅力，留在历史长河中的谜团和名胜古迹充满神秘的诱惑。比如泰国的人妖、印度的佛教、埃及的金字塔、南非的好望角、中东的耶路撒冷、欧洲的古堡与风情等。但

这些产品不是适合所有的人群,所以,出境计调一定要针对不同的群体来设计不同的产品。

（五）选择的地区对旅游者有吸引力

出境计调应该十分熟悉目的地国家主要的旅游资源的基本情况,如该国有哪些自然旅游资源？有哪些人文旅游资源？其分布情况怎样？各个旅游景区之间的距离有多远？主要旅游景区的特色是什么？我们的游客喜欢国外的哪些景区？每个景区游览时间大约需要几个小时？门票是多少？有哪些优惠政策？出境计调只有熟悉了这些旅游资源的基本情况,才能设计出游客满意的旅游线路。

可以出境旅游的地区太多,一定要仔细分析游客的需求,然后对国外目的地进行一一筛选,选择旅游者最感兴趣的、对旅游者吸引力最大的目的地。根据"全国旅游团队服务管理系统"显示,2016年10月1日至7日,出境游目的地主要有日本、俄罗斯、泰国、中国台湾、澳大利亚、越南、马来西亚、法国和新加坡等地区。

三、出境旅游产品的开发流程①

（一）进行市场调研

1. 对客源市场进行调研

为了使旅行社出境旅游线路产品更好地满足出境客人的需求,出境组团计调要广泛进行客源市场的调研。对客人的旅游目的、出游目的地、出发口岸、航班时间、旅游接待标准、价格心理预期、旅游方式、旅游要求等,进行调研,为最终策划设计出满足游客心理和消费需求、既保证质（品质）又保证量（收客量）的出境产品提供客观依据。

2. 目的地进行调研

出境旅游线路的开发首先要分析境外目的地在本地市场是否具有开发潜力。出境组团社应优先选择符合本地旅游者消费水平和消费习惯的旅游产品进行开发。从目前来看,日本、新加坡、马来西亚、泰国、美国、法国、新西兰、加拿大以及港澳台地区仍是出境旅游目的地的首选,海岛旅游渐成习惯,岛屿仍是游客选择的热点,热门岛屿仍为普吉岛、巴厘岛。如四川的游客喜欢到美国、欧洲、东南亚、港澳台等地区旅游,四川的很多家出境组团社旅行社都开发了美国出境旅游线路、欧洲出境旅游线路、东南亚旅游线路、日韩旅游线路、港澳旅游线路等。

知识链接

出游方式悄然改变"为一间房 赴一座岛"

驴妈妈数据显示,出境游方面,东欧、摩洛哥、斯里兰卡、大溪地等海外新兴旅游目的地预订量剧增,说明随着出游次数的增多,"为一间房,赴一座岛"、"为一方美食,约一座城"的出游方式逐渐受到追捧,游客不再单纯地追求价格上的便宜,而是越来越注重旅游的品质和个性化体验。

---

① 熊小敏.旅游圣经——出境旅行社专业运营实操手册（上）[M].北京:中国旅游出版社,2014.

3. 了解竞争对手产品的开发情况

所谓知己知彼,才能百战不殆。策划产品时,首先从了解本地竞争对手出境游线路的做法开始。如果旅行社要开发澳洲的旅游产品,就要了解目前我国做澳洲旅游产品的地区有哪些?主要是哪些旅行社在操作,他们开发了哪些产品?看这些产品在市场上的销量如何,是否有特色?然后才研究本旅行社应该如何开发澳洲产品。

(二)了解旅游目的地城市的基本概况

设计出境旅游产品,一定要摸清目的地国有哪些主要城市,这些城市分布有哪些景区,客源地客人喜欢该国的哪些城市和景点,它们之间的地理位置怎么样?摸清了这些情况之后,在设计行程时尽量不走回头路。如有些旅行社开发的泰国旅游产品,为了购物和自费往往重复路线,行程紧张,游客劳累,体验感差,也容易堵车误机,引发投诉。如果选择泰国作为旅游目的地,首先要了解曼谷的城市基本情况。曼谷有两个机场,北部是曼谷的廊曼国际机场,是泰国境内航线以及包机、廉价公司所用机场。北部主要有三个景点,即大城府遗址、邦巴茵夏宫、三保庙。东部是素万那普国际机场,一般都是正规的国际航线的机场。而购物店也在曼谷的东边,临近素万那普国际机场。曼谷市区的主要景点如大皇宫、玉佛寺、卧佛寺、郑王庙都在西部,即湄南河两岸,西边还有三个郊区景点,如桂河、安帕瓦水上市场、梅哥隆火车交易市场,西南角有华欣宫殿和景区。芭提雅在曼谷的南部,主要景区有龙虎园、东芭乐园和皇家狩猎场等,还有众多海岛,如金沙岛、沙美岛、皇后岛等。

(三)根据游客对象和游览天数,精选旅游景点

每个国家每个城市可选的景点都很多,由于时间的限制,不可能一一俱全,所以一定要精选各个城市的景点。要抓住重点,精选游客喜欢的景点,合理设计行程,不要安排过多的购物活动和自费项目。如对于日本景点的选择,如果是年轻人,可以轻松、欢快与自然景观为主,比如北海道,你可以安排电影《非诚勿扰》的拍摄地阿寒湖,和鲜花盛开的富良野;老人团可以采取北海道绕圈走,由札幌进,加游小蹲,看看阿寒湖,逛逛富良野,从旭川乘机返回;如果游本州,年轻人或带孩子的游客可以增加迪士尼乐园景点;如果是高品位的,可以增加伊豆打高尔夫球项目;如果是购物团,建议大阪进,东京返,在秋叶原和大雅逛逛免税店,捎点东西回来;如果是日本北海道+本州东京大阪+冲绳岛全境游,最好的安排是先北海道,后本州,再冲绳,这叫"游山玩水",否则,先玩水就游不动山了。北海道的景点,东边是以电影《非诚勿扰》的拍摄地阿寒湖为主,北边是以空中花园的富良野为主,西边以魅力城市小樽为主,南边以海港都市夜景函馆为主,这就需要根据客户群体的需求、景点的特色和特征、路程距离的远近,以及可操作性来选择编排,这是产品策划人必须首先考虑的。

又如在设计泰国旅游行程时,有些旅行社为了安排购物不停地重复路线,逼得境外导游经常因为堵车临时调整行程。加上曼谷的堵车是出了名的,一堵就是大半天。所以,中国游客去泰国旅游,时间对他们而言特别宝贵,一旦因为堵车或购物影响了正常行程,极易造成游客的不满和投诉。而实际上,造成这种投诉的隐患恰恰是很低级的,也是可以避免的。

(四)突出亮点,行程描述简单醒目

好产品必有好亮点,亮点就是广告语,如日本产品"大约在冬季北海道"、"樱花国度富士山"、"邂逅在冲绳"、"京都逸事"等。很多旅行社在策划出境旅游线路时,行程语言文案的描

述过于渲染,仿佛导游词介绍,不仅占满了文字,没抓住重点,而且让游客看得云里雾里。玩什么、玩多长时间、怎么走都不清楚。一个行程单几张纸,再加上很多自费景点和购物项目,假如游客不小心弄丢了一张纸,你说你给了,游客说没收到,又会造成纠纷。好产品应该语言简洁、行程清晰、亮点突出、重点游览,这是产品设计时需要注意的。旅游为主,适时安排当地特产,劳逸结合,因人而异,把旅游六大元素安排和谐。

(五)精心设计和包装行程单

最终的产品定稿要体现在行程单的包装和设计上,因为第一印象很重要。如果行程单的受众群体是游客,那么让游客看懂行程单尤为重要。

1. 设计排版要清晰

这是给游客的第一印象,排版好了,主题鲜明了,一下子抓住了游客的眼球,游客的"心门"打开了,才有兴趣往下读。

2. 文字撰写要简洁

行程单不是导游词,要简洁明了,我们换位思考一下,当你作为游客,要你去读一份犹如散文或小说的行程单时你的心情会如何?该说的一定说,该突出的一定要突出,这样才会受游客的欢迎。

3. 纸张要少,亮点要明

每天要有亮点,这个亮点在游客出行之前唯一的传递渠道便是这份行程单,因此,我们要将这每一天的亮点用最精练的语言呈现在行程单之上,践行真正实现让游客"未出行,先兴奋"的宗旨。

4. 看图旅游,游客踏实

游客报名时,一般对旅游目的地的游览位置毫无概念,如果我们配了一张游览图,会让游客在出行前就对旅游目的地产生更多的期待和了解,有了立体的感受,游客便会更清楚明了。

四、出境旅游线路的开发类型

具有经营出境旅游资质的旅行社在境外不同的地区都开发了很多条旅游线路,主要有跟团游、自由行、邮轮游和定制游四种类型。

(一)跟团游

团队旅游是由旅行社或旅游中介机构将购买同一旅游路线或旅游项目的10名以上(含10名)游客组成旅游团队进行集体活动的旅游形式。团队旅游一般以包价形式出现,具有方便、舒适、相对安全、价格便宜等特点,但游客的自由度小。

(二)自由行

出境自由行是以度假和休闲为主要目的一种自助旅游形式,产品以机票+酒店+签证为核心,精心为游客打造系列套餐产品。2003年7月,国家开放了公民个人去香港旅游,2011年6月28日正式实施大陆居民赴台湾地区个人旅游。香港、澳门、台湾、东南亚地区也已成为自由行的热点。

2015年在出境游1.2亿人次大军中,2/3游客选择自由行,达到了8000万人次。出境游的自由行和跟团游比例接近2∶1。2016年在1.22亿人次出境游客中,自由行规模超过7000万人次,占60%。

(三)邮轮游

邮轮旅游是用邮轮将一个或多个旅游目的地联系起来的旅游行程。这种旅行方式始于18世纪末,兴盛于20世纪60年代。邮轮度假风潮是由欧洲贵族开创的,它的精髓在于全家人借浩瀚的海洋去寻访历史,是种优雅、闲适、自由的旅行,是欧美人向往的度假方式之一。邮轮是海上漂浮的度假村,省去车马劳顿,享受旅游的每分每秒。邮轮的精彩生活一般从晚上开始,盛大的晚宴、演出会让黑夜变得那么短暂。白天,只有吃完午饭,邮轮才开始热闹起来,在甲板上享受日光浴、打高尔夫、在泳池游泳、在健身房做运动、在美容室做SPA、在咖啡馆聊天,如此享受生活。

经过几年的发展,邮轮旅行已经成为当今世上休闲、奢华、流行的度假方式之一。这个巨大的移动城堡,带着旅游者探索广阔海洋的奥秘,领略神奇的海洋生物,旅游者真正感受到地球的"水之魅力"。

(四)定制游

定制游是一种国外非常流行的旅游方式,是根据旅游者的需求,以旅游者为主导进行旅游行程的设计。通俗来说,就是根据自己的喜好和需求定制行程的旅行方式。这种模式在业界的特点就是弱化或者去除了中间商。能够给旅游者带来最个性化的服务。目前已经引入中国,处于发展阶段。对旅行社来说,定制旅游产品可谓是旅游业的"金矿",与普通旅游产品相比,定制游的利润达到10%~15%,甚至更多。目前的大众旅游线路很多已走入低价竞争的恶性循环中,旅行社只有通过差异化竞争才能更好地生存。设计独特、服务优质的定制旅游产品,将成为旅行社新的经济增长点。

随着国内富翁旅游的私密性和尊崇性加强,以及国内"80后"、"90后"个性化需求的增加,越来越多的游客喜欢通过定制旅游完成自己的旅游旅程,而更多的企业员工春游也倾向于通过定制企业春游方案来完成。据有关旅游网站统计分析,每天约有1000条定制旅游需求发布,每天约有1万家旅行社参与定制旅游竞标,而这只是中国定制旅游的起点,也许未来3年内中国定制旅游将占据国内旅游市场的半壁江山,定制旅游将会在极大程度上改变旅行社主导线路设计的状况。

定制旅游的设计,首先需要了解定制需求,即根据客人的具体想法或预算,提供一对一的个性化服务,推荐适宜的旅游目的地、酒店、项目,介绍相关风俗人情、气象、交通等情况,然后由专业人士开始定制行程,最后预约付款。定制旅游设计的范围比较多的是会议旅游、国际邮轮、团队拓展、留学考察、度假放松等。

五、出境旅游产品示范

出境旅游产品比较复杂,包含的项目比较多,漫玩西班牙十日游展示了出境旅游线路的基本组成(见表5-1)。

表 5-1 出境旅游线路示范:漫玩西班牙十日游

行程特色

1. 成都直飞马德里,最短时间到达目的地。
2. 行程所有景点入内参观。
3. 领队和导游双重精致服务。
4. 西班牙全程市区四星级酒店。

行程介绍

D1 成都——马德里 JD361 19:35—07:15 (约12小时) 无餐

提前3小时到机场办理好登记手续,我们满怀着快乐和期待,搭乘豪华客机前往欧洲。

D2 马德里(抵达当地时间07:15) 酒店:NH 马德里里贝拉格兰德曼萨纳雷斯酒店或同级 早:无餐 午:中餐 晚:火腿餐

马德里不思议

古老而繁华的格兰维亚大街,富丽堂皇的皇宫大教堂,端着红色桑格利亚汽酒的人们,马德里的每一个角落都透着霸气的旧日辉煌和优雅的现代慵懒,就让我们从马德里不思议开始我们简约的华丽旅行吧!

上午:【马德里皇宫】(入内+自由活动约1小时),以法国凡尔赛宫为原型的皇宫,跨越波旁王朝两位君主的统治时期。这座欧洲第三大的皇宫,优雅的外观以纯白花岗岩衬着繁复的装饰,宫殿内的房间恣意地展现巴洛克与洛可可风格的华丽贵气,内藏的壁画、吊灯、时钟极其珍贵。倚着阳光,与花园中的沁凉喷泉一起跳舞吧!

下午:【太阳门广场】,横扫世界中心的无敌舰队,在太阳门画出一个世界的圆心,躲在马德里的市中心的市中心,是全国公路的总起点,地面标示 KM-0。钻进太阳门广场附近的街尾巷弄寻幽时,别忘记寻找杨梅树与青铜熊。【马约尔广场】,菲利普三世在1619年主修修建的,有着独特风格的四方形广场。横向128米,纵向94米,由4层高的建筑围成。在广场中央是菲里普三世的骑马雕像。在建成之后的漫长岁月里经历了3次火灾,又重新修建,直至1953年完成后形成现在我们所看到的样子。傍晚特别安排欢迎餐西班牙特色火腿餐。

D3 马德里—托莱多—昆卡(约3个半小时车程) 酒店:NH 昆卡城市酒店 早:酒店早餐 午:中餐 晚:晚餐

邂逅千年古城

迎着马德里温柔的有些暧昧的晨风,我们驶向曾经辉煌一时的千年古城托莱多。或许,你想在托莱多寻找古城昔日的繁华,又或许,你能看到的只是繁华褪却后的无尽萧索,历史洪流早已卷走了一切成败和荣辱,古城中大大小小的故事,早已淹没在生生不息的历史长河中,走进古城,正如跨越时空步入历史长河,就让古城中的一石一瓦,向你讲述发生在这里的故事吧。

上午:【圣马丁桥】建于13世纪,桥头矗立两座防卫塔,属哥特风格。【比萨戈拉门】为托莱多城的正门,建于16世纪中期。由于东西、南有塔霍河隔断,这是唯一能进入古城的一道城门。【太阳门】建于13世纪,具有典型的阿拉伯风格——高大、宏伟,挺拔。

下午:【托莱多大教堂】(入内+官导+自由活动约1个半小时),是世界最大天主教堂之一,哥特艺术的顶峰之作,也是最佳的历史见证。是一座至今仍保留着中世纪风貌的古城,托莱多大教堂是当时西班牙基督教教会总教区的第一大教堂,是西班牙排名第二的大教堂。大教堂是当时西班牙基督教教会总教区的第一大教堂,是西班牙排名第二的大教堂。

D4 昆卡—瓦伦西亚(约2个半小时车程) 酒店:瓦伦西亚普里默斯酒店 早:酒店早餐 午:中餐 晚:晚餐

续表

天空之城——昆卡

酒店早餐后游览悬崖上的古城昆卡。

上午：坐落在悬崖之上的【昆卡】，有着"天空之城"的美誉，是个从旧石器时代就有记载的古城，中间的圣帕布洛桥连接两边的悬崖，今天就让我们一起去体验它的惊、险、美。这里除了有最独特的景观，还有那些陡立峭壁上密密麻麻延伸的建筑，其中，悬屋的窗户已经悬空出来，看上去有些摇摇欲坠。（小镇观光约2个小时）

下午：午后感受着暖阳，漫步在【城市广场】，欣赏着外形别致和细节特别值得考究的【昆卡堂大教堂】（入内＋自由活动约1个小时），探寻古城别致的宝藏，坐落在悬崖之上的昆卡除了白天值得我们探寻外，夜晚也是不容错过的，每到夜晚，小镇的房子如同琼楼玉宇挂在半空。中间有一道桥梁连接两边的悬崖，又惊又险又美。

昆卡亮点：参观当地的民居，一户人家，从一层到顶层，去感受依着山崖而建造的楼梯，站立在顶层，欣赏美丽的风景。

D5　瓦伦西亚—潘尼斯可拉（约1个半小时车程）　酒店：RH　克里斯托港酒店　早：酒店早餐　午：中餐　晚：晚餐

最美小镇——潘尼斯科拉

早餐后游览瓦伦西亚，号称欧洲的"阳光之城"，细软的沙滩，干净的海水，广阔的海洋和附近的山脉使瓦伦西亚的海滨独具魅力。

上午：【圣女广场】是老城区La Seu的地标之一，周边有一些小餐馆和咖啡馆，是当地市民休闲的去处之一。广场上有一座很著名的喷泉雕像，便是图利亚河喷泉，八个裸女铜像环绕着中间的男性则代表了通往Turia河的八道水渠环绕着Turia河。每当法雅节的尾声，广场上会举办盛大的为圣母献花仪式。【市政广场】被市政大楼、斗牛场和火车北站、邮政总局等标志性建筑所环绕，是市中心重要的广场之一。周围有很多卖纪念品的小店，广场上也有很多花店，若是逛累了，捧上一束献花，坐在夕阳下的广场上喂鸽子也是件相当惬意的事情。【科学艺术城】是卡拉特拉瓦Santiago Calatrava（西班牙）设计完成的，是后现代建筑的典范之作。

下午：位于瓦伦西亚以北的【潘尼斯可拉】是西班牙43座美丽的小镇之一，因拥有一座海上城堡而闻名，【潘尼斯科拉城堡】（入内＋自由活动约1个小时）于13世纪末由圣殿骑士团修建，后经教皇卢纳改建，城堡位于小镇的制高点。城堡以当地盛产的岩石建造。在19世纪，曾出现万门大炮齐发的场面。小镇面朝湛蓝的大海，海上神秘的古堡威严壮丽。小镇中有灰色岩石建造的古屋、棕榈树、蓝天、碧海，周围是橄榄林和杏树林，一派地中海明媚景色。这里除了有中世纪的城堡，小镇的房屋也被涂成白色，街道狭窄，景致美丽。走在小巷中，抬头看看夹在房屋中的蓝天，会以为置身在童话世界里。

D6　潘尼斯科拉—巴塞罗那（约3个小时车程）　酒店：巴塞罗那阿里玛拉酒店或同级　早：酒店早餐　午：中餐　晚：海鲜饭

高迪梦幻建筑之旅

清晨，从小镇出发，呼吸一口地中海岸的清新空气，开启巴塞罗那建筑观光之旅。没有哪座城市会像巴塞罗那，因一个人（高迪）而变得熠熠生辉。这位被誉为"上帝的建筑师"的天才建筑设计师安东尼奥·高迪，一生有无数知名作品，其中17项被列为国宝级文物，3项被联合国教科文组织列为世界文化遗产。

上午：【圣家族大教堂】（入内＋自由活动约1个半小时），超出人们对教堂既定的想象，高迪以鬼才的风格和前瞻的眼光，打造前卫的艺术教堂圣家堂。这座人人必访的建筑景点，高耸的气势、奇特的设计，

续表

带着强烈的自然主义色彩。圣家堂自1882年开工至今仍未完工,预计2026年才会完成,现在却已经被列为世界文化遗产。高迪一生中有43年贡献于此,全心全意打造的圣家堂,值得我们把目光停留于此!

下午:【桂尔公园】(入内+自由活动约1个小时),是高迪的创意景观建筑,设计灵感取材于自然,灵活化用地貌素材和色调,以山壁岩石作为回廊柱子,将公园与自然景观融为一体。公园的另一大特点是神殿天花板、糖果屋、造型变色龙等,皆以彩色艳丽的马赛克砖拼贴组合,图案活泼又生动吸睛。神殿上方是视野宽阔的露天广场,可以俯瞰整个巴塞罗那和地中海!

D7 巴塞罗那—萨拉戈萨(约3个半小时车程)　酒店:对角线广场酒店　早:酒店早餐　午:中餐　晚:晚餐

情迷巴塞罗那

巴塞罗那位于西班牙东北部的地中海岸,是西班牙第二大城市、最大的工业中心。这里气候宜人、风光旖旎、古迹遍布,素有"伊比利亚半岛的明珠"之称,是西班牙最著名的旅游胜地。它是西班牙的文化古城,有地中"海曼哈顿"之称。带有哥特风格的古老建筑与高楼大厦交相辉映,共同构成了巴塞罗那令人迷醉的天际线。格局凌乱的小巷子紧贴着新城区的边缘,古色古香的旧城区里会忽然冒出工业时代的烟囱,在巴塞罗那,这一切的不协调看起来都顺理成章。

上午:清晨,呼吸一口地中海岸的清新空气,漫步于格拉西亚大街(又名感恩大街),这是巴塞罗那最繁华的一条街,这是一条名店集中的购物街,更重要的是,在这条街上有许多著名建筑。也可以漫步在巴塞罗那城市海滩,晒晒太阳,感受一下西班牙人的热情。

下午:前往【萨拉戈萨】,进行城市游览。萨拉戈萨是一座古老的城市,它有2000多年的历史,以"阿拉贡的穆德哈尔式建筑"名义列入联合国世界遗产。

D8 萨拉戈萨—马德里(约3个半小时车程)　酒店:HNH,马德里里贝拉格兰德曼萨纳雷斯酒店或同级　早:酒店早餐　午:无餐　晚:无餐

购物天堂

今日行程比较休闲,你可以选择睡个懒觉,也可以选择漫步于马德里街头。你可以选择坐在街边喝杯咖啡,也可以选择为家人挑选礼物。随后前往【英国宫百货公司】,这是一个对奢侈品进行一站式购物的理想天堂,你能节省一大笔钱买到像 Hugo Boss、Bally、CLacoste 和 Zadig&Voltaire 等这样的超级大牌。除此之外,你还有诸如 Belstaff、Diesel、Loewe、Versace 和 Zegna 等的选择,感受一次令人热血沸腾的购物体验。

D9 马德里—成都(约12小时)　早:酒店早餐　午:无餐　晚:无餐

告别双牙之旅,回到温暖的家。

酒店早餐后,收拾好行李,带着满满的回忆,驱车前往机场,准备和西葡之旅说再见啦!

D10 成都　早:无餐　午:无餐　晚:无餐

抵达国内后,愉快行程圆满结束。

温馨提示:抵达机场后请第一时间将您的护照、登机牌交予领队或导游,以便递交领馆进行销签工作。根据领馆的要求,部分客人可能会被通知前往领馆进行面试销签,请提前做好思想准备,谢谢您的配合!

同行报价:14200元/人

报价包含以下服务

1. 国际、国内往返机票和燃油附加费。

续表

2. 签证费和保险:境外意外保险(最高赔额人民币30万元)。
3. 全程四星级品质国际酒店。
4. 餐:12次(10次中餐,6菜1汤,2次特色餐)。
5. 全程旅游车及专业司机。
6. 成都起止中文优秀领队服务。
7. 门票:马德里皇宫(入内)+托莱多城市(官导)+托莱多大教堂(入内,含官导)+昆卡教堂(入内)+潘尼斯科拉城堡(入内)+圣家族大教堂(入内,含官导)+奎尔公园(入内,含官导)+米拉之家(入内)。

报价不包含以下服务
1. 护照费。
2. 洗衣、理发、电话、饮料、烟酒、付费电视、行李搬运等私人费用。
3. 行李海关税,超重行李托运费、管理费。
4. 行程中未提及的其他费用,如特殊门票、游船(轮)、缆车、地铁票等费用。
5. 因交通延阻、罢工、大风、大雾、航班取消或更改时间等人力不可抗拒原因所引致的额外费用。
6. 费用不包括因违约、自身过错、自由活动期间内行为或自身疾病引起的人身和财产损失。
7. 签证相关的例如未成年人公证、认证等相关费用。

温馨小提示
一、70岁以上旅客要求
1. 一年以内二甲以上医院的体检报告,检查心肝脾肺肾+血压+有没有做过大型心脏手术或者腿部手术。
2. 70岁以上客人,须购买老人SOS高额保险人民币200元/人。
3. 70岁以下的客人,客人自愿要求多买保险,请选择SOS高额保险人民币160元/人。
4. 直系亲属以及本人签署免责书,连同签证资料一起收原件。
5. 机票一经开出,不得更改及退票,同时,欧洲酒店也有付订金,如客人出团前因故取消,会产生损失费,客人会承担相应的损失费。

二、护照要求
1. 护照有效期:距离团队回国后6个月后到期。
2. E字开头护照:客人签名是否在上面(因没有签名客人会被拒绝入境)。
3. G字开头护照:在最后一页签名处签名;(10岁以下未成年人的护照末页不允许签字,十岁以上的未成年人必须本人签字)。

三、游客须知
1. 出发当天请严守团队集合时间抵达集合地点,若因故无法准时抵达,务必马上联络旅行社工作人员,以免有客人迟到、航空公司关柜、客人到机场还是无法上机的情况发生。
2. 出国当天请随身携带手机,以免有迟到、塞车等意外状况联络不上的困扰。
3. 成团人数为出签后16人以上,如未达成团人数,旅行社有权取消发团或者延期发团。
4. 事先分装好托运行李和手提行李。大件行李免费托运23 kg,超重需自付现金;不能在行李中夹带危险物品及易碎品,手提行李不可超过两件。(尺寸不超过56 cm×23 cm×36 cm即22寸×9寸×14寸);贵重物品(如现金、相机、首饰、证件等)请随身携带,切勿托运,以防丢失。另外,指甲钳、小刀、须刨等利器及酒类等液体物品必须托运;打火机等易燃物品请不要携带。婴儿无免费行李额。

续表

5. 报名参团时，请仔细阅读旅行社为您提供的各类须知，尤其是安全须知。

6. 请尽量选用可斜挎的包（避免选用单肩包、手拿包等）放一些日常所需物品，小面额现钞备用。

7. 现金部分建议按自身情况准备，有条件的话请准备小额面钞，尽可能不使用500欧元面值的欧元。除此之外，请您尽量携带银联卡或国际信用卡。

8. 飞往欧洲的航空公司一般只允许每位经济舱乘客办理一件托运行李，如有超出将会收取费用（常为100欧元/件），请出发前向旅行社询问所乘坐的航空公司的相关规定。

9. 请一定随身携带旅行社分发的行程表、护照复印件、酒店名称地址、导游的联络方式等，以备紧急情况时可第一时间取得联系（如果出发前资料不齐，可在机场与领队碰面时索取）。

10. 请务必将手机开通国际漫游功能（请注意不只是国际长途电话功能），以收发短信为主，紧急情况下可第一时间与领队取得联系。请务必牢记发生任何情况都必须第一时间联络领队。

11. 发现被盗（抢）时第一时间通知随团领队，并在领队的协助下第一时间去最近的警局报案。如果被盗的是现金，当地警察会做笔录登记在册，但据我们经验教训，找回来的可能性微乎其微。

12. 突然摔倒或突发疾病请领队协助第一时间报保险公司并保留医院就诊时的所有费用原始单据（详细请参考关于"购买保险的说明"）。

13. 与团队失散时请及时用手机联络您的领队，如附近有其他中国团队的，可请其领队帮助，也可求助于附近的中餐厅或购物店工作人员。请切记保持镇静，最好在失散的地方等待，不要自己试图重新寻找团队。领队会随时清点团队人数，一旦发现有人失散，领队会第一时间按原路寻找。

14. 自由活动时间。在此期间请务必小心假警察，在欧洲是没有任何人可以随便请您出示身份证明及查验您携带的东西的。如遇此类事情发生，不必慌张，千万不能配合所谓的警察，第一时间联络领队请领队来处理。

15. 景点游览时若使用双肩背包，请您一定把背包背在身前。在任何地方，拍照的同时，包不能随意放在旁边，最好有人照看或随身携带。切记不能在公共场所拿出大面额现金。

16. 游览车。按照欧洲相关法律规定，放置在游览车上的物品一旦丢失，车公司是没有任何责任的，请务必在下车时将贵重物品随身携带。每天酒店上车出发时请确认自己箱子已放置于车的行李厢中。请提前收拾好自己的东西，为保证团队行李安全，中途或加油站休息时请避免让司机再次开行李厢取放物品。每次离开旅游车时，请不要在座位上放置东西（可以放在座位下）。

四、出发时需注意

1. （请务必遵守时间）工作人员会在指定集合地点等候，并在机场分发团员的护照和登机牌。

2. 中华人民共和国海关规定，每名出国旅游的旅客可以携带5000美金（现金）出境。

3. 插座和国内不一样，是两圆柱、一小洞的那种（德标）。

4. 任何动物及其制成品（如香肠、牛肉干等）、水果、植物（含蔬菜）均须向海关申报清楚，否则罚款相当严重。（由于申报手续过于繁琐，为避免耽误行程，一般不建议客人携带。）

5. 水果刀、剪刀、剃须刀、小刀、指甲钳等金属制品不能放入手提行李内。请放入托运行李内，托运行李请加锁。托运行李内不能放入现金、贵重物品，如破损，责任自负。

6. 您的个人自用内含锂或锂离子电池芯或电池的便携式电子装置（手表、计算器、照相机、手机、手提电脑、便携式摄像机等）应作为手提行李携带登机。

7. 出入中国边防请按团队名单顺序排队在指定柜台依次办理出入边防手续，出示护照、出境卡、登机牌。

8. 进入候机厅休息后，请确认登机口，飞机起飞前30分钟在登机口集合。

续表

9. 欧洲基本上酒店是不提供洗漱用品的,所以请自备牙刷、牙膏。

10. 登机后请对号入座,飞机上禁止吸烟,就座后应系好安全带,并按照航空公司规定关闭手机、手提电脑等电子产品。

11. 入境时请跟随领队到外国人专用通道排队,出示护照及填写好的出入境卡,依次办理入境手续。

12. 领取行李,确认航班号后到相应的行李转台处提取行李。提取行李后应确认行李是否有破损。如有损坏应立即向航空公司有关柜台提出并索取有关证明。

13. 欧洲海关出入境:18岁以上成年人可携带200支香烟或50支雪茄或250克烟丝,及1公升烈酒或2.25公升葡萄酒或3公升啤酒,其他日用品、旅行用电器及个人物品出入境时不必缴税。请勿携带假冒名牌商品出境,如被查获,将被没收并处以300欧元以上的罚款。

14. 请遵守各国法律,严禁携带各国的违禁物品,否则后果自负。

15. 携带家用摄像机、机数码相机(带有广角镜的专业相机除外)、微型计算机等出境无须向海关申报。长焦距照相机和录像机必须在中国海关申报,以免返回时上税,如果不放心可以在海关申报处申报一下然后海关会出具一个证明。

16. 如果有安装心脏起搏器的话务必要提供医院的证明。

17. 中国边境抽查行李箱收税的机率很低,但是并不等于没有,这个请慎重考虑,尽量不要夸张地购买奢侈品。

五、入境时需注意

1. 入境时,请谨慎真实回答当地移民官的询问及检查,携带的现金、支票或其他外币也应确实申报,如被发现不实或不符,可能遭到拒绝入境,甚至被罚款或拘禁。

2. 是否给予签证,是否准予出、入境,是有关机关的行政权力。如因游客自身原因或因提供材料存在问题不能及时办理签证而影响行程的,以及被有关机关拒发签证或不准出入境的,相关责任和费用由游客自行承担。

3. 当您从欧洲离境时,一定要检查海关是否给您的护照盖了清晰的离境章,它是您已经回到中国的唯一凭证。如果没有盖章或者章不清晰无法辨认将会导致使馆要求您面试销签,由此造成不必要的损失,非常抱歉只能由本人承担,请您谅解的同时也请您自己务必仔细留意!

六、行程须知

1. 公司保留对上述行程的最终解释权,请以出发前确认行程为准,本公司有权对上述行程次序、景点、航班及住宿地点作临时修改、变动或更换,不再做预先通知,敬请谅解。

2. 因欧洲签证的特殊性,全团必须同进同出,不允许中途脱团。

3. 具体自由活动时间视具体情况而定(自由活动期间交通费自理),最终解释权归公司所有。

4. 由于团队行程中所有住宿、用车、景点门票等均为旅行社打包整体销售,因此,若游客因自身原因未能游览参观的则视为自动放弃,旅行社将无法退还费用。

5. 本社有权根据景点节假日休息(关门)调整行程游览先后顺序,但游览内容不会减少,标准不会降低。

6. 行程中所注明的城市间距离,参照境外地图,仅供参考,视当地交通状况进行调整;行程中所列航班号及时间仅供参考,将根据实际情况做出合理的调整。

7. 旅游期间,尽量避免到偏僻的地方。出行时尽量结伴而行,以便相互照顾。留意下榻饭店的名称和地址,最好向前台索取一张饭店名片,随身携带,以便外出后能够顺利回到酒店。请您在境外期间

续表

遵守当地的法律法规,以及注意自己的人身安全。

七、退费说明

1. 如遇天气、战争、罢工、地震等不可抗力因素无法游览,我社将按照旅行社协议,退还未游览景点门票费用,但赠送项目费用不退。

2. 游客因个人原因临时自愿放弃游览、酒店住宿、餐、车等费用均不退还。

3. 如遇航空公司政策性调整机票价格,请按规定补交差价。机票价格为团队机票,不得改签、换人、退票。

4. 如果旅游目的地国家政策性调整门票或其他相关价格,请按规定补交差价。

5. 退餐标准:6菜6欧元。如果因为客观因素(如突发状况,高速公路上没有餐厅,或者餐厅不接待等)导致无法用餐,将会按照退餐标准退回餐费。

八、购物及退税

1. 欧洲法律规定,购物金额低于1000欧元可支付现金,超出1000欧元需用信用卡或者旅行支票等支付。如果您此次出行有购物需求,请携带VISA、MASTER的信用卡。

2. 购买大件物品时,如需邮递回国,需承担物品在海关进口所产生的报关费、进口税、保管费等相关费用,请慎重考虑。

3. 退税是欧盟对非欧盟游客在欧洲购物的优惠政策,整个退税手续及流程均由欧洲国家控制,有时会出现退税不成功、税单邮寄过程中丢失导致无法退税等问题,我方会负责协助处理,但无法承担任何赔偿。导游有责任和义务协助游客办理退税手续,导游应该详细讲解退税流程、注意事项及税单的正确填写。但是如果因为游客个人问题(如没仔细听讲、没有按照流程操作、没有按照流程邮寄税单等)或者客观原因(如遇到海关退税部门临时休息、海关临时更改流程、税单在邮寄过程中发生问题商家没有收到税单等)在退税过程中出现错误,导致您被扣款、无法退钱、退税金额有所出入等情况,旅行社和导游仅能协助您处理,并不能承担您的损失,敬请谅解。

4. 购物退税三步骤。

(1) 在可以退税的某商店一次性购买超过一定金额就可以申请退税、填写退税表格并出示护照,向店员索要您的退税单据。通常有两种方式:一是在购物结账的时候直接付退税后的费用(部分免税店不支持此方式),但需要信用卡担保,同时需要把退税单寄回给退税公司,但如果由于任何一种原因退税公司没有收到税单,则会从担保信用卡中将当初在购物中先退的税费扣回来;二是在购物的时候按正常的金额付费,最后一站在海关盖章排队拿现金或将费用退到信用卡上,如选择拿现金则会扣税费的10%作为手续费,如选择退到信用卡则需要等一到三个月才有可能退得到您的信用卡账户上。所以,我公司建议慎重选择退税方式,尽量选择在机场盖章后现场现金退税(无需信用卡做担保)。如您选择退回信用卡账户,回国后出现所退税金未退回卡里,我社概不负责。

(2) 出境离开海关之前,在海关办理。在退税单据上验放盖章的手续,出示您购买的商品、收据和护照。注意:务必确认每张退税单都有加盖海关章,此步骤非常重要,为方便后期查询退税进度,请务必保存好退税底单或用相机拍下退税单留底。

(3) 退回税款。

九、游客责任

1. 在不能控制的特殊情况下,如战争、政治动荡、天灾、恶劣天气、交通工具发生技术问题、罢工及工业行动等,本公司有权在启程前或出发后取消或替换任何一个旅游项目,亦有权缩短或延长旅程。所引发的额外支出或损失,概与本公司无关,团员不得借故反对或退出。

续表

2. 行程中所安排的机票/船票/车票/酒店或观光项目,均属团体订位,一经出发前确认及订购后,不论任何情况而未能使用者,概不退回任何款项。

3. 请严格遵守团队出发当日的集中时间、境外行程安排中及返回的各个集合时间。为保证大部分游客的利益,避免极小部分游客因迟到而影响全团游客行程安排。如有小部分游客未按照指定抵达集合地,经该团其他全部游客签名,导游将根据事先约定时间准时出发。因此产生的该部分游客的损失(如出租车前往下一目的地的费用或前往目的地的机票等一切相关费用)由迟到的游客自行承担。如团员故意不遵守规则或妨碍全团游客正常活动及利益时,本公司工作人员有权取消其参团资格,所缴费用恕不返还,该团员离团后的一切行动与本公司无关。

4. 团员须遵守各国政府的法规条例,严禁携带违禁物品,违例者须自行负责。

十、特别注意

1. 万一遭遇强盗,最好不要强力抵抗,以保护自身安全为要,记住歹徒外形,以利警方破案。遭窃盗或意外事故后,请立即通知导游,并在导游协助下,前往当地警察局或驻外使领馆,并申领遗失或被窃证明文件。紧急时,如果语言不通,就用表情或肢体语言表达,不要一味忍耐或保持沉默,而失去先机。

2. 旅行途中身体若有不适,马上告知导游或同行人员,速送医治疗,医疗费用自理。

3. 途中如有诊疗、住院或购买药品,应索取诊断书及治疗证明单,以便返国后申请保险赔付。

4. 如果携带信用卡,请在国内提前向发卡银行确认激活,开通信用卡境外使用服务。

5. 客人在境外由于自己不小心不慎遗失东西,报案过程中所产生的一切费用由客人自理。

6. 请听从团队领队安排,不要单独脱团私自行动,即便有事发生也好有个照应。如果客人没有征得领队同意自行外出期间发生任何意外,所有后果均由客人本人承担,并且按照申请申根签证的相关使(领)馆规定,领队必须马上报警。请遵守当地风俗习惯,讲文明礼貌。在公共场所请不要大声喧哗,请不要在公共场所(包括游览车、咖啡厅等)修剪指甲等。任何情况下都不能动手打人,如有此类事件发生,在欧洲,任何人都有权报警交由警察处理。

7. 请遵守交通规则,注意交通安全。过马路时遵照交通信号灯的指示,并走人行道。欧洲交通规则驾驶习惯普遍与中国相同,但是英国是右座驾驶,所以在过马路时要特别注意。

8. 请一定不要在汽车道和自行车道上逗留。在马路上行走和过马路时请特别留意旁边是否有摩托车,一定要尽量远离摩托车。抢劫事件多与骑摩托车有关。

9. 坚决不参加与当地以及与中国法律法规相违背的任何活动。以上提示均由我们多年的实际案例总结而成,并非危言耸听,希望能引起您的高度注意!希望大家提高警惕,让难得的精彩的欧洲游只留下美好的记忆!

10. 带好应季衣物,以免天气变化较大,容易着凉、感冒。请尽量准备好防晒、防雨、游泳时所必备的遮阳伞、太阳镜、防晒霜、泳装等。鞋子以平底轻便的运动鞋为宜,女士请尽量不要穿高跟鞋。

具体时间以航空公司航班为准,行程可能会根据航班时间或突发意外(不可抗拒因素)微调,以上信息仅供参考,谢谢!

本人已阅读并接受以上条款。

旅游者签名:
日期:

(资料来源:由成都海外旅行社亚洲分社提供。)

任务二　出境旅游产品报价

出境旅游产品报价包括向各接待单位询价、内部计价和对外报价三个流程。由于出境旅游产品包含的项目多，价格比较复杂，出境计调必须认真研究出境价格构成，及时询价和计价，然后向游客做出合理的报价。

一、出境旅游产品价格构成

（一）出发城市与境外目的地城市间往返交通费

在国际旅游活动中，选用最多的交通工具就是民用航空器。在出境价格构成中，机票费用占的比重很大。东南亚都是以包机为主，欧美旅游主要是控位置，平时散客量多，团队要位置的时候就方便。该费用包括机票费、机场建设费、燃油税附加费。从国内出发到国外的航班很多，不同的航空公司通常会有不同的价格，即使是同一家航空公司的同一班次，在不同的售票点的价格也不同。如成都到台湾有澳门转机、香港转机、成都直飞和重庆直飞四种方式，转机和重庆直飞都比成都直飞便宜一些。而不同航空公司选择的机型和座位设置也有所不同，服务质量和机上餐食也不一样，这直接影响长途旅行的舒适程度和质量。国际航班的往返机票一般有短期特价和长期特价之分。短期价格一般分30天、45天、三个月之内往返有效；长期价格分半年和一年。

（二）境外地接费

境外地接费包括房、餐、车、门票、内陆段机票/高铁/邮轮、杂费等。境外接待社根据接待的标准和人数，给组团社一个总的报价。如果是独立成团，一般要求境外接待社提供分项报价。当然，现在有些出境组团社，他们自身在境外有很多资源优势，也可以自己订房、订餐、订车，不需要境外地接社提供服务。

（三）签证费

各使馆签证费用不同，主要为签证申请费＋签证中心服务费＋快递费。目前欧美的签证多数都是1000元以上，中东、南美等不开放的国家甚至要收3000元左右的签证费，而最便宜的当属我们近邻的东南亚国家。签证费有时包含在团费中，有时单独交签证费。如果签证不成功，签证费是不退的。

（四）领队分摊费

具有出境资质的组团社必须派出领队全程陪同游客在境外游览，即负责办理登机手续、进出关手续、酒店入住手续及全程食住行游的质量监督。领队往返机票及税金，领队、司机保险费用，领队、司机、导游酒店住宿等费用都要分摊在每个游客身上。出境旅游领队一般都能申请到免费的机票，到达另一国后，领队、司机、导游的住宿及景点门票一般都由另一国的地接旅行社解决，基本上都是免费的。如果团队人数不够或者申请不到免费的机票，或者境外接待社不解决领队、司机、导游的各种费用时，就要分摊到团队的所有游客身上。

（五）市内接送费用

市内接送费是组团社接送游客到机场（车站、码头等）的费用。目前在旅行社的实际操作中，组团社基本上都不包含这笔费用了，都是游客自己到机场（车站、码头等）去，回程时自己返回家中。如果是团队，需要安排接送时，在计价时就要加上这笔费用。

（六）税费

境外的税费包括境外全程高速公路费、停车费、进城费、酒店城市税，这些钱如果境外地接社报价中包含了就不用出，如果报价中没有包含就要请领队现付。这笔钱也需要分摊到每个游客身上。

（七）保险费

出境旅游一定要购买保险，保险分旅行社责任险和人身意外伤害险，旅行社责任险由出境组团旅行社购买，人身意外伤害险由游客自己购买。出境旅游意外保险费一般是30元/人，保额30万元人民币。但是，欧盟地区意外保险费就不一样，欧盟地区的意外保险费包含医疗保障，救援服务，行李、行程延误变更，个人钱财丢失等多项保险责任，保险费用也比较高。

知识链接

申根签证保险

从2006年1月1日起，所有的申根国家签证申请者都必须在递交签证申请材料时出示一份已购买的境外旅行保险，使领馆以此作为签发申根签证的基本前提。申根签证保险必须具备以下几点。

（1）申根签证保险中的医疗保险金额不得低于3万欧元（相当于30万人民币），且应附带全球紧急救援功能。申根国家对中国出境去该地区的人员要求办理不低于3万欧元的医疗救援保险。各国使馆并没有强行指定保险公司，只是对险种及其保障部分有一定的要求。出境者尽量购买一些知名保险公司的出国签证保险，这样比较容易拿到去申根国家的签证。境外旅行保险很重要的一项是紧急援助服务。保险公司与各国际救援公司或组织联手推出的紧急援助服务，将传统保险公司的一般事后理赔向前延伸，变为事故发生时提供及时有效的救助。出境者无论在国内外任何地方遭遇险情，拨打专门电话即可获得无偿救助。无论是出境者遇到意外、遗失钱包，还是护照丢失或者咨询当地情况等都可以致电救援热线，一些大的国际保险集团都会供汉语或中英双语服务。

(2) 申根签证保险须对整个申根区和旅游逗留期有效。保险期间一定要涵盖包括收尾2天的出行天数，前后要尽量多留出几天的时间。出行的时段如果是在夏季旅游旺季、9月出国留学旺季、圣诞节节假日期间的话，出国签证保险一定要尽量提早购买，以便预留更多的时间来办理申请签证等其他事情。

（八）出境组团社的利润（操作费用）

获取利润是旅行社的根本性质，出境组团社应根据旅游市场的情况确定适当的利润。这个要根据不同的季节、不同国家的具体情况来确定。

以上是出境旅游的散客和团队操作的一些基本费用，但是不同的线路包括的项目是不一样的，如自由行、自驾游等包括的项目就少一些，如自由行费用一般只包括机票、住宿及签证三项。

二、出境组团社的报价流程

目前我们国家出境游的具体操作是由专线负责，收客主要是各服务网点负责，出境组团社对客人的报价应该分为几个步骤：首先是出境专线部向境外接待社和国际大交通询价，等境外接待社和国际大交通部门报价之后，出境专线部进行内部计价。专线部进行内部计价之后加上利润再向对服务网点或同业旅行社报价，服务网点或同业旅行社加上利润之后再向本地游客报价（见图5-1）。

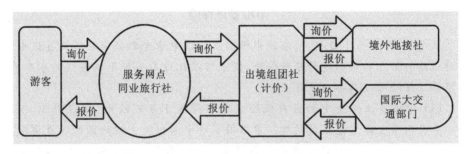

图 5-1　出境组团计调报价流程

（一）出境组团社向境外接待社和国际航空公司询价

首先是向境外接待社询价。通过查阅资料，同时应向两家以上的境外地接社询价，包括房价、旅游汽车、内路交通、景点门票等。其次是向国际大交通部门询价，询问机票航班和价格。

（二）出境组团社进行内部计价

出境组团社内部计价实际上就是核算该团的成本。把境外地接社报价、国际大交通费用、签证费、领队费、保险费等加起来，计算出该团的接待成本价，即出境组团社计价＝境外接待社的报价＋往返国际大交通费用＋签证费＋领队分摊费＋保险费＋税费＋其他费用＋客源地市内接送费等。

例：以四川康辉国际旅行社有限公司提供的成都—台湾清境五花环岛八日游行程（见表5-2）为例来说明组团社内部计价方法。

表 5-2　成都—台湾清境五花环岛八日游行程

【行程安排】

D1　成都—台北　含晚餐（丸林鲁肉饭）　住：桃园酒店

集合于双流机场，乘机飞往台北，入住酒店。

D2　桃园—台北故宫博物院　清境农场　含早中晚餐（中、晚餐：中式合菜）　住：南投酒店

酒店早餐后，搭乘豪华巴士前往台湾最大的城市—台北，参观游览【台北故宫博物院】。随后乘车前往南投清境农场游览【清境小瑞士花园】。

D3　南投—日月潭—九族文化村—嘉义　含早中晚餐（中餐：原住民风味餐，晚餐：中式合菜）　住：嘉义酒店

酒店早餐后，搭乘豪华巴士前往台湾最著名的【日月潭国家风景区】。日月潭的美，从早晨到黄昏，从春夏到秋冬，无论风和日丽或烟雨迷蒙，都回荡着绮丽的风姿，令人百看不厌、赞叹不绝，后乘车前往酒店休息。随后搭乘日月潭缆车到【九族文化村】游玩。

D4　嘉义—阿里山—旗津码头渡轮—高雄　含中餐（中餐：客家菜）　住：高雄五星饭店

早餐后参观台湾八景之首【阿里山森林游乐区】及园区中的景点，然后前往高雄搭乘渡轮至【旗津码头】，随后前往高雄的特色【夜市】，自费品尝最具台湾风味的小吃，感受台湾人的真实生活，夜宿高雄。

※此行程全程仅安排五个购物点（珊瑚、钻石、大理石、土产、免税）。

D5　高雄—垦丁—白沙湾—龙盘公园—台东　含早中晚餐（中餐：中式合菜　晚餐：五星度假村涮涮锅）　住：五星绮丽度假村

早餐后前往有台湾夏威夷之称的【垦丁国家公园】，随后游览【白沙湾】、【龙盘公园】，最后乘车前往台东入住五星温泉度假村。

D6　台东—清水断崖—七星潭—太鲁阁—花莲　含早中晚餐（中餐：海鲜餐，晚餐：中式合菜）　住：花莲民宿

酒店早餐后前往【石梯坪】、【七星潭】，午饭后进入秀丽的【太鲁阁国家公园】参观，之后参观台湾十景之一的【清水断崖】。

D7　花莲—101登顶—士林官邸—台北　含中晚餐（中餐：鼎泰丰小笼包，晚餐：地道牛肉面）　住：台北酒店

酒店早餐后前往火车站搭乘火车抵达苏澳新，午餐后搭游览巴士前往台湾最高楼【101登顶】。之后前往【士林官邸】游览，晚餐后回酒店休息。

D8　台北—成都

早餐后，出发前往机场搭机返回成都，结束这段快乐幸福的旅程。

以上行程为参考行程，行程将依据台湾当地的交通、景点、酒店等情况有适当调整。

同行报价：成人5280元/人，12岁小孩以下不占床位（不含12岁）收总费用的90%，12岁以上收全额团费。

【费用包含】

1. 全程机票（经济舱），含机场税、燃油附加费；台湾签发的入台许可证件费。
2. 全程4花＋5花 空调双人标准间。

续表

3. 行程中所列餐食(14 正餐,飞机餐算正餐),含早餐(7 早)。
4. 全程豪华观光巴士,行程内所列景点门票。
5. 全程含司机和导游服务费 50 元/天,共计 400 元。
6. 全程持证领队服务一名,台湾当地持证导游服务一名。
7. 12 岁小孩以下不占床位(不含 12 岁)收总费用的 90%,12 岁以上收全额团费。
8. 旅行社责任保险及旅行社为客人投保旅游意外险。

【费用不含】
1. 客人在户口所在地公安局办理台湾通行证。
2. 行李物品的保管费及超重费、私人消费(如酒店洗衣费、电话费等)、自由活动期间的费用。
3. 因交通延阻、天气、战争、罢工或其他不可抗力所引致的额外费用。
4. 一切超出费用(如在外延期签证费、住、食及交通费、国家航空运价调整等)。
5. 如果您的订单产生单房,我社将安排您与其他客人拼房;如果团队用房出现单男单女,我社有权拆分夫妻或做加床处理。如果您要求全程入住单房,我社将收取房费差额。

具体计价如下:

(1) 成都—台湾—成都往返全程机票(经济舱含税)= 2000+800=2800(元/人)。

(2) 台湾某接待社向四川康辉台湾专线报的基本地接费用:2200 元/人。

其中,住宿 880 元/人,车 80 元/人,餐 600 元/人,入台证 200 元/人,司导小费 240 元/人,门票 200 元/人。

(3) 意外保险:30 元/人。

(3) 领队劳服费:20 元/人。

该台湾专线的内部计价=往返机票费用+境外报价+领队分摊费+出境意外保险费
$$=2800+2200+50+30=5080(元/人)$$

即该专线接待每位赴台旅游游客的成本价为 5080 元/人。

(三) 出境组团社对各服务网点或同业旅行社报价

出境组团社在所经营地区都开发了很多条不同的旅游线路,在对每一条旅游线路进行内部计价的基础上,加上每条线路的操作费用(操作费包含整个旅游行程的制定与落实费、航空机票出票操作费、境外旅游服务预订协调工作费、签证资料整理及证件办理费用等)就是旅行社对服务网点或者同业旅行社的报价了。操作费用的多少根据具体的线路来确定,跟团游的利润低一些,一般是计价的 5% 左右,包团游的利润高一些,一般是计价的 10% 左右。即

出境组团社报价=内部计价+操作费用(利润)

仍以上面的成都—台湾清境五花环岛八日游行程为例,出境旅行社内部计价为 5080 元/人,假定利润为 200 元/人(利润的多少由出境旅行社自行确定,我们假定为 200 元/人来计算),那么,该出境组团社对服务网点或同业旅行社报价=内部计价+操作费用(利润)=5080+200=5280(元/人)。

(四) 出境组团社服务网点或同业旅行社对游客报价

出境组团社所属的服务网点或同业旅行社对游客报价一般是采用成本加成法进行的。

服务网点或同业旅行社的成本就是出境旅行社提供的旅游计划上的同行报价,利润就是各个服务网点或者同业旅行社自行确定。当然要根据不同的时间、不同的线路来确定具体的利润。出境组团社服务网点或者同业旅行社对游客的报价＝出境组团社报价＋服务网点或者同业旅行社利润。

仍以上面的成都—台湾清境五花环岛八日游行程为例,该出境旅行社对服务网点的报价为 5280 元/人,服务网点或者同业旅行社利润假定为 300 元/人(利润的多少由服务网点或同业旅行社自行确定,我们假定为 300 元/人来计算),那么,该出境组团社服务网点或者同业旅行社对游客的报价＝出境旅行社报价＋服务网点或者同业旅行社利润＝5280＋300＝5580(元/人)。

通过以上的计算可以看出,成都—台湾清境五花环岛八日游行程的地接价是 2200 元/人,往返机票 2800 元/人,领队分摊费 50 元/人,出境旅游意外保险 30 元/人,出境社内部计价为 5080 元/人,对服务网点或同业旅行社报价为 5280 元/人,毛利为 200 元/人,服务网点或同业旅行社对游客报价为 5580 元/人,服务网点或同业旅行社毛利为 300 元/人(详见表 5-3)。

表 5-3　成都—台湾清境五花环岛八日游计价报价分解表　　　　　　　　(单位:元/人)

出境组团社成本构成		出境组团社内部计价	出境组团社服务网点或同业旅行社报价	服务网点或者同业旅行社对游客报价
成都到台湾往返机票	2800	5080	成本 5080＋利润 200＝5280	成本 5280＋利润 300＝5580
领队分摊费	50			
地接	2200			
意外险	30			

三、出境旅游组团社整团(散拼团)成本结算

出境旅游组团社在经营一条线路时应该进行成本结算,结算应该包括五个方面的内容(详见表 5-4)。

(一) 团队(散拼团)和线路的基本信息

团队(散拼团)和线路的基本信息包括出团日期、线路名称、航班号、领队、参团人数、游客姓名等基本信息,要求把这些信息反映在结算表中。

表 5-4　出境旅游组团社整团(散拼团)成本结算

出团日期		线路		航班		领队		人数	
团数	客源	人数	客人名	总报价(明细)	实收款	余款		成本	毛利
1									
2									
3									

续表

4								
5								
成本明细	机票		地接A		签证A		小费	
	税费				签证B		自费	
	中段		地接B		保险		其他	
	票务提成				名单			
	领队分摊							
费用开支							总收款	
							总成本	
							本团毛利	
							欠款	
备注								
特别注意操作流程	1. 预订机位、书面告知地接(准确时间及人数)、预备领队。 2. 与同行签订转并团协议,回执盖章。 3. 收全款(团款若没收全,向账务详细说明原因)。 4. 收有效证件(护照:6个月以上有效期,通行证:签注时效),或安排客人面试。 5. 送签证(算准送签时间,注意领馆假期)。 6. 仔细核对名单(拼音名、证件号、签证/注有效期)。 7. 行程及名单传给地接确认。 8. 与同行再次确认操作内容、发出团通知书、买保险。 9. 再次仔细核对名单,出机票,仔细检查机票(名字/航班)。 10. 上名单,送边防。 11. 与领队/送团人交接(机票、护照、领队现付款、代收款、行程、名单、胸牌、导游旗、出入境卡、领队计划表、意见表)							

(注:该表格由四川省中国青年旅行社有限公司出境部提供。)

(二)总报价及实收费用

确定该团总报价是多少,具体的分项报价是多少,实收费用多少,未收回的余额是多少,余款什么时间收回。

(三)成本明细

明确接待该团所支付的总成本是多少,分别由有哪些部分构成,在成本明细中注明机票(含税费)、票务提成费、领地分摊费、境外地接费用、签证费、小费等费用的具体数目。

(四)费用开支情况

在接待该团过程中具体开支了哪些项目,每一笔都需要详细说明。

(五)结算

计算接待该团总收款是多少,总成本是多少,本团的毛利有多少,还没有收回的余款有多少。

通过成本结算对该团的经营情况、获利情况有了一个详细的了解,可以为下一步的经营提供参考。

任务三 出境旅游组团计调采购业务

出境旅游组团计调采购业务主要有出发地城市与境外目的地城市之间大交通采购、境外接待社采购、领队服务采购、市内接送采购及旅游保险采购等内容。

一、国际往返交通服务采购

(一) 国际航班知识

此部分内容详见项目二任务三。

(二) 国际机票的采购

1. 确定采购对象

出境计调应该通过各种渠道和方法收集国际航空公司、机票销售单位信息资料及负责人的联系方式,然后根据旅行社的线路需求,了解航空公司的规定及航空公司的经济实力,主要包括国际航空公司的机票折扣、机位数量、服务态度、航班密度、改/退票的手续及费用,机票销售单位信誉度、网络是否方便、付款方式、工作配合度、竞争优势、机票返利额度等信息。最后,确定多家本旅行社的采购对象。如 2017 年 4 月 23 日,成都到新加坡有 14 家航空公司的 54 个航班,直飞的有 7 个航班,1 程中转的有 46 个航班,2 程以上中转的有 1 个航班。同一天,北京到新加坡有 20 家航空公司的 61 个航班,直飞的有 5 个航班,1 程中转的有 54 个航班,2 程以上中转的有 2 个航班。对于一个出境计调应该根据游客的需求和旅行社的经营情况来选择航空公司和航班。

2. 签订合作协议

出境计调与国际航空公司或机票销售单位经过多次协商之后,确定相关事项,然后双方签订正式的《经济合同书》,明确双方的合作关系及相互约定并备案。

3. 整理相关资料

出境计调部要印制国际航空公司的航班、票价信息及相关规定、机票销售单位信息,然后分发给社内相关部门,并备案,并根据航空交通部门的相关要求,设计并印制订、购票所需的表单,如订票身份证信息确认单、机票变更/取消单等。

4. 实施订购票业务

出境计调根据接待计划和《经济合同书》的相关要求选择机票销售单位,向机票销售单位提出订票、购票需求,航空交通部门在约定的时间内出票,出境计调人员在约定的时间内接票,也可以在网上预订机票。

5. 报账结算

出境计调根据本社的规定及《经济合同书》的要求,将订、购票的明细账及返利情况上报财务部门,财务部门审核无误后,根据约定付款时间及方式为航空交通部门办理结算事宜,并支付相应的票款。

二、境外接待社的采购

(一) 境外地接社的选择范围

根据国务院颁布的《中国公民出国旅游管理办法》第15条规定,组团社组织旅游者出国旅游,应当选择在目的地国家依法设立并具有良好信誉的旅行社,并与之订立书面合同后,方可委托其承担接待工作。

组团社必须与目的地国家/地区旅游主管部门指定的旅行社进行业务合作,这类境外接待社具备接待中国公民旅游资质,经营体制多为私有企业。出境组团社一般会在目的地国家/地区选择2~3家接待社,合作时以一家为主,其他为辅。

(二) 境外地接社的选择标准

1. 符合接待组团社旅游团的实际情况

出境组团计调要根据自身的组团量、旅游团的接待标准(如豪华团、经济团等)选择境外地接社,评估对方是否具备接待相应团队的实力和规模,从而实现在合理价格上的业务连接。

2. 就近选择、突出优势

选择位于线路产品所在的主要城市或者主要旅游客源集散地的接待社。一方面接待社对线路产品更加熟悉,采购成本低;另一方面进行接待安排和处理突发紧急事件方便,便于接待社对食、宿、行、交通等内容的控制。例如,出境组团社选择澳新旅游的接待社,一般会选择澳大利亚的接待社,而新西兰的接待社则由澳大利亚的接待社转包。

3. 境外接待社工作人员和业务量相对稳定

接待社业务量以及工作人员的相对稳定是建立长期业务合作关系的基础。出境组团计调熟悉对方的作业资源、作业习惯,方便合作。入境接待社计调一般是配备中文操作人员,便于交流配合。

4. 具备处理突发事件的能力

境外地接社能否将组团社的利益作为自己的利益,能否积极处理问题对于团队接待至关重要。当团队在境外旅游期间遇到突发紧急事件时,接待社应高度重视,上下配合,积极为组团社协调组织,不计得失,将事故不利影响降到最低。接待社的鼎力协助常常起到事半功倍的效果。

(三) 签订合作合同

选定了境外接待社之后,出境计调应该与境外地接社签订接团合同,并将一份合同原件报省级旅游局备案。

三、领队服务的采购

领队一词出现在我国开办公民自费出境旅游的 20 世纪 90 年代后期。海外领队是指经国家旅游行政主管部门批准可以经营出境旅游业务的组团社的委派,全权代表该旅行社带领旅游团从事旅游活动的工作人员。根据 2016 年 11 月 7 日第十二届全国人民代表大会常务委员会第二十四次会议《关于修改〈中华人民共和国对外贸易法〉等十二部法律的决定》,其中《中华人民共和国旅游法》第 39 条修改为:"从事领队业务,应当取得导游证,具有相应的学历、语言能力和旅游从业经历,并与委派其从事领队业务的取得出境旅游业务经营许可的旅行社订立劳动合同。"出境旅游领队工作繁杂、职责重大,不但业务性强,而且政策性也强。因此,旅行社在安排领队人选时应特别慎重,出境组团计调应该慎重选择领队。

领队的采购流程与地陪的采购流程是相同的,详见项目三任务四中地陪服务的采购的相关内容。

四、市内接送交通服务的采购

市内交通接送服务的采购详见项目三任务四中交通服务采购的相关内容。

五、旅游保险的采购

境外旅游保险的采购流程详见项目二任务四中旅游保险采购的相关内容。

任务四　出境组团计调操作流程

出境计调操作很复杂,面对不同的国家、不同的线路,操作流程也不一样,面对直客、批发商,操作流程也不同。所以,实在无法统一。现在只能概括大致的操作流程,仅供参考。

一、接听咨询电话

出境计调的操作是从接听电话开始的,一是接听本社服务网点打来的咨询电话,二是接听本地游客打来的咨询电话,三是接听同业旅行社打来的咨询电话。出境计调接到这些咨询电话时,首先要问清楚客人要去哪几个国家或地区,并记录好他们的具体要求。

二、确定出境旅游产品

接听咨询电话之后,很重要的一件事就是要确定出境旅游产品,对于不同的对象,确定产品的方法是不一样的。

（一）散客或者同业旅行社

每个旅行社都有很多已经向市场公开推出的已经成型的出境旅游产品，在接受散客、同业旅行社咨询时，出境计调一般都是直接向他们推荐本社已经设计好的旅行社产品，向他们推荐每个产品的亮点、报价及价格构成等。让他们在众多出境旅游产品中选择自己满意的旅游产品。

（二）独立成团游客

如果是独立成团，出境计调可以先推荐本社现有出境旅游产品。如果对现有出境旅游产品满意就不需要重新设计了。如果不满意，出境计调就必须根据游客的要求重新设计出境旅游产品。经过双方多次协商、修改，设计出游客满意的旅游产品。

三、询价、核价、报价

（一）向协作单位询价

出境计调首先要选择国际航空公司和境外地接社，在团队送签前，将最终行程传真至国际航空公司、境外接待社及其他接待单位询价。询价时务必写明人数、出发日期、详细行程、包含内容的标准，如报价包含三星或四星酒店、中式午晚餐（五菜一汤，饭后水果）、中文导游（中文导游兼司机）、豪华旅游大巴车、常规景点门票、国际航班、保险、签证、特殊服务项目等各项要求。询价时必须认真填写询价单（见表5-5），询价为最终依据，只有在询价的基础上才能报价。询价之后等待接待单位的回传确认，也可以直接在网上回传确认。

表5-5　旅行社计调部询价单

To	旅行社	From	旅行社
电话		电话	
传真		传真	
手机		手机	
QQ		QQ	
举例： 　　今有我社21人团队于2013年2月12日至25日参加美一地14日行程，12日从上海飞到纽约，24日从洛杉矶返回，25日到达上海。游览城市有纽约、华盛顿、夏威夷、拉斯维加斯、洛杉矶，美国境内全程要求入住五星级酒店，用车要求安排25座大巴1辆，司机、导游分开，配备一名优秀导游及经验丰富司机，全程含餐，请你尽快根据已经做好的行程做出报价。谢谢！（附上行程）			
询价方式		开始询价时间		接到报价时间	

（二）出境组团社计调核价

出境组团计调收到各协作单位的回传确认之后就进行核价，即把各协作单位的报价加起来，其和就是出境组团社的总成本。

（三）向各服务网点和同业旅行社报价

出境组团社在总成本的基础上加上一定的利润向各服务网点或同业旅行社报价。各服务网点和同业旅行社加上一定的利润之后就向游客报价。

四、编制团号、签订出境旅游前期服务合同

(一) 编制团号

在游客确认了行程和报价之后,就开始编制团号,编制方法见项目二任务四的有关内容。

(二) 签订前期旅游服务合同

游客确认了行程和报价之后,不能马上签正式的出境旅游合同,因为不能保证游客签证全部成功。如欧洲国家签证有时就不能成功,游客出了签证费,但最后却不能出去旅游。为了规避签了正式合同而又不能出行的一些风险,在办理签证前就与游客先签订一份出境旅游前期服务合同。

五、预报计划、预订机位

(一) 预报计划

预报计划的目的是使境外接待社将此团列入该社的接待计划,要求境外接待社尽早预订酒店、车辆等。预报计划的内容应该包括团号、旅游团的准确人数、团队抵离时间及交通工具、行程、食宿标准以及其他要求等。

(二) 预订机位

在客人的旅游意向基本确定时,出境组团计调应向有关航空公司落实机位情况、航班时间、机票价格、机型等是否满足客人需求;在旅行社与团队客人签订合同后,出境组团计调向航空公司传真或 e-mail 名单(包括客人的姓名、性别、出生年月、护照号码、护照有效期等内容)及采购要求(出发和返回日期及航班号等)。一般团队大交通机票是往返程一起预订。在不同季节,不同的航线要求计划订票的时间有区别。一般情况下,本着稳妥和优化航线及价格的原则,出境团队机票的预订时间远程线路约出发前1个月至2个月预订,近程线路约提前半个月至1个月预订。

六、审验资料、办理签证

(一) 收取参团资料

报名结束后,按照目的地国家签证要求,填写签证申请表(见表5-6),并提交相应的资料。去不同的国家和地区,对证件的要求是不一样的。例如,去香港、澳门,要提前办理港澳通行证,出发前再办签注;去台湾,要提前填写大陆地区人民出入台湾地区申请书,然后用提供的资料办理入台证;如果去东南亚国家,签证资料要求相对简单,要提供护照和照片办理;如果去亚洲其他国家如日本以及欧洲、大洋洲、美洲的一些国家,也需要护照和其他相应的资料办理签证,但是资料要求就相对多些,也比较严格,并且要保证所需的证件没有过期,是有效的。再比如,同是落地签,巴厘岛、马尔代夫等地,需要客人在报名时就把护照有照片那页传真过去,用于出机票,以及给地接社传过去做签证;而新加坡是落地团签,并不是客人到

了地方才签,是需要客人在到达之前就由当地的地接社提前办完,但要先发占位单。

表 5-6　个人签证申请表

姓　　名		曾用名	
出生日期		身份证号	
出 生 地		国　　籍	
性　　别		婚姻状况	
护照号码		护照签发日	
月 收 入		护照有效期	
任职部门		职　　务	
办公电话		手机号码	
在职时间		邮政编码	
家庭住址			
邮政编码		家庭电话	
工作单位			
单位地址			
单位负责人		负责人职务	
邀请公司名称			
邀请地址			
邀请公司联系人		邀请公司电话	
负责人电话			
是否有同行人员,如有请注明并说明关系:			
是否有过该国签证记录:			
是否有过该国拒签记录:			
最近一次申请该国签证的签证类型: 最近一次去该国时间及离境日期:　　年　　月　　日至　　年　　月　　日			
此次出国目的城市: 去和回的大概时间:			
家庭情况:			
配偶姓名		出生日期		出生地	
单位名称			
职　　务		单位电话	
子女姓名1		出生日期	
子女姓名2		出生日期	

续表

父母情况（父母姓名必须填写,包括已故）			
父亲姓名		出生日期	
母亲姓名		出生日期	
备注： 　　以上资料用于协助您申请签证,请如实填写(电话号码前请标注区号)。填写工整、清晰,并请注意签证申请表中的内容与签证资料的一致性,如职务、出行日期、停留日期等。 本人声明： 　　以上所填内容完全属实,否则本人接受被取消申请资格并由本人承担造成的所有风险和损失！ 　　申请日期：　　　年　　月　　日　　　　申请人签名：			

（二）审验签证资料

1. 申请人有效护照

一般情况下,申请人必须提供有效期六个月以上的护照原件,但有些国家如美国、加拿大等需要1年以上有效期方可进入。护照的最后一页必须由本人签字；如果是换发的护照还要提供旧护照；有拒签史的客人,要提供拒签说明。

2. 客人本人填写

团体旅游签证申请书等相关资料,要用签字笔填写,整洁美观,签名处一定要有客人本人签名。

3. 在职人员须提供的材料

加盖公章的公司营业执照复印件,公司提供的在职证明（在职证明规定用单位抬头纸,内容包括申请人的姓名、性别、出生日期、年龄、护照号码,从何时起在公司任职、现任职务,加盖公司公章）。机关事业单位工作人员提供法人代码证复印件和上述格式的在职证明。

（三）办理签证的流程

办理外国签证,一般需要经过下列几个程序：一是递交有效的护照；二是递交与申请事由相关的各种证件,例如有关自己出生、婚姻状况、学历、工作经历等的证明；三是填写并递交签证申请表格；四是前往国驻该国大使馆或领事馆官员会见,有的国家规定,凡移民申请者必须面谈后,才能决定,也有的国家规定,申请非移民签证也必须面谈；五是前往大使馆或者领事馆,将填妥的各种签证申请表格和必要的证明材料,呈报国内主管部属门审查批准,有少数国家的使领馆有权直接发给签证,但仍须转报国内备案；六是前往国家的主管部门进行必要的审核后,将审批意见通知驻该国使领馆,如果同意,即发给签证,如果拒绝,也会通知申请者；最后是缴纳签证费用。一般来说,递交签证申请的时候就要先缴纳费用,也有个别国家是签证申请成功的时候才收取费用。一般而言,移民签证费用略高,非移民签证费用略低。也有些国家和地区的签证是免费的。如果遭到拒签,使领馆方面是不退签证费的。

知识演练

问：请简述泰国贴纸签办理流程。

答：泰国贴纸签办理流程如下。

（1）检查护照有效期是否大于6个月，护照签发地，所提供照片是否为两张白底两寸照片。

（2）复印护照：要求缩印86%，照片加深。

（3）裁剪。

（4）输入信息，包括姓名（拼音、大写）、出生地、签发地、出生日期、护照号码、护照签发日、护照有效期、职业，打印申请表（录入的信息要与护照上的信息一致，即使护照上的信息有误，都以护照上的信息为准）。

（5）输入信息，包括姓名（中文＋英文大写）、性别（M/F）、出生日期、证件号码、证件有效期，打印名单。

（6）按照名单上的顺序，填写申请表上的信息，包括编号、勾选申请签证的类型以及签名。

（7）将复印好的护照订在申请表上，贴照片。

（8）打印名单（2份）、航班（1份，往返时间和航班信息与申请表要一致），担保函（1份，往返行程与航班信息要与申请表一致）。

（9）盖章。申请表（盖日期章）、名单（盖签证一部章、日期章）、担保函（盖签证一部章和签字章）、航班（盖签证一部章）、行程表（盖签证一部章）。

（10）装袋顺序（由↑到↓）：缴款单—名单—担保函—航班—行程表—申请表—名单（护照的顺序：编号从小到大）。

（四）送签

根据旅游线路的不同准确决定送签国家（特别是由多个国家组成的旅游线路），并根据其使领馆的要求准备相应的送签资料，准确掌握签证办理所需工作日，保证签证后交通票据的购买、出境名单的办理、与境外地接社确认接待事项等操作有充足的预留时间，使得计调操作有计划按步骤进行。游客的旅游目的地不同，签证所需工作日不同，使馆在周六、周日不受理签证，节假日休息。所以计调一定要掌握好送签时间。否则，一旦签证延误，整个团队都无法按期出发，损失严重。

很多发达国家（如美国和欧洲国家）办理签证申请都需要提前预约，如电话预约、在线预约和邮件预约。预约时间确定才可以在预约当天去领馆交材料。需要预约时间的签证通常是需要面试的，目前部分申根国保留预约流程，但是已经逐渐取消面试流程，如法国和德国。

一般发展中国家如东南亚办理签证，通常都不需要预约，可直接交材料给使馆。部分发达国家也不需要预约，如加拿大、澳大利亚、新西兰等。

案例分析　签证工作的重要性

2015年7月17日(周五)早上,出境部签证计调小张把16日做好的签证资料送到领事馆做签证。到达领事馆才看到领事馆墙上张贴的放假临时通告,通告内容是7月21日(星期一)要闭馆一天。这就意味着17日送签,21日不能出证。按照领事馆规定,要三个工作日才能出证,需要顺延到22日才能取到。而出境计调要求21日拿到签证,21日晚上要出团。小张才从事签证工作不久,不知道这个事情的严重性,没有给出境计调汇报这个事情就擅作主张把资料送到领事馆了,然后在去交钱的路上给出境计调QQ留言说明21日闭馆的事情。出境计调忙完之后才看到了QQ留言,知道了事情的严重性,马上给小张打电话,让他先在那等候通知。但得知小张已经递交了资料,钱都交了的时候,出境计调非常着急,马上通知了部门经理,部门经理得知此事后马上采取措施,和领事馆协商20日提前出证,这样事情才得到解决。小张回来之后,部门经理并没有责怪他,而是很耐心地跟他讲,如果事情没有解决,小张就要承担70%的责任,而另外30%的责任就要由出境计调承担。如果领队走不了,就不是一个人的损失,而是整个团的损失了。并指出小张遇到这种事情不应该擅作主张,应该请示领导,做事情要考虑后果。如果早点看到通告,通知各部门,就不会出现这种事了。

(资料来源:学生实习期间发生的真实案例。)

问:签证计调小张哪些地方做得不好?今后应该吸取哪些教训?

分析提示:本案例中签证计调小张有几个地方做得不好:第一,小张没有及时关注领事馆的通告,计调应该经常关心领事馆的各种通知,把最新通知告诉相关部门。第二,小张17日发现21日闭馆通知后应该及时打电话通知出境计调,不应该QQ留言,可以打电话让出境计调及时掌握情况。第三,小张没有认识到21日不能出签的重要性。21日团队就要出发了,没有签证是不能出境的,这个损失是很大的,今后应该引起高度重视。第四,遇到这种事情不能擅自做主,应该请示领导。

能否取得出游目的地国家的签证,将直接关系到团队出行计划的实施。我国公民前往目的地国家的旅游签证通常由旅行社统一向该国驻华使领馆申办。使领馆根据客人所提供的材料审核决定签证的发放。对于提供虚假材料、有拒签史特别是有目的地国拒签史等情况的申请人,使馆会根据情况做出决定。计调和其他工作人员不能对客人承诺签证率100%。目前,经国家批准开放的中国公民自费出国旅游目的地国家的签证申办手续不尽相同,难易程度有所区别。

七、签合同、上名单

(一) 签合同

签证成功之后,必须与游客签订出境旅游合同。根据出境旅游合同的要求,填写相关项目,并且要将合同的内容告知游客。合同签好之后确认团费、保证金与担保函是否收齐。做出团队各项应收和应支费用的预算表并交给财务。在所涉及的费用全部交齐之后,计调应及时借出机票费、签证费、地接费等款项。

（二）上名单

1. 上国家旅游局系统

出境计调登录"中国旅游诚信网",点击首页右下方的"全国旅游团队服务管理系统",进入系统界面,点击右上角"系统登录",再选择点击"团队动态子系统登录:正式系统",进入正式填报界面,输入用户名、密码等信息。然后输入团队名单、线路、出入境时间等信息,用专用打印机打印之后,贴好标签,请公司总经理签字,盖公司出境旅游专用章。出境旅游团队名单需要到旅游局审验,加盖出境旅游审验章。出境游组团社以团队形式组织出国（境）旅游业务,无论目的地国家（地区）是免签、落地签还是游客持个人旅游签注,均应在团队系统"团队动态子系统"中如实填报相关数据信息。

2. 上边防系统

出境计调需要在边防系统录入游客资料,然后打印出来,到边防去审验、盖章。

3. 上保险系统

出境计调需要在保险系统上录入游客名单,购买旅游意外险。

八、督促书面确认、发正式计划

（一）督促境外接待社书面确认

给境外旅行社发最终日程确认书,包括酒店分房表、最终行程、实际参团客人名单、客人特殊要求等。等待地接社的确认回复（包括酒店、餐厅名称、导游姓名及电话等）。一定要督促境外接待社在最短的时间内（8～24小时）书面确认。确认重点为境外机（车、船）票、用房、用车、结算等事宜。

（二）发出正式计划

前期预报计划经过变更、确认后,出境计调应该在团队到达境外第 1 站前 10～15 天,将正式计划邮寄或传真至境外接待社。正式计划内容包括发团确认书,团队行程和各项服务的标准及特殊要求,团队游客资料（姓名、性别、年龄、身份证号或护照及签证号码等）,各接团社名称、联系人及联系电话,旅行团委托协议书。正式计划用正式文件的格式打印,并加盖旅行社公章,每地寄出两份以上。它既是接团计划,也是对方的结算收款依据,应力求正确。一般在正式计划发出以后,不应再有大的变更,发计划应附上回执,以便对方寄回,确认收到无误。

九、出机票、派领队

（一）出机票

待团队出签后,出境计调要检查客人是否已缴纳全额旅游费用,同时通知客人出票时间,然后通知航空公司出票,有时旅行社会派专人直接到航空公司付款取票。团队票价格与散客票价格一般差别较大,所以航空公司规定团队机票一旦出票,人数不可增减,不得退票,不得签转,不得变更航班,不得换人。相关出票规定要在客人报名后或出票前,由旅行社工作人员再次通知每位客人。出境计调对照护照复印件核对机票的客人姓名及证件号码,对照行程核对航班号、航班往返日期和起飞时间,确保机票的准确无误。

(二)派领队

根据团队要求安排领队,考虑领队的性别,以免团队出现单男单女产生不必要的单房差,同时还要考虑其证件是否在有效期内,签证是否过期,对于无有效签证的导游,同样要求其准备签证资料。派遣海外领队,需要提前10天安排,并第一时间通知领队,以便领队做好相应的准备工作。填写领队派遣单,与领队交接出团事宜,包括地接信息、导游信息、小费收取情况、保险紧急联系电话、游客特殊要求、团队注意事项。出发前出境计调将护照、签证、机票、确认行程表、分房表、中国公民出国旅游团队名单表、客人联系电话、目的地国出入境卡、海关报关单、对领队的要求事项以及需要告知客人的注意事项等内容详细交接给领队(见表5-7),并提醒领队带好导游证。

表5-7 某旅行社出境领队资料表

团号:CCT20080622TSM		团名:泰新马		领队:刘明	人数:16
资料	1	机票		16	
	2	护照		16	16本
	3	签证			泰签全部做落地签证
	4			16	新签原件泰国导游处取
	5				15马签已做好,1本马签办落地
		名单、行程、胸牌、旗子、意见表、出入境卡(示例)、申报表			
现金	1	新加坡小费	20元		60×15=900元
	2	马来西亚小费	40元		
	3	泰国小费	70元		60×15=900元
	4	马来西亚自费	225元		225×15=3375元
	5	泰国落地签证	1000铢		1000×16=16000铢
	6	马来西亚落地签证	240元		240元
		小计:			领队签名:
地接社	泰国:嘉泰旅运		张扬:00661(01)-6242××		
	新马:伟年旅行社		黎明:0065-97480×××		
备注:请将机票带回公司。					

(注:该表由四川省中国青年旅行社出境部提供。)

十、召开行前说明会、发送出团通知书

（一）召开行前说明会

如果是单团，在办理好出国护照、签证和机票后，旅行社为了通报出国旅游的有关情况并了解客人的特殊要求，会适时召开出国说明会。时间通常安排在出国前1~2天，需2~4小时。出国说明会一般在旅行社召开，有时也在客人较集中的单位召开。如果是散客，未召开行前说明会，领队要在机场召集游客进行团队事项的交代和说明。

为了表示旅行社对这次会议的重视，通常都会有旅行社经理以上人员出席，领队是出国说明会的主角。领队应代表组团社向客人介绍行程、回答提问，出国说明会主要需做好下列工作。

1. 经理介绍整体安排

经理介绍领队及团队总的行程安排及重大注意事项，感谢客人对本旅行社的信任，表明旅行社热忱服务的态度。

2. 领队致欢迎辞

欢迎辞的主要内容是对游客表示欢迎和感谢，自我介绍，表达自己真诚服务的愿望，预祝游客旅游顺利。

3. 行程说明

向旅游团发放行程表，按行程表内容逐一介绍目的地国家（地区）的基本情况，特殊的法律制度和礼节礼貌、风俗习惯，并可穿插播放介绍旅游目的国（地区）概况的风光片。同时说明自费项目，告知所经城市及集合时间和地点。

4. 落实有关事项

在说明会上应落实的事项包括分房、国内段返程机票是否已定或是否交款、机场税包否、是否有单项服务等特殊要求，并登记好客人的特殊要求。

5. 说明有关注意事项

要求客人注意统一活动，强化时间观念及相互之间的团结友爱。提醒客人带好相关物品，相关物品包括有效证件（身份证、护照、通行证等）、适合当地气候特点的衣物、太阳镜、雨具、洗漱用品、常用药品、照相机、摄像机、电池和充电器等。提醒客人每人可带的现金数量，港澳游每人最多只准携带人民币20000元和2000美元（或相当于2000美元的等值外币），出国游每人最多只准携带人民币40000元和5000美元（或相当于5000美元的等值外币）。

为了让游客切实做好出国准备工作，避免在境外出现旅游事故，建议旅行社领队将出国说明事项的主要内容印成书面文件分发给每一位游客，尤其要将海外自费项目价格、外汇兑换方式及兑换率、游客饮食及穿着提醒、游客安全注意事项等内容罗列其中，便于客人了解。

（二）派发出团通知书

根据最终落实的团队情况向海外领队派发出团通知书，给游客的出团通知书中包含团队的行程、出发时间、地点、紧急联系人姓名、电话、注意事项等信息（见表5-8）。

表5-8 成都—台湾8日游出团通知书

	出团通知书
尊敬的先生/女士：	
您好！真诚感谢您参加"成都—台湾八日游"赴台旅游团。现将该团相关事项通知如下：	
线路名称	成都—台湾8日游
旅行日期	2016年11月02日—2016年11月09日
集合时间	2016年11月02日11时30分（务必准时集合）
集合地点	双流国际机场（T1航站楼）2楼国际出发大厅3号门
集合标志	"爱游台湾"导游旗
航班/时刻	02/11 3U8977 CTUTSA 13:45—16:45 09/11 3U8978 TSACTU 17:45—20:45
大陆领队姓名及联系电话	刘刚 13438370708
台湾导游姓名	
必携物品	雨具、遮阳用具、泳衣、泳帽、个人行李、个人必须药品
外汇兑换手续	持人民币在台湾指定银行可兑换台币
送团人	小康

台湾地区旅途注意事项

一、为确保您的旅途安全，随团旅游途中不得脱团以及从事规定行程之外的单独活动；不得前往当地政治、军事敏感地区；不得与当地人谈论统一、独立等敏感政治话题以及涉及宗教、收入等话题。

二、旅途中请听从导游和领队的安排，如发现问题请及时向随团领队提出并协商解决。在旅游期间，团队集体活动要绝对遵守时间，团员不能擅自离团，不能滞留境外，须听从领队及导游的安排。

三、如身体不适请及时告知随团领队。旅途中请随身携带个人必需药品以及常备用药。

四、大陆海关规定携带出境最高金额为人民币20000元和美金5000元，如超过规定需在海关申报单上申报。打火机和液体物品、刀具等危险物品严禁携带登机，摄像机等高档物品请办理海关手续。台湾海关规定允许携带免税品为香烟1条、洋酒1瓶，新鲜蔬果、腌制之鱼、肉类严禁带入，否则会有3000~15000元的罚款。

五、文明旅游提示

（1）言行文明。多用礼貌用语，避免不文明的语言和行为；注意展示文明素养，理解尊重旅游目的地居民的宗教信仰、风俗禁忌，避免无知冒犯，引发冲突；服装服饰整洁美观；遇到禁止拍照、禁止攀爬、禁止涉足等标志，应自觉遵守。

（2）食宿文明。在入住酒店时注意秩序，不大声喧哗；尊重服务人员，注意维护客房和公用空间的设施、设备的整洁卫生；就餐时注意文明礼貌，懂得谦让，切忌浪费。

（3）交通文明。乘坐交通工具时，按要求提前抵达办理相关手续，积极配合安全检查，不携带禁带物品；未经允许不得进入机场控制区，不得随意穿越航空跑道、滑行道，不散布虚假信息扰乱公共秩序；遵守秩序，不抢先，不插队，文明礼让。

（4）观光文明。在旅游期间，不得从事政治或其他与观光目的不符的活动，若遇政治、宗教等团体的抗议或游行，请保持冷静，避免不必要的冲突；不乱扔、不乱涂、不乱拍、不乱摸、不随意踩踏绿地等。

（5）娱乐文明。提倡健康娱乐，抵制封建迷信活动，拒绝黄、赌、毒等。

续表

六、注意事项

（1）请勿单人外出随意活动，最好结伴同行，确保安全。外出时请携带饭店房卡或饭店指南，以备迷途时问路。在自由活动期间如发生意外，旅行社有义务陪同报警，但不负任何责任。

（2）旅行中请携带坚固轻便的旅行箱，并做好标志。个人证件、钱币、首饰等贵重物品请随身携带或存入饭店房间内保险箱，切勿存放于饭店房间、行李箱、车内，或交他人保管。

（3）台湾饭店房间内一般备有电热水壶和少量茶叶。部分饭店房间内设有付费频道，收视费用由本人自付。冰箱内的饮料、食品取用后在退房时请向前台自己结账。一般饭店内毛巾、牙膏、牙刷、香皂、吹风机等用品齐全。

（4）大件行李如委托饭店服务生代送至房间，在接受别人服务后应依照国际惯例每间房每次支付约50元新台币小费。

（5）台湾交通规则要求绿灯时车辆快速通过路口，因此行人过马路时应遵守交通规则。

七、旅行期间气候

由于台湾地形特殊，南北温差较大，敬请游客备好衣物，山区、海边有零星小雨，可携带雨具。

八、台湾饮食比较清淡，如不符合您的口味，请入乡随俗或自备榨菜、香辣酱等调节。用自助餐时，请吃多少拿多少，切勿浪费。飞机上用餐算正餐（部分航班无餐需自付），转机期间餐费需自理。

九、台湾部分商店购物时不能直接用人民币支付，所以抵台后在当地银行将人民币换成新台币（每人每次可兑换2万元人民币）。目前汇率为：1元人民币约等于4.5元新台币。银联卡现已逐步开放使用，您也可以带一张带有银联标识 UnionPay银联 或 银联 的银行卡，以方便您的使用。选购台湾电器要注意电压（台湾地区电压110伏、大陆地区电压220伏）。

十、拨打电话：大陆＞台北(00886-2-××××-××××)、台湾＞大陆(00286＋区号(28)＋座机号码 00286＋手机号码)办理国际漫游的大陆手机可以直接在台湾使用。

十一、旅费说明

（1）旅费包含：台湾签发的入台许可证、团队经济舱机票（不得退票、改期、签转）、行程中所列台湾饭店标准双人间含早、行程中所列餐食、导游、景点大门票以及旅行社责任保险、个人旅游意外保险（旅行社购买）、司机导游小费。

（2）旅费不含：台湾通行证费用、照相费、台湾个人消费。

十二、特别声明

（1）我社保留因入台证件、航班及其他不可抗力因素（如台风、自然灾害或遇政策性关闭等）调整行程的权利，所持行程、行车路线以及时间安排由当地导游根据实际情况全权处理。

（2）团队确认后因不可抗力因素或遇政策性调整车费、船票、门票等价格，超出费用由游客自理并按规定补交差额，我社不承担此费用。

（3）团体旅游是集体活动，团体客人按惯例安排同性二人一房，12岁以下儿童不单独占床，夫妻团员可以在不影响总房数的前提下尽量安排在同一房间；若团队出现单男单女房，导游协商处理，若客人坚持，须由客人支付所增费用。

十三、温馨提示

（1）贵宾们在旅游期间，贵重物品必须随身携带，如有遗失，旅行社可陪同报警，但不负任何责任。

（2）因台湾地区电压为110伏，为了方便您使用电器，敬请自备转换插头。

祝您旅途愉快！

(注：该资料由四川康辉国际旅行社有限公司提供。)

十一、确认付款、发团

（一）最终确认

出发前24小时与对方核对计划，要求对方最终确认，向对方催要结算单。确认团队质量无异议，经财务部审核、总经理批准，将团款汇入境外地接社账户。

（二）发团

按照约定的出团时间，把团队送到机场，办理好出境相关手续，让团队顺利出境。

（三）监控团队运行

在出团期间，出境计调保持手机24小时开机，跟进团队进展状况，如有问题，及时与地接沟通、处理。游客在旅游过程中，可能会出现一些特殊情况，如事故伤亡、行程受阻、财物丢失、被抢被盗、疾病救护等，领队应积极做出有效的处理，以维护旅游者的合法权益。必要时，向我国驻当地使领馆报告，请求帮助。

出境计调在实施监控的过程中更大程度上要依赖境外接待社的处理和领队的协调，通过保持跟领队的沟通，及时了解境外地接社落实接待计划的情况和突发事件的处理情况。

十二、后续工作

（一）销签

出境旅游团队回国后，出境组团计调应在2~5个工作日之内，根据使领馆的销签要求，将销签所需资料收齐并交使馆销签。欧洲国家有时会抽查客人本人到使馆销签。

（二）费用结算

出境组团计调的费用结算主要有以下两个方面。

1. 领队报账

团队旅游活动结束后，领队要将出团过程中的花费明细列出，填好报账单，请出境组团计调审核账目，按照财务规定，各级领导签字后，到财务报账。

2. 与境外地接社结账

境外地接社会尽快将实际接待花费明细即团队接待收款账单传真给组团社，出境组团计调要仔细审核地接社的每项花费，并与领队交换意见，本着实事求是的原则，请财务部门按时汇款给境外地接社，结清团款。

（三）归档总结

团队结束后，要将所有操作传真及单据复印留档，作为操作完毕团队资料归档。对参团客人进行回访，建立客户档案。在团队回国后叮嘱接团人收取护照和登机牌，将所有资料装入专门的信封或口袋并写上团队名称，存入档案库，并在电脑里备份团队档案。团队操作流程结束，最后需要跟踪团队反馈，记录下团队历史记录中的重要信息，以便今后取长补短。

（四）调整产品

根据产品销售情况、出团量、团队质量对产品进行适当调整。销售好的产品也可适当增加出团计划,销售欠佳的产品要进行总结,是线路本身不够吸引还是市场等原因造成,如团队质量出现问题要追溯原因,对于接待单位也要磨合、斟酌和选择。

本项目主要是学习出境组团计调的基本知识和操作流程。本项目主要包括四个方面的内容:一是出境旅游产品的开发,阐述了出境旅游产品开发的要求、原则、类型、方式等知识,要求出境组团计调能根据游客的要求开发出游客喜欢的出境旅游产品;二是阐述了出境旅游产品的价格构成和报价流程,要求出境组团计调对游客进行合理的报价;三是出境旅游产品的采购业务,阐述了国际交通和境外地接社的采购流程;四是重点阐述了出境组团计调的操作流程,要求学生能够独立进行出境组团业务的操作。

知识训练

一、复习题

1. 出境旅游产品开发应该优先考虑哪些问题?
2. 开发出境旅游线路有哪些具体要求?
3. 简述出境旅游产品的开发流程。
4. 出境计调应该如何选择境外接待社?

二、思考题

1. 有一旅游团(25人,男13人,女12人,均为成人)欲前往欧洲进行为期11天的旅游活动,游客对住宿的要求是干净卫生,相当于国内三星级标准就可以了,餐标为欧洲普通团队餐标,团队可以接受的费用在1.2万元/人~1.4万元/人,其他每天的游览安排全部由旅行社安排。假如你是广州A旅行社的出境计调,在给他们设计行程报价时,应该注意哪些方面?应该怎样和游客及境外地接社沟通?

2. 我国2016年出境旅游达到1.22亿人次,出境花费1098亿美元。面对这些数据,你作为一个出境计调,应该怎样开发游客满意的出境旅游产品?

能力训练

一、案例分析

2016年9月16日,林先生准备一家三口在国庆节前后去岘港旅游。林先生在微信上向某旅行社服务网点的工作人员小钟咨询线路和价格。小钟马上就从电脑上发了多个行程及报价给林先生,林先生选择了比较适合他们一家的行程,也同意这个报价。两天后,林先生又在微信上问了一些关于行程的问题,他们非常有意愿去,但是,还在考虑之中。9月19日15:00,林先生终于决定了行程。得到林先生的确认后,小钟马上跟专线确认,专线通知,当天14:30,也就是半小时前林先生选定的行程涨价300元。当小钟把涨价的消息告知林先生后,林先生非常生气,也不愿意多给300元,后来小钟跟林先生耐心解释,林先生同意加100元,因为之前给客人的报价是加了利润的,所以在专线涨价之后,客人在同意加100元后,还是有一定利润的。

(资料来源:学生在旅行社实习期间的真实案例。)

问:在该案例中,小钟的处理方法是否有不当之处,今后应该吸取哪些教训?

二、实训操练

国际航空服务的采购

1. 实训目标:通过国际航空服务的采购,让学生掌握国际机票的预订和采购。

2. 实训内容:北京某出境旅行社有6位游客将于5月26日到美国纽约旅游,6月5日返回北京,要求你为他们采购往返机票。

3. 实训工具:电脑。

4. 实训步骤:

(1) 认真阅读出境行程安排,明确游客出发城市和到达城市。

(2) 了解游客的要求,对出发时间和价格是否有要求。

(3) 通过国际航空公司网站或携程、去哪儿等网站查询出发城市到目的地城市之间的航班情况,然后根据游客的实际情况选择最适合的国际航班。如查询携程网,2017年5月26日,从北京飞往纽约的航班有33家航空公司提供了80个航班,其中有3个属于直飞航班,有70个航班是1程中转,有7个航班属于2程以上中转的。计调就可以根据游客的要求在这80个航班中选择一个航班。

(4) 收集游客证件,录入客人姓名、证件号。

(5) 仔细确认机票姓名、时间、证件号是否正确。

(6) 在网上完成支付。

(7) 出票,出票之后再仔细核对。

项目六 自助游计调业务

项目目标

职业知识目标：
1. 了解自助游的概念。
2. 掌握自由行计调的基本知识和操作流程。
3. 掌握自驾游计调的基本知识和操作流程。

职业能力目标：
1. 能够独立操作自由行计调业务。
2. 能够独立操作自驾游计调业务。

职业素质目标：
1. 培养学生从事自助游计调工作的职业荣誉感。
2. 培养学生认真做自助游计调工作的职业态度。
3. 培养学生热爱自助游计调工作岗位的职业情感。

项目核心

自助游；自由行；互助游；自驾游；自由行计调操作；自驾游计调操作

项目导入：

2015年在线自助游比例提升

2016年5月3日，著名数据监测机构艾瑞咨询发布《2016年中国在线旅游度假市场研究报告》（以下简称《报告》）。《报告》显示，2015年在线度假市场规模达700.7亿，同比增长56.1%，占整体在线旅游市场的16.2%，比2014年提升1.4个百分点。

《报告》显示,随着多次出游用户数量的增加以及周末游、自驾游等旅游产品的热销,2015年中国在线旅游度假市场结构相比去年略有变化,自助游占比55.5%,相比去年上升0.2个百分点,市场规模达388.7亿元。

艾瑞咨询认为,2015年在线自助游市场集中度提升,在主要的竞争企业中,携程市场份额为23.4%,继续位居市场首位;途牛、驴妈妈、同程构成第二梯队。值得注意的是,2015年驴妈妈在线自助游交易规模较上年猛增1.7倍,增速超越其主要竞争对手途牛和同程,位居行业第一。

驴妈妈CEO王小松表示,2015年驴妈妈通过加强上游资源把控,布局线下渠道,创新产品体系,打造主题化、IP化的旅游消费场景等手段,有效提升了产品的质量和丰富性,增强了游客的体验感。加上全年持续性的市场投入,加深了消费者"自在游天下,就找驴妈妈"的品牌印象,这些都是驴妈妈2015年业绩突飞猛进的原因。

(资料来源:http://it.people.com.cn/n1/2016/0503/c1009-28321514.html。)

从艾瑞咨询提供的在线自助游比例提升数据可以看出,更多的人趋向于自助游,自助游所占比例越来越大。2015年在线自助游市场主要由携程、途牛、驴妈妈、同程占领。虽然携程市场份额占23.4%,继续位居市场首位,但是也不能小看驴妈妈,2015年驴妈妈在线自助游交易规模较上年猛增1.7倍,增速超越其主要竞争对手途牛和同程。自助游市场竞争激烈,如何做好自助游产品,提升自助游的比例,是值得线上企业和线下企业认真思考的问题。

任务一 认识自助游

近年来自助游旅行的方式被越来越多的年轻人接受并热衷,网络上开始出现各种各样的自助游方式,如自由行、自助游、互助游、自驾游等。这些自助游方式有哪些不同?下面首先明确几个基本概念。

一、基本概念

(一) 自助游

自助游是不完全依赖旅行社套装行程的一种旅游方式,也就是说完全由旅行者自行安排交通、住宿(包括露营的方式),以及想要参观的景点。这里说的不完全依赖的意思是指,自助游也有可能需要在当地的旅行社帮忙安排三到四天的参观活动以及机票、车票、旅馆的预订。在某些国家，政府指定旅游者必须透过旅行社才能自由活动。在某些地区，没有当地旅行社的安排，可能难以进行活动。

（二）自由行

自由行是一种新兴的旅游方式，由旅行社安排住宿与交通，但自由行没有导游随行，饮食也由旅客自行安排。自由行是以度假和休闲为主要目的一种自助旅游形式，产品以机票＋酒店＋签证为核心，精心为游客打造系列套餐产品。自由行更加自由、方便，时间安排可以随意调整。由于没有购物和自费项目，游客的钱在自由行中可以花在"刀刃"上，最值得看的景点是哪儿，就到哪儿玩，都是自由活动时间。自由行在价格上一般要高于旅行社的跟团产品，但要比完全自己出行旅游的价格优惠许多。

（三）半自助游

半自助游是一种介于参团游与自助游之间的旅游方式，半自助游＝自由行＋团队游。其特点是旅行社只负责交通和住宿等环节，而游览行程、餐饮等全让游客自己安排。

与自由行相比，半自助游的优势有：一是轻松便利。半自助游的交通、住宿由旅行社统一安排，特别是在旅游旺季，旅行社能解决旅游者的交通和住宿两大问题。二是质同价优。在同等标准的交通和住宿情况下，通过旅行社订购自然比自己作为散客直接预订要获得更大的折扣。半自助游最大的优势是，能享受机票、酒店的团队价，而市面的自由行产品一般执行散客价。

与团队游相比，半自助游的优势有：一是更加自由。大多数旅游者不选择参团游的主要原因就是因为行程已经被安排了，每天只能跟着导游的小旗走马观花，不管感不感兴趣都要参加，没有一点自由可言，而且有的线路产品还有规定的购物和自费项目，让人不愿接受。而半自助游除了交通、酒店和旅游天数被确定外，游览内容、行程安排完全由游客自己决定，而且许多半自助游产品中的交通、酒店和旅游天数也是有许多选择的，甚至连住宿都可以自己解决。

知识演练

问：自助游、自由行及半自助游之间有何不同？

答：自助游就是自己搞定一切，基本上与旅行社无关，自助游不跟团，一个人或者几个人结伴而行，吃住行完全自己解决，完全是自己去，自己回来。

自由行是由旅行社安排住宿与交通，但自由行没有导游随行，饮食也由旅客自行安排，自由行不同于半自助旅游，因为旅客在航空公司航班与饭店的选择上均受到限制，一般都是执行散客价。

半自助游＝自由行＋团队游，可以不用自己规划往返于不同旅游地点之间的交通及住宿。旅游者只需要自己计划好到不同旅游地点后的参观游览内容，交通和住宿都由当地旅行社或其他旅游机构代为办理。旅客在航空公司航班与饭店的选择上有优势，一般都是执行团队价。

（四）互助游

所谓互助游（又叫交换游），就是利用互联网联系彼此，以互相帮助、交换自有资源的方式进行旅游，根据已有的资源，为对方提供各类帮助和指导，同时再安排合适的时间让对方到你处旅游，并为对方提供相应的服务。这种方式双方都不需要支付费用。网络的日益发达为互助游提供了良好的发展平台，可以说它是传统旅游方式的先天不足和互联网普及的共同衍生物。互助游以"人＋自然风景"的模式衍伸出层次丰富的交友旅游体验。它因你而异，因对方而异，因人与人的互动而延伸、发展，是一个全新的"以人为主、自然景点为辅"的旅行新世界。

知识链接

互助游的游戏规则

1. 自由结集

参与者人人都是以个人为主体的独立行为责任者。在活动中人人都是同样的参与者，不应该把为大家多做服务的热心人，视为组织者而承担个人以外的法律责任。

2. 经济 AA 制

提倡经济实惠，反对铺张浪费。要事前大家心中有底，事后账目清楚。

3. 行为责任、安全自负

对于相邀一起去风险系数较大的地点游玩，需要慎重。

（五）自驾游

自驾游属于自助旅游的一种类型，是有别于传统的集体参团旅游的一种新的旅游形态。自驾车旅游在选择对象、参与程序和体验自由等方面，给旅游者提供了伸缩自如的空间，其本身具有自由化与个性化、灵活性与舒适性及选择性与季节性等内在特点，与传统的参团方式相比具有本身的特点和魅力。自驾游简单地说就是自己驾驶汽车出游。2006 年首届中国自驾游高峰论坛对自驾游的定义为：自驾游是有组织、有计划，以自驾车为主要交通手段的旅游形式。自驾游的兴起，符合年轻一代的心理，他们不愿意受拘束，追求人格的独立和自由，而自驾游正好满足了这种需求。

二、自助游的三大障碍[①]

（一）金钱障碍

自助游价格比较贵，一般都会高于跟团游的价格，但是，在不同国家和地区是有差异的。预算中一般包括了长途交通和每天的住食行娱等正常的费用。每个国家和地区有不同的物价水平，有各种的旅行费用档次。当然，还有更省钱的旅行方式，搭便车、骑自行车、买特价

---

① 资料来源：http://baike.so.com/doc/5391795-5628560.html。

机票解决交通,吃最便宜的,住客栈甚至帐篷等。如一位四川美术学院的女学生花了1000元游完了整个西藏,一位女白领花2000美元环游欧洲半年。

(二)时间障碍

自助游的一大乐趣就是体验当地文化,需要一定的时间待在你喜欢的地方,仔细了解当地的风土人情。一般来说,一次长途的自助旅行最好在7天以上,两周是最理想的。老师和学生可以利用寒暑假的一个月甚至更多的时间进行深度旅行。白领一族可以选择在换工作期间,留出一个月的时间去旅行,这也是一种积极的调整,让自己的身心得到一次充电后投入一个新的工作中。

(三)心理障碍

对一个毫无自助游经验的人而言,总是存在几分畏惧。身处异乡尤其是异国,语言不通、看不懂外文、人生地不熟等都是问题,如何鼓起勇气踏出第一步?其实,自助旅行并非想象中那般可怕,当在陌生且不可预知的环境中,自己的潜能往往就在此时发挥出来。

任务二　自由行计调业务

自由行是旅游发展的一种象征,自由行游客自主性强,大部分或者全部的旅游过程由自己控制。据统计,"80后"和"90后"已经成为在线自由行用户的主力军,占总用户数的近70%,其中"90后"消费能力超过"80后",成为最愿意为自由行消费买单的年龄群组。①

一、自由行概述

(一)自由行分类

根据游客对旅行社的依赖程度,自由行可分为以下三种类型。

1. 常规自由行

常规自由行是游客自愿购买旅行社主动开发出来的自由行产品进行消费的旅游形式。常规自由行对旅行社的依赖程度最高,是我国自由行旅游市场上出现较早且至今比较普遍的旅游形式。常规自由行产品是旅行社根据客源市场需求、整合旅游资源开发出来的,选择常规自由行旅游产品的游客,在旅游过程中必须服从旅行社对于产品的安排和有关规定。

旅行社对于常规自由行游客提供的服务产品通常是折扣机票+酒店服务或者折扣机票+酒店+签证服务。这类自由行产品针对以度假和休闲为主要旅游目的的自由行游客。对

---

① 王煜琴.旅行社计调业务[M].2版.北京:旅游教育出版社,2014.

于国内旅游游客,旅行社提供折扣机票和预订折扣房间的服务;对于出国旅游游客,旅行社不仅提供折扣机票和预订折扣房间的服务,还为游客代办签证。

在旅行社计调的实际操作中,对于此种产品有时还提供延伸服用,即增加旅游目的地机场与住宿酒店之间的往返接送服务。游客购买此类自由行产品之后,应在规定的机票时间内,在固定的住宿酒店限制下进行旅游活动,但旅游过程中的用餐、游览、购物、娱乐等项目全部由游客自由掌握。

2. 私人定制自由行

私人定制自由行是旅行社根据自由行游客的意愿和需求组织开发自由行产品后,游客购买并进行消费的旅游形式。与常规自由行相比,私人定制自由行虽然也需要旅行社提供服务,但是旅行社服务的内容却是由游客主动提出,旅行社给予游客更加专业、合理的旅游内容安排并帮助实施。比如代订机票、代订饭店、代订旅游车、代办签证、代办保险等,旅行社只是针对游客提出的要求进行服务,收取相应的服务费。

3. 完全自由行

完全自由行是指游客外出旅游时,完全由自己安排旅游活动的所有事宜,并且零星现付各种旅游费用的旅游形式。游客跟旅行社之间不产生任何旅游费用关系。完全自由行游客在出行前,要有充裕的时间进行旅游计划,做好物质和精神准备,必须具备较强的异地适应能力和灵活应变能力,才能使旅途中的生活更加活泼生动,享受自由而富有特色的旅游。完全自由行游客的旅游花费较高。

就我国目前的情况来看,完全自由行游客在旅游过程中,因为需要自己与众多的旅游供应商进行交易,并且许多时候需要自己来应对旅行过程中的风险和种种意外,此类旅游者要获得一次满意的旅游经历相对比较难,所以,完全自由行游客主要以近郊和短距离旅游为主,长距离的完全自由行尚不普遍。但从长远来看,长距离的完全自由行也是市场发展的方向之一。

(二)自由行的特征

1. 旅游内容自主性强

旅游内容自主性强是自由行旅游最大的特色,也是最吸引人的地方。自由行旅游者可根据自己的意愿,策划出不同的旅游行程,充分享受旅游中的轻松与乐趣。

2. 旅游花费自由度大

常规的全包价旅游团游客的最大方便之处是,交了一笔旅游费用后,不需要为旅游过程中涉及的食、宿、行、购、娱等各个方面操心太多,只要随着导游或者领队进行旅游活动即可,当然,旅游消费标准要按照合同中的规定执行,自由度甚小。

自由行旅游者的旅游费用可以大部分或者全部由自己掌控,可以把钱花在自己最想花的地方。一般情况下,要实现自己的出游愿望,得到满意的旅游体验,自由行旅游花费比其参与同等质量的全包价团队的花费要高出很多。

3. 整体旅游计划连贯性较差

与不能随意改变的团队旅游接待计划相比,自由行旅游者的整体旅游计划跨度较大,可变性强,连贯性差。从有旅游的想法开始,到制订具体的旅游计划,自由行旅游者通常需要较长的时间。此类旅游者要衡量自己的时间与财力,考虑自己的兴趣爱好和最想去的城市或者地区,请教有旅游经验的朋友等。当自由行旅游者真正确定具体的旅游目的地后,便开始查询资料,安排具体而详细的旅游行程。

自由行游客的旅游活动开始后,很难按照预先设计的行程进行旅游活动,旅游者几乎每天都要重新计划下一步的生活事宜以及游览内容,而在每天的具体活动安排中,内容的随机性强、可变性较大。因此,旅游活动进行中计划的临时性较强,变化性较大。

4. 游客随机应变能力强

由于自由行游客的旅游活动内容一般是根据自己的喜好安排的,相对于"保姆"式的团队游,自由行需要在语言、签证、交通、住宿、购票等方面"自力更生",旅游过程中遇到突发事件,大多数或者全部都需要自由行旅游者亲自处理克服,这就要求游客具备较强的灵活应变能力,才能够保证旅游活动的顺利进行。

5. 受众人群在不断扩大

以前大多是年轻的群体偏爱自由行,自己做攻略,订机票、酒店,而现在一些中老年人也开始参与其中,他们也更偏向于在旅行社预订"机票+酒店"这样的套餐,还有类似接机、租车、签证等附加服务。进行自由行的社会公民数量在不断增加。

二、我国应对自由行发展的策略与措施[①]

(一)旅行社必须尽快调整岗位人员构成及产品类型

随着自由行的快速发展,旅行社业务操作将更具针对性,更加个性化,部门及人员构成将发生一系列变化。以往旅行社过度重视导游人员的局面将有所改变。社会对于导游人员的需求不是体现在数量的增加上,而是体现在导游人员整体素质和服务质量的提高,社会对导游人员的要求将更加职业化、高端化。旅行社计调的需求数量将不断增加,计调岗位分工将更加细化,计调的业务知识将更加专业化。

在旅游产品方面,旅游消费者需求个性化趋势愈加明显,自由行将越来越深入,游客要求也会越来越多,旅行社管理人员特别是计调应进行周到而全面的旅游目标市场的细分,针对不同目标市场推出富有特色和弹性的自由行产品组合,提供富有人情味和突出个性的旅游服务,全面提高自由行服务质量。

(二)快速完善发展网络

超过90%的自由行游客会通过网络信息来选择出游目的地,自由行游客对于网络旅游信息的依赖程度可想而知。传统的旅行社网站主要侧重景点介绍、旅游线路及产品推广、酒店及票务预订等内容,对于自由行旅游者需要的内容涉及较少,因此,传统旅行社的网站在内容和构架上需要进行较大调整。依托长期以来形成的旅游构成要素成本优势,旅行社应开辟专门的自由行网站,及时、准确地提供自由行产品相关信息以及类似道路状况、气象情况、旅游交通图等综合信息,使得网络旅游信息更加方便、实用,实现网上预订业务及其他旅游电子商务业务的突破性进展。除旅游企业外,社会上诸多网络公司尽快创建以便捷性、优

[①] 王煜琴.旅行社计调业务[M].2版.北京:旅游教育出版社,2014.

惠性、个性化为特征的旅游电子商务平台是适应时代发展的必然选择。

（三）完善政府公共服务功能

要保障自由行顺利健康地发展，政府公共服务的重要性日益突出。应在借鉴国外成功旅游管理经验的基础上，建设自由行旅游服务体系；要加快相关服务设施如餐饮、住宿、厕所、停车场的新建与改造建设，形成功能完善、档次齐全、安全卫生的吃、住、行、游环境；进一步改善金融、通信、救援、维修等服务设施，提高服务质量，满足游客多样化与多层次的需求；在重要交通干道上设置旅游交通指示标牌，在景区内建立健全无人导游系统，加强景区内标牌、路牌管理，提高自由行游客对于景区（景点）和旅游服务设施具体区域的可进入性；尽快提高整个社会大众的公共服务意识和整体素质，让自由行旅游者真正感受到放松、愉快的旅游公共环境，这是自由行旅游者获得满意旅游经历的公共基础保障。

（四）从业人员遵守职业道德规范

自由行游客的旅游目的不尽统一，但一般来说，当今我国自由行游客的消费水平普遍较高，外出旅游时通常选择经济实力强、信誉度高的旅游服务机构。所有自由行从业人员都应该从游客的实际需要出发，为游客提供全面、周到、诚信的个性化服务，遵守相关的道德准则。

（五）加强自由行游客的旅游安全管理

由于自由行的游客一般人数较少，对于旅游目的地的了解相对缺乏，他们应对突发事件时经常显得束手无策，特别是某些旅游地远离城区、地点偏僻、路况复杂，会给紧急救助带来极大的不便。

为了保证自由行旅游健康发展，必须建立并完善自由行旅游风险管理机制。第一，各有关部门要及时发布关于天气、地质灾害等方面的警示信息，并向旅游者推荐一些比较安全的旅游线路，作为自由行旅游者出游决策的参考。第二，在各个旅游城市或城镇中心的显眼位置建设游客信息咨询中心。一方面为游客提供景区介绍、问询等服务，免费赠送景点地图、手册等；另一方面旅行社或者游客信息咨询中心应对出游前的自由行旅游者进行安全教育，提高他们的安全防范意识和应对突发事件的处理能力。第三，落实景区（景点）的安全措施，定期检查景区的环境与设施安全。第四，创新并完善关于自由行旅游者的保险体系，使自由行旅游者有更多的出游保险险种的选择，将自由行游客的潜在损失降到最小，从而使自由行游客出游更加放心、顺畅，无后顾之忧。

（六）营造舒适和谐的旅游大环境

从横向看，各省市旅游分管领导，要下大力气协调好旅游部门与工商、公安、物价、交通、安监、保险、医疗等部门的关系，避免出现因行业不同而带来的"扯皮"现象，齐心合力进行联合管理，各部门要增强现代旅游服务意识，尤其是在旅游旺季，要加大执法力度，保障旅游企业经营更加规范，让自由行旅游者充分感受到和谐的管理大环境，这也是现代旅游服务质量提高的重要表现。

从纵向看，各级旅游主管部门应尽职尽责，敬业乐业，真抓实干，全力整治旅游市场的各种不规范操作和不文明行为，为自由行游客提供更加安全、舒适、健康的旅游业内环境保障。

三、自由行计调业务的操作流程[①]

(一) 常规自由行计调的业务操作流程

1. 自主开发设计自由行旅游产品

在常规自由行旅游产品的开发设计中,旅行社处于主动地位。通常来说,为了拓展自由行旅游业务,旅行社领导和计调首先要进行自由行客源市场调查,根据调研结果,对自由行产品进行定位,然后开发设计适销对路的产品,投放市场,满足游客的不同需求。

2. 签订合同

旅行社通过多种媒体,对自由行产品进行广泛宣传,游客获得了产品信息,经过对多家旅行社多种自由行产品的比较、斟酌,最后做出购买决定,通过网络预订或者直接到旅行社签订购买合同。计调应该明确告知游客服务项目,特别说明关于产品消费时的注意事项。

3. 质量监督

自由行游客在旅游过程中通常没有专门的导游服务,游客在消费常规自由行产品的过程中,如果出现问题,自由行计调要尽心尽力地帮助处理。计调对于问题处理的正确程度和速度,将直接影响游客对旅行社的评价,所以,自由行计调一定要具备较高的综合素质,灵活机动地解决各种应急问题,提高游客的满意度,从而提高旅行社的社会信誉度。

当游客需要旅行社帮助的事情不在旅行社服务范围之内时,计调也要毫不犹豫地为游客提供适度服务,确保在游客遭遇问题时能够及时采取补救措施。

4. 回访

常规自由行游客的旅游活动结束后,计调要选择合适的时间回访游客,征求游客对于旅行社提供的机票、酒店等服务项目的意见和建议,以改进自己的工作,同时表示对游客的尊重。

5. 建档

计调要为每个游客建立旅游档案,除了以后业务上备查之外,更是为了与游客保持长久的联系做好准备。

(二) 私人定制自由行计调的业务操作流程

1. 与旅游供应商和地接社之间保持良好的合作关系

私人定制自由行的游客要求旅行社为其提供的服务项目具有非常大的不确定性,所以私人定制自由行计调要有大量的信息储备,不仅要对当地或相邻地区的各旅游要素了如指掌,与各个旅游供应商保持紧密联系,还要与异地地接社保持良好的合作关系,以便争取到最优惠的价格,一方面可以降低游客的出游费用,争取更多客源,另一方面可以为旅行社创造更多利润。

2. 签订合同

私人定制自由行游客根据自己的需求提出服务项目,使得计调的工作具有很大的可变

[①] 王煜琴.旅行社计调业务[M].2版.北京:旅游教育出版社,2014.

性和灵活性。自由行计调要考虑周到,认真安排,尽最大努力为游客争取到最优惠的价格,要将服务项目价格告知游客,在征得游客同意后,进行预订。然后计调与游客签订合同,并叮嘱游客出游注意事项。

3. 质量监督

如果旅行社所提供的某项服务出现问题,计调与协作单位要及时协调处理,使游客满意。之后,计调应该就出现的问题进行总结,吸取教训,写好处理报告并存档。

当然,在游客旅游过程中,如果不是旅行社工作范围内的事情,当游客需要旅行社帮助时,计调也要毫不犹豫地为游客提供服务,确保在游客遭遇问题时能够及时采取补救措施。

4. 回访

私人定制自由行游客的旅游活动结束后,计调要选择合适的时间回访游客,征求游客对于旅行社提供服务的意见和建议,以改进自己的工作。通过与游客的沟通,计调还可以了解游客对出游的感受和体会,了解游客对于将来出行的打算等。回访也是对游客的关心和尊重。

5. 建档

计调要给游客建立档案,除了以后业务上备查之外,更是为了与游客保持联系做好准备。

任务三　自驾游计调业务

一、自驾游概述

自驾游就是自己驾车出去旅游。自驾车的字面含义为,驾车者为自己,车辆主要包括轿车、越野车、房车、摩托车等,以私有为主,也可以采用借用、租赁及其他方式,驾车的目的具有多样性和随意性,最终决定权在于车主或出行团队。可见,旅游是自驾车的活动内容之一,当自驾车作为旅游手段时会有以下变化:驾车者可以是车主或其同行者,驾车出行以休闲旅游为主要目的,非工作、运输等原因,自驾车旅游带有私有出游性质,非公众旅游。

(一)自驾游的起源

自驾游,是一种起源于美国20世纪中期的新型休闲生活方式,后在西方发达国家广泛流传。中国自驾游产业的形成与发展是建立在经济飞速发展、交通状况持续改善、人民生活水平日益提高的基础之上的,是"自由、个性、探索、驾驭"理念的体现,现已悄然成为我国大中城市、有一定消费能力和消费理念的中青年人群所热爱的旅游生活休闲方式。从时间上来说,有组织的、较正规的自驾游活动应该是始于2000年,2003年开始由网络扩散到大众媒体、电视、电台、报纸等传统媒体的介入,有力促进了中国自驾游的飞速发展。到 2008 年,中国持有机动车驾驶证(汽车驾驶证)的人数已近 1 亿,轿车保有量特别是家用轿车保有量不断增加,中国自驾游正蓬勃发展,渐渐成长为一个全新的旅游新经济,像自由行一样,成为新的经济增长点。在此背景下,全国各地的旅行社、半官方机构、个人成立了众多自驾游的机构。与美国自驾游发展的方式一样,在中国,不仅流行开自己的车去城市周边以及更远的地方探险游,更兴起了异地租车旅游,即飞机+当地租车的方式,不仅节约了成本,更使异地自驾游成为可能。

(二)自驾游大规模兴起的原因①

1. 消费需求升级

随着我国近年来消费需求升级,人们已经不再满足于以传统自然景区为目的地的跟团游形式,"上车睡觉、下车拍照"、动辄被导游带去"强行购物"似乎成为跟团游的黑色标签。自驾游作为休闲游、自由行领域里最受年轻人欢迎的出行方式,自主性、参与性强,日益受到消费者的偏爱。在消费升级的大背景下,旅游不再是低频奢侈品,而是物质生活日益满足后的精神消费,是人人可触及的积极健康的生活态度。

2. 汽车保有量逐年上升

自驾游风潮爆发主要源于我国汽车行业发展特别是私人汽车的普及。从汽车保有量上看,近几年我国汽车年复合增长维持在 10% 以上并且预计短时间内增速不会回落。截至 2015 年上半年,全国有 38 个城市汽车保有量超过百万辆,其中北上广深等十个一二线城市汽车保有量甚至过 200 万。据统计,2014 年全国平均每百户家庭拥有 25 辆私家车,北京平均每百户家庭拥有 63 辆私家车。

从房车保有量上看,2014 年我国房车保有量仅达两万左右。我们认为原因主要有两个:一是房车价格从三四十万到几百万不等,对于普通家庭属于奢侈品范畴,房车所有权多数掌握在国企或民营房车租赁企业手中;二是受房车上路交通法规空白、部分公路条件较差、基础配套设施不完善等因素影响,我国房车保有量远落后于欧美发达国家。预计到 2019 年,我国房车保有量将达到 65 万辆,更多拥有两辆车以上的高收入家庭会购置一台房车出游。

3. 旅游产品在线渗透率提高

一直以来,自驾游多以线上论坛、社区发布信息,当地俱乐部或车友会组织线下活动的形式开展。20 世纪 90 年代末携程开启了在线旅游时代的开端,旅游产品从早期的机票、酒店预订逐步拓展到跟团游打包产品再到现在的各类 POI(信息点)碎片产品的实时预订。随着自驾游活动涉及的诸如用车、住宿、景点门票等产品基本实现行前行中的实时预订,我们发现能够提供自驾游打包产品及整合线下自驾相关服务的平台几乎为零。另外,我国的休闲游市场在线渗透率尚不足 20%,该比例不到美国的一半,未来依旧有很强的增长空间。

4. 国务院政策支持

2016 年 11 月 7 日,国家旅游局等 11 部委联合印发《关于促进自驾车旅居车旅游发展的

---

① 资料来源:http://www.pinchain.com/article/57295.

若干意见》,自驾游获得了国家层面的政策支持。到 2020 年,将重点建成一批公共服务完善的自驾车旅居车旅游目的地,推出一批精品自驾车旅居车旅游线路,培育一批自驾游和营地连锁品牌企业,增强旅居车产品与使用管理技术的保障能力,形成网络化的营地服务体系和完整的自驾车旅居车旅游产业链条,建成各类自驾车旅居车营地 2000 个,相关政策环境明显优化,产业规模快速壮大,发展质量和综合效益大幅提升,初步构建起自驾车旅居车旅游产业体系。

(三) 自驾游的特点

自驾游作为一种当今热门的出游形式,有别于其他传统参团方式的旅游,主要体现在以下几个方面。

1. 自主性

自驾游旅游者通常不需要由旅行社安排旅游行程,在旅游目的地的选择、到达与停留时间以及食宿安排上都有很大的自主性。

2. 小团体性

私人非营业汽车的主要类型是可载 4~5 人的汽车(如小轿车、越野车等),即便是三五好友相约而行,也是小团体行为,与大型旅行团大为不同。

3. 多样性

车有多种,人有百态。自驾车旅游者的消费习惯会随其收入、教育程度、年龄、地域性、旅游目的等因素而有所不同。表现在旅游消费中,可能是时间、费用、品质与特殊要求等变量的多重组合,这也与团体旅游有显著的不同。

4. 区域性

对自驾车旅游者来说,旅游是一个学习与累积经验的过程。旅游的尝试首先从自驾车旅游者的居住周边开始,逐步向外辐射。

5. 短期性

中国的周休两日与两大黄金周的假日制度使得自驾车旅游受到相当的制约。区域性的自驾车旅游只能是短期的,即以 2~3 天为主。不过,一旦年休假制度开始普遍实施,这种特性也会改变,长达 2~3 周的自驾车旅游如暑期家庭旅游活动也会流行起来。

(四) 自驾游的组织形式

自驾游组织形式呈现多样化,主要有以下几种形式。

1. 自主组织的自驾车出游

自驾车团体出游多是自发组织的,参加者大多以家庭或亲朋好友为单位。怎样使旅游过程尽量按照自己的主观意愿而达到完美是他们特别关注的问题。按照计划好的线路,或者自己制定的旅游规划,驾车出游也是从 2010 年以后特别火爆的一种旅游出行活动。自驾游最担心的就是行程安排和时间计算问题,如果你对路线不熟悉,那么很可能耽误行程,所以出游之前最好先计算好行程时间,最好往多的估计,以免路上遇到堵车、天气变化等情况。

2. 汽车俱乐部或其他各种俱乐部组织的出游

一些汽车俱乐部也组织其会员进行自驾游活动,并在自驾游过程中为会员提供拖车、救

援及线路指引、食宿娱乐等有关服务。但由于俱乐部本身不具备营利性企业的法定资质,因此这种组织方式不能以营利为目的。

3. 旅行社组织的自驾车出游

自驾车旅游的兴起为旅行社提供了新商机,旅行社组织的自驾车出游也成为自驾游的一种重要形式。但值得一提的是,大多数旅行社只能为自驾车旅游者提供订房、订餐及汽车维修等基本服务,而不能提供车辆让游客自己驾驶。经营性车辆以及驾驶者是应该有特定资质的,旅行社不具备这方面资质。

4. 旅行社与汽车租赁汽车公司联合打造自驾游

旅行社与汽车租赁公司联合打造租车＋旅行的自驾行业标杆。这种自驾游方式既规避了汽车俱乐部不具备营利性企业的法定资质,又规避了旅行社不具备经营性车辆及驾驶者的特定资质。如四川康辉国际旅行社与首旅汽车租赁公司联合打造了租车＋旅行的自驾行业标杆。旅游行程由四川康辉提供,全程用车由首旅汽车租赁公司提供专属车辆。

二、旅行社自驾游计调操作流程

(一) 自驾游市场调研

1. 分析目标群体

自驾游旅游者一般来说都属于中上收入的阶层,从经济水平上看,普遍拥有较好的生活条件,是城镇居民中的中高收入者;从文化程度上看,绝大部分具有较高的受教育水平,拥有较强的旅游意识和旅游素养;从年龄比例上看,中青年占主体部分;从人员组成上看,主要表现出2~7个人的群体性特征。

2. 分析旅游消费

我国自驾游旅游者的消费水平比传统旅游方式高,大概集中在200~400元/天。其中,吃、住、行三项的开支占到了80%,游购娱所占的比例很少。究其原因,主要是因为以下两点:一是过高的交通和住宿费的限制;二是我国自驾游的产品体系还不完善,缺乏具有特色的旅游产品和旅游项目。

3. 分析旅游动机

自驾游旅游者外出旅游主要在于追求一种自由化、个性化的旅游空间,观光与休闲度假是自驾游的主要动机,其他动机还包括商务旅游、探亲访友、美食娱乐和探险摄影等。

4. 分析出游时间

自驾游旅游者的出游多集中于双休日和各国各地不同的黄金节假日,其他时间是很难出去自驾游的。旅行社组织的自驾游也最好安排在这个时间段。

5. 分析出游地点

由于受到交通条件、体力、经济、时间、驾驶技术、维修技术、地理知识等诸多条件的限制,自驾车旅游主要有以下四个流向。

1）近地域流动

由于受交通状况、出游时间、消费水平和汽车技术标准诸多因素的影响,大多数自驾游旅游者均以近距离出游为主,比如成都居民利用周末的时间自驾到成都周边旅游。

2）城市周边休闲度假旅游区

本地游产品尤其本地周边游产品是自驾游旅游者比较喜爱的旅游产品。许多国家和地区中心城市周边都开办有休闲度假村、举行民俗活动、美食节、花果会等，由于具有出行时间短（1~2日游）、花费低、新奇度高的特点，是自驾游旅游者的选择之一。

3）风景名胜区

尽管休闲度假旅游日益受到旅游者的重视，但观光旅游仍是最受欢迎的旅游项目，各地风景名胜区仍是自驾游旅游者的首选。

4）公路通达条件较好的地区

由于受汽车档次、性能和驾驶技术的影响，公路状况是自驾游旅游者必须面对的重要问题，自驾游旅游者在旅游产品的选择上，不得不将公路状况作为重要因素加以考虑。

（二）设计自驾游产品

1. 自驾游产品设计应该注意的问题

1）设计自驾游产品必须坚持"过程至上，感受第一"的原则

自驾游旅游者比传统包价旅游者更注重驾车旅游过程中的感受，因此，自驾游产品应当融入休闲、度假、体验和美食项目，适当穿插乡村走访的内容，让游客感觉行程丰富多彩，一路都有兴奋点，体现出重视过程、重视感受的理念，让旅游成为一种美丽的邂逅，邂逅一处美景，邂逅一道美食，邂逅一种文化，或者邂逅素不相识的朋友，邂逅不一样的心情，给游客新奇的感受，满足"自驾车旅游美在途中"的心理预期。

2）可以适当采用"时间换空间"的组合技巧

在时间许可时，可以略微绕道或加长线路，使游客少花钱或不花钱看到同样精彩的景观效果，或者看到常规团队见不到的特色景观，让游客的感受更精彩刺激，满意度更高，至于多出来的汽油费，因为不包含在团费中，游客是感觉不到的。再说能有不同寻常的感受，增加点油耗，游客应该也是能够接受的。

3）设计主题旅游活动，突出参与性

自驾游旅游者喜欢参与性活动，每个人都有表现欲望，自驾游计调在设计旅游线路时，可适当设计一些主题活动，突出参与性。如安排野餐、冷餐、农家采摘、农贸市场采购、烛光晚会、烤羊晚会等参与性活动，让游客充分参与、充分放松，提高团队的满意度。

4）强调安全意识，永远把安全放在第一位

设计自驾游产品时应有安全意识，应将安全因素放在第一位，首先排除动乱国家和地区，然后排除路况较差的线路、大型货车过度拥挤的线路和弯道过多的线路，优先选择安全畅通的旅游线路。

2. 自驾游产品的分类

1）跟团自驾游产品

跟团自驾游产品的设计方法和流程与其他产品差不多，详见项目二的有关内容。跟团自驾游人数比较多，旅行社提供的服务内容也比较多。成团人数一般要求在12人以上，按照4人一车计价。四川康辉国际旅行社有限公司与首汽集团联合打造的"丹巴金川·秋摄创作5日游"就是跟团自驾游（见表6-1）。跟团自驾游产品一般都是设计的主题旅游产品，

产品一般由活动介绍、活动亮点、行程安排、费用、出发时间、集合地点、用车说明、温馨提示、租车说明等内容构成。

表 6-1　丹巴金川·秋摄创作 5 日游

一、活动介绍

在这个金秋时节跟随资深摄影指导老师深入绵延数十公里都是红叶的金川与"千碉之国"。去亲临感悟自然的秀丽壮观,记录丹巴的人文景观与民俗风情——历史悠久的古碉楼、古朴隆重的成人仪式、形式多样的锅庄舞、庄严肃穆的古藏戏、华美艳丽的嘉容藏服、妙趣横生的顶毪衫习俗,仿佛穿越一般置身桃源却惘然,给您带来一场摄影的穿越之旅。

二、活动亮点

1. 专业摄影领队带队指导,体验完全不同的摄影之旅,在专业讲解下,深度参与拍摄金川秋色,让您游有所获,拍出专属自己的高大上。

2. 独家设计摄影行程,充分保证拍摄时间。

3. 摄影指导老师在活动前、中、后三个阶段细致教学指导,从思想、技术、艺术三个方面深入讲解摄影的内涵和魅力。

4. 摄影指导老师常年拍摄藏地人文和风景,对丹巴建筑特色有一定了解,全程带领大家提炼此次拍摄题材的精髓。

5. 拍摄点基本可以驱车直达。

6. "租车自驾+旅游"或"自带车自驾+旅游"的出行方式、全新的体验模式。

7. 本次租车所用车辆均为首汽租车提供,车辆有保障;上门办理租车手续,团队免刷预授权,简洁方便,省时省心。

8. 所租车辆均含不计免赔保险,在行驶过程中如遇轻微碰撞、爆胎等用车事故均由保险公司处理,免去用车之忧。

9. 在用车途中,如出现车辆本身故障,首汽租车承诺及时安排送车置换,尽可能保证您的出行。

三、行程安排

D1　行前预热见面会(见面地点:四季康城二楼咖啡厅)　宿:四季康城

2016 年 11 月 9 日从全国各地抵达成都,随后自行前往酒店入住。酒店办理交车手续,签订租车合同,刷取信用卡 2000 元违章押金。在酒店与摄友互相认识交流,品悠闲下午茶,了解行程须知及相关事宜。

今日推荐

景点推荐:锦里(川剧变脸)、宽窄巷子、武侯祠、杜甫草堂、熊猫基地。

购娱点推荐:春熙路、太古里、新世纪环球中心。

美食推荐:火锅、冒菜、串串香、龙抄手、钟水饺、三大炮。

D2　行驶路线:成都—日隆—小金—中路藏寨(约 330 公里,9.5 小时)　餐:含早中晚餐　宿:中路

11 月 10 日早上驾车从成都出发,翻越巴郎山时停留拍摄云海,下午到达中路后,如时间充裕可前往中路藏寨三号观景台拍摄晚霞。

拍摄内容:巴郎山云海、沿途风光、晚霞。

D3　行驶路线:中路—金川(约 105 公里,3 小时)　餐:含早中晚餐　宿:金川

11 月 11 日早起用餐后,前往中路藏寨一号观景台拍朝霞,这一路段为此行的最美路段,沿途可拍摄红叶风光,之后拍摄中路藏寨的古碉楼,以及有"碉王"之称的最高碉楼,中路藏寨建有大量的碉楼建

筑,是目前西部保存高碉最多的地区。

拍摄内容:朝霞、碉楼、碉王、乾隆御碑,以及沿途红叶风光。

D4　金川一日创作　餐:含早中晚餐　宿:金川

11月12日早起出发前往神仙包与庆林乡拍摄朝霞,中午于红叶谷酒店用餐休息,下午继续在金川自由创作拍摄红叶谷红叶,也可随意采摘品尝雪梨,感受采摘乐趣。

拍摄内容:神仙包朝霞、庆林乡朝霞、红叶谷红叶。

D5　行驶路线:金川—马尔康—理县—汶川—成都(约421公里,9.5小时)　餐:含早中餐　宿:自理

11月13日用过早餐后拍摄金川晨景,随后沿途拍摄自然风光,于马尔康路段拍摄松岗斜碉,如时间充裕可前往卓克基藏寨拍摄,然后经汶川返回成都。

散团地点:四季康城酒店,办理相关还车手续,结束愉快的丹巴金川秋摄创作之行。

拍摄内容:马尔康路段的斜碉、卓克基藏寨。

四、摄影指导老师

某某某,四川省摄影家协会会员,四川省艺术摄影协会理事。硕士研究生毕业,在某某大学担任教学工作,同时从事摄影教学活动。1985年开始涉足摄影,擅长摄影教学,在数码摄影和后期调试教学和教学管理方面有丰富的经验,并多次获得国内和省内摄影奖项。

五、成团人数及费用

成团人数:16人,最多不超过20人。

以租车汉兰达为例,带领队及领航车一台,以收客16人成团发班核算(油费、过路费不计入成本,每车自己出)。

1. A租车自驾(按4人一台车核算,人数不满需补单车差)。

同业结算2080元/人;直客销售价2380元/人。

费用包含:餐费、租车费、住宿费、保险、领队领航、门票,油费、过路费游客独立结算分摊(如产生单房差,费用600元由游客自理)。

2. B自带车自驾

同业结算1460元/人;直客销售价1760元/人。

费用包含:餐费、住宿费、保险、领队领航、门票,油费、过路费游客独立结算分摊(如产生单房差,费用500元由游客自理)。

六、出团日期和集合地点

出团日期:2016年11月9日。

集合地点:四季康城酒店。

七、提供车型

丰田汉兰达:广汽丰田,中型SUV,2.7L 188马力L4 6挡手自一体4970×1910×1730,5门5座。

八、温馨提示

1. 各位游客一定要带上自己的相机,专业相机最好,带脚架,镜头24—70广角,70—200长焦。

2. 应备好常用药品,除了您自身疾患所需药品以外,建议备上诸如西洋参含片、丹参片、速效救心丸、头痛粉、阿司匹林、百服宁、氨茶碱等药品,并在医生指导下服用。

3. 年老体弱者,有高血压、冠心病、心脏病者前往时要额外注意。

4. 高原寒冷,昼夜温差大,请备足保暖防寒衣物、手套、鞋袜等,宜穿登高鞋、旅游鞋或其他平底鞋。

续表

> 5. 地域偏远，购买日用品不尽如人意，须备个人的日常用品。
> 6. 进入民族聚居区，注意民族风俗习惯、宗教信仰和民族政策，中路藏寨、甲居藏寨主要是嘉绒藏族。
> 7. 爱护景区环境卫生，沟内各主要游览点都有较隐蔽的厕所和垃圾桶，请您在游览过程中积极配合，加强自身的环保意识。
> 8. 牢记安全第一。爱好摄影、登山的朋友，请带好有关器材，注意户外保暖。
>
> 九、租车须知
>
> 租车时，需出示以下证件的原件：
>
> A. 租车人本人的有效身份证件；
>
> B. 租车人持有本人国内有效期内的驾驶证；
>
> C. 有效信用卡（本人），（散客需要刷押金，团队免押金）取车时刷取 8000～10000 元租车预授权，还车时刷取 2000 元违章押金，还车后 1 个月，查询无违章记录，则解除信用卡违章押金 2000 元。

（注：跟团自驾游产品由四川康辉国际旅行社自驾中心提供。）

2）散客自驾游产品

人数较少，旅行社的服务内容也比较少，主要提供车辆服务，游客灵活性比较大。"川菜博物馆＋三道堰·租车自驾一日游"就是散客自驾游产品（见表 6-2）。

表 6-2 川菜博物馆＋三道堰·租车自驾一日游

> 一、景点介绍
>
> 川菜博物馆（一座可以吃的博物馆），坐落于占地 40 亩的川式园林中，是国家三级博物馆，国家AAA 级旅游景区，是世界上唯一以菜系文化为陈列内容的活态主题博物馆。川菜博物馆通过"玩川菜"这种新颖、参与性强的旅游模式，让游客认识川菜、了解川菜、喜欢川菜，这是一个吃货的终极体验。
>
> 三道堰镇，位于郫县北部，成都市西北部，因用竹篓截水，做成三道相距很近的堰头导水灌田而得名，是一座具有一千多年历史的川西古老小镇，素有"古蜀水乡"之称，城镇建筑以亲水性为主题，建筑色彩以青瓦、白墙为主色调，绿树红花，青石河栏，卵石小道蜿蜒曲折，使小镇在古朴中充满灵气和趣味，实现了传统与现代共生、城市与自然的完美结合。因优质的水资源，这里盛产天然黄辣丁、沙网鱼、红豆鱼等野生河鱼，饮食文化丰富多彩。
>
> 二、推荐理由
>
> 1. 尊享服务
>
> (1) 赠送车辆不计免赔险，免除用车后顾之忧。
>
> (2) 免费上门送车，方便快捷，省时省心（需提前至少 1 天预订）。
>
> (3) 所用车辆均为首汽租车集团提供，车辆有保障。
>
> (4) "租车自驾＋旅游"，全新体验模式。
>
> (5) 用车途中如出现车辆自身故障，首汽租车承诺及时送车置换，保证出行。
>
> 2. 景
>
> 三道堰——自然同城市结合，丰富多变的典型川西民居。古镇的青瓦、白墙、小桥、流水、白鹭、垂杨，鸟语花香，景色清幽，呈现一幅安宁祥和的风情画卷，游客可在生态农业园区采摘蔬菜，是休闲度假的好去处。

续表

3. 食

川菜博物馆——世界上唯一"可以吃的博物馆",在这里你不仅可以看到演示川菜的刀功、火候及成菜过程,还可以品尝正宗川菜,也可以在体验师的指导下亲手制作几道经典川菜菜品,体会"川菜为道,美食无疆"的丰富内涵。

三、行程安排

上午　自驾路线:成都—郫县—三道堰(约30公里,1.5小时)

早上从成都出发,驱车前往郫县三道堰古镇,欣赏古镇的水光天色,体验它的悠长古韵。

下午　三道堰—郫彭路—川菜博物馆(约5公里,15分钟)　餐:自理　住:自理

参观完三道堰古镇驱车前往川菜博物馆,加入美食文化的行列中,畅玩川博,进馆自由活动,可选择"漫生活"参观票,也可升级"玩川菜"体验票(后附体验票详情),之后返回成都。

备注:"漫生活"参观票是游客入馆后自由游览参观;"玩川菜"体验票是由讲解员带领游客深入了解川菜文化以及亲自参与川菜制作。

四、温馨提示

川博门票信息

开放时间:9:00—18:00。

"漫生活"门票:60元/人(包含参观＋小吃＋棋牌,在营业时间内不限时不限量)。

"玩川菜"体验票:360元/人(包含参观票以及亲自体验做川菜,有专业讲解师讲解和指导)。

博物馆园林属露天环境,春秋季请备好保暖衣物,夏季请准备防蚊物品。

五、报价(单位:元)

租车	车　型	漫　生　活		玩川菜(升级体验票)		单车价
		结算价	建议销售价	结算价	建议销售价	
散客租车（自驾）	丰田致炫(轿车)	140	240	400	520	50
	标致308S(轿车)	160	260	420	540	70
	丰田凯美瑞(轿车)	170	270	430	550	80
	标致3008(城市SUV)	170	270	430	550	80
	别克GL8(商务车)	190	290	450	570	100
备注	4人一车,过路费自理 费用包含:1天租车＋自驾游保险＋不计免赔险＋门票 门票内容:漫生活(参观＋小吃＋棋牌,在营业时间内不限时不限量) 玩川菜(参观票以及亲自体验做川菜,有专业讲解师讲解和指导)					

租车	车　型	漫　生　活		玩川菜(升级体验票)		单车价
		结算价	建议销售价	结算价	建议销售价	
约车(含司机油费)	大众帕萨特(轿车)	300	420	560	720	200
	日产天籁(轿车)	300	420	560	720	200
	现代索纳塔(轿车)	300	420	560	720	200
	别克GL8(商务车)	330	450	590	750	240
备注	4人一车,过路费自理 费用包含:1天租车＋司机＋油费＋自驾游保险＋门票 门票内容:漫生活(参观＋小吃＋棋牌,在营业时间内不限时不限量) 玩川菜(参观票以及亲自体验做川菜,有专业讲解师讲解和指导)					

续表

费用包含(适用于租车自驾)

1. 车:租车1日。

2. 门票:川博"漫生活"参观票,可升级"玩川菜"体验票。

3. 保险:自驾险+不计免赔车险。

六、费用不含(适用于租车自驾)

1. 过路费自理。

2. 全程不含食宿。

3. 行程不含的其他内容。

七、川博体验流程(适用于"玩川菜"体验票)

1. 品经典小吃

最正宗小吃不限量;佩戴专属体验牌,步入川菜博物馆,感受历史气息和岁月足音,一口松软的蛋烘糕开启美妙的文化之旅。更有川北凉粉、石磨豆花、钟水饺、四川泡菜、金丝面……应季而换,边走边吃,还原老成都人街头巷尾寻美味的惊喜。

2. 赏古游园

管家式贴心照顾;双语体验师全程陪玩;免费拍照服务,四十亩川西民居建筑构成新派古典园林风光,汉代砖石、红木嵌黄花梨屏风、清代棉线绣蜀绣、手工雕刻木门……6000余件文物近在身边。

3. 参观典藏馆

零距离感触文物;游戏式互动讲解,古蜀、秦汉、唐宋、明清、民国、现代……数千件文物典籍呈现蜀人千余年的饮食故事;煮食器、盛食器、酒器、用餐器、茶具……3000年前的烹饪器皿让人饮食思源。

4. 川菜烹饪

提供独立私密包间;使用定制双立人灶具和樱花炊具;川菜烹饪秘诀现场传授;名厨颁发"川菜达人"证书。

体验菜单A:熊猫蒸饺、宫保鸡丁、麻婆豆腐;B:南瓜蒸饺、大千干烧鱼、水煮牛柳。换上专业厨师服,由名厨指导制作三道经典川菜。颠勺喷火、急火短炒、一锅成菜、一气呵成,精致摆盘,酣畅淋漓。享有"中国烹饪名师"称号的川博首席烹饪师亲自点评菜品,并颁发"川菜达人"证书。

5. 宴饮娱乐

使用千年巴西花梨木餐桌就餐;免费赠送钟水饺、秘制泡菜、时令水果;获得当日菜品制作秘方;免费品鉴古传秘方药膳酒;饮料、鲜榨果汁畅饮,白酒、红酒、泡酒、啤酒免费续杯。以今怀古,品味宴饮雅趣,呼朋唤友享受亲手烹饪的经典美食。畅饮鲜榨果汁、家传秘方药膳酒,更有机会获得当日菜品的制作秘方。

6. 川菜原料展示

体验清朝古法"川菜之魂"酿制工艺;亲手饲喂禽畜,耕种田园;箬笠蓑衣感悟匠人精神。了解多个品种的川菜原料及蔬菜、家禽等无公害绿色产品。馆内"川菜之魂"郫县豆瓣采用清朝古法独家酿制,两百余缸豆瓣酱龄1~6年。游客亲自体验拥有三百余年历史的手工"翻晒露"工艺,感受匠人沉甸甸的敬重和传承。

7. 灶王祠祭祀

祭拜全球最大灶王祠;了解传统祭祀文化;抽签并讲解赠送绝世菜谱;观赏最古老傩戏表演。灶王,是厨师界的祖师爷,是四川传统民俗文化的重要组成部分。川菜博物馆拥有全世界最大的祭祀灶王的祠堂。敬灶王,崇食尚饮,感悟"一粥一饭,当思来之不易",与自然社会和谐相处。随后游客敬香祈福,

续表

请签点灯,了解宴席文化,为亲友祈福。

8. 游老街,街头巷尾寻小吃

老川菜馆一条街是川菜的"清明上河图"。长盛园、醉霞轩、枕江楼、醉桃村……游客在畅游老四川餐馆街景中领略川西民居建筑魅力。

9. 传统工具体验

亲临传统工艺制作现场;美食风味品评鉴赏。风谷机、糖榨、擂子、石碾、耙、犁……传统原料加工工具展现了老四川人的勤劳智慧。游客亲自尝试传统制作工艺,使用清代石碓窝舂制辣椒面,手作石磨豆花,现场品尝亲制美味。

10. 品茗休闲

中国茗茶品鉴;花生、瓜子、干果免费赠送;含打牌、麻将。绿荫环水,品茗休闲,竹椅、矮桌、盖碗茶,吃花生、嗑瓜子、打麻将,在"坝坝茶"中找回真正的川西市井生活味道。

(资料来源:四川康辉国际旅行社有限公司自驾中心。)

(三)确定自驾游产品价格

1. 自驾游产品价格的构成

(1)餐费。包含早餐和正餐,按照实际费用结算。

(2)住宿费。住宿一般按照双人标间计算,如产生单房差,费用由游客自理。

(3)门票。按照实际发生费用计算。

(4)租车费。如果是租车,还需要承担租车费,一般按照4人一台车核算,人数不满需补单车差。

(5)油费、过路费。油费、过路费分摊到游客头上,可以每个车独立结算。

(6)领队、领航费。领队和领航车费用,需要分摊到每位游客头上。

(7)保险费。有自驾险和不计免赔车险。

(8)其他费用。如果是主题自驾游,涉及租场地、聘请指导教师费用及其他费用由游客分摊,需要分摊到每个游客头上。

知识链接

不计免赔险

不计免赔险的全称为"不计免赔率特约条款",是一种商业险(车损险或三责险)的附加险。不计免赔险作为一种附加险,需要以投保的"主险"为投保前提条件,不可以单独进行投保,其保险责任通常是指经特别约定,发生意外事故后,按照对应投保的主险条款规定的免赔率计算的、应当由被保险人自行承担的免赔金额部分,保险公司会在责任限额内负责赔偿。一般来说,投保了这个险种,就能把本应由自己负责的5%~20%的赔偿责任转嫁给保险公司。例如,开车撞到柱子,车主须承担15%的损失费用。若购买了此险种,15%的费用由保险公司赔偿。该险种价格便宜,投保后能获得更全面的保障,最大限度地避免风险。

2. 计价

自带车自驾游价格＝餐费＋住宿费＋保险＋领队、领航＋门票。

租车自驾游价格＝租车费＋餐费＋住宿费＋保险＋领队、领航＋门票＋过路费、油费。

3. 报价

自驾游计调首先需要向各接待单位询价，各个接待单位会以传真等方式给自驾游计调报价。自驾游计调把各个接待单位的价格加起来，然后加上一定的利润就可向自驾游游客报价，以"丹巴金川·秋摄创作5日游"为例来探讨自驾游计价报价（见表6-3）。

表6-3 "丹巴金川·秋摄创作5日游"自驾游计价报价

项目	明 细
餐费	40×7＝280(元/人)(酒店含早,7正餐,餐标40元/人/餐)
住宿	(成都220＋中路180＋金川200＋金川200)÷2＝400(元/人)
交通	A. 租车自驾方式（以汉兰达为例500元/天,5天） 预算油耗及费用 总公里数900×0.7＝630(元) 过路费 全程150元 车费＝(500×5＋630＋150)÷4＝820(元/人)(以一车4人核算) 车费＝(500×5)÷4＝625(元/人)(如不算油费和过路过桥费) B. 自带车自驾方式 车主自驾车空位,拼车人承担全程油费及过路费(自行协商,费用不计入成本核算)
景区门票及交通	景区门票中路藏寨50元/人(景区给予16免1团队政策),按实际支付除实际人数 景区交通指环保或观光车费30元/人(一般无优惠) 景区门票及景区交通(15×50＋16×30)÷16＝77(元/人)
领队和领航车费	客人分摊领队和领航车(带领航司机)的费用 (1) 摄影领队劳务工资(含摄影指导费)(800×4)÷16＝200(元/人) (2) 摄影领队酒店住宿400÷16＝25(元/人) (3) 摄影领队餐费(7×40)÷16＝18(元/人) (4) 领航车司机的劳务工资(300×4)÷16＝75(元/人) (5) 司机酒店住宿400÷16＝25(元/人) (6) 司机餐费(7×40)÷16＝18(元/人) 客人分担费＝200＋25＋18＋75＋25＋18＝361(元/人)
保险费	自驾车保险30元/人＋分摊的领队及司机的保险4元/人(60÷16≈4)＝34(元/人)
计价	成本核算： 以租车汉兰达为例,带领队及领航车一台,以收客16人成团发班核算(油费、过路费不计入成本,每车自己出) A 租车自驾＝餐280＋住400＋车625＋门票77＋分担361＋保险34＝1777(元/人) B 自带车自驾＝餐280＋住400＋门票77＋分担361＋保险34＝1152(元/人)

续表

市场报价	A 租车自驾（按 4 人一台车核算，人数不满需补单车差）。 同业结算 2080 元/人；直客销售价 2380 元/人。 费用包含：餐费、租车费、住宿费、保险、领队领航、门票。油费、过路费游客独立结算分摊。（如产生单房差，费用 600 元由游客自理。）
	B 自带车自驾 同业结算 1460 元/人；直客销售 1760 元/人。 费用包含：餐费、住宿费、保险、领队领航、门票。油费、过路费游客独立结算分摊。（如产生单房差，费用 500 元由游客自理。）

（四）签订自驾游合同

一旦团队或者个人确认了自驾游产品之后，就需要与组团旅行社签订自驾游合同。组团社尽量与自驾游游客签订单项委托合同而不是包价旅游合同。旅行社承诺为自驾游游客提供代订房、代订餐、代订车(海外自驾)、代订门票业务和导游讲解服务。驾驶服务及其安全责任请游客自理，这样行程中发生的一切交通安全问题包括行程延误都与旅行社无关。如果游客要求签订包价旅游合同，旅行社也应当坚持在合同中注明"由于驾驶人车辆和人员引起的延误和损失，以及发生的交通事故，驾驶人承担相应的法律责任，并负担相应的救援等费用，旅行社只承担协助的义务"，以规避风险。

（五）发结算单，收全款

单项委托合同签订好之后，组团社就应该给团队或个人发一个费用结算通知单，督促对方把钱划在账户上（见表 6-4）。

表 6-4　×××旅行社 旅行团（者）费用（　　）结算通知单

结算单位：　　　　　　　时间：2016 年 6 月 28 日　　　　　　结算单位：　元

国别	中国	旅行社等级		指定服务		团队人数	成人　10　人
组团社名称							6 至 11 岁儿童　人
旅行团（者）团号		CCTSC201600709ZJ					2 至 5 岁儿童　人
游客抵离时间							

	项　目	拨款结算			
		天数	单价	人数	金额
旅行团（者）综合服务费	成都—××—成都包车（含游客旅游意外保险）				
	旅行团（者）综合服务费合计				

续表

陪同					

结算总金额:
结算总金额大写： 万　　仟　　元整

备注	
我社银行资料	户名： 开户行： 账号：

复核：　　　　　　　　　部门审查：　　　　　　　　制表：

（六）购买必要的商业保险

旅行社可以购买专为自驾车旅游设置的商业保险，或者通过旅行社责任险、旅游意外险的方式转移部分风险。

（七）提前预订酒店

只有充足的睡眠才能保证第二天精神抖擞地上路，选择酒店不能马虎。住在规模较大的酒店可以享受到优质的服务，而且住宿停车都比较安全。"十一"黄金周期间，著名旅游景点城市酒店都爆满，若提前预订了，就不用花时间四处寻找酒店，为住宿问题犯愁了。一天的行程结束了，把当天的所见所闻和花费记录下来，当成留念，也给其他人提供参考。同时，也要根据行车速度和路程对照计划表，及时调整后面的行程进度。

（八）委派领队领航

自驾游一般把导游称为领队，在自驾游运行中，常常需要领队领航。旅行社组织的自驾游一般有国内长途自驾和海外自驾两种团队，有游客带车和海外租车两种方式。

1. 自驾游团队导游应具备的能力

做自驾游团队导游，其一，必须具有一定的驾驶经验，了解自驾车旅游特性，掌握汽车维修常识；其二，应当熟悉沿线路况，有较强的方位感，拒绝"路痴"；其三，外语口语好，有海外自驾游经历更好，熟悉相关国家交通规则，能够为团队自驾车提供法律支持；其四，必须具有丰富的应变能力，面对自驾车途中可能发生的种种意外，如半路被劫、露营被盗、购物被骗、车坏在途中、发生交通事故及其他意外事故等，无论营救还是索赔都能从容应对。可以说没有专业的自驾游知识和技能，是做不好自驾游导游工作的。

2. 自驾游团队导游工作要点

一方面，自驾游团队的导游要与普通导游一样提供日常导游服务；另一方面，还须承担团队安全管理的责任，工作难度比普通导游大得多。导游人员应在团队运行中负起安全管理责任。导游人员应熟悉每一位驾驶人员的驾驶资质、驾龄和驾驶水平，对驾驶技术差和喜欢开快车的两类司机要重点关照；车队行进中应安排先导车控制全团行进速度，及时提醒前方路况，通报安全隐患；安排后面的应急车留意团队队形，防止其他车辆混入团队中；导游人员在途中引导游客临时停车时，必须寻找到安全的港湾，并打开应急灯，设置危险标志，避免在公路旁随意停车而引发交通事故;每天行程结束后,提醒游客对故障车及时修理,避免小毛病变成大问题。另外,旅游行程安排不能过紧,应给游客留足沿途观赏的时间,避免因赶路引发交通事故。

(九) 出发前的准备

1. 物质准备

1) 车辆备件类物品

全套随车工具、备用轮胎、牵引绳、备用油桶、水桶、工兵铲等。如果是跑远途时,要在出发前给油箱加满油;如果目的地比较偏僻,要考虑自备一些燃油。如果自备燃油,要选用全封闭、金属外壳的安全容器。远途开车,最好选一个懂得车辆基本修理技术的人同行,如果有条件,最好两辆以上的车同行,可以彼此照应。

2) 应急类物品

多功能手表、指南针、移动电话、组合刀具、对讲机等。

3) 文本类物品

身份证、驾驶证、保险单、养路费及购置税/车辆使用税缴费凭证、公路地图、信用卡、笔记本和笔等。随身携带电话本,并在第一页上写明自己的姓名、单位、亲人及朋友的电话,万一发生意外,抢救人员能及时和家人取得联系。

4) 药品类物品

绷带、创可贴、消毒药水、消炎药、晕车药、驱蚊虫药水等。

5) 日用品类

适时的衣物、遮阳帽、手套、适宜驾驶的软底鞋、雨具、电筒、照相器材、洗漱用品等。

6) 钱、信用卡等

外出旅行要备足钱款,除了准备预计的开销钱款和携带信用卡外,务必额外准备一些现金,以备发生小事故与人私了。

2. 车辆检查

检查车况,检查轮胎(包括备胎)老化及损伤程度,判断其是否可以完成行程。检查制动系统,主要检查制动效果、制动液是否有渗漏、制动液是否缺少。检查电瓶、机油、冷却液、转向助力油是否正常。如果车刚进行完维修或保养,不要马上驾车出游。如果皮带到了保养手册要求的更换时间了,在出行前最好换条新的。

3. 身体检查

出发前进行身体检查,不要带病出行,即使是头疼感冒也要小心。

4. 资料检查

出发前检查出行资料是否准备好,早做准备,了解目的地及沿途的情况,资料来源于媒体、报纸杂志以及网络,主要涉及路况、路线、沿途社会状况、消费状况等。根据这些资料,制订出行计划。

(十) 行程中的安全监控

1. 提醒司机随时注意安全

提醒司机路边或夜间停车时,务必检查门窗是否锁好,贵重物品一律不要暴露和留在车

内,以免引起路人忽起歹心,铤而走险。

2. 尽量避免赶夜路

赶夜路不安全,一是容易发生拦抢的危险,二是夜间疲劳驾车容易发生车祸,造成损失。

3. 中途停车休息

每开 2~3 个小时,最好停车休息一下,既可以避免疲劳驾驶,又能防止长时间驾驶对身体健康造成伤害,也有利于缓解长途驾驶对车辆造成的疲劳损伤。

4. 不要同意陌生人上车

不要随便搭乘陌生人,而且要在顺手的位置放上防身用具、灭火器、防盗锁,也可以预防不测。

5. 控制车速

外出旅行行驶在空旷平直的大道上,人由于兴奋很容易发生超速从而导致危险。

(十一)返程中的监控

1. 回程安全更重要

经过几天的游玩,返回时更显疲惫,而且出游的兴奋劲已过,车内人也不会在你耳边叽叽喳喳,没准已经倒在车内呼呼大睡了。这时是出交通事故的高危时段,驾驶员一定要在返程前保障充足的睡眠,这样才有精神应付长途驾车。更重要的是,一定别忘了系安全带,哪怕你的车有最保险的安全气囊。不到目的地,就一直得绷着"安全"这根弦。黄金周的后三天,车主们都陆续返程,各高速路口排成长龙,一定要有心理准备,即使归家心切也别急躁,平安回家最重要。

2. 清洗

除了对车身的清洗打蜡是必做的功课外,最好对进气通道、喷油嘴、化油器及空气滤清器等进行清洗或更换。由于长时间跑长途或者走土道,空气中弥漫的灰尘会大量堆积在空调滤清器或蒸发箱上,若不及时清理将会堵塞部分进气通道。如果车辆在外地加油后存在加速不良、油耗上升、尾气不合格的现象,建议进行油路、油箱和喷油器的清洗。

3. 检查

底盘检查是车辆跑长途后很重要的检查内容,包括对散热器、冷凝器、空调管路、油底壳、悬挂及传动部件的检查,万一发现受拖撞变形,一定要及时修复或更换。同时对底盘重要部位螺栓进行标准力矩紧固,并且对相关部位进行必要润滑。

此外,还要检测轮胎气压,判断轮胎是否有被扎破或出现裂口现象,并观察轮胎的磨损程度,如果发现轮胎有不正常的磨损,那就意味着可能出现了轮胎动平衡或是四轮定位方面的问题,这往往是由于旅途中通过过于颠簸的路面造成的。建议无论是否出现不正常情况,长途归来还是要做一次四轮定位,不管是对人对车都是一个必要的保护。

4. 补给

自驾游环境变化不一,车辆工作负荷大,其各种油液要比平时消耗得快,因此要格外留意。其中,冷却液、发动机油、变速箱油、差速器油等关键油液尤为重要,如果发现缺少或变质一定要及时进行补充和更换。一定要注意,添加的机油、水箱水应当是厂家指定的相应规格产品,至于电池电解液,则必须是纯净的蒸馏水。

(十二)后续工作

1. 征求游客的意见和建议

游客是计调安排的所有旅游活动的全程直接参与者和体验者,他们的意见和建议对计调工作的改进十分重要。自驾游计调要求领队回收并上缴至少70%的游客意见表。对游客普遍反馈的问题,自驾游计调应该引起足够的重视,必要时要亲自调查,找到引起问题发生的原因并给予妥当处理,选择适当的方式给游客一个合理的答复。

2. 回收并审阅团队日志

自驾游团队日志是自驾旅游团队档案的一个重要组成部分,自驾游计调应该要求领队及时认真填写并上交,在仔细研究后做归档处理。

3. 审核成本、及时报账

自驾游计调不仅要审核成本,还要及时催促领队报账,对领队上交的支出凭据应该进行仔细严格的审核,坚决杜绝不合理的支出发生,保证团队的盈利,使得领队形成良好的报账习惯,进而保证旅行社的利益。

4. 资料归档

团队行程结束后,自驾游计调应该尽快将团队各个环节中的相关资料归类存档。这些文件的归档一方面可以健全旅行社的档案资料,另一方面也对自驾游计调业务工作有一个圆满的交代。

本项目主要是学习自助游的基本知识和操作流程。本项目包括三个方面的内容:一是自助游的定义、核心价值等;二是自由行的基本知识和自由行计调操作流程,阐述了自由行的定义、分类、特征,自由行计调的操作流程;三是自驾游的基本知识和操作流程,阐述了自驾游计调的产生、特点及操作步骤。通过本项目的学习,使学生能够顺利掌握自助游计调的操作流程。

知识训练

一、复习题

1. 请简述自助游、自由行及半自助游之间的区别。
2. 你认为哪些人不适合自助游?
3. 自由行具有哪些特征?
4. 我国应对自由行的快速发展应该采取哪些措施?
5. 简述自驾游的组织形式。

6. 设计自驾游旅游产品时应该注意哪些问题？

7. 自驾游领队必须具备哪些特点？

二、思考题

1. 目前,很多家庭愿意选择自由行,你认为他们选择自由行的主要原因有哪些？你对这个问题是怎么看的？

2. 近两年,我们周围越来越多的朋友开始选择以自驾车的方式出游。以十一长假为例,呼伦贝尔、张北草原天路、川西成为爆款线路。针对自驾游这个尚属新兴的垂直行业,越来越多的创业项目以此作为入口,投资人也纷纷看好这片尚未被OTA掌控的蓝海。请你分析自驾游创业项目的前景和核心竞争力。

能力训练

一、案例分析

2017年2月1日,国家旅游局通报中国游客在马来西亚乘游艇失联事件的最新进展,28名游客均为自由行散客。28名游客中,2名湖北游客是出发前在天猫百程旅行网购买的沙巴一日游产品,21名游客是落地后在网上购买国内旅行社或在线企业代理的沙巴一日游产品,其中,深圳浪花朵朵国旅12名(广州游客5名,江苏游客7名),蚂蜂窝旅行网9名(江苏游客2名,广东游客3名,安徽游客2名,四川游客2名)。以上23名游客沙巴环滩岛一日游产品,均由马来西亚沙巴超自然旅行社提供,另外5名游客是沙巴船家在当地招揽的中国游客。

在核实上述情况后,国家旅游局采取了一系列措施:一是与广东、深圳、湖北、北京等有关省市旅游部门主要负责同志直接联系,要求他们督促涉事的深圳浪花朵朵国旅、百程旅行网、蚂蜂窝旅行网积极协助做好善后工作;二是与深圳浪花朵朵国旅、百程旅行网、蚂蜂窝旅行网主要负责人直接联系,要求他们积极做好善后并督促马方旅行社积极配合事故处理。

问:中国游客出境自由行增多,应该如何强化安全意识？

二、实训操练

自驾游计调业务操作调研

1. 实训目标:通过对自驾游计调业务调研,让学生掌握自驾游计调业务的操作流程。

2. 实训内容:学生到学校所在地附近的自驾游旅游企业调研,了解自驾游计调的工作内容和工作流程。

3. 实训工具:智能手机、相机等。

4. 实训步骤:

(1)认真阅读教材,了解自驾游计调的工作内容和流程。

(2)选定学校附近的自驾游旅游企业进行调研。

(3)调研该企业的自驾游产品、自驾游产品价格的构成。

(4)查看自驾游旅游企业的计调资料。

(5)询问该企业在自驾游操作中的成功案例和失败案例。

项目七
在线计调业务

项目目标

职业知识目标:
1. 了解在线旅游的定义、核心价值及发展历程。
2. 熟悉在线旅游企业的基本业务。
3. 掌握在线计调的操作流程。

职业能力目标:
1. 能够独立开发在线旅游产品。
2. 能够独立进行在线计调操作。

职业素质目标:
1. 培养学生从事"互联网+旅游"的职业荣誉感。
2. 培养学生知晓线上线下旅游信息的敏捷性。
3. 培养学生热爱在线计调工作岗位的职业情感。

项目核心

在线旅游;在线旅游核心价值;在线旅游企业业务;线上线下融合;在线计调;在线计调操作流程

项目导入:
旅游企业的线上线下融合

携程在2016年10月收购旅游百事通,通过旅游百事通拥有的5000多家门店,全面落地二三四线城市,创新实施线上线下融合的"旅游新零售"模式。携程旗下的另一干将"去哪儿"也宣布"战略下沉"至三四线城市,在重庆、四川、陕西、河南、安徽、山东、天津、江苏等17个省市开实体门店,招募当地"合伙人"。去哪儿网负责人表示,预计年末实体店数量将超过1500个,力争全国百个三四线城市、地铁站旁500米内都有门店可寻。

同程在2016年分拆线上OTA和线下旅行社之后,频繁投资并购线下旅行社,并在一年内开了约300家门店,2017年在南京推出同程首家星级体验店。

途牛自2014年上市以来持续推进O2O战略布局,发力区域服务中心拓展。截至目前,途牛已在全国范围内拥有180家区域服务中心,基本完成一二线城市全覆盖,扩张重心已延伸至三四五线城市。

驴妈妈从2015年就开展的"O+O战略",在全国已经有110家子公司,1000多家门店。这些门店都是与全国各省会城市和重要旅游目的地的旅行社深度合作成立的驴妈妈子公司。

(资料来源:http://gd.sina.com.cn/sztech/hlw/2017-04-08/detailsz-ifyecezv2470604.shtml.)

从以上资料可以看出,随着线上流量红利的消失,线上旅游企业都开始寻找线下合作伙伴,实现线上线下融合的经营模式。原因在于两个方面:一是在线旅游企业获客成本居高不下。以出境游为例,交易用户的获客成本在2000元左右,在受众面更窄的定制游领域,获客成本甚至要高达七八千元,而线下获客成本只有线上的一半。二是线下的体验也是线上不能替代的。任何一家想要在未来继续存活的旅游企业,纯粹依靠线上或者线下都会面临巨大的挑战,"线上+线下+体验"将成为旅游行业未来的核心。要激发旅游购买力,除了线上线下结合,让消费者有极致的体验也非常重要。

任务一 在线旅游

艾瑞统计数据显示,2016年中国在线旅游市场交易规模达6026亿元,同比增长34%,预计2019年中国在线旅游市场交易规模将超万亿。艾瑞认为,在线旅游市场交易规模的快速增长主要得益于用户和企业两端,从用户端看,用户旅游决策和旅游预订行为进一步向移动端迁移,用户周边游、度假游、出境游等多元旅游需求比例提升;从企业端看,在线机票、住宿、度假市场的头部企业集中度提升,传统航空公司、酒店集团不断向线上延伸,满足用户长尾需求的创新企业也不断涌现,在线旅游在旅游整体市场中的渗透率不断提升,未来仍将保持中高速增长。

一、在线旅游的定义

在线旅游指的是通过网络的方式查阅和预订旅游产品,并可以通过网络分享旅游或旅行经验,而非通过在线(网络)的方式旅游或旅行。在线旅游依托互联网,以满足旅游消费者信息查询、产品预订及服务评价为核心目的。包括航空公司、酒店、景区、租车公司、海内外旅游局等旅游服务供应商及搜索引擎、OTA、电信运营商、旅游资讯及社区网站等在线旅游平台的新产业正处于快速上升期,该产业主要借助互联网,与传统旅游产业以门店销售的方式形成巨大差异,被旅游从业人士称为在线旅游。

在线旅游作为一个新的服务业态成型于2003年,以携程上市为标志,派卡及电话逐步取代门店销售成为旅游产品销售的新渠道。作为当时旅游市场的主要商业模式,携程成为中国在线旅游产业的旗帜,以呼叫中心为主的OTA成为中国在线旅游产业的研究方向。随着去哪儿、驴妈妈、途牛等新网站的出现,正式标志着中国在线旅游产业新模式的出现,原有的以OTA为主并包含呼叫中心渠道的在线旅游市场研究范围遭遇较大挑战。

二、在线旅游的核心价值

(一)提供旅游相关信息

无论互联网发展到什么程度,客户都不可能自己在无尽的信息中整理和分析,所以他们都需要有这样的公司整理所有信息,但是这些公司提供的信息需要尽量客观中立,以便于他们做出明智的选择。随着社交网站的发展,OTA需要提供更多客户产生的信息,即由其他利益无关方提供的信息,这些信息更客观,更全面。

知识链接

中国互联网络信息中心(CNNIC)发布的第39次《中国互联网络发展状况统计报告》指出,截至2016年12月,中国网民规模达7.31亿,相当于欧洲人口总量,互联网普及率达到53.2%,手机网民占比达95.1%,线下手机支付习惯已经形成。中国互联网行业整体向规范化、价值化发展,同时,移动互联网推动消费模式共享化、设备智能化和场景多元化。

(二)提供旅游预订服务

旅游预订服务最终也有存在的价值,因为用户在合理的价格区间内,更趋向于选择方便、安全的预订模式。而随着价格透明和趋同性的增强,用户会逐渐使用以前已经习惯使用并且觉得安全的方式。

三、在线旅游的发展历程

20世纪90年代是我国旅游信息化的发展阶段。1994年4月我国正式接入国际互联网,开通了网络全功能服务,开启了我国互联网发展的新时代。同年,国家旅游局信息中心成立,专为国家旅游局和旅游行业的信息化管理提供服务和管理技术。从1997年至今,中国在线旅游市场不断发展,纵观在线旅游市场的进化过程,大致可划分为三个时期:传统OTA主导时期(1997—2005年)、细分化发展时期(2006—2010年)以及多元化发展时期(2011年至今)。①

(一) 传统OTA主导时期(1997—2005年)

传统OTA(在线旅游代理商)是指以"机票+酒店"为主要代理产品,并逐渐开拓休闲度假、商旅管理等业务的第三方在线代理商,其主要盈利模式为佣金收入,同时附带有网络广告收入,代表企业主要有携程、艺龙、芒果等。

这一时期,中国在线旅游市场在市场份额上,携程、艺龙遥遥领先,其中,2005年在线旅游市场份额中携程的市场占有率为52.2%、艺龙为24.8%、遨游为3.3%,其余市场份额被众多中小型在线旅游公司瓜分。商业模式上仍然主要以OTA型在线旅游交易模式为主,辅以以去哪儿网为代表的旅游垂直搜索引擎在线服务平台及以同程网为主要代表的由B2B开拓B2C类在线旅游服务商模式。

(二) 细分化发展时期(2006—2010年)

这一时期,中国在线旅游市场呈现细分化的发展态势。一方面,以商务旅游为主的传统OTA在渠道和竞争的双重压力下,纷纷探寻新的产品方向并创新业务模式,以期开拓新的盈利增长点;另一方面,诸多新兴的在线旅游网站不断涌现,在经历了创始发展期后开始发力,在线旅游服务业迎来全面发展期。根据其商业模式,可以将这一时期主要的在线旅游企业划分为以下四类。

1. OTA型在线旅游交易服务商:携程+艺龙

OTA型在线旅游企业凭借强大的技术优势、雄厚的资本背景和清晰的商业模式,成为在线旅游市场的主要力量。据艾瑞咨询统计,2010年OTA网站营业收入规模达67.6亿元,同比增长56%。传统OTA型在线旅游预订网站主要为用户提供机票、酒店的预订服务,以收取佣金为主,属于航空公司、酒店的分销渠道。经过几年时间的培育,在线旅游市场开始成熟。大型OTA,特别是作为行业领袖的携程和艺龙,其资金、技术、服务网络、品牌、客户资源优势已经形成,占据了主要的市场份额,新兴的中小型OTA,如驴妈妈、途牛、悠哉旅游网等很难在规模上与它们抗衡,大都选择结合旅游景点和旅行线路设计,立足度假旅游细分市场、创新服务为客户提供差异化的服务。因此,这一时期中国在线旅游市场呈现出传统OTA型在线旅游交易服务商如携程、艺龙、芒果网侧重在线旅行,重在住和行,而新兴OTA型在线旅游交易服务商如途牛、驴妈妈、悠哉旅游网所涉足的是在线旅游,重在游。

2. 垂直搜索引擎类在线旅游服务平台:去哪儿+酷讯

当互联网信息急剧膨胀时出现了通用搜索引擎,当海量的旅游产品信息和在线预订网站越来越多时,催生了旅游行业垂直搜索引擎。垂直搜索引擎为整个在线旅游产业链带来生机,据艺恩咨询《全球在线旅游市场趋势研究报告》统计,2010年旅游搜索市场规模增长

---

① 北京旅游发展研究基地.中国在线旅游研究报告2014[M].北京:旅游教育出版社,2014.

113%,市场规模将达到1.7亿元;2010年旅游搜索用户规模增长61%,用户规模达到1210多万。以去哪儿、酷讯为代表的旅游垂直搜索引擎,依托比价的模式为消费者提供性价比较高且选择较为多样的旅游产品,吸引了大量的用户。其中,去哪儿网迅速崛起,备受瞩目,其独立用户数从2007年6月的500万猛增到2010年5月的4200万,现已成为中国最大的机票和酒店等旅游产品垂直搜索网站。

在机票、酒店、度假三大在线旅游产品中,机票最为标准化,价格属用户助买决策的主要因素,因此,垂直搜索引擎提供的比价服务自然受到用户的青睐。此外,垂直搜索网站的产品选择较为丰富,也在一定程度上助推其吸引用户。酒店产品标准化程度次之,且中国酒店行业存在大量的单体酒店,这些酒店的信息化程度很低,欠缺自建及运营网站的能力,因此,垂直搜索在酒店业的发展还处于初级阶段。度假产品则更为复杂,旅游垂直搜索网站对度假产品的开拓发展尚处于探索阶段。

3. 社区点评攻略类在线旅游服务平台:到到网+蚂蜂窝+穷游网

2006年至2010年这一时期,中国市场旅游人数正在快速增长,旅游需求不断提升。对于旅游者来说,出游前在旅游攻略网站下载攻略,出游中通过网络查询目的地交通、天气信息,出游后在旅游点评网站发布点评,在社交网站上分享旅游经历,这一过程中每一阶段的细分需求都有待专业的在线旅游企业帮助实现。目的地需要了解旅游者的需求,旅游者也需要更多目的地的信息,社区点评攻略类在线旅游服务平台则很好地把社交网站与广泛且价值巨大的旅游市场结合起来。

4. B2B+B2C类在线旅游服务商:同程网

随着在线旅游市场的发展,部分旅游B2B平台开始开拓B2C业务,以同程网最为典型。同程网主要有B2B(Business-to-Business,企业对企业)和B2C(Business-to-Customer,企业对顾客)两大电子商务平台,早期建立的B2B平台为旅游企业提供旅游资源的整合、交易,而新建的B2C平台则向消费者提供类似携程的各项旅游服务,从酒店、机票到各类门票、租车、旅游产品,最终都通过向商家抽取佣金的模式获利。

如果将同程网比作一个大型超市,B2B的会员企业则是超市的供应商,超市可以借助供应商系统,实时调整超市货架上的各种旅游产品,一方面为同程网和旅游企业提供了高效率、低成本的联系渠道,另一方面也为终端消费者提供了最及时的信息,避免平台信息与实际情况的不对称,方便他们有效地选购旅游产品。而B2C平台(同程旅游网)更侧重于以互联网方式与消费者对接。

(三)多元化发展时期(2011年至今)

从在线旅游业发展的整个过程来看,在线旅游行业发展的第一个时期是以携程为代表的在线旅游代理商(OTA)主导时代,携程是在线旅游市场的主力军;第二个时期是以去哪儿网为代表的旅游垂直搜索时期,随着在线旅游市场资源的日益丰富,信息量越来越大,垂直搜索是对在线旅游资源进行整合以进行简单的检索;第三个时期则进入"百家争鸣"的时代。

这一时期在线旅游市场参与的主体越来越多,且模式也越来越多元化、差异化,各家均处于持续变革期。携程、艺龙等不断升级平台战略,携程打造综合旅游服务平台,艺龙专注酒店预订平台;去哪儿网更是以在线旅游搜索平台战略,通过联合各种代理商,力求打造一个闭环平台,形成 TTS(Total Solution,全方位解决方案)商业模式;蚂蜂窝则力求以在线交通票务带动流量,着力开发订票、订房业务,形成自己的社区型商业模式;淘宝、京东、腾讯、苏宁等涉足在线旅游服务的渠道分销商越来越多。团购作为一种低成本的消费方式,深受广大消费者青睐,以窝窝团、美团网、大众点评网、糯米网、拉手网等为代表的团购网站也涉足在线旅游市场,纷纷推出团购旅游产品。

任务二　在线旅游企业主营业务

一、在线机票预订业务

在线机票预订是指旅游消费者通过在线旅游服务提供商的网站提交预订订单,提交成功后由消费者通过网上支付得到电子机票或者等机票送票上门后付费。结合中国在线旅游的现状,从在线旅游服务提供商的网站查询,并通过呼叫中心预订成功的交易,也算作网上订票交易。

（一）在线机票预订的三种方式

对于在线旅游企业来讲,机票预订有三种方式:第一种为航空公司网站直销,如东方航空公司官网线上销售机票;第二种为航空公司借助批发商、代理商进行分销,如携程、艺龙对机票的销售模式;第三种为机票上游销售商为各航空公司,中间商为批发商、代理商,通过中间商,用户利用搜索引擎、网购平台以及其他媒体进行机票预订,如去哪儿、酷讯的销售模式。机票市场的主要销售渠道及特征见表 7-1。

表 7-1　机票市场的主要销售渠道及特征

典型销售渠道	主　要　类　型	渠　道　特　征
传统渠道	大型机票批发商(腾邦国际) 中小机票代理人 出入境旅行社及国内组团社 差旅管理公司	以企业用户及包机业务为主,PRU 值较高,但品牌忠诚度低,市场份额不断下降
航空直销	航空公司营业部柜台、航空公司官网 自助售票终端及航空公司呼叫中心等	以服务散客及航空公司大客户为主,市场份额缓慢上升
OTA 渠道	携程、腾邦国际、艺龙等在线旅游服务商 号码百事通、12580 等 独立手机客户端 京东、苏宁易购等综合电商平台	以服务散客为主,强调服务质量及接入多渠道,领先的品牌影响力推动市场份额上升

续表

典型销售渠道	主 要 类 型	渠 道 特 征
销售渠道	平台网站(淘宝、酷讯等) 银行客户渠道(招行、中信银行等) 中国邮政等特殊渠道	基于已有用户资源通过差异化产品及服务占领市场,市场份额呈现快速上升态势

(资料来源:北京旅游发展研究基地.中国在线旅游研究报告 2014[M].北京:旅游教育出版社,2014.)

(二) 在线机票预订的市场份额

劲旅智库监测数据显示,2015 年,中国机票预订市场总交易规模约为 4473 亿元,其中,在线市场规模达 3431.5 亿元,在线分销渠道中,去哪儿网和携程旅行网位于第一梯队,占机票预订市场总交易额比例分别为 26.2% 和 24.9%,交易额分别约为 1170.9 亿元和 1113.4 亿元,而航空公司官网于第二梯队中,占比为 11.1%,实现交易额约为 496.2 亿元。

案例分析 网上买机票多了额外费用

"明明花了 2576 元,发票上却只有 2400 元。"鼓楼的许先生告诉记者,2017 年 3 月中旬,单位派他到北京出差,他在一个在线旅游平台上购买了福州往返北京的打折机票。

出差回来后,他拿着行程单(机票发票)找公司财务部门报销。在核对金额时,许先生发现行程单上实际支付的金额与能够报销的金额差了 176 元。"我查了半天,才发现我的订单记录里莫名其妙地出现了诸如 28 元酒店优惠券、30 元旅游券等费用。"

许先生随后打电话咨询该旅游平台的客服,得到的答复是,如果不需要购买这几项配套服务,顾客要在下订单前选择取消,一旦订单生成并支付成功,就代表已经默认这项服务,钱就无法退还。

"一般买机票时核对一下航班号、乘机人信息和日期没错就下单了,谁能想到底下还有收费项目。而且多数人都不是购买机票的常客,根本想不到要取消这些选项。"许先生说,这种所谓的"可勾选项目",消费者难以察觉,实际就是捆绑销售。

(资料来源:http://news.fznews.com.cn/shehui/20170411/58ec3f65c0781.shtml.)

问:比实际机票多出的钱是谁"绑架"的?今后遇到类似情况应该怎么办?

分析提示:比实际机票多出的钱是在线旅游平台捆绑销售的。因为现在航空公司都在自己的官网或官方 App 上销售优惠机票,且对"票代"实行"零佣金"政策,在这种情况下,机票代理商只能通过捆绑销售来赚取利润。此外,有时会出现旅游网站或 App 上的机票价格比航空公司官网低的情况,这时机票代理商往往会通过捆绑销售酒店券、送机券等把利润补回来。因此,这种机票所附的条件都十分苛刻,比如官网规定只收 10% 的退票手续费,代理商可能要收取 50%,机票也不退、不改签。

对于捆绑销售,如果商家提前告知,让消费者自主选择,是可以的,但是,如果变成强制消费,就涉嫌侵犯消费者的选择权和公平交易权。

今后如遇到类似情况,消费者要通过截屏等方式保留好相关证据,然后与商家协商解决。如果对方拒绝或拖延解决,消费者可以向市场监管部门或消费者维权组织投诉,也可以直接向法院提起诉讼。

(三)在线机票市场未来的发展趋势

在线机票市场主要有五大发展趋势:一是航空公司"提直降代",调整市场秩序,对在线机票的竞争格局产生影响;二是在线机票预订用户向移动端转移,满足用户随时随地的使用需求;三是打包产品销售成为航空公司新增长点;四是整合 GDS(全球分销系统)将是未来机票分销的新模式,能够快速推动机票 B2B 市场的发展;五是航班信息类 App 发展迅速,使民航的时效性能够随时随地传递给消费者,为用户出行提供更可靠的保障服务。①

二、在线酒店预订业务

在线酒店预订指旅游消费者通过在线旅游服务提供商的网站提交预订订单,提交成功后由消费者通过网上支付的形式或者凭预订单号直接到预订的酒店宾馆前台付费。结合中国在线旅游市场的现状,从在线旅游服务提供商的网站查询,并通过呼叫中心预订成功的交易,也算作网上订房交易。

(一)在线酒店产业链的形成

中国在线酒店产业链由上游产品供应商、渠道商、新预订、新营销渠道以及最终用户这四个部分构成(见图 7-1)。

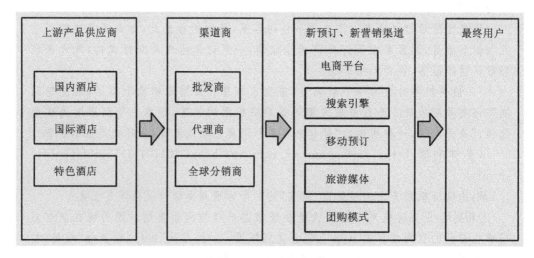

图 7-1 在线酒店产业链

1. 上游产品供应商

上游产品供应商包括国内酒店,如锦江之星、汉庭等;国际酒店有洲际、万豪、喜达屋等;

---

① 资料来源:http://report.iresearch.cn/content/2016/05/260893.shtml。

特色酒店如布丁酒店等。它们构成了上游庞大的酒店供应群,存在的问题是信息化程度低、中央预订系统管理水平较为初级、酒店管理能力参差不齐等。

2. 渠道商

渠道商主要有批发商、代理商如携程、艺龙、同程等,此外还包括全球分销系统,少数管理水平、信息化水平较高的酒店通过全球分销系统连接自身的中央预订系统来提高酒店的分销效率。大型的批发商与代理商通过信息或半信息手段对全国主要城市和地区的核心酒店进行覆盖,订单量相对较大。区域型、小规模的批发商掌握部分有价格优势的酒店资源或渠道,中小规模的代理商通过接入前两者代理商或者全球分销系统进入酒店的分销系统。

3. 新预订、新营销渠道

新预订、新营销渠道主要包括电商平台,例如 QQ 网购、京东等,电商企业通过接入大型批发商或代理商等酒店库存,完成向综合型平台的扩展;搜索引擎类如去哪儿,帮助部分酒店及代理商完成酒店的线上销售。中小创业型公司通过接入大型批发商、代理商等的酒店库存,开发创新性的移动预订应用。此外,还有以酷讯为代表的旅游媒体和以糯米、窝窝团为代表的团购模式等。

随着行业竞争的加剧,在线酒店预订企业分工越来越细,存在多种经营模式。企业开始向产业链上下游延伸。携程向下游延伸,与垂直搜索引擎去哪儿合作拓展渠道,入驻淘宝平台;去哪儿向上游延伸,与酒店合作,开展直营业务;而淘宝网和京东则以电子商务企业的身份,发挥平台的优势介入在线酒店预订领域。

(二) 在线酒店预订市场份额

携程一直遥遥领先,占据整个市场的半壁江山,它的行业地位和市场份额在近十年内无人能够撼动。携程模式即是通过先发优势,利用半互联网、半呼叫中心的平台,将数量众多的酒店等产业链资源供应商绑在一起,并聚集庞大的用户群,通过全国范围内的酒店和机票产品预订来获取代理销售佣金实现盈利,目前以携程为代表的返佣模式依然是绝对的主流模式。艺龙最早开发开放的分销体系,为相关银行、电商网站、创业型在线旅游代理商、创新第三方应用程序(App)等提供酒店库存,形成了庞大的分销系统,同时,在酒店团购方面也与多家团购网站建立了合作。

(三) 在线酒店市场未来的发展趋势

在线酒店市场发展趋势主要包括以下五个方面:一是智慧酒店将成为传统酒店升级换代的大方向,移动智能化受到广泛关注;二是随着酒店 B2B 在线直销平台的价值显现,B 端成为酒店投资的新热点;三是中国企业掀起海外酒店的并购热潮,包括锦江集团、安邦集团、信泰资本、携程在内的各行业巨头都加快了海外扩张速度;四是商务用户和休闲度假用户的预订出现明显差异,后者更倾向于选择度假租赁类住宿,如民宿、公寓短租、度假村等,而商务用户呈现向商务型酒店转移的趋势;五是度假租赁市场将会进一步产业化、规范化,继续保持快速增长。①

---

① 资料来源:http://report.iresearch.cn/content/2016/05/260893.shtml.

三、在线度假旅游预订业务

(一) 中国在线旅游度假市场规模

根据艾瑞统计模型核算,2015年中国在线度假市场规模达700.7亿,同比增长40.5%,占整体在线旅游市场的比重为16.2%,比2014年提升2.5个百分点。艾瑞咨询认为,在线度假市场在未来几年内增速趋于放缓,但在线度假市场规模在在线旅游交易规模中的占比将持续增长。

> **知识链接**
>
> **携程旅行网的旅游度假业务**
>
> 携程旅行网的旅游度假业务始于2003年,以互联网和传统旅游业相结合的运营模式,向会员提供全方位的旅游服务。时至今日,携程旅游度假每月为超过8万人次提供旅游度假服务,具备自由行、团队游、半自助、巴士游、自驾游、邮轮、签证、用车等全系列产品和服务体系。1000余条出游线路覆盖海内外200余个旅游胜地,可从上海、北京、广州、深圳、成都、杭州、厦门、青岛、南京、武汉和沈阳等30多个城市出发。
>
> 作为中国领先的在线旅游服务网络,携程率先将高品质度假的概念引入中国旅游业,首家提出了"携程自由行"、"透明团"等创新产品和服务,主打"丰富、超值、可靠、高品质"旅游理念,致力于生产满足大众全面需求的、高质量的旅游产品,并通过服务和资源的规模化运行,为会员提供丰富选择的同时,保证服务标准化,从而进一步提升服务水平。

(二) 在线旅游度假市场热门产品类型

近两年,中国在线旅游度假市场稳步发展,成为在线旅游热度最高的板块。在线旅游度假产品主要有主题旅游、海岛旅游、邮轮旅游三种。

随着生活水平的提高,消费者对度假的要求也逐渐提升,不仅要满足大众的休闲娱乐需求,还要满足细分人群的差异化需求,因而主题游产品发展火热,主题游针对不同细分人群,分为亲子游、蜜月游、购物游、游学游等。另外,近两年海岛和邮轮产品也持续火热。海岛游多以自助游为主,满足消费者休闲度假的需求,马尔代夫、普吉岛、巴厘岛等为2014年在线度假热门海岛目的地。2014年在线旅游企业加大邮轮产品的投入,携程通过投资邮轮公司抢占上游资源,同程、途牛等企业通过包船或切舱位储备邮轮产品。

(三) 在线度假市场的发展趋势

在线度假市场未来主要呈现四大趋势:一是在"互联网+"的背景下,线上线下融合不断加强;二是随着旅游市场从传统的观赏型旅游向体验型旅游的转变,体育旅游将受到旅游企业及资本的关注;三是医疗旅游的产业链正在快速形成,随着医疗技术的进步及人们对健康的关注度的增加,体检、美容、养生、生育类医疗旅游将成为行业热点;四是旅游金融将迎来新一轮增长,用户也将在市场的推动下逐渐形成使用旅游金融产品的习惯。①

四、在线其他新兴业务

（一）租车业务

为了出行便利,一些在线旅游企业推出了在线租车业务。如2012年7月,京东商城宣布其租车业务正式上线。京东商城租车业务的合作伙伴为一嗨租车,已在京东旅行旗下专门设置了租车频道。京东商城租车服务覆盖北京、上海、深圳、广州、南京、杭州、武汉等众多城市,每个城市的不同区域都设有多个门店,提供几十款车型为用户服务。用户在京东商城只需四步,就可轻松租车:第一步,选择行程和车辆;第二步,填写订单;第三步,在线支付;第四步,预订完成。在租车频道首页,京东商城为用户提供了各个城市的租车入口,帮助用户省时省力。此外,京东商城为了使用户能够第一时间获取最新的车辆促销信息,专门推出了"特价租车订"。在线租车业务目前存在以下几个特点。

1. 渗透率低

罗兰贝格的报告显示,2013年中国租车市场的渗透率仅为0.4%,远低于日本、美国、韩国的2.5%、1.6%、1.4%,甚至远远落后于巴西的1.3%。

2. 增长速度快

罗兰贝格的统计显示,2008年至2013年,国内租车市场年均复合增速达29%,其中,短租市场(单次租期在30天以内)年均复合增速达32%。罗兰贝格还预计,到2018年,国内租车市场将达到650亿元,其中,短租市场规模有望达到180亿元,年均复合增速达25%。

3. 集中度低

国内租车市场的集中度还很低,CR5(前五名)仅占14%。短租市场的占有率达44%,但与美国、德国等相比差距仍然较大。国内租车行业以直销为主(线上和线下),分销主要有携程收购、一嗨租车、易到用车等。

（二）邮轮业务

邮轮产品主要分布在欧美市场,欧洲和北美邮轮客源占全球邮轮客源的87.5%。目前,中国邮轮市场的产品,仍以大众型的中低端线路为主,其价格比较实惠,能够吸引更多人体验,对于拓宽客源有着重要意义。总体而言,国内邮轮产业发展正在兴起,未来几年内仍将是重要的黄金发展时期,前景一片光明。中国邮轮企业应加快布局,以免错失发展良机。

（三）签证业务

国内在线旅游企业通过降低签证办理费用,扩展企业签证办理业务,从而推广其出境游等其他旅游业务。2014年,携程旅游网联合近十家在线旅游公司和线下旅行社共同发布《签证透明化新政白皮书》,定价采用"透明化"方式。实施透明新政后,签证预订人数急剧增长,单月突破8万人。因此,签证市场也将会更加注重服务质量。美国、加拿大等国家签证材料多而复杂,签证办理过程中存在拒签的风险。并且,办理签证业务也存在以下两个方面

---

① 资料来源:http://www.iresearch.com.cn/view/260893.html.

的弊端:一是签证办理业务的收费标准不统一;二是消费者资料信息可能被泄露。因此,人力资源、经验资源、旅游同行业资源等多项线下资源是在线旅行社成功办理这类国家签证的关键因素。

(四)互联网金融业务

互联网金融业务延伸至各行各业,其中,携程推出金融理财概念产品,腾邦与众多中小机票代理商合作开展 B2B 的机票业务,2014 年上半年,腾邦发放贷款和垫款余额为 2.66 亿元,其小额贷业务已实现经营收入 2650.60 万元。对开展旅游互联网金融服务的旅游企业而言,在线交易平台、小额贷款牌照、互联网支付工具,在旅游商品销售、资金流通、金融服务这三大环节需要实现闭环。在供应链金融领域,互联网形态的金融服务已经有所发展,互联网金融时代也给在线旅游企业带来新的机遇。

(五)团购业务

2014 年 8 月份在线旅游网站团购频道用户覆盖数排名前 4 位的依次是:去哪儿网、携程旅行网、艺龙旅行网以及同程网。8 月份 4 家主要在线旅游网站的团购频道用户覆盖数有升有降,其中,艺龙旅行网、携程旅行网和去哪儿网团购频道用户覆盖数环比分别上升 13.5%、9.7% 和 1.3%,同程网的团购频道用户覆盖数环比则下降了 24.7%。

艾瑞统计数据显示,2016 年中国在线旅游 OTA 市场营收规模为 298 亿元,同比增长 48%。又端分析认为,伴随着国内旅游市场大环境的稳定增长,线上+线下融合不断深化,在线旅游企业在市场中地位将进一步得到强化,其市场营收规模将持续扩大。

任务三　在线计调的操作流程

在线旅游的迅速发展催生了在线计调的产生。在线计调就是在线旅游企业内部专职为跟团游、自由行游客设计产品、安排接待计划,并承担旅游服务采购和调度工作的一种职位类别。在线计调分为广义的在线计调和狭义的在线计调两种。广义的在线计调业务,包括在线旅游产品的开发、上线、销售、预订、对接等操作的整个过程。狭义的在线计调,就是平时业界所说的"对接人",就是负责与游客、组团社、地接社沟通、为游客落实各个接待环节的专职人员。小型在线旅游企业在线计调所从事的工作基本上就是广义的在线计调业务。大型在线旅游企业分工就很细,在线旅游产品的开发、上线、销售、预订、对接等工作都是由不同的人员负责。本教材重点讲解广义的在线计调业务。

一、在线旅游产品的开发与上线

在线旅游产品的开发离不开线下掌控游客的组团社和掌控资源的地接社的紧密配合,

大致开发流程如下。

(一) 审查供应商资质

在线旅游企业会严格地审查供应商的资质，需要供应商提供营业执照、旅行社业务经营许可证、税务登记证、旅行社责任保险单。只有这些资质全部合格了，在线企业才有可能与其合作。

(二) 地接社设计初级产品

经过在线旅游企业审核合格的地接社才有资格设计在线旅游产品，合格的地接社就根据当地的资源和游客的需求，设计当地旅游产品。这个产品只是一个初步的框架，包括旅游目的地(旅游景区)、产品受众(如中青年、老年、情侣、学生等细分市场)、特色卖点(如针对青年客户，可以开发体验式旅游的产品)等。

(三) 与OTA产品经理对接

针对产品已经孵化出来的基本框架进行交换，如旅游目的地和卖点，根据产品经理给出的意见进行修改，和产品经理对接后，产品才能算是基本定型。

(四) 实地踩线

待OTA产品经理确认之后，还必须针对旅游活动中的吃、住、行、游、购、娱进行资源的探访，资源的采购围绕产品特色来选择。

1. 餐饮服务踩线

餐饮服务踩线就是产品经理亲自到各个餐饮企业进行考察，确定餐标和价格。在所针对人群的标准之内，选择最容易令人满意的餐标，并考核餐厅在此餐标下的服务水准。此外，也包括一些自费项目，比如九寨沟的土火锅、稻城亚丁的高原鳕鱼等。

2. 住宿服务踩线

住宿服务踩线主要有以下因素需要考虑：一是酒店位置，一般是与第二天的景点相对应；二是服务水平、价格水平以及与本产品的适合程度，比如"爸妈安心游"产品，为了照顾老人的身体状况，一般会选择设施设备较为完善的酒店，年轻人钟爱的特色游则可能选择具有当地风情的酒店，比如九寨沟的星宇国际、圣域莲花等。

3. 交通服务踩线

交通服务分为两类，一类为景区外大交通如飞机、火车、巴士，另一类则是景区小交通，如索道、观光车等。OTA与传统旅行社相比的特别之处在于收客渠道，如成都的旅行社可能会收到上海的游客，此时的飞机、火车等交通则成为必不可少的部分。景区小交通则根据产品的特性选择。

4. 游览服务踩线

游览服务的踩线，主要是采购游览景点门票，要做到明码标价。选择旅游景点时，一定要根据游客的喜好来选择。

5. 购物服务踩线

购物服务踩线要注意选择购物店，购物店在一定地域内是固定的，可以与其谈判，尽量降低售价，同时要保证质量。

6. 娱乐服务踩线

娱乐服务踩线是要注意娱乐项目的健康性和趣味性。娱乐项目基本上是固定的,可以与其谈判,尽量降低价格。

(五) 形成最终产品

踩线结束后将整个踩线过程加以分析总结,完善预案,形成完整的线路行程,再详细算出产品的成本,在成本基础上加上利润,便是售价。线路行程＋售价＝完整的旅游产品。同时,要确定产品价格(成人价、儿童价和单房差),确认班期(发班出团的时间,此项的目的在于合理调控每次发团的人数,在收客不理想的情况下,可以与行程一致的产品拼团),在产品设计完成后即刻将产品目的地、行程、价格、班期、服务标准提交产品经理。

(六) 产品上线

旅游产品设计好之后,就开始上平台。根据各平台(携程、途牛、同程等)的要求,开始在平台上编辑产品,将线路名称、线路特色、线路行程、线路注意事项、线路价格产品、游览示意图等编辑在平台上,然后审核员审核产品。如未审核通过,产品审核员会通知产品编辑修改不足之处,然后再审核,直到产品符合平台要求,产品才会上线。

知识演练

问:在线旅游产品包括哪些组成部分?

答:在线旅游产品包含的内容没有统一要求,每家旅行社都有自己独特的展示方式。但是最基本的都有产品编号、产品名称、产品报价、产品特色、行程介绍、费用说明、预订须知、用户点评等内容。表7-2列举了携程、同程、途牛三家企业线上旅游产品的组成。

表7-2 携程、同程、途牛三家企业线上旅游产品的组成

携 程	同 程	途 牛
• 产品编号	• 产品名称	• 产品名称
• 产品名称	• 产品编号	• 产品编号
• 产品报价	• 产品报价	• 产品报价
• 产品特色	• 产品特色	• 优惠活动
• 服务保障	• 线路景点	• 领券活动
• 供应商	• 推荐理由	• 特色服务
• 行程概要	• 优惠详情	• 产品品牌
• 产品经理推荐	• 产品特色	• 产品经理推荐
• 行程介绍	• 行程介绍	• 优惠信息
• 费用说明	• 费用说明	• 产品特色
• 预订须知	• 预订须知	• 产品升级
• 用户点评	• 用户点评	• 费用说明
		• 预订须知
		• 游客点评
		• 在线问答
		• 相关产品

(资料来源:根据携程、同程、途牛三家网站资料整理而成。)

产品编辑完成后会同时获得两个产品号,一个是从本地出发的产品号,一个是从全国其他城市出发的产品号。本地出发的产品,录入之后提交本地分公司审查,最后提交 OTA 总部审核,完成上线售卖。从全国其他城市出发的产品,需要添加大交通,在提交出发城市的分公司审查,最后也需要提交 OTA 总部审核,完成上线售卖。到这一步,游客已经可以在网上看得见该产品了。

案例分析 携程联手旅游百事通在广西推出"通通直达"周边游

携程旅游、旅游百事通隆重推出周年百店同庆"通通直达"乐游产品,只要 99 元,就能带上家人参与百店联动之"千车万人游龙谷湾"活动,享受远古的呼唤,零距离感受高科技 VR 体验、4D 轨道电影、360 度球幕电影院、刺激游乐设施、梦幻儿童乐园城堡!

这是国内最大的在线旅行社携程旅游进军广西市场带来的一项直接利好。2016 年 10 月,携程旅游与旅游百事通达成战略协议,布局旅游"新一线"和中小城市,将广西作为重点目标城市,打通产品库。目前除了 99 元周边游,消费者可以通过携程旅游 App 找到十万项国内游、出境游、跟团游、自由行、一日游、邮轮等产品,也可以在广西 130 家百事通门店中,得到专业人员的咨询服务。

携程与旅游百事通联手,打造全国百城百万游客"春游欢乐季",做到真正不进店、不自费、高品质、低价格。这是旅游百事通"通通直达"升级后的乐游产品。"通通直达"是旅游百事通 2015 年打造的又一品牌力作,致力于让广大游客告别糟糕的旅游体验。其深度挖掘产品属性,根据不同季节优选各地区的优质景区,行程轻松,全程无购物,价格优惠,并添加互动环节,确保游客在整个旅游过程中有极高参与度,有效推动了周边游的增长,仅 2016 年收客规模就突破百万人次。

广西旅游百事通总经理张炜表示,自 2016 年入驻以来,百事通门市迅速突破 130 家,实现广西区内全覆盖。为了答谢游客的厚爱,旅游百事通精心筹划一个月,推出"千车万人游龙谷湾"活动,同时联合国家旅游局指定优秀导游培养工作室——黄志康导游工作室全程提供服务。最重要的是,本次活动百事通将拿出足够的诚意重金高额补贴,通过补贴,原价 298 元/人的门票,现南宁出发成人仅需 99 元,1.5 米以下儿童仅要 49 元,全区自驾游仅需 99 元买大送小!

"千车万人游龙谷湾"只是"春游欢乐季"的开端,接下来百事通还将推出"龙脊放水节"、"桂湘黔三省联游"、"大美中华畅游华东"、"逃离回南天"、"穿越桃花源"等主题活动,同期美国百人团、欧洲百人团、泰国百人团、澳洲百人团将掀起新一轮的旅游新热潮。

(资料来源:http://www.gxta.gov.cn/home/detail/35126.)

问:携程联手旅游百事通在广西推出系列产品解决了什么问题?

分析提示:旅游百事通是全国旅游十强企业——重庆海外旅业集团倾力打造的旅游连锁品牌。2007 年,海外旅业集团打破传统经营模式,率先提出"产销分离"概念创立旅游百事通。2012 年,旅游百事通在线商城正式上线,尝试在线与实体的联合发展;2014 年,基于微信应用场景开发了掌上微店——掌旅通,实现从传统的线下旅游零售商向旅游 O2O 企业的方向转变。2016 年 7 月，旅游百事通正式推出"移动微店"，让加盟模式由单一的线下实体店，扩大到了线上，同时个人旅游顾问加盟。如今，旅游百事通早已不再是一家专注于线下发展的旅行社，而是一个集线下线上为一体的旅游 O2O 平台。

携程拥有 2.5 亿会员和 23 亿累计下载量的 App，出境游、国内游业务的市场份额位居在线行业首位，是国内最大的线上旅游渠道。其整合落地的 5500 家门店，均由携程战略投资合作的旅游百事通来管理运营，百事通专业的服务团队，线下一对一的服务，更让市民游客放心。旅游者不仅可以在当地门店报名，也可以随时随地在携程、去哪儿的 App 和网站预订。这种"线下门店＋在线商城＋掌上微店"三位一体的模式很好地使线下线上有效融合。

二、在线旅游产品的销售与维护

（一）在线旅游产品的销售

在平台上，有专门的客服以及销售对应客人，客人在前台看到产品后，产品页面有在线客服以及电话客服，都可以进行在线咨询，可以询位，可以询价，也可以询问行程中的自费项目或是购物店情况等，后台的客服以及销售会耐心、专业地为客人解答疑问，从而进行销售产品。

（二）在线旅游产品的维护

由于旅游会受到政治、气候、天气、宗教等各种因素的影响，产品必须实时更新。比如，淡旺季的九寨沟、峨眉山、黄龙的门票的变化，以及行程或景点的调整，这时就必须在网上及时修改相关信息。为了让产品在网上数千条产品中脱颖而出，产品的实时维护是必不可少的，在游客出行过程中至真至诚的服务，会为产品带来良好的口碑与点评，以此提高产品排名，增加曝光率。

三、在线旅游产品的预订与确认

（一）在线旅游产品的预订

1. 预订步骤

游客可以直接拨打网上提供的电话进行预订，也可以直接在网上在线预订。

知识演练

问：网上预订旅游产品需要哪些步骤？

答：现在以携程网上的预订为例加以说明（见图 7-2）。

（1）登录。网页上方点击"登录"，正确填写用户名及密码登录。

（2）旅游产品查询。如需要预订度假旅游产品，就点击"旅游度假"标签，进入

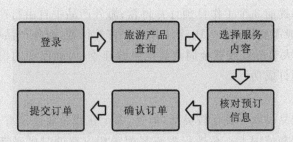

图 7-2　网上预订旅游产品的步骤

旅游度假查询界面,根据需要选择出发地、目的地(或关键字,例如"团队游"、"邮轮"等)后点击"搜索";页面上会显示出符合您搜索条件的产品,您可以通过起价范围、出游天数、产品类型、重点目的地等条件进一步筛选,您也可以按在线企业推荐级别、价格或出游天数调整产品的排列顺序筛选;点击您需要的旅游度假产品后,会有详细的产品信息,包括产品经理推荐、团队游行程安排、费用包含等重要提示,以及供您自由行参考的目的地提示等。

(3) 选择日期、人数、机票和酒店。点击"预订",选择出发日期、酒店入住日期、退房日期、返回日期和出行人数,点击"下一步";在线企业会为您自动选择好交通、酒店以及已包含项目,您可以点击"修改航班"或"重新选择酒店",在更多的航班和酒店中重新选择。确定交通和酒店后,点击"下一步";选择您需要的附加产品后,点击"下一步"。

(4) 核对预订信息,填写旅客清单。仔细核对您的预订行程信息;请仔细阅读《旅游度假产品预订须知》(国内须知、海外须知、海外团队须知、签证须知、租车须知、PASS 须知等)及补充条款,并确认是否接受,不接受则无法进行下一步预订;请仔细填写出行旅客的姓名、证件类型、证件信息和联系方式等;确定一名联系人,填写联系人的姓名、e-mail 地址、手机或座机号码(如电话有分机一定要填分机号),在预订过程以及您的旅程中,如果遇到任何问题我们都将通过这些信息及时联系到您,请填写真实准确的信息;点击"下一步"。

(5) 确认订单。请选择配送、自取、EMS 等配送方式;选择您的支付方式(信用卡预付的需要填写好信用卡资料);选择您是否需要发票(需要发票的话,则请填写发票信息);填写附加信息,您可以注明您的特殊要求,如酒店大床房等信息,此类特殊要求我们一般会尽量争取安排;点击"下一步"。

(6) 提交订单。页面上会显示此次预订的所有预订信息,核对无误后,请您点击"提交订单"按钮,提交成功后,将显示您的订单号。

按照以上预订流程完成后,订单会正式传送至在线企业,但这并不意味着您的预订已获确认,只有当您收到平台给您的电话、短信或 e-mail 等,您的预订才算真正预订成功,上述第六步后系统会显示平台跟您的最晚确认时间。

2. 预订的时间

国内产品一般提前30天左右上线,国内短途产品一般需要提前1~2天预订并付款,国内长途一般至少需要提前3个工作日预订并付款;海外产品中自由行产品一般提前45天左右上线,海外产品一般需要提前4~10个工作日预订并付款,海外产品中团队产品一般提前90天左右上线,在重大节假日或黄金周及其他旅游旺季,为确保您的出行,请尽量提前提交订单并付款以确保预订成功。

3. 付款方式

上线订购旅游产品付款方式比较灵活,但是,各个在线企业还是有一些差别的。如携程网的付款方式为现金和信用卡。在携程为游客配送相应票证时可以支付现金,或者游客直接到携程指定地点上门付款。如果选择信用卡支付,就要明确是否属于指定范围,大部分国内银行信用卡都可使用,可使用的海外信用卡包括VISA(维萨卡)、AMEX(运通卡)、Diners Club(大来卡)、MasterCard(万事达卡)等,具体根据信用卡支付页面显示的为准。无需开通网上支付功能,在预订的时候提交信用卡信息,携程会通过银行授权扣款。

途牛网站在线支付方式为网银支付和信用卡支付两种模式,在网上支付前,要联系客服专员确认订单已打开网上支付开关。使用网上支付的银行卡必须开通网银功能,信用卡支付时要看清楚是否属于指定范围。途牛合作的第三方支付平台包括银联在线支付、财付通、快钱、支付宝、微信支付。

(二) 在线旅游产品的确认

各个网站对订单的确认程序也不一样。一般情况下,途牛的订单都是一次确认,确认单来了就无法再修改,如果要修改的话,就要征求游客的意见,如果游客不同意,就只能按照程序来赔款。同程订单可以二次确认,如果供应商有机位就可以点击确认,没有的话就可以驳回。确认订单时应该注意以下事项:一是订单金额,检查订单上的金额与实际产品报价是否有出入;二是游客的备注信息以及特殊要求,便于出票时或是给地接下确认件时交代清楚;三是游客的出游时间是否准确,是否与机票或者签证相吻合;四是游客所订行程是否与网上一致。

四、票务对接和目的地服务确认

游客完成旅游产品预订和订单确认之后,就开始对接票务和地接确认。

(一) 对接票务

如果游客订的双卧就需要对接火车票票务。在线计调需要将游客往返的时间、车次、游客名字及身份信息、出发地与目的地核对准确无误后发给票务。

如果游客订的双飞就需要对接机票票务。在线计调将游客往返的时间、出发地与目的地、游客名字及身份信息发给票务,票务就会出合适的航班,核对无误后出票(特别是时间和游客名字),然后报送机。

如果游客订的单卧单飞,既要对接火车票的票务,也要对接机票的票务。

(二) 目的地服务确认

如果是直接预订的地接社的产品,就需要在线计调与目的地各个服务部门确认接待服务,如果游客预订的是组团社的旅游产品,就需要给地接社确认,按照游客所订的行程,给地接发布计划书,此时需要注意以下几点。

1. 游客的特殊要求

一定要注意游客的特殊要求,比如,小孩和大人一起睡不占床,小孩按成人操作,3人住一间标间等。只有备注好这些特殊要求,地接才会按照要求来安排。

2. 提醒接站师傅和导游提前联系游客

游客到了一个地方,一定要有导游接站,所以要注意提醒接站师傅和导游,要求他们提前联系游客。

3. 备注行程请不要变更

由于行程是由组团社和游客一起确定的,所以给地接发布计划书时,要在备注栏写明行程不要变更。若有任何变更,请向游客解释原因,嘱咐导游让游客在行程变更单上签字,避免游客投诉。

五、录通知、填系统、购保险

(一)录入出团通知书

出团通知书最迟在游客出发前1~2天录在平台上,平台会发给游客。

1. 火车出团通知书包含的内容

(1)火车站的集合时间、集合地点以及集合标志。

(2)送团人的联系方式。

(3)火车车次。在旺季期间,车次信息还未确定的情况下,出团通知书上写参考车次,备注具体车次以出票为准。淡季就根据已出票的车次发出团。

(4)目的地接站人的联系方式。

(5)出发地与目的地的紧急联系人的联系方式。

(6)导游的联系方式。旺季期间,需备注由于旅游旺季导游拿到计划的时间较晚,故导游会在行程前1晚的22:00前联系游客,如未联系,请致电紧急联系人。淡季将地接安排的导游的联系方式发给游客即可。

(7)注意事项以及温馨提示。

2. 飞机出团通知书包含的内容

(1)机场的集合时间、集合地点以及集合标志。

(2)机场送团人的联系方式。

(3)游客往返的航班信息。

(4)目的地接站人的联系方式。

(5)出发地与目的地的紧急联系人的联系方式。

(6)导游的联系方式。旺季期间,需备注由于旅游旺季导游拿到计划的时间较晚,故导游会在行程前1晚的22:00前联系游客,如未联系,请致电紧急联系人。淡季就将地接安排的导游的联系方式发给游客。

(7)注意事项以及温馨提示。

（二）填报"全国旅游团队服务管理系统"

旅游团队信息必须上"全国旅游团队服务管理系统"，填报的最迟时间应该在游客出行的前一天。通过"全国旅游团队服务管理系统"自动生成电子版，导游、领队可第一时间获取旅游团队电子行程单，在这个电子行程单中，衣食住行一目了然，在保障了旅客利益的同时，也保障了正规旅行社的利益。

（三）购买旅游保险

给游客购买旅游保险的时间，最迟在游客出行的前一天，保险是游客出行安全的一个保障，所以不管多忙都必须给每个出行的游客购买保险。

六、处理游客行程中的问题

在线计调在游客出行前要给游客发放出团通知书，发完之后应该以紧急联系人的身份问游客是否收到，若没收到，再给游客发一份。若收到，请游客仔细阅读出团通知书，出团通知书里有送团人、接站人、导游、出发地与目的地的紧急联系人的联系方式。在出行前告知游客出发时间，提醒游客提前到达火车站或机场。到达目的地后要询问游客是否有接站人联系游客接站，若没有，及时与地接联系。

在游客行程中关注游客在团中的情况，告知游客在行程中若需要帮助请及时和紧急联系人联系沟通，紧急联系人会尽力处理。

在游客行程结束回程后，要询问游客是否有安排送站，若没有，及时联系地接，询问情况。在游客回到出发地后问候游客是否安全到达。

七、后续工作

（一）建立团队档案

团队行程结束之后，要整理该团的原始资料，每月月底将该月团队资料登记存档，以备查询。所有团队资料要保存两年以上。

（二）总结工作

在线计调对整个团队运行工作进行总结，做得好的要表扬，做得差的要及时找出原因，吸取经验教训，便于下一步工作的顺利进行。

（三）及时报账

团队运行结束之后，应尽快核算该团成本，要尽快与组团社、地接社结账。

本项目主要学习在线计调的基本知识和操作流程。本项目包括三个方面的内容：一是在线旅游的知识，阐述了在线旅游的定义、核心价值和发展历程；二是在线旅游企业的主要业务，阐述了在线旅游企业经营的机票预订、住宿预订、度假旅游，以及其他几种线上业务；

三是在线计调的基本操作流程,阐述了在线产品开发与上线、销售与维护、预订与确认、票务对接、地接服务确认、录出团通知书、上全国旅游团队系统名单、购买保险以及处理运行中的问题和后续服务等内容。通过本项目的学习,使学生能够顺利地掌握在线计调的基本知识和操作流程。

知识训练

一、复习题

1. 请简述在线旅游的发展历程。
2. 在线机票预订有哪些方式?
3. 简述在线住宿市场未来的发展趋势。
4. 简述在线度假市场未来的发展趋势。
5. 在线旅游产品从开发到上线需要经过哪些流程?

二、思考题

1. 在旅游业大好的市场环境下,2016年下半年却不断爆出"OTA出现倒闭"、"在线旅游企业不盈利"、"传统旅游企业举步维艰"等与大形势不相称的报道,请你思考出现倒闭的原因是什么?从倒闭潮的背后我们应当思考什么?

2. 随着在线旅游的快速发展,也出现了更多的消费纠纷。这类消费纠纷逐渐成为近几年消费投诉的热点。其消费纠纷主要表现在四个方面:产品宣传名不副实,重要事项提示不足;购买容易退改难,格式合同有失公平;航班变化影响行程,防范补救措施不力;联络客服推诿扯皮,售后服务不够周到。你认为在线旅游企业应该采取哪些措施来减少这类纠纷的发生?

能力训练

一、案例分析

专线供应商与在线旅游商的合作出问题

2015年10月22日的下午2点左右,某旅行社专线部销售小刘在同程网后台网站现讯订单里看到了2位客人下的芽庄订单,小刘马上去看日期和团期,在芽庄寻位大盘里看到10月25日团期(正是这2位客人的团期)的位置刚好卖完了,便马上和计调协商,看能否在客人所订线路里再增加2个位置,可惜计调说位置已经卖完,本线路价格是特价产品,卖完就没有位置了,如果客人要预订,就必须每人再增加300元,小刘和同事小杨得知这个消息后,就马上和同程负责线路审核的小鲁联系,让他告知客人10月25日团期的此条产品已经没有位置了,建议让客人走临近团期28号的线路,小鲁马上将此消息告诉同程与客人联系的计调小李,小李立刻与小刘QQ联系,证实了此消息无误,提出让专线后台供应商将位置清调,小刘与同事小杨就去清位置,但由于同程内部系统的设置,前台的订单一旦确认,就必须要等24小时后才能清掉位置,在这24小时之中,客人都有权限付款,客人一旦付款,而作为

供应商的专线却拿不出位置,便造成了违约。由于专线清不掉位置,而同程那边的客服又由于别的原因而没有通知客人,导致客人在当天晚上11点左右就把钱给付了,就因为这样,专线和同程协调,同程那边说客人不愿意换团期,指明了要赔偿,这就牵扯了谁来赔付其中的损失(800元),同程那边说是因为专线没有及时关掉这个团期,才导致客人预订下单,而且又不去清调位置,才导致客人付款成功;而专线这边的说法是,在看到客人订单后第一时间就通知了同程那边这个团期已经没有位置了,他们也说知道了,会通知客人;因为是QQ联系,有记录,就因为这样,最后才各退一步,同程和专线一家赔一半,这件事情才得以解决。

(资料来源:学生实习期间的真实案例。)

问:请你分析产生这个事件的原因是什么?

二、实训操练

在线旅游企业计调工作调研

1. 实训目标:通过对在线旅游企业计调工作的调研,让学生掌握在线计调的操作流程。
2. 实训内容:学生到学校所在地附近的在线旅游企业调研,了解在线计调的工作内容和工作流程。
3. 实训工具:智能手机、电脑等。
4. 实训步骤:

(1)认真阅读教材,了解在线计调的工作内容和流程。

(2)选定学校附近的在线旅游企业进行调研。

(3)选择与该在线企业合作关系紧密的线下地接社和组团社,明确在线旅游企业与线下旅游企业的合作。

(4)对调研结果进行归纳总结,对教材中的内容进行补充。

本课程阅读推荐 Recommended

1.《旅游圣经：出境旅行社专业运营实操手册（上）》(熊晓敏，中国旅游出版社，2014年版)

本书展示了各种计调的操作流程，提供了计调使用的各种表格，实用性强。语言通俗易懂，并配有读书笔记、插图等，增加了本书的可读性和趣味性。

2.《旅行社计调业务》(第2版)（王煜琴，旅游教育出版社，2014年版)

本书按照计调的四种类型进行编写，既注重理论知识的提炼，又强调各种计调的操作细节，设计了一些模拟训练，具有可操作性。

3.《旅行社计调实务》(叶娅丽，陈学春，北京大学出版社，2013年版)

本书按照每种计调的操作流程来设计教学任务，区分了每种计调的工作任务和工作流程，教学内容与计调岗位紧密对接，具有实操性。

4.《旅行社计调与营销实务》(刘丽萍，东北财经大学出版社，2012年版)

本书包含了计调和销售两个部分，把教学内容设计为本地游计调与营销、国内游计调与营销、出境游计调与营销，从三种旅游方式来剖析计调与营销的工作内容，强调了计调与营销的重要性。

5.《旅游业务操作师》(沈小君，吴繁，中国劳动社会保障出版社，2009年版)

本书将旅行社计调业务进行细分，提供了一些计调操作案例，并提供了较多国内常规景点线路和出境景点线路。

6.《旅游计调师》(米学俭，尚永利，旅游教育出版社，2010年版)

本书讲述了国内外旅游目的地景点及主要线路、主要国家的签证等知识，也提供了一些旅游服务环节临时出错的典型案例分析。

参考文献 References

[1] 熊晓敏.旅游圣经:出境旅行社专业运营实操手册(上)[M].北京:中国旅游出版社,2014.

[2] 王煜琴.旅行社计调业务[M].2版.北京:旅游教育出版社,2014.

[3] 刘丽泮.旅行社计调与营销实务[M].大连:东北财经大学出版社,2012.

[4] 沈小君,吴繁.旅游业务操作师[M].北京:中国劳动社会保障出版社,2009.

[5] 米学俭,尚永利.旅游计调师[M].北京:旅游教育出版社,2010.

[6] 叶娅丽,陈学春.旅行社计调实务[M].北京:北京大学出版社,2013.

[7] 孙奕.旅行社计调业务[M].上海:上海交通大学出版社,2011.

[8] 陈启跃.旅游线路设计[M].2版.上海:上海交通大学出版社,2010.

[9] 熊晓敏.旅行社OP计调手册[M].北京:中国旅游出版社,2007.

[10] 北京旅游发展研究基地.中国在线旅游研究报告2014[M].北京:旅游教育出版社,2014.

[11] 叶娅丽.旅行社运营与管理[M].桂林:广西师范大学出版社,2015.

[12] 中国旅游研究院.中国旅行社产业发展报告2014[M].北京:旅游教育出版社,2014.

教学支持说明

全国高等职业教育旅游大类"十三五"规划教材系华中科技大学出版社"十三五"规划重点教材。

为了改善教学效果,提高教材的使用效率,满足高校授课教师的教学需求,本套教材备有与纸质教材配套的教学课件(PPT电子教案)和拓展资源(案例库、习题库、视频等)。

为保证本教学课件及相关教学资料仅为教材使用者所得,我们将向使用本套教材的高校授课教师免费赠送教学课件或者相关教学资料,烦请授课教师通过电话、邮件或加入旅游专家俱乐部QQ群等方式与我们联系,获取"教学课件资源申请表"文档并认真准确填写后发给我们,我们的联系方式如下:

地址:湖北省武汉市东湖新技术开发区华工科技园华工园六路

邮编:430223

电话:027-81321911

传真:027-81321917

E-mail:lyzjjlb@163.com

旅游专家俱乐部QQ群号:306110199

旅游专家俱乐部QQ群二维码:

群名称:旅游专家俱乐部
群　号:306110199

教学课件资源申请表

填表时间：_____年___月___日

1. 以下内容请教师按实际情况写，★为必填项。
2. 学生根据个人情况如实填写，相关内容可以酌情调整提交。

★姓名		★性别	□男 □女	出生年月		★职务	
						★职称	□教授 □副教授 □讲师 □助教

★学校		★院/系	
★教研室		★专业	
★办公电话		家庭电话		★移动电话	
★E-mail（请填写清晰）				★QQ号/微信号	
★联系地址				★邮编	

★现在主授课程情况		学生人数	教材所属出版社	教材满意度
课程一				□满意 □一般 □不满意
课程二				□满意 □一般 □不满意
课程三				□满意 □一般 □不满意
其 他				□满意 □一般 □不满意

教 材 出 版 信 息						
方向一		□准备写	□写作中	□已成稿	□已出版待修订	□有讲义
方向二		□准备写	□写作中	□已成稿	□已出版待修订	□有讲义
方向三		□准备写	□写作中	□已成稿	□已出版待修订	□有讲义

请教师认真填写表格下列内容，提供索取课件配套教材的相关信息，我社根据每位教师/学生填表信息的完整性、授课情况与索取课件的相关性，以及教材使用的情况赠送教材的配套课件及相关教学资源。

ISBN(书号)	书名	作者	索取课件简要说明	学生人数（如选作教材）
			□教学 □参考	
			□教学 □参考	

★您对与课件配套的纸质教材的意见和建议，希望提供哪些配套教学资源：